Jo Reichertz

Die Macht der Worte und der Medien

Medien – Kultur – Kommunikation

Herausgegeben von
Andreas Hepp,
Waldemar Vogelgesang und
Friedrich Krotz

Kulturen sind heute nicht mehr jenseits von Medien vorstellbar: Ob wir an unsere eigene Kultur oder ‚fremde‘ Kulturen denken, diese sind umfassend mit Prozessen der Medienkommunikation verschränkt. Doch welchem Wandel sind Kulturen damit ausgesetzt? In welcher Beziehung stehen verschiedene Medien wie Film, Fernsehen, das Internet oder die Mobilkommunikation zu unterschiedlichen kulturellen Formen? Wie verändert sich Alltag unter dem Einfluss einer zunehmend globalisierten Medienkommunikation? Welche Medienkompetenzen sind notwendig, um sich in Gesellschaften zurecht zu finden, die von Medien durchdrungen sind? Es sind solche auf medialen und kulturellen Wandel und damit verbundene Herausforderungen und Konflikte bezogene Fragen, mit denen sich die Bände der Reihe „Medien – Kultur – Kommunikation" auseinandersetzen. Dieses Themenfeld überschreitet dabei die Grenzen verschiedener sozial- und kulturwissenschaftlicher Disziplinen wie der Kommunikations- und Medienwissenschaft, der Soziologie, der Politikwissenschaft, der Anthropologie und der Sprach- und Literaturwissenschaften. Die verschiedenen Bände der Reihe zielen darauf, ausgehend von unterschiedlichen theoretischen und empirischen Zugängen, das komplexe Interdependenzverhältnis von Medien, Kultur und Kommunikation in einer breiten sozialwissenschaftlichen Perspektive zu fassen. Dabei soll die Reihe sowohl aktuelle Forschungen als auch Überblicksdarstellungen in diesem Bereich zugänglich machen.

Jo Reichertz

Die Macht
der Worte
und der Medien

3. Auflage

VS VERLAG FÜR SOZIALWISSENSCHAFTEN

Bibliografische Information der Deutschen Nationalbibliothek
Die Deutsche Nationalbibliothek verzeichnet diese Publikation in der
Deutschen Nationalbibliografie; detaillierte bibliografische Daten sind im Internet über
<http://dnb.d-nb.de> abrufbar.

1. Auflage 2007
2. Auflage 2009
3. Auflage 2010

Lektorat: Frank Engelhardt

VS Verlag für Sozialwissenschaften ist Teil der Fachverlagsgruppe
Springer Science+Business Media.
www.vs-verlag.de

Umschlaggestaltung: KünkelLopka Medienentwicklung, Heidelberg
Redaktion: Nadia Zabowa
Druck und buchbinderische Verarbeitung: Ten Brink, Meppel
Gedruckt auf säurefreiem und chlorfrei gebleichtem Papier
Printed in the Netherlands

ISBN 978-3-531-17242-2

Inhaltsverzeichnis

Einleitung[1]

Zweifel und Zuversicht schließen sich (scheinbar) aus. Denn dort, wo Zweifel ausgesät und gediehen ist, da zaudert und zögert man. Und dort, wo Zuversicht herrscht, da handelt man voll Vertrauen darauf, dass ein Unternehmen erfolgreich sein wird. Für den Zweifel ist in der Regel die Wissenschaft zuständig: sie produziert immer und überall ein ‚obwohl' und ein ‚dennoch'. *Obwohl* es doch gerade gut läuft, könnte es *dennoch* ganz anders sein! Wissenschaft produziert also systematisch *Zweifel* – und das ist auch gut so. Beratung jeder Art produziert dagegen systematisch *Zuversicht*. Dies allerdings auch mit einem ‚obwohl' und ‚dennoch': *Obwohl* die Situation nicht so optimal aussieht, wird es *dennoch* gelingen. Vertraue mir und vertraue auf Dich.

In und mit diesem Buch will ich als Wissenschaftler einmal Fahnenflucht begehen. Ich möchte nämlich nicht nur darüber schreiben, was in Zweifel steht und unsicher ist. Stattdessen will ich (zumindest ein wenig) Zuversicht verbreiten: Zuversicht in die Leistungen von Kommunikation und Medien. Ich will zeigen, dass Kommunikation und auch die Medien erfolgreicher sind, als (insbesondere von der Wissenschaft) oft angenommen – auch wenn die Gründe für die ‚Kraft' von Kommunikation und Medien am falschen Ort gesucht werden. Kommunikation und die Medien haben die Welt verändert und werden sie auch weiter verändern.

Mit Kommunikation und Medien beschäftigten sich vor allem die Kommunikationswissenschaft und die Soziologie – gewiss auch mit gutem Recht die Pädagogik und die Psychologie. Allein: Dieses Buch wird vor allem aus kommunikationswissenschaftlicher und soziologischer Sicht argumentieren. Ziel des Buches ist also das Verstehen und Erklären von Kommunikation und Medien aus dem Sozialen oder genauer: der Macht der Medien und der Kommunikation.

Letztlich geht es in allen hier versammelten Beiträgen durchgängig um die Macht der Worte und der Bilder. Die Kommunikationswissenschaft wie die Soziologie haben die Quelle der ‚Kraft' von Kommunikation und Medien oft in ihren Inhalten oder in ihrer Materialität vermutet. Ohne dass deren Bedeutung geleugnet wird, geht es hier doch um eine Ausweitung des Verstehens und Erklärens.

---

[1] Danken möchte ich Andrea Degutsch dafür, dass sie die erste Auflage dieses Buches mit großer Sorgfalt durchgesehen und mich auf Fehler und Unstimmigkeiten aufmerksam gemacht hat.

Bei dem hier vorgelegten Band handelt es sich um eine Sammlung von neu-eren, oft an etwas entlegenen Stellen publizierten analytischen wie theoretischen Arbeiten des Verfassers[2], die alle aus wissenssoziologisch informierter kommu-nikationswissenschaftlicher Perspektive fragen, unter welchen Bedingungen Medien und Kommunikation Wirkungen erzielen können, wie sich die Medien-kommunikation für die Verbesserung der Berufsarbeit von Unternehmern, Un-ternehmensberatern und Wissenschaftlern nutzen lässt und ob es in interpersona-ler Kommunikation hinreicht, das richtige Argument in schöne Worte zu fassen – will man den anderen zu einer bestimmten Tat bewegen.

Damit ist der Band gleichermaßen für Soziologen/innen und Kommunikati-onswissenschaftler/innen von Interesse. Im Einzelnen behandeln die Artikel folgende Themen und Fragen:

Das Fernsehen als Akteur. Die Macht der Medien ergibt sich zunehmend daraus, so die These dieses Kapitels, dass sie nicht mehr nur Boten sind, die berichten, was andernorts geschehen ist oder von anderen für sie in Szene gesetzt wurde, sondern daraus, dass sie selbst aktiv werden, Dinge in Bewegung setzen, sich selbst in der Gesellschaft platzieren und Interessen vertreten. Medien werden immer mächtigere Akteure innerhalb der Gesellschaft.

Institutionalisierung als Voraussetzung einer Kultur der Performativität. Hier werden die Überlegungen aus dem ersten Artikel weiter geführt. Gefragt wird, mit welchen Mitteln z.B. das Fernsehen Wirkungen in der ‚Wirklichkeit' hervor-rufen und auf Dauer stellen kann. Ausgeführt wird, wie insbesondere die Institu-tionen und die Institutionalisierung hierfür genutzt werden.

Kinder brauchen (auch) die ‚Power Rangers'. Diese Arbeit setzt sich mit der alten These von der gewaltanstiftenden Macht des Fernsehens bzw. bestimmter Fernsehformate auseinander. Auch wenn diese Arbeit älter ist, sind die Argu-mente immer noch aktuell, dies gilt insbesondere für die zentrale Unterscheidung zwischen Aggresivität und Gewalthandlung.

„...denn sie wissen nicht, was sie tun." Von James Dean zu Alexander Klaws. Auch wenn viele Dieter Bohlen wegen seiner rüden Sprüche in der Show *Deutschland sucht den Superstar* als nicht wirklich satisfaktionsfähig einstufen, sucht der Artikel nach Gründen, weshalb sich Kandidaten/innen freiwillig in eine

---

2   Die einzelnen Artikel wurden nur unwesentlich geändert: manche wurden gekürzt, andere leicht
     ergänzt. Alle wurden der aktuellen Rechtschreibung angepasst und alle Literaturangaben wurden
     vereinheitlicht. Nadia Zaboura hat mit grosser Sorgfalt alle Texte durchgesehen, mich auf Unge-
     reimtheiten hingewiesen und durch Rat und Tat geholfen, dieses Buch fertig zu stellen.

solche Situation begeben. These ist, dass es auch um Anerkennung geht und dass ein hartes Urteil doch vor allem eins ist: nämlich eine Klärung.

„Ich könnte schreien vor Glück". Die Medien sponsorn in der Regel eine besondere Art von Glück: nämlich nur das zeigbare und das hörbare Glück. Sie produzieren also recht *spezifische* und in dieser Form auch tendenziell neue Glücksvorstellungen und bringen diese in Umlauf. Allerdings sind die Medien nicht die einzigen Institutionen, die Glücksvorstellungen produzieren und anbieten: auch andere sind in diesem Geschäft tätig.

Becker und Häkkinen beim Golfen. Werbespots sind wie jede Anpreisung interessierte Beiträge zur gesellschaftlichen Debatte über relevante Themen – in diesem Fall über das Thema ‚Alter'. Aufgrund der Analyse eines (zu seiner Zeit) recht beliebten Werbespots von Mercedes soll diskutiert werden, wie die Auftraggeber und Macher über das ‚Alter' sprechen und wie junge Studenten im intergenerationellen Dialog auf diese Altersdarstellung reagieren.

Der Mediensport Olympia – ein globales Integrationsritual? In Zeiten einer umfassenden Versprachlichung des Sakralen steigert, so die Behauptung, der olympische Ritus mit den Mitteln der audiovisuellen Medien die Theatralität des Ritus für die Anwesenden vor Ort und die Fernanwesenden an den Bildschirmen. Und zwar so, dass alle Zuschauer zu einer Kultgemeinde zusammengeführt werden, die sich im Erlebnis der Gemeinsamkeit ihres zentralen Wertes, nämlich der grenzenlosen Selbstüberschreitung, gegenseitig versichern.

‚Navigieren' oder ‚Surfen' oder: Das Ende der Bedrohung. Metaphern sind nicht nur Medien zur Erarbeitung einer kognitiven Ordnung (also Medien des Denkens), sondern auch Medien zur gesellschaftlichen Produktion von Wirklichkeit (also Medien des Handelns). Schön beobachten konnte man das an der Debatte, ob man im Internet surft oder in ihm navigiert.

Browsen im Internet. Hier geht es um die Bedingungen, unter denen das Browsen im Internet zur Auffindung von Neuem führen kann. Auch wenn manche Aussagen (z.B. über die Hardware) nicht mehr aktuell sind, haben die zentralen Argumente über erfolgversprechende Suchstrategien im Netz Bestand.

Vertrauen in der Internet-gestützten Unternehmenskommunikation. In einer umfassend mediatisierten Gesellschaft schafft eine allgegenwärtige und wohldesignte Medienpräsenz kein Vertrauen – oft ist sogar das Gegenteil der Fall. Stattdessen gilt immer mehr die kommunizierte Tat.

Zur neuen Logik der (sozial-)wissenschaftlichen Medienwirkung. Auch Wissenschaftler/innen müssen für sich werben. Und immer häufiger tun sie das auch mit den Medien. Dabei ändern sich nicht nur die Darstellungsformen, sondern auch das Ziel der Darstellung. Reputation bei den Kollegen wird ergänzt um die Prominenz für viele.

Der Unternehmensberater als Charismatiker. Es verblüfft, wenn eine Consulting-Firma, die ihr Geld damit verdient, dass sie andere Wirtschaftsunternehmen mit dem Ziel der Erhaltung oder Steigerung wirtschaftlicher Rationalität berät, ihre Mitarbeiter in der öffentlich zugänglichen Unternehmensvorstellung als ‚Erleuchtete' inszeniert. Dass dies dennoch Sinn machen kann, erläutert dieses Kapitel anhand der Analyse einer Homepage.

Spaß für Millionen. Harald Schmidt und Co. als moderne Hofnarren? Schmidt erzählt im Narrengewand keine Wahrheiten – so das Ergebnis der Arbeit –, er klatscht zur Musik und beschleunigt auf seine Weise das Tempo. Sein Hof ist der mediale Marktplatz, seine Aufgabe: Passanten mit Hilfe seiner Narretei dazu zu bewegen, ein wenig zu verweilen und die in seinem Umfeld präsentierten Warenangebote wohlwollend zur Kenntnis zu nehmen.

Verstehen ist nicht das Problem – oder: Über die Macht der Worte. Das zentrale Problem jeder Wissenschaft, die sich mit dem Zusammenleben von Menschen beschäftigt, ist die Frage, weshalb wir, wenn wir verstanden haben, wozu der andere uns bewegen will, uns (allein) durch die Worte bewegen lassen, es auch zu tun. In diesem Kapitel wird argumentiert, dass die Macht der Worte sich vor allem aus gesellschaftlichen Disziplinierungen ergibt.

Einladung zum Gruppentanz. Wissenschaft zu betreiben und somit auch aufzuführen ist in vielen (auch wesentlichen) Punkten mit einem Gruppentanz zu vergleichen. Ziel des Tanzes ist die kollektive Aufführung, die Aufführung von Kollektivität und die (Selbst-)Vergewisserung kollektiver Werte und Haltungen.

I Das Fernsehen als Akteur

1 Die Realität der Massenmedien

„Was wir über unsere Gesellschaft, ja über die Welt, in der wir leben, wissen, wissen wir durch die Medien" (Luhmann 1996: 9). Dieser Satz besitzt eine gewisse Eleganz. Er ist fast schön. Er ist einfach und eingängig und bringt scheinbar Undurchschaubares auf einen klaren Punkt. Auch deshalb wird er oft und gerne zitiert. Dennoch ist der Satz, selbst wenn man bereit ist, die einzelnen zentralen Begriffe wie ‚Gesellschaft', ‚Welt', ‚Massenmedien', ‚wissen' und natürlich das ‚Was' sehr weit und metaphorisch zu interpretieren, ziemlich übertrieben. Oder besser: Er ist falsch. Der Satz legt nämlich das Missverständnis nahe, als sei uns das, was wir wissen – und zwar alles – von den Medien überbracht worden, er klingt danach, als könnten wir ohne Medien in der heutigen Zeit nichts mehr wissen. Die These von den Medien als alleinige Wissensüberbringer stimmt auch dann nicht, wenn man den Satz (in der Absicht, ihn zu retten) auf folgende Weise neu formuliert: „Das oder schärfer: Alles, was wir von der Welt wissen, ist auch irgendwo auf der Welt von Massenmedien gespeichert und somit zugänglich und deshalb geht all unser Wissen direkt oder indirekt auf die Medien zurück."

Richtig ist dagegen, dass wir sehr viel mehr über die Gesellschaft, unsere Mitmenschen, unsere Gefühle, unsere Sprache, unsere Kultur, unseren Körper, kurz: über unsere Welt wissen, als in Massenmedien gespeichert und verfügbar ist. Das meiste davon haben wir von unseren Mitmenschen oder unseren Begegnungen mit der Welt gelernt: Wir haben es gehört, gesehen, gerochen, gespürt, gefühlt und (was für Wissenschaftler besonders wichtig ist): Wir haben es erkannt. Vieles ‚wusste' unser Körper bereits mit bzw. vor der Geburt, anderes hat er im Laufe seines Lebens gelernt. Wir wissen, wie man kommuniziert, Texte versteht, Theorien entwickelt, Neues findet, Buckelpisten fährt, Verbrechen aufdeckt, Kuchen backt, betet, lügt, die Wahrheit sagt und vieles andere mehr, ohne dass es an irgendeinem Ort dieser Erde einen Platz gäbe, an dem all dies exakt beschrieben oder gelehrt würde.[3]

Die Medien sind nicht (und schon gar nicht die Massenmedien) die Quellen des Wissens, sondern erst einmal Lager und Transportmittel für besondere For-

---

3   Wer der Meinung ist, all dies oder nur einer der genannten Wissensbereiche sei in den Medien hinreichend genau beschrieben, möge den Ort benennen.

men des Wissens. Aber gewiss verändern die Medien die Menschen auch – nicht nur weil die Menschen jetzt Kopf und Hand frei haben für andere Dinge, sondern auch, weil die mediale Fixierung und Verarbeitung von Wissen eine eigene Wirklichkeit hervorbringt, die wiederum auf den Menschen und dessen Fähigkeiten zurückwirkt.

Die Nutzung der Medien durch die Menschen verändert aber nicht nur die Menschen, sondern auch die Medien. Medien haben also auch eine Geschichte, sie kennen Aufstieg und Untergang, und sie kennen Erweiterung und Umwidmung. Das gilt auch und vor allem für das Fernsehen. Erst einmal zeigte es nur – wenn auch sehr viel und sehr viel Unterschiedliches – mit Hilfe von Wort und Bild. Allerdings wählte das Fernsehen aus, was es zeigt. Es zeigt nämlich nicht alles und vor allem zeigt es nicht Beliebiges. Hinter oder genauer: Vor jeder Auswahl stand eine Entscheidung, also ein Akteur. Mittlerweile ist der Akteur älter und selbstbewusster geworden. Er zeigt sich immer öfter, spricht immer mehr von sich, formuliert und vertritt eigene Interessen und will auch in der Gesellschaft mitmischen – schon allein deshalb, weil er von ihr lebt.

1.1 Das Fernsehen – von der Institution zum Akteur

Das Fernsehgerät war noch nie nur ein selbst versorgtes Ding – wie z.B. ein Nussknacker, ein Teddybär oder eine Mikrowelle es sind. Das Fernsehgerät war immer schon der im Alltag des Einzelnen sichtbare Teil der gesellschaftlich organisierten, arbeitsteilig hergestellten, rechtlich und politisch geregelten und seit der Öffnung des Marktes auch ökonomisch wirtschaftenden Organisation Fernsehen. Vielleicht hat man in den Kindertagen des Fernsehens, also in den späten 20er Jahren des 20. Jahrhunderts, den Fernseher mehr als das ‚Ding‘, den Apparat gesehen, mit dem man zaubern konnte. Das Gerät war damals nämlich in der Tat vor allem erst einmal ein ‚Zaubergerät‘, ein ‚Zauberspiegel‘, ein ‚magisches Auge‘, eine ‚Wundertruhe‘, ein neues ‚Wunder der Technik‘ (so die zeitgenössische Werbung).

Aber das Fernsehgerät kam nicht alleine in die Wohnzimmer. Es war stets an ein gesellschaftliches Projekt (Unternehmen) angeschlossen. Damit meine ich zum einen nicht nur den eher trivialen, aber dennoch die Gesellschaft beachtlich verändernden Sachverhalt, dass der Strom für das Gerät aus der Steckdose kommt bzw. von Energieversorgungsunternehmen gegen Entgelt zur Verfügung gestellt wird oder dass Fernsehgeräte massenhaft gebaut, verkauft und gewartet werden müssen. Damit meine ich zum Zweiten nicht nur den erheblich weniger trivialen, ebenfalls die Gesellschaft beachtlich verändernden Sachverhalt, dass das Fernsehgerät einer weltweit operierenden Kamera bedarf (Nachrichtendienste, Übertragungseinheiten, Antennen-, Satelliten-, Kabelnetze). Das Fernsehgerät war auch in den frühen Zeiten nicht nur das Endgerät einer universellen Kamera, die von willfährigen Kameramännern hin und her getragen wurde. Deshalb war das Fernsehgerät auch nie nur das Fenster zur Welt. Es war schon immer auch und vor allem ein Vertreter. Es war der materiell sichtbare und räumlich präsente Vertreter einer gesellschaftlichen Institution und einer Organisation, deren Konturen und Funktionen anfangs nur aufschienen, heute jedoch (und insbesondere seit Zulassung der privaten Anbieter) gut sichtbar sind.

Das Fernsehgerät mit dem ‚Fernsehen‘ gleichzusetzen wäre mit dem Kurzschluss vergleichbar, die Kirchenkanzel und den Prediger auf der Kanzel mit der Kirche zu verwechseln. Prediger wie Kanzel sind nämlich nur die präsenten Vertreter der Organisation Kirche, wenn man so will, deren Plattform und ‚Lautsprecher‘. Das Fernsehgerät hat also zumindest ein klein wenig mit einem Eisberg gemein, der bekanntlich nur einen (kleinen) Teil seiner selbst zeigt. Wen man nämlich im Gerät nicht (zumindest nicht genau) sieht, das sind die Macher und Zulieferer, die Organisatoren und Gestalter, die Entscheider und die Besitzer des Fernsehens. All diese Personen, Gruppen und Organisationen sind verknüpft durch (durchaus unterschiedliche) Interessen, Handlungsroutinen, Vereinbarungen und Satzungen.

Fernsehen ist also eine komplexe und eher weniger als mehr geordnete soziale Praxis – eine gesellschaftliche Institution und eine Organisation mithin. Mit dieser Organisation ist der Zuschauer zu Hause in seinen vier Wänden (draußen im Lande) verbunden – und damit ist er auch Teil dieser Praxis. Egal, ob der Zuschauer das mag oder nicht. Das Fernsehgerät ist somit am Beginn des 21. Jahrhunderts sehr viel mehr ein Interface, eine Kontaktstelle, als ein selbst versorgtes Ding in der Wohnzimmerecke, im Kinder- und Schlafzimmer. Deshalb sind die Geräte von Telefunken, Nokia oder Bang & Olufsen gerade keine magischen Zauberspiegel in der Hand des gemeinen Nutzers (allzeit bereit, ihm die Welt zu zeigen), sondern das eigentliche Wunder ist das Fernsehen als Organisation, welche die Welt aufbereitet, auslegt und auch zunehmend gestaltet.

1.2 Das Fernsehgerät als Zauberspiegel

Als das Fernsehgerät erfunden und 1928 auf der 5. Großen Funkausstellung in Berlin einem staunenden Publikum vorgestellt wurde, galt es zu Recht erst einmal als wahres Wunderding. So drängelten sich Tausende von Begeisterten in die Berliner Vorführungsräume, als im Jahre 1935 das Fernsehen seine öffentliche Premiere gab (vgl. Hickethier 1994: 246). Die Reaktionen waren überwältigend: Jeder war „begeistert oder erschüttert“ – so der Zeitgenosse Büscher –

„erschüttert von dem Wunder, das vor seinen Augen abgerollt war" (Büscher 1935, zitiert nach Hickethier 1994: 245).

Trotz der eher bescheidenen Bildqualität der frühen Fernsehgeräte (die 180 Zeilen des damaligen Fernsehbildes ließen das Gezeigte mehr erahnen als sehen) löste das Gerät bzw. die Möglichkeit, weit entfernten Ereignissen wie durch ein Fenster zuzuschauen, allgemeine Faszination aus. Der Zweite Weltkrieg stoppte dann den Siegeszug des Technikwunders: Erst einmal sah und hörte man in (Kino-)Wochenschauen und aus den Volksempfängern viel über den Sieg und später noch mehr über den Endsieg.

Nach dem Krieg wurde nach einer kurzen Zeit des Nachdenkens über ein eigenständiges Deutsches Fernsehen selbiges organisiert, und 1950 begann die Zeit der regelmäßigen, wenn auch kurzen (nämlich zweistündigen) Ausstrahlungen in schwarz-weiß. Wandte man und frau sich im Vorkriegs-Deutschland jedoch fast ausschließlich kollektiv und öffentlich dem Zauberspiegel zu, so wandelte sich das mit den Jahren – zunehmend fanden diese Wundertruhen ihren Platz in den Wohnzimmern, und die Anzahl der Davorsitzenden wurde immer kleiner (wenn auch das Alleine-Schauen damals eine extreme Ausnahme darstellte).

Die Fernsehstuben, die für das Fernsehen der 30er Jahre noch charakteristisch waren, starben sehr schnell aus (vgl. Piecho 1953). Kollektiv verfolgte man stattdessen jetzt in Gaststätten oder vor den Schaufenstern der Elektrohändler die im magischen Auge sichtbaren Ereignisse. „Neben Kinos, in denen mit Hilfe von Großbild-Projektoren und selbstverständlich gegen Eintritts-Geld ferngeguckt werden konnte – die sogenannten Aktualitäten-Kinos, die Fernsehen vorführten, wurden erst am 18. März 1959 durch Gerichtsurteil verboten – waren die wichtigsten Rezeptionsorte der Elektrohandel, vor dessen Schaufenstern sich das Publikum in wahren Trauben sammelte, und vor allem die Kneipe" (Zielinski 1981: 261). So schauten im Jahr 1955 noch 47 % der Zuschauer in Gaststätten, weitere 22 % im Schaufenster, 18 % bei Verwandten oder Bekannten und nur 3 % zu hause fern (vgl. Eurich & Würzburg 1983: 62).

Ein eigenes Gerät zu besitzen, wie z.B. einen Saba Schauinsland (!) oder den Raffael[4] von Phillips oder einen von ITT-Schaub-Lorenz, war zu jener Zeit einer der großen Wohlstandsträume mit hohem Distinktionsgewinn, was bei einem Preis von über DM 1.000 (in etwa auch der damalige Preis eines Kleinwagens) durchaus verständlich ist.[5] Zuerst waren es deshalb vorwiegend begüter-

---

4   In den 50er und 60er Jahren wurden die Fernsehmodelle nicht über die Nummer einer Modellreihe identifiziert, sondern sie trugen gewichtige Namen. So nannte *Nordmende* seine Geräte u.a. *Diplomat, Konsul, Präsident, Souverän* oder *Imperator*.

5   „Die ‚Deutsche Philips', die den Markt souverän anführte, gab Ende 1952 ihre Preise mit 1.150,- DM für ein kleines Tischgerät und 2.100,- DM für ein selbststehendes Möbelstück mit Mattscheibe (eine sogenannte ‚Truhe') an. Die Gebühren waren im Vergleich dazu geringer: ab 1. Januar 1953 mußte pro Teilnehmer 5,- DM gezahlt werden" (Zielinski 1981: 261).

te Berufsgruppen, wie Selbstständige, Direktoren und Ärzte, die ein Fernsehgerät ihr Eigen nennen konnten. Und da dieses ‚technische Wunder' als ausgesprochen ‚weltoffen' galt, zählten vor allem urbane Menschen zu den frühen Nutzern. Recht schnell aber, bedingt durch sinkende Preise und nicht zuletzt durch die Einführung der Ratenzahlung, verbreitete sich das Medium in allen sozialen Schichten – und natürlich auch auf dem Land.

War das faktische und symbolische Zentrum der Familie in Vor-Fernseh-Zeiten jene obligatorische Sofaecke mit Tisch in einer Ecke des Wohnzimmers, so wurde der neue zentrale Punkt nun das eingeschaltete Fernsehgerät. Der zentrierte Familientisch öffnete sich und richtete sich neu aus (vgl. Anders 1984). „In der Tat darf gesagt werden, daß die Einführung des Fernsehens in den westdeutschen Haushalt genau wie andernorts eine Art Revolution in der Wohnzimmergestaltung hervorgerufen und das gesamte Wohnerlebnis in und mit diesem Raum verändert hat" (Silbermann 1991: 118).

Aber nicht nur das Wohnzimmer wurde neu ausgerichtet, auch der Tagesablauf, der in der Wohnung lebenden (und die Wohnung besuchenden) Menschen musste neu strukturiert werden – wollte man das zweistündige Abendprogramm in das Hausleben integrieren. So musste z.B. das gemeinsame abendliche Essen zeitig zubereitet und vorausschauend organisiert werden, damit alle und alles pünktlich zum Programmbeginn vorbereitet waren. Denn Fern-Sehen war – glaubt man den Berichten und Bilddokumenten aus dieser Zeit (siehe etwa die zahlreichen Fotos in Eurich & Würzburg 1983) – keine Tätigkeit unter vielen anderen, sondern Fern-Sehen war etwas ganz Besonderes, für das man sich Zeit nahm, dem man sich in Stille zuwandte und für das man sich gelegentlich auch besonders gut anzog.

> „Es war uns verboten, das Fernsehgerät zu bedienen. Und wir hielten uns mit sklavischem Gehorsam daran. Niemand hätte es gewagt, den heiligen Kasten auch nur zu berühren. Wir blickten ihn sehnsüchtig an, aber wir mußten warten, bis er unsere Träume ausspuckte, unsere Helden und Lieblinge. Die Wundermaschine – so viel war klar – gehorchte nur dem Knopfdruck Opa Pfeiffers. Der allein besaß die Autorität, stakste mit langem gebrechlichen Schritt in die ockerne Ecke oder blieb trotz unserer Blicke sitzen, blieb stundenlang ungerührt sitzen. Opa Pfeiffer entschied über das Programm und damit über Glück und Unglück, über Tränen und Seligkeit" (Kriener 1994: 10f.).

Fern-Sehen galt als etwas Außergewöhnliches, Außerordentliches: Fern-Sehen entwickelte eine Kultur mit Regeln, Formen und Zubehör – weshalb auch die Auswahl der Kleidung dem Anlass angemessen sein sollte. „Faszination und gespannte Erwartung strahlt das im Wohnzimmer versammelte Publikum aus. Die Aufmachung ist entsprechend. Festlich, wohlfrisiert, in Abendgarderobe und mit dem Habitus dessen, der den Abend in der Loge des Theaters verbringt" (Eurich & Würzburg 1983: 12). Nicht zuletzt war es dieser ‚Zauber' des Mediums, der dem Besitzer eines Fernsehers in jener Zeit wahre Besucherströme bescherte. Im (oft wohl gefüllten) Wohnzimmer saßen sie dann, den Blick andächtig auf das ‚Traumfenster' gerichtet, gekleidet fast wie zum sonntäglichen Kirchgang.

Zu sehen gab es dann vor allem Ereignisfernsehen oder Fernsehkino bzw. Fernsehtheater. Im ‚magischen Auge' konnte man z.B. am 2. Juni 1953 (via ‚Eurovision') sehen, wie zeitgleich die englische Königin Elisabeth II. gekrönt wurde (und man sah mehr und besser, als die meisten der anwesenden europäischen Adligen), oder man war immer auf Augenhöhe des Balles, als 1954 die Fußballweltmeisterschaft in der Schweiz ausgetragen wurde. Das war Ereignisfernsehen: Eine Kamera fing (und dies ohne große ‚Schnörkel') für die Zuschauer zu Hause Bilder von bewegenden und wichtigen Ereignissen ein. Sichtbar wurden diese Bilder mit Hilfe einer neuen Technik, die Punkt für Punkt und Zeile für Zeile das Bild auf dem Bildschirm im Wohnzimmer aufbaute. Der Zeitgenosse konnte auf diese Weise zum Zeitzeugen werden – das Fernsehgerät war ein kompliziertes (und meist auch die Zeit versetzendes) Fernrohr. Das Fernsehgerät in dieser Nutzung war also ein Medium der bequemen Fernanwesenheit – auch für den kleinen Mann.[6]

Zudem wurde der Fernseher noch als Überbringer der großen und kleinen Bildung, aber auch als Lieferant der mit Tragik oder Komik gewürzten Unterhaltung und Erschütterung genutzt: So waren Kinofilme (wenn auch in schlechter technischer Qualität) und Abfilmungen von Theateraufführungen regelmäßig im Programm zu finden. So führte sich das neue Medium vor allem anfangs über das Alte, bereits Bekannte ein. Entsprechend wurde die Handlung ‚Fern-Sehen' anfangs auch als eine spezielle Form des Theater- bzw. des Kino-Besuchs aufgefasst und auch so zelebriert.

Das Fernsehgerät der frühen Tage zeigte mithin nur das, was sich auch ohne die zuschauende Kamera ereignete, was es also in der Welt bereits gab. Die Kamera beobachtete das Wichtige und Außerordentliche dieser Welt; im Fernsehgerät war es wie durch ein Zauberfenster zu sehen. Das Fernsehen registrierte

---

6   Besonders schön wird diese Funktion des Fern-Sehens von einer damaligen Reklame der Firma *Graetz* auf den Punkt gebracht. „Ich komme müd aus der Fabrik, und frage meine Frau: 'Wie steht's? Was macht die Politik?' Sie lächelt, geht zum *Graetz* und öffnet unserem Zauberschrank die Edelholzgehäuseklappe: Schon hält der Minister Blank ein Referat, das nicht von Pappe. Nicht lange, da kommt Ollenhauer und sagt das genaue Gegenteil. Natürlich reagiert er sauer und schreit nicht gerade Weidmannsheil! Bald herrscht der allerschönste Streit. Der ganze Bundestag wird wild. Die Leidenschaft der Obrigkeit wirkt imposant im Fernsehbild. Ihr könnt, wie es weitergeht, in Eurer Zeitung morgen lesen. Ich aber, dank dem *Graetz-Gerät*, bin heute schon dabei gewesen" (aus: Müllender & Nöllenheidt 1994: 125).

jedoch nur, zeichnete nur auf, schuf noch nicht – auch wenn es zweifellos immer schon durch die ‚Kamerahandlung' das Registrierte kommentierte und bewertete. In jener Zeit gab es also noch keine Fernsehspiele, keine (Quiz-, Talk-, Single-, Spiel-)Shows, kein Sportstudio, keine Bonner-Runde, keinen Disney-Club, keine Traumhochzeit und auch noch keine Harald-Schmidt-Show.

In jener Zeit zeigte das Fernsehgerät dagegen (scheinbar) nur das, was irgendwo auf der Welt tatsächlich geschehen war, es interessierte sich (scheinbar) noch nicht für sich selbst. Natürlich tat es letzteres ebenfalls schon vom ersten Moment an, aber eben noch nicht bewusst und nicht systematisch. Die Selektion der Bilder, der Schnitt, die Bildführung und die Wahl der Objektive zwangen das Fernsehen von der ersten Übertragung an zur Entscheidung und zur Begründung, was notwendige Voraussetzungen zur (Selbst)Reflexion sind. Als das Fernsehen dann jedoch begann, sich selbst zu beobachten, entdeckte es schnell das in ihm von Beginn an (strukturell angelegte) Potential: nämlich dass es sehr viel mehr war, als eine Kamera mit Übertragungskanal und Bildfläche. Es konnte nicht nur die Welt beobachten, sondern die Welt veränderte sich auch aufgrund der Beobachtung durch die Kamera. Manches ereignete sich erst, weil und damit es beobachtet und versendet wird. Wegen dieser strukturell verankerten Besonderheit (nämlich der Fähigkeit, durch die Beobachtung das Beobachtete zu verändern) ist das Fernsehen sehr viel mehr mit den Medien ‚Zeitung' und ‚Radio' verwandt als mit dem wundersamen Fernrohr, dem Kino und dem Theater.

Als das Fernsehen aufgrund dieser ‚Erkenntnis' erst zaghaft und dann immer schneller und massiver damit begann, selbst Programme herzustellen und sich in die Welt einzumischen, verwandelte sich der Zauberspiegel bzw. das magische Fernrohr in eine spezifisch geordnete soziale Praxis, in eine komplexe und machtvolle Organisation, die durchaus als (Global) Player einer spätmodernen Gesellschaft betrachtet werden kann und auch durchaus in der Lage ist, anderen Institutionen und gesellschaftlichen Akteuren ihre Aufgaben streitig zu machen.

1.3 Das Fernsehen ist immer und überall

Die Bedeutung des Fernsehens für moderne oder postmoderne Gesellschaften ist unstrittig. Das ‚Fernsehen' liefert mit seinen vielen Vollprogrammen rund um die Uhr, über das Jahr und die Welt hinweg allen Fernsehzuschauern (und mittelbar auch denen, die über kein Fernsehen verfügen) eine parallel zum wirklichen Leben strukturiert mitlaufende ‚Fernsehwirklichkeit'. In diesen ‚flow of broadcasting' (vgl. Fiske 1987) kann man sich ständig und immer wieder einklinken. Ablesbar ist die Bedeutung des Fernsehens auch an folgenden Sachverhalten:

a. Im westlich beeinflussten Kulturraum findet sich in fast jeder Wohnung ein Fernseher, oft auch noch ein oder zwei analoge oder digitale Maschinen zur Aufzeichnung von Fernsehprogrammen, und natürlich finden sich auch Zweit- bzw. Drittfernseher im Kinder- oder Schlafzimmer. Diese Geräte werden von Erwachsenen, Kindern und Jugendlichen, von Frauen und Männern, von Reichen und Armen, von Gebildeten und Ungebildeten regelmäßig und oft auch ausgiebig genutzt. Manche Programme sprechen mehr die Gebildeten an, andere mehr die weniger Gebildeten. Das Fernsehen ist in dieser Gesellschaft omnipräsent.

b. Die Fernsehnutzung nimmt trotz des Auftauchens des Internets weiter zu. So ergab eine Langzeitstudie der Gesellschaft für Konsum-, Markt- und Absatzforschung (GfK), dass die Fernsehnutzung in Deutschland in den letzten zehn Jahren um ein Viertel gestiegen ist. Saß der Fernsehzuschauer 1994 täglich noch 167 Minuten vor dem Gerät, so waren es 2004 schon 210 Minuten. Das entspricht einem Anstieg von 25,8 Prozent. Vor allem Erwachsene ab vierzehn Jahren, die in Ein-Personen-Haushalten leben, sehen mehr fern: Sie steigerten ihre Fern-Seh-Zeiten von 233 Minuten (1994) auf 311 Minuten (2004). Mit einem Anstieg um 33,1 Prozent sind sie die größte Nutzergruppe. Frauen ab 14 Jahren sehen mehr fern als vergleichbare Männer: nämlich 237 Minuten (Frauen) und 212 Minuten (Männer). Bei Kindern zwischen drei und 13 Jahren hat sich im Übrigen in den letzten Jahren wenig getan: Sie sind dem Fernsehen täglich etwa 93 Minuten ausgesetzt (vgl. hierzu: Iskandar & Hanfeld 2005).

c. Mithilfe der zahlreichen täglichen 24-Stunden-Programme liefert das Fernsehen eine immerwährende und endlose Zeitachse, welche den Tages-, Wochen-, Monats- und auch den Jahresablauf begleitet, taktet und strukturiert. Und im Gegensatz zum unübersichtlich gewordenen real life ist die übersichtliche Ordnung in der jenseitigen Medienwelt dem Betrachter gut vertraut. Im Fernsehen dauern Geschichten eine bestimmte Zeit, und sie haben ihre Zeit (morgens, abends, nachts). Die versendeten Formen und Formate haben einen festen Rhythmus, manche Sendungen ihren festen Platz. Fernsehen ereignet sich in festen Zyklen. Diese sind dauerhaft, vertraut und verlässlich. Das Medium ‚Fernsehen' hat eine Liturgie konstituiert (vgl. Schilson 1997, Thomas 1998 und 2000, Reichertz 2000), welche den Tag und das Jahr gliedert. Sagten ehemals die Kirchenglocken, was die Stunde geschlagen hatte, so zeigt einem heute ein Blick ins Fernsehen nicht nur die Tageszeit, sondern auch die Jahres- und Festzeit an (Weihnachten, Ostern,

Karneval). Das Fernsehen ist zu einem wichtigen sozialen Zeitgeber unserer Tage geworden (vgl. Neverla 1993).

d. Die Inhalte und Botschaften der Fernsehprogramme beziehen sich mittlerweile auf fast alle Bereiche des alltäglichen Lebens. Es gibt kaum mehr eine Handlungssituation, zu der das Fernsehen nichts sagt oder Beispiele für falsches oder richtiges Verhalten zeigt. Fernsehen bezieht sich also nicht mehr auf einzelne (und meist wenig relevante) Teile des alltäglichen Lebens (Freizeit), sondern es ist an jedem Ort des Alltags und zu jeder Zeit zu finden. Das Fernsehen äußert sich on air zu allem und richtet sich an jeden.

e. Aber Fernsehen versendet nicht mehr allein via Kabel und Satellit Wissen über Welt an alle, es lädt heute nicht mehr nur die gesellschaftliche Prominenz in die Studios ein, sondern jedermann, auch die, die ‚mühselig und beladen' sind und denen ansonsten die Sprache fehlt oder denen niemand zuhört, und ermöglicht auch ihnen die Gestaltung ihres Lebens mithilfe des Fernsehens. Das Fernsehen ist mittlerweile ein Mittel, eine Organisation geworden, die von fast jedem genutzt werden kann, um ein Anliegen öffentlich vorzutragen und für es zu werben – auch wenn das Anliegen nur darin besteht, für die eigene Person zu werben.

f. Fernsehen tut darüber hinaus Folgendes: Es greift mit seinen Beiträgen und Formaten aktiv in das gesellschaftliche Leben ein. So hilft es regelmäßig der Kriminalpolizei bei der Suche nach Verbrechern, manchmal ermittelt es auch selbständig und benachrichtigt dann die Polizei. Es organisiert ebenfalls regelmäßig und mit großem Erfolg massive Hilfe bei Katastrophen, es traut Heiratswillige jeder sexuellen Orientierung (vgl. Reichertz 2000, Iványi & Reichertz 2002 und Iványi 2003), es überprüft die Leistung von Handwerkern, die Qualität von Hotels, die Güte von Fruchtsäften. Es berät in Rechts- und Gesundheitsfragen, es verkauft Waren aller Art, ohne auf die Ladenschlusszeiten zu achten. Es organisiert Rededuelle von Menschen, die das Land regieren wollen und beschleunigt so Karrieren. Es offenbart, wer Spesenabrechnungen gefälscht hat und beendet so Karrieren.

g. Aber das Fernsehen wirkt nicht nur mit und auf den Kanälen. Es ist auch immer häufiger und immer massiver off air tätig. Es sponsert gesellschaftliche Ereignisse jeder Art (Bürgerinitiativen, Feste, Ausstellungen, Kongresse etc.), es produziert und verteilt Unterrichtmaterialien über die Religion, die Natur oder andere gesellschaftlich relevante Angelegenheiten. Es engagiert sich für bestimmte Gruppen und Interessen, es begleitet Armeen auf ihrem Weg zum Feind und hilft den Siegern beim Feiern. Es hilft den Überschuldeten aus der Schuldenfalle und lockt andere via Internet auf teure Fernreisen.

Die Medien und hier vor allem das Fernsehen gestalten und verändern auf diese Weise die Gesellschaft – sowohl den privaten als auch den beruflichen Alltag, dessen moralische Fundierung, seine politische Legitimität und seine ästhetischen Formen. Das tut das Fernsehen, weil es als *Medium* nicht nur die Prozesse der Wissensspeicherung und die der Wissensübertragung, sondern auch die Art des Wahrnehmens und Sehens tief greifend verändert hat. Fernsehen verändert die Gesellschaft und die Welt darüber hinaus, weil es (bei aller Konkurrenz untereinander) eine international und auch schon global agierende Organisation mit eigenen Interessen und beachtlichen ökonomischen Ressourcen und politischen Mitteln ist. Das Fernsehen hat die Wirklichkeit allein dadurch verändert, dass es als elektrisches/elektronisches Gerät gebaut, vertrieben und gewartet werden muss. Das Fernsehen hat Anlässe, Formen und Formate gesellschaftlicher Interaktion und Kommunikation und auch die Formen des Regierens verändert. All dies bewirkt das Fernsehen aufgrund seiner ihm eigenen ,*Materialität*'.

Immer mehr und immer öfter mischt sich das Fernsehen ein – in Produktion und Gestaltung – on air, aber zunehmend auch off air. Und das Fernsehen taucht nicht mehr nur im Wohnzimmer auf, sondern sehr viel öfter und nachhaltiger in der Gesellschaft. Fernsehen schafft gesellschaftliche Aufmerksamkeit, und wer sein eigenes Interesse in der Öffentlichkeit artikulieren und rechtfertigen will, um so Unterstützung und Durchsetzungsfähigkeit zu erlangen, der muss ins Fernsehen (vgl. auch Iványi 2003). Ums Fernsehen drehen sich alle, und das Fernsehen ist sich seiner Bedeutung bewusst. Es gibt kaum einen gesellschaftlichen Akteur, der sich nicht der Dienste des Fernsehens bedient, aber zugleich gibt es auch keinen gesellschaftlichen Akteur, dem durch das Fernsehen keine Konkurrenz gewachsen ist.

Das Fernsehen ist die gesellschaftliche Institution geworden, die, wenn auch nicht alles, so doch sehr viel beobachtet, und von der alle Akteure, die etwas in der Gesellschaft bedeuten wollen, hoffen, Beachtung und Sendezeit zu finden. Alle gesellschaftlichen Akteure, die etwas mit Hilfe der Öffentlichkeit erreichen wollen, streben ins Fernsehen. Und da trotz der Öffnung des Marktes die Fernsehzeit knapp ist, übertreffen sich die Akteure mit fernsehgerechten Angeboten. Verschärft wird die Situation noch dadurch, dass die Aufmerksamkeitszeit erheblich geringer ist als die Fernsehzeit, die ja von allen Programmen gespeist wird. Jeder Zuschauer kann gleichzeitig nur ein Programm schauen – Versuche, mit der Technik ,Bild im Bild' die Zuschauer gleichzeitig zwei oder drei Programme aufnehmen zu lassen, sind bislang wenig erfolgreich gewesen. Deshalb kämpfen alle nicht nur um einen Platz im Fernsehen, sondern vor allem um die Aufmerksamkeit des Zuschauers (Franck 1998, auch Kiefer 2001).

Akteure müssen, wollen sie im öffentlichen Diskurs auftauchen, das Treiben der Journalisten (teils mit professioneller Hilfe) beobachten: So müssen sie sich in Pose werfen, wenn ein Medienakteur ein Tonband und ganz gewiss, wenn eine Kamera eingeschaltet wird, sie müssen Ereignisse produzieren, damit über sie berichtet wird, sie müssen mit PR-Beratern oder Spin Doctors (Esser 2000, Kocks 2001) Strategien entwickeln, in welchen Medien und welchen Sendungen in welchem Outfit über welches Thema was gesagt werden sollte – alles mit dem Ziel, sich selbst und die eigene Position mit Hilfe der Journalisten der Öffentlichkeit möglichst günstig zu zeigen.

Journalisten haben in dieser Situation (in dem Bestreben Einschaltquoten und Auflagen zu erhöhen) Gegenstrategien entwickelt. Sie beobachten ihrerseits die politischen Beobachter des journalistischen Beobachtungsprozesses genauer. Neue Formate der Berichterstattung über das Politische entstanden in den politisch informierenden Medien: viele geprägt von dem journalistischen Wunsch, entweder das Darstellungsbegehren der Politiker zu unterlaufen bzw. zu entlarven oder ihm freien Lauf zu lassen bzw. ihm eine möglichst gute Bühne bereitzustellen.

Eine zuverlässige Einflussnahme auf die Medien (von welcher Seite auch immer) ist also nicht (mehr) so ohne weiteres und vor allem nicht ungebrochen möglich, hat sich doch das moderne Mediensystem aufgrund politischer und ökonomischer Rahmenbedingungen zunehmend zu einem eigenständigen gesellschaftlichen Subsystem entwickelt, das nach eigenen Logiken und eigenen Zwängen prozessiert. Damit entzieht es sich weitgehend dem unmittelbaren Zugriff – auch dem Zugriff politischer Akteure und auch der Instrumentalisierung durch die jeweiligen Besitzer der Sendeanstalten. Das Mediensystem hat sich eigene ‚Spielregeln' geschaffen, gemäß derer Berichterstattung funktioniert. Medien, so sie denn als soziale Systeme verfasst sind (und das sind in modernen Gesellschaften all die, die auf massenhaften Verkauf angewiesen sind), beobachten in der Regel die Welt nach eigenen Relevanzen – also auch das Wirken der gesellschaftlichen Akteure, ohne dass sich dabei eine Leitdifferenz bisher herausgebildet hat. Den Medien ist dabei vor allem (also nicht allein!) das wichtig, was ihren Käufern wichtig ist, und denen ist wichtig, über das Handeln der unterschiedlichen Akteure (Politiker, Stars, Sportler, Wirtschaft, Fernsehen etc.) nicht mit offiziellen Verlautbarungen informiert zu werden. Für die ‚Hofberichterstattung' sind die jeweiligen Pressesprecher zuständig. Deshalb dürfen sich in demokratischen Gesellschaften die Medien schon aus Eigennutz nicht von den jeweiligen Akteuren instrumentalisieren lassen, wollen sie noch Käufer finden, wollen sie also überleben.

Aber die Medien werden, durchaus in Verfolgung ökonomischer Interessen, immer mehr selbst zu politischen Akteuren (vgl. Reichertz 2000). Sie haben und wollen zu allem etwas Eigenes sagen – egal ob es sich um die innere Sicherheit, das Privatleben von Claudia Schiffer oder den nächsten Kanzler Deutschlands

handelt (Eilders, Neidhardt & Pfetsch 2004). Die Medien (Zeitungen wie Fernsehsender) entwickeln mittels eigener Deutungen und Kommentierungen ein
eigenes Profil (Corporate Identity), das sich von der Konkurrenz abgrenzt und
die Medien dadurch unterscheidbar macht (Lüter 2004). Medien, die sich zum
einen von ihren direkten (Medien)Konkurrenten und zum anderen von den anderen Akteuren im Handlungsfeld unterscheiden, indem sie eine eigene Position
liefern oder gar Eigenes selbst veranlassen oder tun, liefern möglichen Käufern
einen Nutzen, der, wenn er groß genug erscheint, den Kauf des Mediums bzw.
dessen Nutzung zur Folge hat.

Wichtig für die eigene ‚Medien-Identität‘ sind Auswahlentscheidungen und
Präsentationselemente, nach denen Ereignisse und Angebote erfasst, selektiert
und dargestellt werden. Dieser Auswahlprozess unterliegt verschiedenen Rahmenbedingungen, die zum Ersten von außen auf das Mediensystem einwirken
(Ökonomie), zum Zweiten durch das ‚journalistische Feld‘ (Bourdieu 1998)
entstehen und zum Dritten aus der Arbeit der Journalisten selbst resultieren. Als
wichtigste externe Faktoren können hier ökonomische, politische und technolo-
gische Einflüsse genannt werden, während die Stellung im journalistischen Feld,
das Selbstverständnis der einzelnen Journalisten, der vermeintliche Nachrichtenwert[7] und die Darstellungszwänge der Medien die bedeutendsten internen
Faktoren ausmachen (vgl. auch Iványi 2003).

Man kann davon ausgehen, dass die Medien innerhalb der allgemeinen gesellschaftlichen und insbesondere in der politischen Kommunikation in konkreten, teils durch persönliche Beziehungen gesicherten Wechselbeziehung zu den
einzelnen Akteuren stehen und mehr oder weniger etablierte Netzwerke bestehen
bzw. aufgebaut werden. Deshalb sind die Medien, wie auch die an unterschiedlichen Diskursen Beteiligten und ihre Agenturen, wechselseitig sowohl Akteure
als auch Instrumente im jeweiligen Diskurs. Und genau auf diesen Sachverhalt
richten die Akteure in den Diskursen zunehmend ihr Verhalten aus. Sie entwickeln auf allen Ebenen (überregional, regional und lokal) Strategien und Konzepte für den Umgang mit Medien und für eine mediengerechte Präsentation. Sie
richten innerhalb ihrer Behörden Abteilungen ein, die entsprechende Konzepte
ausarbeiten und relevante Kontakte herstellen. Dabei nutzen sie auch eine mittlerweile entstandene medienpolitische Beraterbranche und stellen sie in ihre
Dienste.

---

7   Wichtige Faktoren für den Nachrichtenwert sind: Prominenz, Personifikation und Ereignis-
     haftigkeit, Abgeschlossenheit, kurze Dauer, Konflikt, überdurchschnittlicher Schaden oder eine
     entsprechende Leistung, Relevanz für und Nähe zum Rezipienten.

1.4 Das Fernsehen als Feld

Aber die Rede vom Fernsehen als Akteur, verstanden als Handlungs- und Entscheidungszentrum, ist metaphorisch. Bei genauer Betrachtung ist das Fernsehen mehr als *ein* Akteur, es ist eine spezifische Akteurkonstellation, oder in der Begrifflichkeit von Bourdieu: ein Feld, in dem „Akteure und Institutionen – mit ungleichen Kräften und gemäß den für diesen Spielraum konstitutiven Regeln – miteinander im Kampf um die Aneignung der spezifischen Profite, die bei diesem Spiel im Spiel sind" (Bourdieu 1993: 129), liegen.

Betrachtet man dieses Feld, stellt sich immer auch die allgemeine kultursoziologische Frage danach, ob in der aktuellen Gesellschaft (vgl. Castels 2002, Münch 1991) dort nicht ein gemeinsamer Fluchtpunkt des Handelns der Akteure auszumachen ist, in dem die Eigenlogik medialen Handelns und deren strukturelle gesellschaftliche Funktion zum Ausdruck kommt. Lassen sich die eigenständige Handlungslogik massenmedialer Inszenierung on air und off air, also der tief greifende Prozess der Mediatisierung, auf einen Punkt bringen? Geht es (immer noch oder schon wieder) um die Herstellung von Öffentlichkeit (Pöttker 2001, Jarren & Donges 2002), um Wirklichkeitsvermittlung via Medien (Früh 1994), um das Dirigieren der Selbstbeobachtung des Gesellschaftssystems und die ständige Erzeugung und Bearbeitung von Irritation (Luhmann 1996), um die kulturindustrielle Erzeugung eines schönen, narkotisierenden Scheins (Prokop 2001, auch Hepp 1999), um die symbolische Gewalt der Medien gegen die Menschen (Bourdieu 1998) oder ist mit den Medien ein hybrides System entstanden, das vielfältige gesellschaftliche Funktionen übernehmen und erfüllen kann (vgl. auch Krotz & Rössler 2005, Weber 2003).

In Auseinandersetzung mit solchen Funktionsbestimmungen der Medien ist zu prüfen, ob die Medien und hier vor allem die Institution ‚Fernsehen' zunehmend und zunehmend erfolgreich mit anderen gesellschaftlichen Institutionen, die bislang für Orientierung und Steuerung zuständig waren, erfolgreich in Wettbewerb treten und welche gesellschaftliche Folgen dieser Wettbewerb zeitigen wird (vgl. Reichertz 2000).

Literatur

Anders, Günther (1984): Die Antiquiertheit des Menschen. Band 2. Über die Zerstörung des Lebens im Zeitalter der dritten industriellen Revolution. München: Beck
Bourdieu, Pierre (1993): Soziologische Fragen. Frankfurt a.M.: Suhrkamp.
Bourdieu, Pierre (1998): Über das Fernsehen. Frankfurt a.M.: Suhrkamp.
Castels, Manuel (2002): Das Informationszeitalter. Band 2. Opladen: Leske und Budrich.

Eilders, Christiane, Neidhardt, Friedhelm & Pfetsch, Barbara (2004): Die Stimme der Medien. Wiesbaden: VS Verlag.

Esser, Frank (2000): Spin doctoring. In: Forschungsjournal Neue Soziale Bewegungen 3 (3): S. 17-24.

Eurich, Claus & Würzberg, Gerd (1983): 30 Jahre Fernsehalltag. Wie das Fernsehen unser Leben verändert hat. Reinbek: Rowohlt.

Fiske, John (1987): Television Culture. London.

Franck, Georg (1998): Ökonomie der Aufmerksamkeit. Ein Entwurf. München/Wien: Carl Hanser Verlag.

Früh, Werner (1994): Realitätsvermittlung durch Massenmedien. Opladen: Westdeutscher Verlag.

Hepp, Andreas (1999): Cultural Studies und Medienanalyse. Opladen: Westdeutscher Verlag.

Hickethier, Knut (1994): Zwischen Einschalten und Ausschalten. Fernsehgeschichte als Geschichte des Zuschauens. S. 237-306 in: Faulstich, Werner (Hrsg.): Vom ‚Autor‘ zum Nutzer: Handlungsrollen im Fernsehen. Geschichte des Fernsehens in der Bundesrepublik Deutschland. Band 5. München: Beck.

Iskandar, Katharina & Hanfeld, Michael (2005): Fernsehkonsum. Willkommen in der Unterschicht. In: FAZ Nr. 98. 28. April 2005.

Iványi, Nathalie & Reichertz, Jo (2002): Liebe (wie) im Fernsehen. Opladen: Leske + Budrich.

Iványi, Nathalie (2003): Die Wirklichkeit der gesellschaftlichen Konstruktion. Konstanz: UVK.

Jarren, Otfried & Donges, Patrick (2002): Politische Kommunikation in der Mediengesellschaft. Eine Einführung. 2 Bände. Wiesbaden: Westdeutscher Verlag.

Kiefer, Marie L. (2001): Medienökonomik. München/Wien: Oldenburg.

Kocks, Klaus (2001): Was oder worüber spricht der Spin Doctor? S. 137-148 in: ders. (Hrsg.): Glanz und Elend der PR. Wiesbaden: Westdeutscher Verlag.

Kriener, Manfred (1994): Pulsschlag auf Kolibri-Frequenz. S. 10-13 in: Müllender, Bernd & Nöllenheidt, Achim (Hrsg.). Am Fuß der blauen Berge. Essen: Klartext.

Krotz, Friedrich & Rössler, Patrick (Hrsg.) (2005): Mythen der Mediengesellschaft – The Media Society and its Myths. Konstanz: UVK.

Lüter, Albrecht (2004): Politische Profilbildung jenseits der Parteien? S. 167-195 in: Eilders, Christiane, Neidhardt, Friedrich & Pfetsch, Barbara 2004 (Hrsg.): Die Stimme der Medien. Wiesbaden: VS Verlag.

Luhmann, Niklas (1996): Die Realität der Massenmedien. Opladen: Westdeutscher Verlag.

Münch, Richard (1991): Dialektik der Kommunikationsgesellschaft. Frankfurt a.M: Suhrkamp.

Neverla, Irene (1992): Fernsehzeit. München: Ölschläger.

Piecho, Günther (1953): Berliner Fernsehen. In: Rundfunk und Fernsehen 1: S. 14-27.

Pöttker, Horst (Hrsg.) (2001): Öffentlichkeit als gesellschaftlicher Auftrag. Konstanz: UVK.

Prokop, Dieter (2001): Der Kampf um die Medien. Das Geschichtsbuch der neuen kritischen Medienforschung. Hamburg: VSA-Verlag.

Reichertz, Jo (2000): Die frohe Botschaft des Fernsehens. Kulturwissenschaftliche Untersuchung medialer Diesseitsreligion. Konstanz: UVK.

Schilson, Arno (1997): Medienreligion. Zur Signatur der Gegenwart. Tübingen: Mohr.

Silbermann, Alphons (1991): Neues vom Wohnen der Deutschen (West). Köln: Klartext.

Thomas, Günter (1998): Medien, Ritual, Religion. Zur religiösen Funktion des Fernsehens. Frankfurt a.M.: Suhrkamp.

Thomas, Günter (Hrsg.) (2000): Religiöse Funktionen des Fernsehens? Wiesbaden: Westdeutscher Verlag.

Weber, Stefan (Hrsg.) (2003): Theorien der Medien. Konstanz: UVK.

Zielinski, Siegfried (1981): Telewischen. Aspekte des Fernsehens in den 50er Jahren. S. 250-272 in: Siepmann, Eckhard (Hrsg.): Kalter Krieg und Capri-Sonne. Berlin: Wagenbach.

2 Institutionalisierung als Voraussetzung einer Kultur der Performativität

> „Es ist der soziale Prozess des Zusammen-
> lebens, der die Regeln schafft und auf-
> rechterhält, und es sind nicht umgekehrt
> die Regeln, die das Zusammenleben schaf-
> fen und erhalten."
> *Herbert Blumer*

2.1 Antwortschreiben eines Bürgermeisters

„Sehr geehrtes Brautpaar, mit Ihrem Wunsch, in Bad Brückenau heiraten zu wollen, liegen Sie genau richtig. Wir, d.h. das Standesamt Bad Brückenau, verschiedene Wirte und Hoteliers, unser Reisebüro Rittig und ich als Bürgermeister möchten Ihnen Ihre Hochzeit zu einem unvergessenen Erlebnis machen.

In der Anlage übersenden wir Ihnen einen Katalog der Möglichkeiten, aus dem Sie Ihre Feier selbst zusammenstellen können. Sollten Sie noch weitere Wünsche haben, fragen Sie einfach an. Wir tun unser Möglichstes.

Verehrtes Brautpaar, haben Sie eigentlich schon Ihre Flitterwochen geplant? Verbringen Sie sie doch einfach bei uns an der Rhön. Hier finden Sie noch die Ruhe und Geborgenheit, die die ersten Tage einer Ehe so schön machen können. Unser Urlaubs- und Kurwegweiser liegt bei, suchen Sie sich etwas Passendes aus.

In der Hoffnung, Sie recht bald in Bad Brückenau begrüßen zu dürfen, verbleibe ich mit freundlichen Grüßen Ihr Erster Bürgermeister Hans Rohrmüller."

Vergleichbare Schreiben erhalten interessierte Heiratswillige zurzeit aus vielen Orten (nicht nur) dieser Republik: aus dem Westen, dem Süden, dem Osten und dem Norden, aus der Großstadt wie aus der Kleinstadt, aus Metropolen und Provinznestern, und natürlich auch von Burg-, Mühlen-, Schiff- oder Fesselballonbesitzern. In all diesen Schreiben wird in etwa das Gleiche annonciert: nämlich dass eine Fülle von lokalen Dienstleistern bereit stehen, feierwilligen Brautpaaren nicht nur eine prunkvolle Traumhochzeit zu ermöglichen, sondern auch noch das Hochzeitsfest und die Flitterwochen auszurichten – natürlich gegen Rechnung mit Mehrwertsteuer.

2.2 Die deutsche Hochzeit zu Beginn des 21. Jahrhunderts

Es hat sich was getan in Deutschland (West) – zumindest was die Pracht beim
Standesamt betrifft. Früher, und das heißt: bis zu Beginn der 90er Jahre des 20.
Jahrhunderts herrschten bei der standesamtlichen Trauung vor allem Amtston,
Enge und Nüchternheit vor. Denn die Trauung war vor allem eine *Amtshandlung*
und sollte es auch sein. Deshalb sollte die Kleidung diesem Anlass entsprechend
gewählt werden. Der Bräutigam trug laut Anstandbuch einen dunklen Anzug mit
Krawatte, Hut und Handschuhen, die Braut dagegen ein „gedecktes" Kostüm,
wobei „Hut und Handschuhe bei der standesamtlichen Trauung nicht fehlen" dürfen (Eichen 1969: 108). Die Trauzeugen und die begleitenden Verwandten sollen
sich dieser Kleidungsordnung anpassen. Zum gesellschaftlichen Rahmen der Ziviltrauung stellte die Gräfin von Eichen in ihrem Anstandsbüchlein ausdrücklich fest,
dass die „standesamtliche Trauung eine Amtshandlung ist, aber keine Festlichkeit,
die in größerem Rahmen gefeiert wird" (ebd.: 109). Deshalb sollten auch nur das
Brautpaar und die Trauzeugen an dieser Amtshandlung teilnehmen.

Die standesamtliche Trauung selbst fand bis Ende der 80er Jahre nur vormittags und werktags in den Räumen des zuständigen Standesamtes statt. Nachdem die Brautleute und die Trauzeugen ihre Personalausweise vorgelegt hatten
und die Gebühren für die Trauung gezahlt waren, konnte der staatliche Trauakt
beginnen. Ein Benimmführer aus diesen Jahren bereitete das Paar mit folgender
Beschreibung auf die Ereignisse im Amt vor:

> „Den Trauzeugen, die erschienen sind, liest der Standesbeamte ihre Personalien vor
> und läßt sich bestätigen, ob sie die Erschienenen sind. Nachdem sie mit Ja geantwor-
> tet haben, erklärt der Standesbeamte den Brautleuten, was die Ehe bedeutet und wel-
> che Rechte und Pflichten sie haben. Im Anschluß an die Belehrung fragt er die
> Brautleute in Gegenwart der Zeugen, ob sie die Ehe miteinander eingehen wollen.
> Nachdem beide Partner ihr Jawort gegeben haben, erklärt der Standesbeamte das
> Brautpaar im ‚Namen des Gesetzes' als Mann und Frau. Die nun nach dem Recht
> verbundenen Eheleute unterschreiben mit ihrem vollem, von ihnen gewählten neuen
> Familiennamen. Die anwesenden Trauzeugen unterzeichnen diesen Bund mit ihrer
> Unterschrift als Zeugen der Eheschließung." (Ohrendorf 1991: 31 f.)

Der Alltag standesamtlicher Trauungen sah also in der Bundesrepublik lange Zeit
wenig prachtvoll und wenig rituell aus. Auch Nave-Herz, die in einer *im Jahr
1991* abgeschlossenen Untersuchung die Praxis der standesamtlichen Trauungs-
praxis in Deutschland systematisch untersucht hat, kommt zu diesem Ergebnis.
Die von ihr befragten Brautpaare zeigten sich sichtlich enttäuscht über die bürokratische Handlungslogik auf dem Standesamt, durch welche die Ziviltrauung
eher den Charakter einer „Massenabfertigung" erhielte (Nave-Herz 1997: 49).

„Einige wenige (...) versuchten selbst den standesamtlichen Trauungsakt etwas individueller zu gestalten, lösten dann aber sofort Befremden, Unsicherheit, z.T. sogar vorwurfsvolle Verteidigung auf der bürokratischen Seite aus" (ebd.: 50). Auch führe, so Nave-Herz weiter, der wegen der kleinen Trauzimmer bedingte Ausschluss von Öffentlichkeit dazu, dass die Trauung einen nur „privaten Charakter" annehme (ebd.). Ferner empfänden vor allem die Amtsträger (aber auch die Paare) eine „Inkompatibilität von standesamtlicher Trauung und ‚Hochzeit in Weiß'" (ebd.). Die bürokratische Nüchternheit, der Verwaltungscharakter der standesamtlichen Trauung belege damit, so das Fazit dieser Untersuchung, dass „keine Ritenkonkurrenz zwischen standesamtlicher und kirchlicher Trauung, jedenfalls bisher noch nicht" bestehe (ebd.: 52; siehe hierzu Reichertz & Iványi 2001 und Iványi & Reichertz 2002 und auch Iványi 2004).

Die Dinge haben sich mittlerweile grundlegend geändert – das zeigen zumindest die Ergebnisse eines von mir durchgeführten und mittlerweile auch abgeschlossenen, von der DFG finanzierten empirischen Forschungsprojekts[8], in dem es vor allem um die Klärung der Frage ging, ob sich Austauschprozesse zwischen der medialen Präsentation von Liebe (z.B. in der Show Traumhochzeit) und der alltäglichen auffinden lassen (vgl. Reichertz & Iványi 2001 und Iványi & Reichertz 2002).

Die Ergebnisse dieser dreijährigen Studie sind im Hinblick auf die deutsche Traupraxis recht eindeutig: Zwar gibt es noch immer die schnelle Trauung zwischendurch, aber sie wird immer seltener. Stattdessen mieten (zur Freude des lokalen Hochzeitsgewerbes) die Standesämter in ihrem Kampf um die ausgabefreudigen Heiratswilligen immer auserlesenere Räume in einer würdigen Umgebung an und versehen sie auch mit einer edlen Einrichtung. Zudem werden die Standesbeamten systematisch im hessischen Bad Salzschlirf fortgebildet und in der Durchführung einer zeitgemäßen, rituellen standesamtlichen Eheschließung unterwiesen (zum Programm solcher Kurse siehe Koutny 1998).

Statt der klassischen Trauung im 15-Minuten-Takt gewähren die Amtsträger jetzt einen sehr viel großzügigeren Zeitrahmen und bieten den Heiratswilligen von nah und fern (gegen Aufpreis) romantische Musik, würdige Traureden, einen ergreifenden Ringtausch und einen fröhlichen Sektempfang an. Und – was mir das Wichtigste von all diesen Neuerungen erscheint: Der Standesbeamte, der eine solche moderne Trauung durchführt, hält alle bürokratischen Bestandteile

---

8   An dem Projekt haben Nathalie Iványi, Katja Gumbalis, Nicole Knapp und Tom Zigan mitgearbeitet. Allen möchte ich hier für ihren Einsatz danken. Besonderer Dank gilt jedoch Nathalie Iványi, die nicht nur die Projektarbeiten eigenständig koordinierte, viele Liebende interviewte, an zahlreichen Hochzeiten und an einigen Fortbildungsveranstaltungen für Standesbeamte als Beobachterin teilnahm, sondern für eine Vielzahl anregender Diskussionen über die neuen Formen von Liebe und Trauungen. Siehe hierzu auch ihre ausgezeichnete Monographie zu diesem Thema (Iványi 2004). Für weitere Ergebnisse siehe auch Iványi & Reichertz (2002).

der Eheschließung systematisch vom rituellen Kern fern, „indem er vor der Trauansprache die Formalitäten der Identifikation der Anwesenden (Brautpaar, Trauzeugen) und der Namensführung (Brautpaar) regelt und nach dem Ringtausch die Unterschriften, das Verlesen des Heiratseintrages und die Beurkundung der namenrechtlichen Erklärung ansetzt. Die Trauung, das Jawort und der Ringtausch bilden damit eine Einheit, in der die Bedeutung der Eheschließung als Überschreitung des Hier und Jetzt symbolisch zum Ausdruck kommt" (Iványi 2001: 128).

Kurz: Das Standesamt erscheint für den, der es möchte und bezahlen kann, in einer völlig neuen, noch nie da gewesenen Pracht (vgl. Reichertz 2001) und: Es führt gewollt (und zunehmend auch gekonnt) einen echten Übergangsritus durch – das Ritenmonopol der Kirchen ist damit zu Beginn des 21. Jahrhunderts ohne Zweifel gebrochen[9]. Wann genau und warum sich das Standesamt vom ehemals grauen Entlein zum edlen Schwan mauserte, kann man nicht genau angeben – nur dass die Entwicklung in den späten 80er Jahren begann und sich immer noch fortsetzt.

Die neue Lust an der verzaubernden Kraft der Rituale ist jedoch nicht allein auf die Traupraxis beschränkt – schaut man genauer hin, findet man sie fast in jedem gesellschaftlichen Handlungsfeld. Denn der Rationalisierungsschub der Moderne, der sich anschickte, menschliche Beziehungen (auch intime), tief sitzende Emotionen (Liebe/Hass, gut/böse) und die nicht hintergehbare Kontingenz des Lebens (Glück, Leid, Tod) vor allem diskursiv und kognitiv zu bearbeiten und mit Hilfe von Vernunft und Verträgen zu gestalten und abzusichern, hat in den 90er Jahren deutlich an Überzeugungskraft verloren. Habermas hatte in seinem opus magnum diese Hoffnungen noch auf die griffige Formulierung von der Versprachlichung des Sakralen gebracht. So erwartete er „dass die sozialintegrativen und expressiven Funktionen, die zunächst von der rituellen Praxis erfüllt werden, auf das kommunikative Handeln übergehen, wobei die Autorität des Heiligen sukzessive durch die Autorität eines jeweils für begründet gehaltenen Konsenses ersetzt wird. (...). Die Aura des Entzückens und Erschreckens, die vom Sakralen ausstrahlt, die bannende Kraft des Heiligen wird zur bindenden Kraft kritisierbarer Geltungsansprüche zugleich sublimiert und veralltäglicht" (Habermas 1981, 2. Bd.: 118 f.). Trotz solcher Beschwörungsbemühungen vom kritischen Olymp am Main konnte der Diskurs zu keiner Zeit die bannende Kraft des Heiligen erlangen – im Gegenteil: Je mehr der Diskurs geführt wurde, desto mehr verlor er an Kraft.

Die diskursive Suche nach guten, diskursiv ermittelten Gründen (in Gang gebracht und getragen von der Generation der späten 60er Jahre) hat in der Regel

---

9   Dass dies die Hochzeitsratgeber genau so sehen, kann man z.B. bei Bartels (1997) und Lippe (1997) nachblättern.

nämlich nicht eine Lösung erbracht, sondern vor allem die Erkenntnis, dass es für fast alles viele gute Gründe gibt, aber nur für sehr wenig einen besseren Grund. Akteure suchen deshalb zunehmend Hilfe bei der Selbstfeststellung und (Selbst-)Bindung außerhalb des herrschaftsfreien Diskurses und jenseits des Konsenses – auch in und bei den (organisatorisch gebundenen) Institutionen. Gesucht und aufgeführt werden deshalb oft neue (und häufig: alte) Werte, Rituale und Mythen, welche nichtdiskursiv, direkt und affektiv Verbindlichkeiten zweifelsfrei etablieren.

Kurz: Seit mehr als einem Jahrzehnt ist eine deutliche Re-Ritualisierung fast der gesamten gesellschaftlichen Praxis zu beobachten – Formen, Förmlichkeiten, Darstellungen, Aufführungen und Rituale gewinnen deutlich an Bedeutung. Auch die christlichen Kirchen und hier insbesondere die protestantische, die seit den 60er Jahren bewusst die magischen und rituellen Anteile der gottesdienstlichen Praxis abgebaut und die Wortanteile systematisch erhöht haben, haben dies registriert. Heute versuchen sie verstärkt mit der Erneuerung der alten Rituale gegenzusteuern[10], weshalb manche Spötter hier auch gerne von einer Katholisierung des Protestantismus sprechen.

2.3 Theatralisierungstendenz und das Entstehen einer Kultur der Performativität

Allgemein kann man aus soziologischer Sicht diese Entwicklung als *Theatralisierungstendenz* kennzeichnen, deren aktuelles Ergebnis (und das ist soziologisch durchaus relevant) eine vielfältige und bunte Kultur der Performativität ist. Sich und der Gesellschaft zeigen zu wollen oder zu sollen, dass man glücklich oder erfolgreich ist, einander liebt oder sich verachtet, bringt immer die Notwendigkeit mit sich, dies auch darzustellen, es *in Szene zu setzen* – es zu inszenieren. Den Begriff der *Inszenierung* verwende ich in diesem Zusammenhang im Sinne Goffmans (vgl. Goffman 1983). Demnach sind Inszenierungen weder plumpe noch feinsinnige Lügen zwecks Vortäuschung falscher Tatsachen und Umstände, sondern Inszenierungen sind unhintergehbare, weil unverzichtbare Formen des menschlichen Ausdrucks. Inszenierungen ergeben sich meist aus dem Ineinandergreifen von erlernten und habituell verfügbaren Handlungsroutinen, deren volle Bedeutung meist im Halbschatten des Bewusstseins der Handelnden verborgen ist.

Identitäten, aber auch Handlungen, Einstellungen, Absichten und Gefühle müssen, sollen sie von den Gesellschaftsmitgliedern als solche erkannt werden,

---

10   Siehe beispielhaft hierzu: *Pastoraltheologie* zu den Kasualien in der Mediengesellschaft (Heft 1/1999).

vor dem Hintergrund und mit den Mitteln gesellschaftlicher Darstellungsformen in Szene gesetzt werden. Bedient man sich bei der Darstellung von Handlungen nicht aus dem Fundus gesellschaftlich bereitgestellter Darstellungsformen, dann können sie nicht erkannt werden, können also auch nicht wirken. Auch die Darstellung einer scheinbar ungeplant aufbrechenden Spontaneität oder des innerlich erlebten Glücks bedarf also der Inszenierung.

Von der Inszenierung kann man mit guten Gründen die *Theatralisierung* unterscheiden. Diese ist ein Unterfall der Inszenierung. Gemeint ist mit dem Ausdruck *Theatralisierung* nicht der Gebrauch von theaterspezifischen Texten, Rollen und Requisiten, sondern vor allem der Umstand, dass die Inszenierung von Kultur oft auch zu einer *Kultur der Inszenierung* (Soeffner 1992) gerät. Theatrale Handlungen zielen *nicht mehr allein* darauf, ihr angestrebtes, instrumentelles Ziel zu erreichen (z.B. den anderen davon in Kenntnis zu setzen, dass man glücklich ist), sondern sie wenden sich immer *auch* (also nicht ausschließlich) an ein anwesendes Publikum. Die Handlungslogik der theatralen Geste orientiert sich dann nicht mehr allein an der effektiven Zielerreichung der Kommunikation, sondern auch (also nicht nur) an der gekonnten Darstellung seiner Darstellungshandlung. Insofern beinhaltet Theatralität immer auch eine *Performance*, also den „Vorgang einer Darstellung durch Köper und Stimme vor körperlich anwesenden Zuschauern" (Fischer-Lichte 2000: 20).

Theatralisierungen haben also immer zwei Adressaten: den Menschen gegenüber und das Publikum, das dem Geschehen beiwohnt. Der beobachtete Mensch inszeniert, typisiert sein Handeln für den, der ihn beobachtet, damit es für diesen verständlich wird. Menschen, die zu zweit miteinander alleine sind, wissen, dass sie nur vom direkten Gegenüber beobachtet werden. Da beide dies wissen, zeigen sie sich einander nicht *ungezwungen* oder gar *natürlich*, sondern sie zeigen sich (wie immer) vermittelt, sie inszenieren sich für einander. Menschen, die zu zweit allein sind, und wissen, dass sie dabei von Zuschauern beobachtet werden, reagieren auf den beobachtenden Blick der Zuschauer mit einer weiteren Inszenierung: *Sie inszenieren die Inszenierung ihrer Handlung.* Ihre Darstellung muss dabei so gestaltet sein, dass sie das Publikum *und* den konkreten Gegenüber erreicht (vgl. Reichertz 2001).

Medien promoten ohne Zweifel theatrale Darstellungen: Einfach deshalb, weil sie zu den Medien passen. Medien haben nämlich nur für das Augen und Ohren, für das ihre Nutzer Augen und Ohren haben, was auch für Andere hörbar und sichtbar ist. Medien bevorzugen deshalb Körper und deren Oberflächen, während sie weitgehend blind für das sind, was sich hinter der Oberfläche abspielt oder was körperlos ist.

Da z.B. *Liebe in den Medien* nur Liebe ist, wenn sie von Anderen als solche wahrgenommen wird, muss das Vorhandensein von *Liebe* für den Anderen (und die Gesellschaft) zur Erscheinung gebracht werden. *Liebe* muss dargestellt, also (für den Partner und die Zuschauer) aufgeführt werden. Eine glaubhafte Darstellung gelingt jedoch nur mit Hilfe bestimmter Zeichen und bestimmter Formen: Dazu gehören Körperausdruck, Gestik, Mimik und Stimmführung genauso wie die verstärkte ornamentale Gestaltung von Kleidung und Körper wie spezifischer Handlungen und Praktiken. Liebende *präsentieren* auf diese Weise den Anderen ihre Liebe: Sie stellen *Liebe* in und mit den Medien dar, die Anderen schauen zu, glauben, hoffen und warten oder werden aktiv. *Liebende* führen nun nicht nur für sich alleine *Liebe* auf: Indem sie die kulturellen Praktiken der Liebesdarstellung aufgreifen und neu in Szene setzen, *re*präsentieren sie auch die Kultur einer Gesellschaft und damit auch das, was für eine bestimmte Gesellschaft als *Liebe* gilt – was es bedeutet, glücklich zu sein, was Mann und Frau also tun und sagen, wenn sie einander lieben. Diese *Liebenden* zeigen nicht nur, dass sie selbst *Liebende* sind, sondern sie zeigen der Gesellschaft, was *Liebe* ist und wie sich diese zum Ausdruck bringt. Kurz: *Liebende (re)präsentieren immer auch die ,Liebeskultur' einer Gesellschaft – und das in und mit den Medien der Gesellschaft.*

2.4 Die Traumhochzeit als Idealtyp einer performativen Kultur der romantischen Trauung

Nicht ganz unschuldig an dem *Verlauf* des oben dargestellten Prozesses zunehmender Pracht der standesamtlichen Trauung war neben vielfältigen gesellschaftlichen Faktoren die vom Privatsender RTL von 1992 bis zum Jahr 2000 regelmäßig ausgestrahlte Fernsehshow *Traumhochzeit.* Von Beginn an war diese Fernsehshow für performative Auftritte (vgl. Reichertz 2000) für die Produzenten und für den Sender ein großer Erfolg.[11] Die anfängliche Einschaltquote übertraf alle Erwartungen (neun bis zehn Millionen), sank dann ein wenig ab, blieb

---

11   Wie sehr sich die Zeiten verändert haben, zeigt ein Blick in die Geschichte des Fernsehens. Die Fernseh-Show *Traumhochzeit* bot nämlich, als sie 1992 auf Sendung ging, dem Zuschauer *nicht* zum ersten Mal die Möglichkeit, eine Trauung im Fernsehen live zu erleben. Bereits 1963 konnte man in der von Hans-Joachim Kulenkampff moderierten Show *Ihre Vermählung geben bekannt* einer echten kirchlichen Trauung beiwohnen. Im Beisein der Familie wurde das Brautpaar live gemäß der katholischen Trauungszeremonie vermählt. Im Anschluss daran gab es eine Hochzeitsfeier im Fernseh-Studio, wo es neben diversen Quiz-Spielen auch reichlich Glückwünsche von den damaligen Flaggschiffen der E-Musik gab und natürlich auch viele Geschenke. Obwohl die Sendung eigentlich alle vier Wochen über den Schirm gehen sollte, musste sie mangels zeigefreudiger Brautpaare nach nur zwei Ausgaben eingestellt werden. „Hatten sich nämlich für die erste Ausgabe noch 21 Paare beworben, waren es bei der zweiten nur noch zwei" (siehe Spiegel 22, 1963: 81). Kulturkritischer Kommentar des Spiegel: „Vermutlich gibt es immer noch zu viele Leute, die das Heiraten für eine Privatsache halten" (ebd.). Siehe auch Reichertz (2000: 131 ff.).

jedoch bis zur vorläufigen Absetzung der Sendung immer noch auf hohem Niveau (vier bis fünf Millionen). Seit 2001 wurden die einzelnen Folgen der
Traumhochzeit auf RTL 2 wiederholt.

Das Besondere dieser Show war, dass Liebende sich vor der Kamera nicht
nur ihre Liebe gestehen und um die Hand des oder der Geliebten anhalten, sondern dass die beiden Liebenden (sofern sie aus diversen Spielen als Gewinner
hervorgehen) vor laufender Kamera von einem Standesbeamten getraut wurden.
Die standesamtliche Trauung selbst war ausgesprochen rituell und theatral gehalten. Erst schritt die Braut im weißen Hochzeitskleid (oft geführt vom Brautvater
und begleitet von romantischer Musik) eine Treppe hinab zu dem wartenden
Bräutigam im festlichen Anzug. Dann kam es zu einem alle Beteiligten ergreifenden Ritual, das viele Symbole romantischer Liebe und kirchlicher Trauung
miteinander vereinte: Blumenkinder streuten Blumen auf den roten Teppich, auf
dem das Paar (begleitet von festlichem Chorgesang) gemessenen Schrittes zwischen den festlich gekleideten und ergriffen stehenden Gästen zu einem Altar
schritt, um nach ermahnenden und aufmunternden Worten des Standesbeamten
erst ein Heiratsversprechen abzulegen und dann die Ringe zu tauschen. Weiße
Tauben flogen auf, versammelten sich auf einem Ständer hinter der Braut, das
Paar schritt auf dem Weg nach draußen gemeinsam erneut durch das Spalier der
noch mehr ergriffenen Gäste.

Die mediale Darstellung suchte, wie man unschwer erkennen kann, stets
Anschluss an gesellschaftliche Symbole und Formate, auch die Liturgie der Sendung reihte eine große Zahl gängiger Symbole des Liebesausdrucks und Liebes-
beweises aneinander. Geschaffen wurde aus alten Versatzstücken der Romantik
ein neues, vom Fernsehen in Szene gesetztes Ritual, welches als der wahre Ausdruck echter Liebe gelten sollte. Geschaffen wurde eine neue (alte) Mythologie
echter Liebe, in der magische Handlungen ihren festen Platz haben, und an der
sich nun andere zu messen haben bzw. an der andere gemessen werden.

Dieser Trauritus, der seit 1997 noch um eine Willenserklärung der Liebenden (jeder der Liebenden erklärt dem anderen in Anwesenheit des Standesbeamten und der Gäste, sich an den Händen haltend und in die Augen schauend, weshalb man gewillt ist, mit dem anderen sein Leben zu teilen), ergänzt wurde, war
rechtlich völlig unverbindlich (obwohl das Paar sich danach wirklich verheiratet
fühlt – vgl. Reichertz 2000) und inszenierte eine völlig neue *rituelle Praxis*, die
in dieser Form weder in der klassischen kirchlichen Trauung noch in der standesamtlichen gegeben war – zumindest für den Westen der Bundesrepublik.
Denn im Osten Deutschlands gab es (wegen der Zurückdrängung des kirchlichen
Einflusses in der ehemaligen DDR) bereits eine lange und ausgeprägte Tradition
standesamtlicher, stark ritualisierter Hochzeiten in Weiß, ebenso in Russland, wo
ab 1917 alle kirchlichen Trauungen verboten waren (vgl. Gerasimenko 2000).

Und westdeutsche Standesbeamte – befragt nach den Ursachen der neuen Ritualisierung der Traupraxis – weisen immer wieder auf den enormen Einfluss der ostdeutschen, hoch ritualisierten Trauungen hin.

Deshalb ist die neue Form der prachtvollen, durch das Befolgen von Riten gekennzeichnete standesamtliche Trauung keineswegs von RTL oder Machern der Sendung *Traumhochzeit* neu und frei erfunden worden, sondern diese Form der Trauzeremonie lässt sich durchaus auf Traditionen in anderen Ländern bzw. den neuen Bundesländern zurückführen.

Zudem gab es in den westdeutschen Bundesländern schon vor dem Start der *Traumhochzeit* erste Tendenzen, die bis dahin sehr schmucklose und nüchterne standesamtliche Trauung, die im Wesentlichen aus der kurzen und genormten Abwicklung der rechtsgültigen Vermählung bestand, erheblich aufzuwerten und rituell auszugestalten. So ließen sich schon gegen Ende der achtziger Jahre erste Anzeichen für eine prachtvollere und rituellere Ausgestaltung der standesamtlichen Traufeier beobachten (vgl. Reichertz 2000). Deshalb lag die Sendung *Traumhochzeit* im Trend der Zeit.

Im Zuge dieser beginnenden Ritualisierung sahen es sogar manche (der ansonsten eher den in gesellschaftlichen Entwicklungen nachhängenden) Hochzeitsratgeber bereits Mitte der 80er Jahre als angemessen an, wenn die Braut auf dem Standesamt in Weiß erscheint. „Wer nicht kirchlich heiratet, und auch mal ein Brautkleid tragen möchte, der kann's getrost zum Standesamt anziehen. Das ist zwar nicht *korrekt*, aber die Hochzeit ist *Ihr* Fest, und nicht Ausdruck oder Auswuchs eines Benimm-Buches" (Schmidt-Decker 1988: 337). Aber eine solche Einschätzung war damals noch die Ausnahme und der zarte Beginn einer Entwicklung, die erst in den 90er Jahren richtig aufblühte. Mittlerweile stellt sich die Normalität der deutschen Hochzeitvorbereitung völlig anders dar.

Denn jedes Paar, das im deutschen Sprachraum lebt und beschließt zu heiraten, wird etwa seit Mitte der neunziger Jahre unweigerlich irgendwann mit der Sendung *Traumhochzeit* konfrontiert – auch wenn die beiden Heiratswilligen noch nie eine solche Show gesehen haben oder sehen wollen. Im Prozess der Entscheidungsfindung, wie das Hochzeitsfest gestaltet werden soll, trifft das Paar nämlich immer wieder auf Personen, welche die Show als Vergleichs- und Orientierungsmaßstab benutzen. Freunde und Verwandte fragen (im Hinterkopf die Frage nach der angemessenen Kleidung ventilierend), ob die geplante Hochzeit wie bei *Linda de Mol* gefeiert werden soll oder doch etwas schlichter. Ähnliches, wenn auch mit anderen Worten, fragen Standesbeamte, Blumenhändler, Videographen, Gastwirte, Musiker und die Verkäufer von Heiratsgarderobe.

Alle Fragen laufen schlussendlich auf eine klare Polarisierung hinaus: Will man eher so heiraten wie in der *Traumhochzeit*, also sehr festlich und rituell überhöht, oder bevorzugt man die schlichte Form der einfachen standesamtlichen

Trauung mit dem schnellen Mittagessen beim Italiener von nebenan? Die *Traumhochzeit* dient dabei den Beteiligten als Messgröße, mit der das eigene Handeln und das der anderen vermessen werden kann. Sie gibt also keineswegs die Norm vor, nach der alle vorzugehen haben, auch wenn sie eine Norm, nämlich die Norm einer romantisch eingekleideten und rituell überhöhten Hochzeitsfeier (resultierend aus dem tiefen Gefühl gegenseitiger Liebe und dem Wunsch nach lebenslanger, exklusiver Verbundenheit) vor aller Augen führt.

Beachtlich ist dabei, dass es der Fernsehshow *Traumhochzeit* gelungen ist, einen solchen Referenzstatus zu erhalten: Gab es vor 1990 in Westdeutschland fast ausschließlich nur die schlichte und preisgünstige standesamtliche Trauung auf der einen und die prunkvolle und teure kirchliche Trauung auf der anderen Seite, wird heute das Kontinuum des möglichen Handlungsraumes aufgespannt durch die schlichte, ritenarme und schnelle standesamtliche Trauung auf der einen und die prunkvolle und rituell inszenierte Hochzeit à la *Traumhochzeit* in der Kirche *oder* im Standesamt auf der anderen Seite.

2.5 Kleine soziale Welten als Welten zwischen subjektivem Sinn und objektiven Strukturen – Institutionalisierung und Organisation

Handlungen verbinden sich nicht von selbst (also aus sich heraus) zu einer übergeordneten Gesamthandlung. Die Einzelhandlungen tragen nicht ein zwingendes Gesetz in sich, das ein Weiterhandeln aus sich heraus in einer bestimmten Reihenfolge in eine bestimmte Richtung weitertreibt. Handlungen müssen stattdessen von sinnhaft interpretierenden und entscheidenden Akteuren vorangetrieben und miteinander verknüpft werden. In der face-to-face-Interaktion weben dabei die Teilnehmer im *Hier und Jetzt* eine aufeinander abgestimmte (wenn nicht immer, so doch meist abgeschlossene) Gesamthandlung – wie z. B. ein Gespräch, ein Billardspiel, aber auch einen handfesten Streit. Der interaktive Webvorgang entsteht allerdings keineswegs aus dem Nichts, sondern die Beteiligten greifen bei ihrer wechselseitigen Arbeit auf teils bewusstes, teils *schweigendes* Wissen (tacit knowledge) um historisch und sozial entstandene und oft auch institutionell vorgegebene und abgesicherte Praktiken, Routinen, Rahmen, Gattungen, Regeln des *Webens* zurück. Insofern kommt einerseits bei jeder Interaktion (die Erinnerung an) die gesellschaftliche Vorarbeit zum Tragen, andererseits ist wegen der Sinnorientiertheit der Akteure diese notwendigerweise offen für Variationen und Revisionen des Erinnerten.

Das Besondere der Handlungsverknüpfung in face-to-face-Interaktionen besteht nun darin, dass die Teilnehmer in der Situation des *Hier und Jetzt* verbleiben. Wird die face-to-face-Interaktion beendet, müssen die Teilnehmer (falls sie erneut zusammentreffen) an ein *Dort und Damals* anknüpfen und stets aufs Neue das *Dort und Damals* Gesagte aufgreifen, bekräftigen, abschwächen oder abändern. Was sie auch immer tun, sie werden ihre Handlungen in irgendeiner Weise miteinander verbinden, verketten müssen, so dass Kontinuität und Identität entstehen. Auch hierzu stehen ihnen gesellschaftlich erarbeitete und institutionell vorgegebene Praktiken, Gattungen und Regeln zur Verfügung.

Oft binden sich jedoch auch andere Akteure (gefragt oder ungefragt) in die Handlungen des *Hier und Jetzt* ein: Andere von einem *Dort* haben von einem Handeln im *Hier und Jetzt* gehört oder es beobachtet und schließen ihr Handeln daran an, beteiligen sich, kommentieren es. Oder sie erwarten ein bestimmtes Handeln von bestimmten Personen im *Bald und Hier* oder im *Bald und Dort* und entwerfen ihr Handeln auf das in der Zukunft Erwartete hin. So kann ein Bystander ein laufendes Billardspiel lediglich kommentieren oder aber seine Absicht kundtun, gegen den Sieger der Partie entweder heute oder morgen antreten zu wollen. All diese Akteure produzieren Handlungsketten über die Zeit und über den Raum hinweg, wenn sie sich wahrnehmen oder genauer: *weil* sie sich wahrnehmen und weil ihre Handlungen Auswirkungen füreinander haben.

Die Anzahl der Menschen, die bei solchen *Veranstaltungen* regelmäßig ihre Handlungen miteinander verknüpfen, kann sehr stark variieren, auch gibt es Unterschiede in der Intensität der Handlungsabstimmung oder bei der Konstanz des Personals. Liebespaare werden dabei zu den kleinsten Gruppen zählen, Demonstrationen oder die Love-Parade zu den größten. Einige Gruppen werden sehr oft und immer wieder ihr Handeln über Raum und Zeit miteinander verbinden (z.B. Ehepartner), andere nur gelegentlich (z.B. Nachbarn), wieder andere werden nur zu bestimmten Zwecken sich in das Handeln der anderen einklinken (z.B. Demonstranten) oder nur für wenige Male (z.B. Immobilienmakler) oder zu bestimmten Zeiten (z.B. Kirchenbesucher) und mit manchen will man nie oder höchstens einmal zu tun haben (z.B. Schlägerei).

Verbinden Menschen wiederholt ihr Handeln miteinander, dann bilden sich bald eher mehr als weniger feste Akteurkonstellationen und eher mehr als weniger verbindliche Formen der dort üblichen, weil bewährten Handlungsverkettung heraus. Aus Wiederholung wächst Habitualisierung und Typisierung und daraus Institutionalisierungen (vgl. Berger & Luckmann 1970), und aus diesen können später Organisationen entstehen.

Der Begriff *Organisation* wird hier *nicht* synonym mit dem Begriff der *Institution* verwendet, auch wenn beide Begriffe in weiten Teilen Ähnliches benennen. Dabei ist der Begriff der Institution der grundsätzlichere – Organisationen werden nämlich hier verstanden als spezielle Unterfälle von Institutionen[12].

---

12 „Organisationen können als historische Ausprägungen institutioneller Ordnungen angesehen werden. [...] Den Kern und das Herz von Institutionen, institutionellen Ordnungen und Organi-

Institutionen ihrerseits sind immer Ergebnis von Prozessen der Institutionalisierung.

„Institutionalisierung findet statt, sobald habitualisierte Handlungen durch Typen von Handlungen reziprok typisiert werden. Jede Typisierung, die auf diese Weise vorgenommenen wird, ist eine Institution. Für ihr Zustandekommen wichtig sind die Reziprozität der Typisierung und die Typik nicht nur der Akte, sondern auch der Akteure. (...). Die Institution (...) macht aus individuellen Akteuren und individuellen Arten Typen" (Berger & Luckmann 1970: 58). Bei Institutionalisierungen handeln nicht mehr bestimmte und konkrete Subjekte auf ihre je eigene Weise miteinander, sondern alle Beteiligten behandeln in typisierter Weise einander als Typen von Personen (z.B. als Braut, Gast oder Kellner). Institutionen sind immer auf den *Dritten* und damit auf Gesellschaft angewiesen. Wenn nur zwei Menschen mit- und füreinander Verhalten wiederholen und damit als typisch erfahrbar machen, dann ist das noch keine *Institutionalisierung*.

Zur Institutionalisierung transformiert sich die Typik des Handelns erst, wenn sie gegenüber Dritten als typisch vorgeführt oder von Dritten als typisch erwartet wird. Deshalb können Institutionen nicht plötzlich entstehen, sondern sie sind gesellschaftlich erarbeitet und verbürgt. „Institutionen haben immer eine Geschichte, deren Geschöpfe sie sind. Es ist unmöglich, eine Institution ohne den historischen Prozess, der sie heraufgebracht hat, zu begreifen" (Berger & Luckmann 1970: 58). Aus der oben angesprochenen Verbürgtheit von Institutionen resultiert zwar auch eine (oft nicht geringe) Verhaltenserwartung, aber der Begriff *Institutionalisierung* fokussiert hier in erster Linie *nicht* die Verpflichtung, nicht die normative Erwartung, sondern vor allem erst einmal die reziproke Typisierung.

Institutionalisierung wird hier also verstanden als der Prozess der Herausbildung reziproker Handlungs- und Akteursrollen und nicht als die Herausbildung von Geschäftsstellen zur Verwaltung, Nutzung und Optimierung der Institutionen. Deshalb hat die Fernsehshow *Traumhochzeit* (so die explizite Behauptung) im Hinblick auf die Herausbildung eines neuen Trauungsprocederes vor dem Standesamt, also bei der Herausbildung reziproker Handlungs- und Akteursrollen rund um die *standesamtliche Hochzeit,* einen großen Anteil.

Soziologie interessiert sich nun meist nur für zwei besondere Klassen fester Akteurskonstellationen: Nämlich für die absichtsvolle Handlungsverkettung von wenigen und einander bekannten Akteuren im direkten Kontakt und im *Hier und Jetzt* auf der einen Seite und für die Handlungsverkettung von vielen und oft nicht miteinander bekannten Personen durch eine organisierende und verpflichtende Organisation auf der anderen Seite. Zwischen der *kleinen* Welt der Akteure und

---

sationen bildet vielmehr ein Komplex von eng miteinander verknüpften Handlungen, Interaktionen und primären Legitimationen." (Knoblauch 1997b: 11)

der *großen* Welt der Organisationen liegt jedoch noch eine andere, sehr bunte und vielfältige Welt, die weder als Ergebnis des planvollen Handelns von Akteuren noch als verbindliche Vorstrukturierung von Organisationen verstanden werden kann. Anselm Strauss hat diesen Bereich des Dazwischen (wenn ich das richtig sehe) den Bereich der *sozialen Welten* (social world) genannt (Strauss 1991b: 232 ff., siehe auch dazu Soeffner 1991), und er beklagt zu recht, dass gerade die eher interaktionistisch orientierten Forscher diesen wichtigen Bereich sozialen Lebens übersehen bzw. in seiner Bedeutung (für die Lebenspraxis und für eine angemessene Gesellschaftstheorie) unterschätzen.[13]

2.6 Heiraten zu Beginn des 21. Jahrhunderts: eine Aufführung ohne Regisseur?

Hält man (einmal neugierig geworden) Ausschau nach solchen kleinen sozialen Welten, dann findet man schnell und mühelos eine Reihe weiterer: Alle Sportveranstaltungen (große wie kleine) muss man ebenso dazurechnen wie In- und Outdoor-Festivals, jede Art von Events, Messen, Tagungen, Freizeitparks, Demonstrationen, Kreuzfahrten, Cluburlauben und (Karnevals-) Umzügen. Denn alle diese Veranstaltungen sind gesellschaftliche Großereignisse, die sich über einen längeren Zeitraum erstrecken und an dessen *Gelingen* eine Vielzahl von Akteuren beteiligt ist, deren Interessen keineswegs auf das gleiche Ziel ausgerichtet sind. Im Fall der Heirat wollen die zwei Hauptpersonen für ewig aneinander gebunden bzw. miteinander verbunden werden, andere wollen diesen Vorgang begleiten und bezeugen, wieder andere wollen ein tolles Fest erleben, und wieder anderen geht es um Geld, und für noch einmal andere steht vor allem die Erneuerung des religiösen Glaubens und die Glaubwürdigkeit von Riten im Vordergrund.

Beschließen zwei Menschen – aus welchen Gründen auch immer – zu heiraten und die damit verbundene Hochzeit zu organisieren, dann geraten sie notwendigerweise in das Feld der professionellen[14] Verwalter und Gestalter des Hochzeitsfestes, wo es gilt, aus den angebotenen Optionen zu wählen bzw. zu erörtern und festzulegen, welcher Art die geplante Hochzeit sein soll. Galt dieser Satz über Jahrhunderte fast ausschließlich für heterosexuelle Paare, so gilt er

---

13   „But we have not developed a general view of social worlds as a widespread, significant phenomenon, nor have we developed a program for studying them systematically. Nor do we have an adequate appreciation of what a social world perspective might signify for classical sociological issues. There is also too little awareness of the significance for interactionism itself of social world analysis." (Strauss 1991b: 235)

14   Hier und im Weiteren wird der Begriff *professionell* und *Professionelle* nicht als Fachtermini einer Professionstheorie benutzt, sondern ganz alltäglich im Sinne von *berufsmäßig* bzw. *Berufstätige*.

mittlerweile auch für homosexuelle Paare.[15] Auch sie benötigen für ihre *rite de passage* (Gennep 1986) die passende Einkleidung, die Requisiten, die *location* und die rituellen Formen der Bandstiftung und natürlich bedürfen sie eines gesamten Ensembles, soll die Darstellung gelingen.

Um die Besonderheit dieser Darstellung zu erfassen, ist es sinnvoll, vorab zu ermitteln, wer zu Beginn des 21. Jahrhunderts alles am Zustandekommen und Gelingen dieses Großereignisses beteiligt ist, also zu fragen: Wer sind die wichtigsten Mitspieler dieser gesellschaftlichen Großveranstaltungen, die (glaubt man den Hochzeitsratgebern und unseren eigenen Forschungsergebnissen) sich heutzutage leicht über ein bis zwei Jahre hinziehen können, und in die (nach grober Schätzung) leicht 500 Menschen involviert sein können (vgl. Iványi & Reichertz 2002)?

Da ist erst einmal die sehr große Gruppe von Beteiligten, die sich in der Bewältigung ihrer beruflichen Arbeit immer oder genauer: *immer wieder* mit der Hochzeit als gesellschaftliche Veranstaltung beschäftigen (Redakteure von Hochzeitsmagazinen, Standesbeamte, Priester, Fotografen, Fachhändler für Brautmode oder Haushaltswaren, Juweliere, Blumenhändler, aber auch Gastwirte und Musikanten und wahrscheinlich noch viele mehr). Und dann gibt es noch eine andere Gruppe von Menschen, die im Verlauf ihres Lebens entweder einmal oder doch nur wenige Male selbst heiraten bzw. an einer Hochzeit teilnehmen (Gäste, Freunde, Verwandte). Die der ersten Gruppe Angehörigen, beruflich involvierten und interessierten Personen verstehen sich dabei oft als Bewahrer und Verwalter eines Experten-Wissens, wie aus ihrer Sicht eine gelungene Hochzeit aussehen kann bzw. aussehen sollte. Die zweite Gruppe der Beteiligten, also die, welche oft Gegenstand der Bemühungen der Angehörigen der ersten Personen sind (Ehewillige, Verwandte, Freunde etc.), verfügt zunehmend immer weniger über dieses Prozess-Wissen, und hat, gerade weil es seit ein oder zwei Jahrzehnten nicht mehr die *eine* und *verbindliche* Art der Durchführung einer Heirat gibt, einen enormen Beratungsbedarf. Und das gilt nicht nur für das Brautpaar. Deshalb suchen sie oft aktiv nach Beratung (bei Verwandten, Freunden, bereits Verheirateten) oder aber werden, haben sie sich einmal als in einen Heiratsprozess Verstrickte zu erkennen gegeben, mit Informationen (oft auch ungebeten) versorgt.

Kurz: Die beteiligten Laien beschäftigen sich für eine relativ kurze Zeit (wenn auch sehr intensiv) mit den Normen und Formen eines gelungenen Heiratsprozesses, während die beteiligten *Professionellen* sich immer wieder und

---

15   Die Zahl und damit die wirtschaftliche Bedeutung der homosexuellen Hochzeiten sollte nicht unterschätzt werden: So haben in der Zeit vom 1. August 2001 bis Juni 2002 etwa 4.500 homosexuelle Paare den Bund fürs Leben geschlossen. Das sind etwa 1 Prozent der jährlich stattfindenden 420.000 Hochzeiten (vgl. Stern 29/2002: 23).

stets aufs Neue mit der Frage auseinander setzen, was angesichts geänderter gesellschaftlicher Verhältnisse und angesichts veränderter Bedürfnisse (bzw. den Paaren und allen anderen Beteiligten) und angesichts neuer Mitspieler (z.B. Videographen oder Festorganisatoren) eine gelungene Hochzeit ist. Weil dies so ist, sprechen nicht nur die beteiligten Laien miteinander die Normen und Formen durch oder beobachten das Tun anderer Laien in einer ähnlichen Situation, sondern auch die beteiligten Professionellen beobachten einander, sprechen miteinander oder schließen sich sogar zusammen.

Eine solche gesellschaftliche Großveranstaltung, bei der (1) eine Vielzahl von Professionellen einen gesellschaftlichen Ritus bewahrt, verwaltet und auch neu gestaltet, bei der sich (2) diese Laien immer wieder für eine gewisse Zeit der Führung der Professionellen anvertrauen und bei der (3) Freunde und Hauptpersonen immer mehr und immer eigenwilliger nach eigenen Vorstellungen gestaltend mitwirken, ist nun in der Gesellschaft keineswegs selten anzutreffen – diese Großveranstaltung ist dann *in dieser Hinsicht* keineswegs mehr mit einem Fußballspiel zu vergleichen, auch nicht mit einer Ausstellung, dem Besuch beim Straßenverkehrsamt oder der Arbeit einer Mordkommission. Dennoch: Allen genannten Handlungsprozessen ist gemeinsam, dass sie wegen lückenhafter Strukturierungsvorgaben eine Fülle von Handlungsoptionen in sich bergen, die sich im schrittweisen Aufbau und Ablauf des Geschehens erst zeigen und immer wieder aufs Neue bearbeitet werden müssen.

Der Versuch, die auffindbare Ordnung der Großhandlung *Heiraten* vor allem darauf zurückzuführen, dass die Akteure gemeinsame und verbindliche Deutungen des Ereignisses *Heirat* und seiner angemessenen Form hätten und aufgrund dieser Übereinstimmungen in der Lage seien, ohne Regisseur gemeinsam ein Stück aufzuführen, greift wegen der Vielzahl der Akteure, die zum Teil noch nicht einmal voneinander wissen, zu kurz. Zudem sind einige Teile des Prozesses klarer und spezifischer, andere dagegen diffuser und wenig vorstrukturiert.

Ähnliches gilt für den Versuch, das gemeinsame Tun über ein zugrunde liegendes institutionell und auch organisatorisch verwaltetes, verpflichtendes, weil sozial sanktioniertes Skript zu erklären. Gewiss gab und gibt es für die Durchführung einer *Heirat* bestimmte Rituale der Darstellung, Beziehungs- und Körperzeichen, Symbole, Kostüme, Kulissen, Requisiten (vgl. z.B. Bachorski 1991). Beispielhaft für die Trauung galt lange Zeit folgende Kompositionsvorschrift:

> „Die Zeremonie der Eheschließung verläuft dabei nach einem durch Tradition und Liturgievorschriften geregelten Skript, das ein gewisses Szenario vorsieht. Dieses Szenario beruht auf einer Rollenverteilung zwischen dem Pastor, dem Brautpaar, den Trauzeugen, den Brauteltern, Brautjungfern, sonstigen Gästen und technischem Hilfspersonal aller Art vom Koch bis zum Küster und Photographen. Der Pastor vereinigt dabei häufig die Funktionen des Regisseurs, Souffleurs, Hauptdarstellers und

manchmal sogar des Autors. Die ganze Zeremonie wird entweder teilweise geprobt oder abgesprochen. Für sämtliche Rollen sind bestimmte Kostüme vorgesehen, wobei die des Pastors und der Braut am spektakulärsten sind" (Schwanitz 1977: 7).

Zweifellos zeichnet dieses Szenario die wesentlichsten Elemente und Handlungsabfolgen einer klassischen deutschen Trauung in den 60er und 70er Jahre nach, doch diese *Nach*zeichnung ist zum einen schon lange keine *Vor*schrift mehr, und zum Zweiten ist sehr strittig, ob eine solche Ordnung durch die Befolgung von sanktionsgestützten Regeln und Normen zu erreichen ist. Denn selbst dann, wenn es sozial vorgefertigte, organisatorisch verwaltete und (in bestimmten Situationen) sozial nahe gelegte Formen und Folgen sozialen Handelns gibt, bedeutet dies nicht, dass die Handlungen sich von selbst oder allein aufgrund der erwartbaren Sanktionen zu einer Gesamthandlung verbinden – stets müssen alle Beteiligten jedes Exemplar der Gesamthandlung durch Interpretation und Aktion neu gestalten und damit auch erschaffen (vgl. auch Blumer 1973: 96 ff.). Dies galt bereits in den frühen Jahren dieser Republik, dies gilt aber noch mehr zu Beginn des 21. Jahrhunderts, einer Zeit mithin, in der Institutionen (z.B. auch die Kirchen) an Bedeutung und maßgeblich an Sanktionsmacht verlieren (vgl. Ebertz 1997, Knoblauch 1997a).

Dennoch schaffen es die Beteiligten immer wieder, nicht nur Heiratsprozesse anzustoßen, zu begleiten und zu beenden, sondern diese Prozesse erwecken bei Beobachtern durchaus den Eindruck, dass sie Familienähnlichkeiten untereinander haben und dass sie sich in einer erkennbaren Ordnung vollziehen. Wie kann man nun, und das ist für die Soziologie eine durchaus wichtige Frage, eine solche, ohne Zweifel soziale Aktivität begrifflich fassen, die weder verstanden werden kann als gewollte und bewusste Leistung der einzelnen Beteiligten noch als Ergebnis des Plans eines übergeordneten planvoll handelnden, institutionalisierten Koordinators. Dieses Ereignis *über*schreitet nämlich zum einen den Planungshorizont der beteiligten Akteure, überschreitet so auch deren Sinnhorizont (ohne dass hier die berühmten nicht intendierten Handlungsfolgen gemeint sind), und es *unter*schreitet zugleich den Handlungshorizont von Organisationen. Es gibt für diesen Prozess kein einheitliches und verbindliches Skript, keinen Plan, der allen Beteiligten ihre Rollen, ihre Kostüme oder Requisiten, ihren Einsatz und ihren Text vorgibt.

Zwischen individueller Planung und institutioneller Verordnung blüht also eine Form sozialer Handlungsverkettung, die weder auf personale Interaktion noch auf gesellschaftliche Organisationen zurückgeführt werden kann. Dort, also *oberhalb* von Individuen und *unterhalb* von Organisationen, findet sich eine kleine soziale Welt, die immer wieder aufs Neue entsteht, wenn in der Bundesliga der Ball rollt oder Paare sich aneinander binden wollen, die jedoch nicht existiert, wenn der Spieltag oder die Hochzeitsreise vorbei sind.

2.7 Der typisierte Handlungsverlauf als organisierende Kraft für die gemeinsame Performance: das trajectory

Will man diese Besonderheit des Großereignisses *Heirat* weiter erfassen, dann sollte man nicht zu sehr auf die Qualität der *Beziehung* der Personen zueinander achten, da die Beteiligten im Laufe des Prozesse auf vielfältige und unterschiedliche Weise miteinander verbunden sind (wie das bei der Nutzung der Begriffe *Gruppe, Netzwerk, Szene* etc. geschieht), sondern sehr viel mehr auf den *Interaktionsprozess*, also „den Prozeß des Handelns, auf die im Handeln vollzogene zeitliche Durchgliederung (‚sequential order‘) von Planung, Erwartung, Kooperation, Auseinandersetzung und schließlich ‚Resultaten‘" (Soeffner 1991: 10). Denn es ist die typische Gesamt*handlung* und ihr typischer *Verlauf*, der alle Akteure zusammenbringt und für eine gewisse Zeit miteinander verbindet.

Ist einmal der Startschuss gefallen, also der Entschluss gefasst, dass ein Paar heiraten möchte, dann ist zugleich eine komplexe Handlung in Gang gesetzt, die aus mehreren typischen Phasen besteht und ihren eigenen Zeittakt besitzt. Eine Handlungssequenz ist mehr oder weniger schnell zu durchlaufen, bestimmte Schritte sind von bestimmten Personen in einer bestimmten Reihenfolge zu absolvieren, soll die Hochzeit gelingen. Ist der Prozess einmal in Gang gesetzt, schreitet er (fast wie von selbst) voran. Was ganz wichtig ist: Er muss zu einem bestimmten Ende geführt werden, soll er als richtige Heirat gelten. Innerhalb dieses Prozesses sind viele Orte und Bühnen aufzusuchen, es gibt wichtige Punkte und weniger wichtige, fast alle Stationen bereiten die finale Entscheidung vor und an einer, nämlich fast der letzten, fällt sie schlussendlich.

Zwar kann das Paar (und auch der Standesbeamte) das Procedere verzögern, anhalten und auch abbrechen, aber keiner der Beteiligten hat die Möglichkeit, den Lauf der Dinge für vollendet zu erklären, wenn er noch nicht vollendet ist. Hat man jedoch die Handlungssequenz durchlaufen, dann hat sich (nicht nur für das Paar) die Welt geändert – Reversibilität ist also nicht oder nur bedingt gegeben: Das Leben als gemeinsam zu bewältigende Aufgabe liegt vor dem Paar und den beteiligten Familien, und es sind natürlich noch ausstehende Rechnungen zu begleichen.

An diesem typischen, weil historisch und gesellschaftlich typisierten Verlauf orientieren sich alle Beteiligten, bestimmte Gruppen treten in dieser Gesamthandlung mehrmals auf (z.B. Priester und Gastwirte), andere nur einmal (z.B. Juwelier). Alle Beteiligten haben ihren Platz und ihre Zeit: Da ist der Florist, der nach der Hochzeitsfeier in das Geschehen eingreifen möchte, zu spät dran, und der Drucker, der die Dankesschreiben druckt, kann leicht zu früh kommen. Es ist also weder ein individueller oder sozialer Akteur noch ein einheitliches Interesse, noch ein Thema, noch ein soziales Kraftfeld, noch eine Organisation, welche alle Beteiligten an *einen Tisch bringt*, sondern es ist der Verlauf der *Gesamthandlung*, der den Beteiligten ihren Auftritt signalisiert und ihre Rollen vorgibt.

Das Geschehen ist also nicht mit einem Orchester ohne Dirigenten zu vergleichen, bei dem alle Beteiligten *gleichzeitig* ihr Handeln aufeinander abstimmen, sondern eher mit einem *Staffellauf*. Insgesamt geht es nämlich darum, das Staffelholz über eine bestimmte Strecke arbeitsteilig (*nacheinander*) ins Ziel zu bringen, wobei die einzelnen Läufer durchaus unterschiedliche Aufgaben und Laufstile haben können. Der Verlauf der Gesamthandlung, also der Parcours, der zu bewältigen ist, hat nun keineswegs stets genau die gleiche Form. Verbindlich ist zu Beginn des 21. Jahrhunderts nur noch (will man in den Besitz einer legalen Heiratsurkunde und damit in den Genuss von Steuervorteilen kommen) die einfache standesamtliche Trauung ohne Aufgebot und ohne Trauzeugen. Alles weitere, die Dauer des Verfahrens, deren Bestandteile, die Anzahl der Beteiligten, die äußere Form und die Ausstattung und noch einiges mehr sind optional, wählbar also. Aber nicht nur das Brautpaar kann darüber entscheiden, wer wann auf welche Weise beteiligt werden soll, auch andere Akteure können beschließen, an der Durchführung dieses Großereignisses mitzuwirken. Einige alteingesessene Akteure verlieren an Bedeutung (z.B. Priester), andere, völlig neue und oft auch alte, gewinnen dagegen an Bedeutung (z.B. Hochzeitsorganisatoren, Hochzeiter). So ist in den letzten Jahren gewiss die Bedeutung der Kirchen gesunken, während die Bedeutung der Medien (insbesondere der Hochzeitsratgeber und der Hochglanz-Magazine) und der Einfluss der Hochzeitsindustrie (Schmuck, Bekleidung, Gastronomie) zugenommen hat. Neu hinzugekommen sind das Fernsehen (z.B. mit Shows wie *Traumhochzeit* und *Flitterabend* u.v.a.m.), Veranstalter von Hochzeitsmessen, Hochzeitsorganisatoren und Videographen.

Für solche Großprozesse, die weder von einem Ort noch von einem bestimmten Personal zusammengehalten werden, sondern vor allem durch den Interaktionsverlauf, hat Anselm Strauss den Begriff des *trajectory* vorgeschlagen. Bezeichnet werden mit diesem Term die Handlungen, die nicht von einem Subjekt allein ausgeführt werden, sondern durch die *gemeinsamen Bemühungen mehrerer Personen an verschiedenen Orten und zu unterschiedlichen Zeitpunkten* zustande kommen. Nur noch im metaphorischen Sinn kann man in solchen Fällen von *Einzelhandlungen* sprechen: diverse Einzelhandlungen verketten sich zu einer übergeordneten größeren Handlung. Mit dem Begriff *trajectory* will Strauss also solche Handlungsgefüge bezeichnen, die von einer Reihe von Akteuren ohne festen Plan hervorgebracht werden (vgl. Strauss 1991a und 1991b), also „ohne daß ein zentraler Planer oder Autor – ein zentrales Subjekt – auszumachen wäre (...). Das eigentliche gesellschaftliche Subjekt dieses – am Kern engen, an der Peripherie weitmaschigen – Kooperationsgefüges ist die jeweilige gesellschaftliche Organisation selbst, das trajectory" (Soeffner 1991: 10).

Weil trajectories wie z.B. die Flugbahn einer abgeschossenen Kanonenkugel einen bestimmten Verlauf aufweisen, erstrecken sie sich in die Zeit, sie haben *Phasen*. Phasen allerdings, die auf ein *Ziel* ausgerichtet sind, ohne dass gewiss ist, dass jenes Ziel tatsächlich auch erreicht werden wird. Um über bestimmte Phasen zum Ziel zu gelangen, muss der Verlauf einen bestimmten *Weg* nehmen. Manchmal ist dieser Weg vorgegeben, manchmal empfohlen, manchmal noch zu suchen – immer ist er jedoch Gegenstand der gegenseitigen Vergewisserung. Dieser Prozess der permanenten Vergewisserung baut Schritt für Schritt den Verlaufsweg auf – er ist also letztlich Ergebnis von *Interaktionsarbeit*: Eine Arbeit, die auch *Folgen* hat. Manche von ihnen sind reversibel, andere nicht.

2.8 Ohne Institutionalisierung keine Kultur der Performativität

Die Medien und hier vor allem die Fernsehshow *Traumhochzeit* hatten bei der (Re-)Institutionalisierung eines neuen standesamtlichen Trauungsprocederes, also bei der Herausbildung reziproker Handlungs- und Akteurstypen, beachtlichen, wenn auch nicht allein entscheidenden Anteil. Denn vor allem aufgrund dieser, allen Beteiligten bekannten und verfügbaren Institutionalisierung verfügen sie nun, also zu Beginn des 21. Jahrhunderts, über einen Idealtypus prachtvoller standesamtlicher Trauung, auf den sie sich wechselseitig und arbeitsteilig sinnhaft beziehen können, um gemeinsam die *Performance* einer traumhaften standesamtlichen Trauung gestalten zu können.

Ohne Zweifel vollzog sich Ähnliches ebenfalls zu früheren Zeiten auf ähnliche Weise. Allerdings hat sich die Performance als Ganzes gewandelt. Neue Akteure tragen die Darstellung, neue Symbole, Requisiten und Orte tauchen auf. Geblieben ist die Funktion: Es geht immer noch um Bandstiftung und Verbindlichkeit – auch wenn der Glaube an die Verbindlichkeit der Trauung angesichts der hohen Scheidungsraten vielleicht ein wenig ins Wanken geraten ist. Aber vielleicht deshalb fällt die Performance des Trauaktes umso überzeugender aus – gerade weil sie um ihre Fragilität weiß.

Literatur

Bartels, Renate (1997): Hochzeit feiern. Bräuche, Riten, Umgangsformen. Niederhausen/Ts.: Falken.

Bachorski, Hans-Jürgen (Hrsg.) (1991): Ordnung und Lust. Bilder von Liebe, Ehe und Sexualität in Spätmittelalter und Früher Neuzeit. Trier: Wissenschaftlicher Verlag Trier.

Berger, Peter & Luckmann, Thomas (1970): Die gesellschaftliche Konstruktion der Wirklichkeit. Frankfurt a.M.: Fischer.

Blumer, Herbert (1973): Die Grundsätze des symbolischen Interaktionismus. S. 81-101 in: Arbeitsgruppe Bielefelder Soziologen (Hrsg.): Alltagswissen, Interaktion und gesellschaftliche Wirklichkeit. Reinbek: Rowohlt.

Bourdieu, Pierre (1993): Sozialer Sinn. Kritik der theoretischen Vernunft. Frankfurt a.M.: Suhrkamp.

Ebertz, Michael (1997): Kirche im Gegenwind. Zum Umbruch der religiösen Landschaft. Freiburg: Herder.

Eichen, Yvonne Gräfin von (1969): Der moderne Familien-Knigge. Der verläßliche Ratgeber für gesellschaftlichen und beruflichen Erfolg. München: Kindler.

Fischer-Lichte, Erika (2000): Theatralität und Inszenierung. S. 11-30 in: Erika Fischer-Lichte & Isabel Pflug (Hrsg.): Inszenierung von Authentizität. Tübingen: A. Francke.

Foucault, Michel (1977): Sexualität und Macht. Der Wille zum Wissen. Frankfurt a.M.: Suhrkamp.

Gennep, Arnold von (1986): Übergangsriten. Frankfurt a.M./New York: Campus Verlag.

Gerasimenko, Polina (2000): Standesamtliche Hochzeit in Russland. Magisterarbeit. Universität Essen.

Geertz, Clifford (1987): Dichte Beschreibung. Frankfurt a.M.: Suhrkamp.

Goffman, Erving (1983): Wir alle spielen Theater. Die Selbstdarstellung im Alltag. München: Piper.

Habermas, Jürgen (1981): Theorie des kommunikativen Handelns. 2 Bde. Frankfurt a. M.: Suhrkamp.

Hitzler, Ronald, Bucher, Thomas & Niederbacher, Arne (2001): Leben in Szenen. Formen jugendlicher Vergemeinschaftung. Opladen: Leske + Budrich.

Iványi, Nathalie (2001): Der Magier auf der Schulbank. Zur Funktion und Bedeutung der Fortbildung von Standesbeamten. In: Jo Reichertz & Nathalie Iványi: Mediale (Re)Präsentation von Liebe. Abschlussbericht für die DFG. 2 Bde. Essen.

Iványi, Nathalie (2004): Die gesellschaftliche Wirklichkeit der Konstruktion. Zur Entwicklung eines institutionalisierungstheoretischen Medienwirkungsansatzes am Beispiel der Sendung Traumhochzeit. Konstanz: UVK.

Iványi, Nathalie & Reichertz, Jo (2002): Liebe (wie) im Fernsehen. Eine wissenssoziologische Analyse. Opladen: Leske + Budrich.

Keller, Reiner et al. (2001): Handbuch Sozialwissenschaftliche Diskursanalyse. 2. Bde. Opladen: Leske + Budrich.

Knoblauch, Hubert (1997a): Die Sichtbarkeit der unsichtbaren Religion. In: Zeitschrift für Religionswissenschaft 2: 179-202.

Knoblauch, Hubert (1997b): Die kommunikative Konstruktion postmoderner Organisationen. In: Österreichische Zeitschrift für Soziologie 2: 6-23.

Koutny, Martin (1998): Richtig Trauen! Die standesamtliche Eheschließung aus rhetorischer und rechtlicher Sicht unter Berücksichtigung des neuen Eherechts. Wien: Standesamtsverlag.

Lippe, Susan (1997): Hochzeitsbräuche. Traditionen für den schönsten Tag. Niedernhausen: Falken.

Luckmann, Thomas (1979): Persönliche Identität, soziale Rolle und Rollendistanz. S. 293-314 in: Marquard, Odo & Stierle, Karl-Heinz (Hrsg.): Identität. München: Fink.

Nave-Herz, Rosemarie (1997): Die Hochzeit. Ihre heutige Sinnzuschreibung seitens der Eheschließenden. Eine empirisch-soziologische Studie. Würzburg: Ergon.

Ohrendorf, Marion (1991): Das Hochzeitsbuch. Vom Aufgebot bis zum Nachtisch. Düsseldorf: Econ.

Reichertz, Jo (2000): Die Frohe Botschaft des Fernsehens. Kultursoziologische Untersuchung medialer Diesseitsreligion. Konstanz: UVK.

Reichertz, Jo (2001): Die neue Pracht beim Standesamt. In: Kursbuch 144: 129-142.

Reichertz, Jo & Iványi, Nathalie (2001): Mediale (Re)Präsentation von Liebe. Abschlussbericht für die DFG. 2 Bde. Essen: Unidruck.

Schmidt-Decker, Petra (1988): Das große Buch des guten Benehmens. Düsseldorf: Econ.

Schwanitz, Dietrich (1977): Die Wirklichkeit der Inszenierung und die Inszenierung der Wirklichkeit. Meisenheim am Glan: Hain.

Soeffner, Hans-Georg (1991): ‚Trajectory‘ – Das geplante Fragment. Die Kritik der empirischen Vernunft bei Anselm Strauss. In: BIOS 1: 1-12.

Soeffner, Hans-Georg (1992): Die Ordnung der Rituale. Frankfurt a.M: Suhrkamp.

Strauss, Anselm (1991a): Grundlagen qualitativer Sozialforschung. München: Fink.

Strauss, Anselm (1991b): Creating Sociological Awareness. New Brunswick: Transaction Publishers.

Strauss, Anselm (1993): Continual Permutations of Action. New York: Aldine de Gruyter.

Turner, Victor (1995): Vom Ritual zum Theater. Frankfurt a.M: Suhrkamp.

3 Kinder brauchen (auch) die ‚Power Rangers'[16]

> „Ich fühlte mich als Grieche und Römer;
> ich wurde die Person, deren Leben ich las."
> *J.J. Rousseau*

3.1 Statt einer Einleitung

„Etwa 20 bis 30 Millionen Dollar will der US-Anwalt Joe Simpson von Hollywood-Regisseur Oliver Stone erkämpfen. Er handelt im Auftrag seiner Klientin Patsy Ann Byers, die seit einem Raubüberfall durch eine Schußverletzung querschnittgelähmt ist. Simpson hat auch eine Klageschrift an das Studio Warner Bros. gerichtet, das an der Produktion und dem Vertrieb von Stones Film ‚Natural Born Killers' beteiligt war. Die Täter – beide noch Teenager – hatten sich nach Darstellung des Anwalts präzise an das Vorbild des Films gehalten. (...)."

Sarah Edmondson, eine Richterstochter aus Oklahoma, spielte den Film mit ihrem Freund Ben Darras pausenlos ab. Dabei schluckten sie LSD-Pillen in Massen und entschlossen sich plötzlich, genau wie ihre Vorbilder vorzugehen. Die Gesamtzahl der Opfer ist zwar unbekannt, aber Darras erschoß irgendwann in Mississippi den kleinen Geschäftsmann Bill Savage. Danach habe sich Darras groß und mächtig gefühlt, meinte Anwalt Joe Simpson.
‚Jetzt bist Du dran – wir sind Partner', drängte Darras anschließend das Mädchen. Die damals 18jährige Sarah Edmondson wollte nicht hinter ihm zurückstehen und verletzte die Verkäuferin Patsy Byers so schwer, daß sie ihr Leben im Rollstuhl zubringen muß."

Dieser Bericht über die Klage gegen Oliver Stone fand sich in der WAZ vom 12. Juli 1996 unter der Überschrift ‚Film soll zu Mord angeregt haben'. Jetzt werden amerikanische Gerichte die Aufgabe haben, ein Urteil darüber zu fällen, ob audiovisuelle Darstellungen von Gewalttaten bei den Betrachtern reale Gewalthandlungen ‚bewirken', ob also die ohne Zweifel massenhafte Darstellung von Gewalt in Film und Fernsehen für das Anwachsen der (Jugend)Kriminalität

---

16   Die hier vorgetragen Überlegungen gehen u. a. auf einen dreitägigen Workshop in Wien zurück. Dort analysierte, interpretierte und diskutierte ich im Rahmen einer vom Interkulturellen Lernclub, Wien, geleiteten Tagung mit Lehrern aus Österreich, Deutschland, Amerika, England, Afghanistan und der Türkei mehrere Folgen der ‚Power Rangers'. Bei den Teilnehmern/innen dieses Seminars möchte ich mich für viele Anregungen bedanken.

oder gar für ‚das Aufbrechen des Barbarischen in der Moderne' verantwortlich ist.

Aber nicht nur in Amerika klagen Menschen vor Gericht gegen audiovisuelle Gewaltdarstellungen: So erstattete am 22. Dezember 1994 (mit großem Medienecho) ein Saarbrücker Politiker bei der Kölner Staatsanwaltschaft Strafanzeige gegen den Kölner Privatsender RTL. Nach Ansicht des Politikers sei die Ausstrahlung der gewaltverherrlichenden Serie ‚Power Rangers' dafür verantwortlich, dass sein elfjähriger Sohn auf dem Schulhof von einer Gruppe von Schülern, die sich ‚Power Rangers' nennen, angegriffen und erheblich verletzt wurde.

Ungeachtet der Tatsache, dass die Klage des besorgten Vaters abgewiesen wurde, bleibt die (immer häufiger und immer energischer gestellte) Frage offen, ob ein und wenn ja, welcher Zusammenhang zwischen der in Film und Fernsehen gezeigten und der in modernen Gesellschaften real ausgeübten Gewalt besteht. Weit unterhalb dieser Großfragestellung werde ich im weiteren aus wissenssoziologischer Sicht die sehr viel kleinere Teil-Frage untersuchen, ob die im Fernsehen für 3 bis 13jährige Kinder ausgestrahlte Action-Serie ‚Power Rangers' reale Gewalt von Kindern zur Folge hat.

3.2 Serielle Rettung der Welt: die Power Rangers

Auf dem Mond ereignet sich Ungeheuerliches: Die böse Hexe Rita Repulsa entsteigt mit ihren Monstern einem tiefen Brunnen – nach langer Gefangenschaft sind die Hexe und ihre hässlichen Spießgesellen wieder frei. Jetzt haben sie nur noch eines im Sinn: die Erde ganz fürchterlich zu erschrecken.

Währenddessen trainieren auf der Erde (genauer: in der High-School der Kleinstadt Angel Grove) nichts ahnend die sympathischen und gut aussehenden Oberschüler Jason, Billy, Zack (alle drei männlich, einer schwarz), Kimberly und Trini (beide weiblich, eine leicht asiatisch aussehend) etwas Karate. Die Harmonie wird jedoch bald durch die beiden unansehnlichen und unsympathischen Mitschüler, Skull und Bulk, gestört: Die beiden versuchen, die sauberen Mädchen durch ihre Sprüche zu provozieren. Die Hexe Rita ist derweil oben auf dem Mond richtig wütend geworden – jetzt will sie die Erde erobern und zerstören.

In der Gymnastikschule legen sich die einfältigen Bulk und Skull dieses Mal mit den Karate trainierenden Jason und Billy an. Bulk und Skull stellen sich jedoch dabei so dumm an, dass sie sich nur blamieren. Schnitt. Die Erde bebt bedrohlich. Schnitt.

Der gute Behüter Zordon – ein in einem Glaszylinder elektronisch waberndes Gesicht ohne Körper – beauftragt seinen kleinen, lustigen (und nicht immer ganz hellen) Hilfsroboter Alpha, die fünf Teenager in die Kommandozentrale zu bitten. Die ‚sauberen Fünf' fliegen dann mit übernatürlicher Kraft in die futuristisch anmutende Kommandozentrale des Zordon. Dieser erläutert den überraschten Kids erst den Ernst der Lage, dann ihre historische Mission: Rettet die Erde vor der bösen Hexe Rita! Damit die Fünf ihre Aufgabe auch bewältigen können, stattet Zordon sie mit Power-Gürteln aus (auf Handdruck verwandeln diese die ‚normalen' Kids in machtvolle Power Rangers). Für die Stunden großer Bedrängnis durch das Böse stellt er den Jugendlichen noch die ‚Dino-Zords' (= drei Saurier, ein Mammut und ein Säbelzahntiger) zur Seite. Auf Ruf erscheinen diese und können sich in allerhöchster Gefahr noch zu dem (fast) unbezwingbaren Mega-Saurus, dem Ninja Megafalconzord, vereinen. Aber die Oberschüler wollen weder die Macht erhalten noch sich der Mission stellen – sie lehnen die Bitte Zordons ab und verlassen die Kommandozentrale.

Die Hexe Rita erschafft derweil, hämisch lachend, gesichtlose Geschöpfe, welche allein die Aufgabe haben, die störenden Oberschüler auszuschalten. Und tatsächlich werden die Fünf auf ihrem Fußmarsch nach Hause von den Gesichtlosen angegriffen und fast überwältigt. Erst im letzten Moment aktivieren die grundlos Angegriffenen die ihnen übertragene Kraft per Druck auf die Gürtelschnalle: Binnen Sekunden verwandeln sie sich in die Power Rangers – das sind menschliche Gestalten in einfarbigen eng anliegenden Uniformen; der Kopf der Rangers ist geschützt durch einen undurchsichtigen Motorradhelm. Da die Power Rangers dank ihrer Super-Power machtvolle Karatekämpfer sind, wendet sich das Blatt: Sie besiegen in einem ausgiebigen Karate-Ballett nun leicht die gesichtlosen Geschöpfe der bösen Hexe Rita.

Aber die Hexe hat ihren Kampf noch nicht aufgegeben. Vor Wut rasend (ob der Niederlage ihrer Geschöpfe) greift sie zu einer mächtigen Waffe: Sie sendet ihren Hexenbesen auf die Erde, und dieser formt aus einem ihrer ‚normalen' Monster ein Supermonster, das sich jetzt den fünf ‚kleinen' Power Rangers entgegenstellt. Diese sehen keine andere Chance als ihre Dino-Zords herbeizurufen: Die drei Saurier, das Mammut und der Säbelzahntiger bauen sich auf und kommen herbeigeeilt. Auf Befehl der Rangers vereinen sich die Zords zu dem riesigen Megafalconzord. Dieser richtet sich auf (gesteuert vom Willen der Power Rangers) und stellt sich dem entscheidenden Zweikampf. Blitze zucken, die Erde vibriert, der Kampf ist erbittert und ausgeglichen. Da schickt Zordon dem Megafalconzord einen magischen Speer zur Hilfe. Das böse Monster erkennt jetzt seine Unterlegenheit und zieht sich geschlagen zurück. Auf der Kampfstatt richtet sich der Mega-Zord in Siegerpose auf.

Zutiefst verärgert schimpft die böse Hexe über die Unfähigkeit ihrer Monster, lässt aber auch erkennen, dass sie nicht gewillt ist, aufzugeben. Zordon erneuert derweil in der Kommandozentrale den historischen Auftrag: Die Power Rangers müssen die Welt vor den Angriffen der bösen Hexe Repulsa schützen.

Die ihnen verliehene Kraft dürfen sie allerdings nur zu diesem Zwecke nutzen –
nie, um persönliche Vorteile zu erlangen. Zudem ist nur dann der Kampf erlaubt,
wenn sie zuvor angegriffen wurden. Und: Die Fünf müssen ihre Mission (und
ihre Power) vor aller Welt geheim halten. Niemand darf von ihrer Macht wissen.
Zurück in ihrem (schulischen) Alltag leisten die fünf Oberschüler einen Schwur,
stets ihrer Mission nachzukommen und ihre Kraft nicht zu missbrauchen.

Mit diesem Schwur endet die erste Folge der *Mighty Morphing Power Rangers* – wie die Serie im Original heißt. Zu sehen war (in Deutschland) dieses
Wiedererwachen des Bösen in Gestalt einer Hexe und die Erteilung des Ret-
tungsmandats an fünf Teenager einer Kleinstadt am 16. April 1994 gegen 11.50
Uhr bei dem Privaten Fernsehsender RTL. Seitdem können vornehmlich Kinder
und Jugendliche zwischen 3 und 13 einmal wöchentlich (kurzzeitig auch täglich)
vor dem Fernsehschirm mitverfolgen, wie die Power Rangers immer wieder ihre
Welt vor dem zerstörerischen Zugriff der Hexe Rita Repulsa retten.

Die Grundstory ist dabei stets die gleiche. Die (mittlerweile sechs) helden-
haften und politisch absolut korrekten Teenager, eigentlich ganz normale Oberschüler, haben (wie alle Schüler in diesem Alter in einer Kleinstadt-Schule) so
ihre Sorgen mit den Lehrern und mit dummen bzw. missgünstigen Mitschülern –
und natürlich haben sie Probleme mit dem Erwachsenwerden. Ansonsten kaufen
sie gerne ein, treiben Aerobic, sind am liebsten gemeinsam unterwegs – und
üben sich in Karate. Alles wäre harmonisch, wäre da nicht die böse Hexe Rita, in
ihrem Streben, die Erde im Speziellen und das Universum im Allgemeinen zu
unterjochen. Dabei helfen ihr selbst geschaffene Kreaturen, eine nicht enden
wollende Reihe von phantastisch aussehenden (wenn auch meist dummen)
Monstern und neuerdings auch der abgrundtief böse Lord Zedd. Der gute und
weise (wenn auch körperlose) Zordon überwacht von seiner Kommandozentrale
aus das gesamte Geschehen im All. Bemerkt er, dass die böse Hexe Rita oder
Lord Zedd (mittlerweile miteinander verheiratet) zu einem neuen Angriff auf die
Erde bzw. Angel Grove blasen, lässt er durch seinen lustigen Roboter Alpha (der
wie viele Gestalten der Serie dem Filmepos ,Star Wars' entlehnt ist) die Power
Rangers rufen und schickt sie in den Kampf gegen das Böse. Der Kampf vollzieht sich dabei stets in drei Stufen. (1) Zuerst morphen die Teenager zu den
machtvollen Power Rangers und besiegen in einem Karate-Ballett die gesichtlo-
sen Geschöpfe der Hexe. (2) Dann schickt das Böse größere Monster auf den
Kampfplatz, und die Power Rangers rufen ihre prähistorischen Dino-Zords zur
Hilfe. Diese stellen sich mit teils phantasievollen Waffen (Schwertern, Laserwaffen, Netzen, Bögen, Äxten, Geruchsbomben, Seilen u.v.a.m.) den titanenhaften
Monstern des Bösen entgegen, können diese jedoch nicht besiegen. (3) Deshalb
vereinen sich die Zords zu dem Ninja Megafalconzord. Kommandiert wird der
Mega-Zord von den Rangers – wenn auch der weiße Ranger das Oberkommando

hat. Die Kommandozentrale befindet sich irgendwo im Kopf des Mega-Zords – die Power Rangers bilden also den Handlungskern dieses ‚Über-Wesens'. Mit Blitzen, Lasern und Schwertern etc. schlagen dann Gut und Böse aufeinander ein, was immer und unabwendbar dazu führt, dass das Böse sich in einem Feuerball auflöst oder geschlagen flieht. Nachdem der Angriff auf die Welt erneut erfolgreich abgewehrt wurde, verwandeln sich die Power Rangers wieder in ganz normale jugendliche Oberschüler, die in der Kleinstadt Angel Grove bescheiden und politisch korrekt weiterleben, und von denen (außer ihnen natürlich) niemand weiß, dass sie ja eigentlich (in Wirklichkeit) die großen Power Rangers sind.[17]

3.3 Notwendige Unterscheidung: Kamerahandlung und Handlung vor der Kamera

Bei der Analyse von Filmen gilt es zu unterscheiden zwischen der *‚Handlung vor der Kamera'* und der *‚Kamerahandlung'*. Mit ersterem wird das Geschehen bezeichnet, das die Kamera aufzeichnet, mit letzterem der Akt der Aufzeichnung durch die Kamera (plus die Gestaltung des von der Kamera Aufgezeichneten).

Zur Kamerahandlung gehört also vor allem (a) die Inszenierung der Handlung vor der Kamera, (b) die Wahl des Genres, (c) die Auswahl und Gestaltung des Bildausschnitts, (d) die Art und das Tempo der Schnittfolge, (e) die Kommentierung des Abgebildeten durch Töne oder Musik, (f) die Auswahl und Ausrüstung des Aufzeichnungsgeräts (Kamera) und (g) die Gestaltung der Filmkopie (Format, Qualität). Da die (impliziten oder expliziten) Entscheidungen über die wesentlichen Elemente der Kamerahandlung zeitlich der Handlung vor der Kamera vorangehen bzw. diese dominieren, bildet die Kamerahandlung den dominanten Handlungsrahmen, in den die Handlung vor der Kamera unauflöslich eingebunden ist.

Akteur der Kamerahandlung ist letztlich der verantwortliche Regisseur. Stets kommentiert er durch die Kamerahandlung die Handlung vor der Kamera. Jede Auswahlhandlung des Regisseurs kommentiert und interpretiert das Abgebildete. Auch der Versuch, mit dem Film nur das wiederzugeben, was den abgebildeten Dingen (scheinbar von Natur aus) anhaftet, ist ein Kommentar, aller-

---

17 Die Produktionsfirma der Serie bringt die Struktur der einzelnen Folgen auf folgenden Nenner: „Each episode of 'Power Rangers' focuses on the interpersonal relationships between the six Power Rangers in their battle to save Earth from Rita Repulsa, the Empress of Evil. Using the Five Coins of Power (...) the six teenage heroes call forth the power of the ages, transforming themselves into Power Rangers, complete with power suites, weapons and Dino Zord vehicles." (aus: Saban-Pressematerial)

dings ein anderer als der, wenn die Kamera z.B. durch Schärfentiefe, Verzerrungen etc. auf sich selbst weist. Im ersten Fall versucht der ‚Kameramann‘ die Bedeutung seiner Person und seines Tuns zu leugnen bzw. zu vertuschen, im zweiten Fall schiebt er sich zwischen Abgebildetes und Betrachter und bringt sich damit selbst ins Gespräch.

Aus diesem Grund geht es bei der Filmanalyse um die Auffindung der objektiven Bedeutung der Kamerahandlung plus der durch sie eingefangenen Handlung vor der Kamera und nicht allein um die Rekonstruktion der Bedeutung des gefilmten Geschehens. Filmanalyse kann und darf sich nie auf die Bildinhaltsanalyse beschränken, da die Kamerahandlung stets konstitutiver Bestandteil des Films ist. Sie hat sich durch eine Fülle nonverbaler Zeichen in den Film bzw. in dessen Kopie eingeschrieben, sie hat im Film einen Abdruck hinterlassen.

In jedem Film (und in jeder Fotografie) finden sich also immer *zwei* Komplexe von Zeichen: Zum einen die Zeichen, welche auf die Konventionen der abgebildeten Handlungen, zum anderen die, welche auf die Konventionen der Handlung der Abbildung verweisen. Beide Zeichenkomplexe bilden zusammen – metaphorisch gesprochen – die Bildsprache (vgl. Reichertz 1992).

3.4 Wie zeigt die Kamera das Handeln der Akteure?

3.4.1 Das Setting

Betrachtet man die Kamerahandlung bei den ‚Power Rangers‘, dann ist ein Merkmal besonders hervorstechend: Die Kamerahandlung trennt sehr deutlich zwischen ‚Realfilmsequenzen‘ und ‚Tricksequenzen‘. In den Realfilmsequenzen wird die heile (und scheinbar ‚wirkliche‘) Welt in Angel Grove mit normalen Menschen und normalen Problemen gezeigt – in den Tricksequenzen dagegen ein intergalaktisches Nirgendwo, in dem sich außergewöhnliche Kämpfe mit ungewöhnlichen Wesen ereignen. Die Bilder von der normalen Welt sind ‚realistisch‘ gefilmt (also Fotografien, keine Zeichentrickbilder). Von der anderen Welt jenseits des normalen Alltags gibt es keine ‚realistischen Bilder‘ mehr: Die Bilder von der anderen Welt zeigen dagegen Puppen und (schlecht hergestellte) künstliche Monster aus Pappmaché. Die Monster bewegen sich in der Regel so eckig-behende und charmant wie man das vor allem aus alten Godzilla-Filmen kennt. Alle (böse wie gute) Monster sind ganz leicht als künstliche Figuren (= als nicht ‚wirkliche‘ Ungeheuer) zu enttarnen, die Kostümierung ist als solche stets zu erkennen. (Die Monster wirken bei weitem nicht so erschreckend wie die perfekt animierten Saurier in ‚Jurassic-Park‘). Die Bewegungen aller Figuren sind pantomimisch überhöht, ebenso sind alle Charaktere ‚unnatürlich‘ einseitig und überzogen. Die Bösen (Lord Zedd, Hexe Rita Repulsa und viele andere) sind nicht nur übertrieben böse und hässlich, sondern auch außerordentlich dumm. Die Guten sind ‚immer und überall' gut, klug und natürlich (in Maßen) gut aussehend.

Die Kamerahandlung konstituiert auf diese Weise zwei separate und eigenständige Welten. In diesen ‚Sinnuniversa' (Schütz) herrschen zudem eigene Handlungs- und Rationalitätslogiken. In der einen Welt ist vieles denk- und machbar, was in der anderen völlig unmöglich erscheint. Kurz: Die Serie ‚Power Rangers' ist eine seriell angelegte ‚Zwei-Welten-Geschichte' (Super-Man, Hulk, Spider-Man etc.). In der einen Welt sind die Rangers sechs ganz normale Jungen und Mädchen, die zur Schule gehen und normale Probleme haben, in der anderen Welt sind sie machtvolle Vertreter des Guten, die ausgestattet mit Zauberkräften und machtvollen Helfern unerkannt (in Maske) gegen das Böse kämpfen und natürlich auch siegen.

3.4.2 Das Personal

Mit ihrer Verwandlung betreten die Power Rangers eine phantastische Welt jenseits des normalen Alltags (Phantasia) – hier tummeln sich Hexen und Monster, hier besitzen die Oberschüler Macht. Ein Druck auf die Schnalle ihres Power-Gürtels verwandelt die Jugendlichen in maskierte (einfarbiger Ganzkörperüberzug, Motorradhelm mit blickdichtem Visier), d.h. nicht erkennbare Typen. Aus Billy, Aischa etc. werden weiße, rote, blaue etc. Power Rangers. Die Maskierung löscht vorderhand nicht nur die Individualität der Akteure, sondern auch und vor allem deren Erkennbarkeit (also die Möglichkeit, zur Verantwortung gezogen zu werden). Mit der Verwandlung geht der einzelne (Oberschüler) nämlich im Typus (Power Rangers) auf.

Eingesetzt, geleitet und unterstützt werden die Power Rangers von dem wabernden (körperlosen) Zordon, dessen Geist in einem riesigen Computer lebt, und dessen Gesicht in einem Glaszylinder ‚lebensecht' animiert wird. Da Zordon weder gehen noch greifen kann, erledigt der lustige und oft tolpatschige Kleinroboter Alpha für ihn die Hand- und Laufarbeiten. Alpha ist der Mittler zwischen Zordon und den Rangers. Zordon verkörpert das Unbewegliche, aber auch das (fast) Allmächtige. Er verfügt über keinen Körper und ist deshalb zeitlos – seine Existenz reicht weit in der Zeit zurück. Er ist weise, gerecht, verständnisvoll und stets um das Wohlergehen der Erde besorgt; er sieht alles, und er besitzt die Macht und auch die Möglichkeit, Teile der Macht weiterzugeben. Selbst in Momenten allergrößter Gefahr weiß er noch Rat und kann die rettende Gegenwaffe

schicken. Kurz: Zordons Gesicht visualisiert die letztlich religiös fundierte Institution des (auch moralisch) Absoluten – also den *Großen Vater*.

Alle Wesen in der Welt jenseits des normalen Alltags sind (außer der bösen
Rita und dem weisen Zordon) gesichtslos. Für alle Gestalten des Guten gilt jedoch zusätzlich, dass sie zudem geschlechtslos dargestellt werden: So ist Zordon
das Wesen ohne Unterleib, Alpha ein Neutrum aus Blech und Schaltkreisen, und
die Rangers werden durch ihre uniforme Dienstkleidung nicht nur ihrer Lebens-
geschichte, sondern auch ihres Geschlechts beraubt.

Die Körper des Bösen sind dagegen durch eine fast überbordende (wenn
auch nur angedeutete) Sinnlich- und Geschlechtlichkeit gekennzeichnet: Wahrscheinlich nicht aus Zufall erinnern sie an die Darstellungen chthonischer Erd-
Gottheiten. Die von Rita geschaffenen Gestalten lesen sich wie Hypertrophien
der Sinne und des Geschlechts: Manche Monster sind mit hervorstehenden riesigen Augen ausgestattet, andere mit einer Vielzahl großer Brüste, andere mit
wulstigen Lippen oder überdimensionalen Riech- oder Hörorganen. Lord Zedds
Körper ist betont männlich ausgeprägt, sein Auftreten eine Karikatur des ma-
chismo. Die Hexe Rita befleißigt sich dagegen weiblicher Schläue.

Der Zauber in den ‚Power Rangers‘ ist technisch ‚entzaubert‘. Selbst der
oberste Zauberer (Zordon) lebt in und von der Maschine. Zur Herbeiführung von
Wundern werden nicht mehr Sprüchlein aufgesagt oder Ringe gedreht. Stattdessen ‚beamen‘ sich die Rangers an einen bestimmten Ort, sie drücken Knöpfe,
betätigen Abzüge. Kleine Roboter eilen zur Hilfe, und Laserwaffen lassen explo-
dieren – die ‚Technik ist der moderne Zauberstab‘ (vgl. Paus-Haase 1992).

Besteht die Mannschaft der Guten überwiegend aus Jugendlichen (die Ausnahme bildet der alterslose Zordon), so finden sich bei den Bösen ausschließlich
Erwachsene: Die Körperformen der Bösen erscheinen ausgewachsen oder alt; die
männlichen Gestalten sind kräftig, tragen langes Haupt- und Barthaar, und die
weiblichen weisen Falten und Runzeln auf und gehen oft gebückt. Auch die
meist phantasievolle Kleidung weist die Bösen als ‚Erwachsene‘ aus. In Summa:
In der Serie ‚Power Rangers‘ siegen gut befreundete, schlaue, gut aussehende,
mächtige, gesichts- und geschlechtlose Jugendliche immer wieder gegen einen
Haufen von hässlichen, einfältigen, bösartigen, monströs verformten (männlicher
und weiblicher) Erwachsener.

3.4.3 Körperlose Gewalt – zur Inszenierung von Kampfhandlungen

Trotz der zahlreichen Kämpfe zwischen den Rangers und den Bösen, kommt es
nicht zu Körperberührungen: Alle Kampfhandlungen werden nur ‚trefferfrei‘
durchgeführt – der Karateschlag trifft den Körper nicht, und der Tritt haut nie-

manden von den Beinen. Dennoch gehen die Kämpfer immer wieder schwungvoll zu Boden, rollen sich ab, fliegen durch die Luft, stoßen Kampfschreie aus, gewinnen oder verlieren. Nie wird bei den zahlreichen Kampfszenen der Eindruck oder der Abdruck körperlicher Gewalt gezeigt – Blut fließt nie, und es bleiben keine Toten oder Verletzte zurück. Menschen werden in keinem Falle von Schlägen oder Schwertern getroffen, allerdings verwüsten die Laser manches Monster und viel Landschaft. Die Guten werden im Falle einer Niederlage gefangen genommen und die Bösen suchen (ängstlich winselnd) ihr Heil in der Flucht oder verglühen restlos in einem Feuerball. Von den Power Rangers wird also keine handgreifliche Gewalt ausgeübt, Gewalthandlungen werden noch nicht einmal realistisch inszeniert, sondern die Gewaltdarstellungen werden offensichtlich simuliert. Die dargestellten ‚Kämpfe' (Mann gegen Mann mithilfe fernöstlicher Kampftechniken; Mann gegen Mann mithilfe von Schwertern; Monster gegen Monster mithilfe von Laserwaffen) sind pantomimische Stilisierungen von Kämpfen. Die Choreographie der Kampfszenen erinnert sehr stark ans Ballett oder an Stummfilmdarstellungen. Eine so inszenierte Kampfhandlung (Gewalt) sucht und zeigt nicht die Schmerzen und die Vernichtung der Opfer, sondern betont und zeigt den ‚sauberen' Sieg: Nicht die wuchtige Vernichtung eines konkreten Anderen wird dargestellt, sondern der schmerzfreie (und konsequenzenlose) Sieg über das erwachsene Böse.

3.4.4 Formen und Techniken der Kamerahandlung

Der Handlungsaufbau der einzelnen Folgen ist einfach, stets gleich und sehr leicht zu erkennen, zu verstehen und zu durchschauen: Die Bösen wollen den Guten Schaden zufügen. Letztere wehren sich dagegen, was die Bösen dazu animiert, ihre Bemühungen zu verstärken. Der Kampf zwischen Gut und Böse eskaliert, und fast scheint es so, dass die Guten unterliegen könnten. Doch dann vereinen sich die Kräfte des Guten oder der *Große Zordon* schickt eine neue Wunderwaffe, was dazu führt, dass die Bösen geschlagen von dannen ziehen. Der Aufbau des Spannungsbogens wird dabei immer konterkariert durch witzige Dialoge, vielfältige Situationskomik und dem „lustigen Aussehen" der Monster.

Sehr viele Szenen der Serie (Intro, Verwandlung der Rangers, das ‚Entstehen' der hilfreichen Zords, die Integration der Zords zu dem Mega-Zord und viele Kampfszenen) tauchen in identischer Form in jeder Folge der Serie auf. Große Teile der einzelnen Folgen bestehen also aus gebetsmühlenhaft wiederkehrenden und gut bekannten Versatzstücken. Diese rituelle Wiederholung erschafft eine Liturgie, welche den immer gleichen und vertrauten Rahmen bildet, in den von Folge zu Folge ‚neue' Geschichten eingebaut werden.

Fast die gesamte Filmhandlung ist von jugendtypischer Musik unterlegt. Diese ist durchweg laut und treibend. Der Musikrhythmus steigert sich deutlich bei allen Action-Szenen. Die Schnittfolge wird in solchen Szenen dem sehr schnellen Musikrhythmus angeglichen und das Geschehen aus ständig wechselnden Perspektiven gezeigt.[18] Dabei gilt durchgängig, dass die Monster aus der Froschperspektive, also von unten gezeigt werden (aus der Sicht von Kleinen).

Alle (außer der Hexe Repulsa und Zordon) sprechen gestaltlos. Mundbewegungen (oft auch die Augen) sind nicht zu sehen – was die Synchronisierung erheblich erleichtert. Alle Sprechakte werden sehr stark pantomimisch unterstrichen und erläutert. Diese deutliche körpersprachliche Darstellung sichert eine hohe Verständlichkeit und erbringt (nebenbei gesagt) für eine globale Vermarktung der Serie den nicht geringen ,Vorteil', dass (selbst sehr junge) Kinder auf der ganzen Welt das gezeigte Geschehen verfolgen können, auch wenn sie die jeweilige Sprache (noch) nicht beherrschen.

3.5 Produktion, Quoten und Reichweiten

Die Ausstrahlung des (eingangs geschilderten) ersten Abenteuers der ,Mighty Morphing Power Rangers' verfolgten etwa 440.000 deutsche Kinder und Jugendliche (zwischen 6 und 13 Jahren)[19] auf dem Bildschirm oder anders: 48,3 % aller Kinder und Jugendlichen, die zu diesem Zeitpunkt in der ,ersten oder zweiten Reihe saßen', betrachteten das Programm von RTL. Diese Prozentzahlen beziehen sich auf den *Marktanteil* (= MA) des jeweiligen Senders und nicht auf die Grundgesamtheit deutscher Kinder und Jugendlicher. Über die Fernsehgewohnheiten der 6 bis 13-jährigen weiß man, dass 20 % von ihnen ein eigenes Fernsehgerät besitzen, 75 % von ihnen täglich fernsehen und sie durchschnittlich etwas mehr als drei Stunden das Gerät eingeschaltet haben. Gegen 6.00 Uhr morgens beobachten werktags etwa 80.000 Kinder das Geschehen auf dem Bildschirm, um 7.00 Uhr sind es bereits 200.000 und um 8.00 Uhr 320.000 (alle Angaben siehe Stern 3/95).

Von April bis November 1994 wurden die Rangers immer samstags gegen 11.50 Uhr gesendet, vom 26. November bis zum 31. Dezember 1994 wurde auf tägliche Ausstrahlung gegen 7.30 (samstags: 9.30) umgestellt. Wegen massiver

---

18 Erwachsene Zuschauer haben wegen dieser Art der Kameraführung und der schnellen Schnittfolge oft erhebliche Probleme, das Handlungsgeschehen zu verstehen, was unter dem Strich zu einer ,Vertreibung der Erwachsenen' führt, so dass schlussendlich die Kinder vor dem Bildschirm ,unter sich' sind.

19 Diese und andere Daten wurden von der GfK erhoben. Sie geben also Aufschluss über die offiziellen Quoten und Marktanteile.

Proteste wurde die tägliche und frühmorgendliche Ausstrahlung der Sendung zurückgenommen, und seit Januar 1995 retten die Power Rangers nur noch jeden Samstagvormittag die Welt.

Die Serie ‚Power Rangers‘ ist die mit Abstand erfolgreichste Kinderserie des Kölner Privatsenders: Mit Marktanteilen zwischen 40 und über 70 Prozent (der Kinder und Jugendlichen zwischen 6 bis 13, die zu diesem Zeitpunkt den Fernseher angeschaltet haben) übertreffen die Rangers spielend solche Kindersendungen wie ‚Aladin‘ oder ‚Goofy und Max‘. Sendungen wie ‚Disney-Club‘, ‚Li-La-Launebär‘ und ‚Sandmännchen‘ stoßen bei denen, für die sie gemacht sind, auf immer weniger Gegenliebe: Die Einschaltquoten für diese Sendungen liegen dauerhaft weit unter denen der Power Rangers. „Man muß erkennen, daß pädagogisch wertvolle Sendungen wie ‚Sesamstrasse‘ oder ‚Die Sendung mit der Maus‘ (...) auf der Liste der zwanzig von den Kindern meistgesehenen Programmen nicht erscheinen" (Groebel 1995).

Produziert wurden und werden die Power Rangers von der Firma *Saban Entertainment* (in Kooperation mit einer Japanischen Filmgesellschaft). Die Firma Saban, seit 1980 mit Hauptsitz in Los Angeles, hat sich auf die Entwicklung, Produktion und den Vertrieb von Kinder- und Jugendserien spezialisiert. Das Besondere an der weltweit operierenden Firma Saban ist, dass sie bereits die Produktion ihrer Produkte an der späteren *globalen Vermarktung* orientiert.

Die Power Rangers sind das bislang erfolgreichste Produkt von Saban-Enterprises. Glaubt man Presseverlautbarungen, dann lag der weltweite Umsatz der Saban über der 4 Milliarden Dollar Schwelle. Firmenintern werden die ‚Power Rangers‘ deshalb als einmaliger Glückswurf gehandelt, der sich so schnell nicht wiederholen lässt. Erstmals am 28. August 1993 in Amerika ausgestrahlt, liegen die Power Rangers in der Gunst der amerikanischen Kids ganz weit vorne[20]: Keine andere Serie konnte seitdem die Superhelden von der High-School in den Quotenschatten (bis zu 94 % MA) stellen. Mittlerweile sind die Power Rangers in etwa 80 Länder dieser Erde verkauft worden: Und auch in Israel, England, Australien, Norwegen, Süd-Afrika, Österreich, Griechenland, Frankreich, Belgien und vielen anderen Ländern rangieren die Helden aus Angel Grove in der Beliebtheitsskala der Kinder und Jugendlichen ganz weit oben.

Deshalb verwundert es nicht, dass Saban-Enterprises nicht nur die Serie ‚Power Rangers‘ verkauft, sondern mit einer Vielzahl (teils teurer) Merchandising-Artikel einen schwunghaften Devotionalienhandel betreibt. So gibt es nicht nur in jeder Spielzeugwarenabteilung von Kaufhäusern die Power-Rangers in Plastik zu kaufen, sondern auch alle Zords, alle Arten der bösen Monster und

---

20 „‚Power Rangers‘ wurde in den USA nicht nur zur populärsten Kindersendung der letzten 10 Jahre, sondern hat sich zu einem echten gesellschaftlichen Phänomen entwickelt." (aus: Saban-Pressematerial zu den Power Rangers)

natürlich auch die Laserschwerter und -waffen von Gut und Böse. Die Power Rangers gibt es mittlerweile auch auf der Kinoleinwand und natürlich auf zahlreichen Videos zu sehen. Hören kann man sie auf einer Vielzahl von Hörspielkassetten. Seit Herbst 1995 tourt die Power-Rangers-Live-Show (mit großem Erfolg) auch durch alle großen Veranstaltungshallen Deutschlands.[21] Zudem kann man blinkende Power-Turnschuhe, Power-Unterwäsche, Power-Schlafanzüge und vieles andere mehr käuflich erwerben.

Kurz: Die Fernsehserie ‚Power Rangers‘ löst(e) bei den Kindern und Jugendlichen (fast weltweit) Interesse, Zustimmung und Begeisterung aus. Ganz anders waren dagegen die Reaktionen von vielen Eltern, Lehrern und Medienwissenschaftlern. Insbesondere im Winter 1994/95 eskalierte der in den Medien ausgetragene Streit der Erwachsenen über die ‚Gefährlichkeit‘ der Power Rangers. Sie wähnten jedoch nicht das Böse in Gefahr, sondern das Wohl ihrer Kinder, manche fürchteten auch den Einbruch der Barbarei in die friedvolle Moderne.

3.6 Die Power Rangers – eine kurze Geschichte ihrer Medienkarriere

Ausgelöst wurde die Auseinandersetzung in den Printmedien[22] durch eine Meldung aus Skandinavien (zu diesem Zeitpunkt strahlte RTL die Power Rangers jeweils Samstags vormittags aus): So berichtete z.B. die NRZ vom 22.10.94 in einem kurzen Artikel von einer „Welle des Entsetzens“, die ganz Skandinavien erfasst habe, angesichts der Tatsache, dass drei fünf- und sechsjährige Jungen ihre fünfjährige Spielkameradin Silje Redegaard erst geschlagen und dann „gesteinigt“ hätten. Die Jungen ließen – so der Artikel – nach dem gespielten Kampf mit ernsten Folgen die verletzte Silje im Schnee liegen, was dazu geführt habe, dass sie erfroren sei. Der NRZ-Artikel erinnert in diesem Zusammenhang an den Tod des zweijährigen James Bulger, der von zwei Elfjährigen in Großbritannien zu Tode gequält worden war, und stellt dann die Frage, warum solches passieren musste. Die mitgelieferte Antwort lautet dann: „Nicht wenige machen die Gewalt im Fernsehen verantwortlich“. Gegen Ende des Artikels wird dann noch berichtet, dass der norwegische Sender TV 3 die täglich ausgestrahlte Sendung ‚Power Rangers‘ kurzfristig aus dem Programm gestrichen habe.

---

21 Kinder (und Eltern) können dort eine mit lauter Musik und viel Pyrotechnik inszenierte moderne Version des klassischen Kasperle-Theaters erleben. Allerdings sind Kasperle und das Krokodil ersetzt worden durch menschliche Darsteller, die sich jedoch wie Puppen bewegen. Und haben sich die kindlichen Zuschauer früherer Zeiten darüber gefreut, wenn das böse Krokodil die Prügel bekam, so freuen sich die heutigen, wenn dem bösen Lord Zedd und seinen Kumpanen das gleiche passiert. Das alles für 37,- DM (~18,90 €) pro Person.

22 Danken möchte ich an dieser Stelle Dieter Czaja, dem Jugendbeauftragten von RTL. Er hat mir freundlicherweise den Pressespiegel und die Einschaltquoten zu den Power Rangers überlassen.

Verzichtet die NRZ in ihrem Artikel auf eine genaue Bestimmung von Ursache und Wirkung, so lässt der Artikel in der Bild am Sonntag (BamS) vom 23.10.94 an Klarheit nichts zu wünschen übrig. BamS hat den Ereignissen aus Norwegen eine ganze Seite gewidmet. Begleitet von martialisch wirkenden Fotos lettert sie in dicken Balken: „Das Fernsehen macht unsere Kinder zu Kampfmaschinen". Im Weiteren schildern die beiden BamS-Autoren, dass in einer norwegischen Kleinstadt drei Vorschüler ihre Lieblingssendung ‚Ninja Turtels' mit dem Nachbarkind Silja nachgespielt hätten. „Die Guten haben die Böse so lange verprügelt, bis sie das Bewusstsein verlor und in den Schnee fiel. Dort ist Silja Marie erfroren... Bei der Vernehmung durch die Polizei sagten die Kinder: ‚Wir haben doch nur gespielt, es war wie im Fernsehen.'" Außerdem berichtet BamS noch von einem englischen Vorschulkind, das von seinem sechsjährigen Freund in die Nieren getreten wurde. Folge: Nierenriss. Beide hatten vorher zusammen die Power Rangers gesehen!! Dann kommt in BamS der Augsburger Pädagogik Professor Werner Glogauer ausführlich zu Wort. Er weiß: „Serien wie die ‚Power Rangers' oder ‚Turtels' animieren die Kinder dazu, die gesehenen Gewaltszenen nachzuspielen. (...) Das Fernsehen macht unsere Kinder zu Kampfmaschinen. Diese brutalen Serien müssen endlich von den Sendeplänen gestrichen werden – sonst spielen sich auch bei uns bald solche tödlichen Tragödien ab." Abschließend wird auch noch auf einen SPD-Funktionär verwiesen, der „den Brutalo-Schrott am liebsten verbieten lassen" würde.

Einen Tag später (also am 24.10.94) geht durch die deutsche Presse die Nachricht (wenn auch sehr klein), dass die offizielle Untersuchung des Falles der fünfjährigen Silje ergeben habe, dass kein Zusammenhang zwischen dem tragischen Tod des norwegischen Kindes und der Serie ‚Power Rangers' bestehe.
Anfang Dezember geht der Medienstreit um die Power Rangers jedoch in eine neue Runde. Möglicher Anlass: RTL sendet die Power Rangers mittlerweile jeden Tag – und zwar frühmorgens um 7.30 Uhr. Der Deutsche Kinderschutzbund, Landesverband Schleswig-Holstein veröffentlicht eine Presseinformation. O-Ton: „Betroffen registriert die Gesellschaft eine wachsende Gewaltbereitschaft unter Kindern und Jugendlichen. Aus der Forschung ist bekannt, dass durch Gewaltdarstellungen im Fernsehen, Ängste und Aggressionen der Zuschauer verstärkt werden können. Bekannt ist auch, dass Kinder dieser Gefahr in besonderem Maße ausgesetzt sind." In Bezug auf die Power Rangers wird ganz zentral erwähnt, die ‚Gewaltserie' sei „vom skandinavischen Fernsehen TV 3 abgesetzt worden, nachdem ein fünfjähriges Mädchen nach schwerer Misshandlung durch gewalttätige Kameraden gestorben ist." Im Anschluss daran fordert man ein Verbot der Power Rangers. Geboten sei stattdessen, „daß im Kinderprogramm Gewalt in keinem Fall als Möglichkeit zur Konfliktlösung gezeigt werden darf."

Am 3.12.94 berichtet die Hamburger Morgenpost unter der Überschrift: „Proteste gegen RTL – Das tägliche ‚Morgen-Grauen'" von der Aktion der Kinderschützer. Dann lässt die Morgenpost auch die Leser zu Wort kommen. Grundtenor: „Es ist zum Kotzen, wie sich RTL über die Sorgen der Eltern hinwegsetzt." Im Ton etwas moderater, in der Sache jedoch bestimmt meldet sich auch der Hartmannbund in den ersten Dezemberwochen immer wieder über die Presse zu Wort: auch die Ärzte befürworten ein Verbot der Power Rangers, da die Serie ‚die Kinder zur Gewalt verleitet' (Schuh 1994: 11). Und Rita Schuh gibt presseöffentlich Folgendes zu bedenken: „Fernsehen für Kinder kann nur dann sinnvoll und lehrreich sein, wenn für Kinder verständliche und Themen begrenzte Sendungen gezeigt werden, die an die Erfahrungen der Kinder anknüpfen. Schädlich ist das Fernsehen immer dann, wenn Sendungen durch falsche Darstellung der Wirklichkeit oder positive Darstellung von Gewalt die Kinder verwirren" (ebd.).

Am 16. Dezember 1994 empfiehlt die für RTL zuständige Niedersächsische Landesmedienanstalt für privaten Rundfunk nach einer Expertenanhörung, man solle im Interesse des Kinder- und Jugendschutzes die ‚Power Rangers' erst nach 14 Uhr ausstrahlen. Am 22. Dezember erstattet (mit großem Medienecho) ein Saarbrücker Politiker bei der Kölner Staatsanwaltschaft Strafanzeige gegen RTL. Nach seiner Ansicht sei die Ausstrahlung der Gewalt verherrlichenden Serie ‚Power Rangers' dafür verantwortlich, dass sein elfjähriger Sohn auf dem Schulhof von einer Gruppe von Schülern, die sich ‚Power Rangers' nennen, angegriffen und verletzt wurde.

Ein gewaltiges Mediengewitter geht auf Deutschland herunter, als der ARD-Vorsitzende Jobst Plog am 27. Dezember die Ausstrahlung der ‚Power Rangers' zum Anlass nimmt, die Seriosität der von den privaten Sendern eingerichteten Freiwilligen Selbstkontrolle (FSF) in Frage zu stellen. Wenn – so das Plog'sche Argument – eine so ‚brutale und gewalthaltige' Serie wie die Power Rangers unbeanstandet bliebe, dann könne dieses Selbstkontrollorgan nicht richtig funktionieren, dann sei sie ‚eine Farce'. Selbstverständlich stellt sich RTL-Chef Thoma bundesweit hinter die FSF, weist die (für ihn nur zu verständlichen) Vorwürfe des Konkurrenten sogar entschieden zurück und bringt Teile der Bewertung der FSF in Umlauf, nach der die Power Rangers weder ‚verrohend noch menschenverachtend' wirken.

Ganz anderes wissen am 28. Dezember zwei Münchner Kindergärtnerinnen in der Süddeutschen Zeitung zu berichten. Sie erzählen, dass Kinder nach einem Wochenende ‚mit den Power Rangers' ausgesprochen aggressiv seien. Alle halbwegs dazu geeigneten Gegenstände würden zu Waffen umgedeutet und gegen andere Kinder gerichtet. Die Kinder träten sich auch gegenseitig mit den Füßen in den Bauch und an den Kopf – genau wie bei den Power Rangers. Zudem sei die Serie frauenfeindlich, da das Böse dort weiblich sei (Hexe Rita) und die zwei

Power-Mädchen nur eine untergeordnete Rolle spielten. Im Kindergarten würden dann die schwachen Mädchen zu Opfern der grausamen Jungenspiele.

RTL stellte mit Beginn des Jahres 1995 die Sendezeiten der Power Rangers um: Seitdem sind sie einmal wöchentlich, nämlich samstagmorgens gegen 11.30 zu sehen. Der Stern 3/1995 klagte in einem großen Artikel, dass für die Kinder die Monster (unter anderen auch die der Power Rangers) neuerdings schon im Morgengrauen kämen. Ansonsten klagte man zwar über die (zu) intensive und (zu) frühe Nutzung des Fernsehens durch Kinder, ließ jedoch die Frage nach der Gewalt provozierende Wirkung von Action-Filmen unthematisiert.

Diese Frage beschäftigt jedoch am 25. Januar 1995 das von RTL einberufene Expertenhearing. Der epd berichtet drei Tage später über die Tagung und referiert u.a. die Thesen der Diplom-Pädagogin Johns, die besagen, dass die Serie ‚Power Rangers' Gewalt ‚verherrliche' und ‚gleichzeitig verharmlose'. Der ARD-Vorsitzende Albert Scharf führt auf dem gleichen Hearing aus, „daß Programme wie die ‚Power Rangers' wegen ihres Nachahmungseffektes tagtäglich zu massiven Problemen in Schulen und Kindergärten führen".

Ende Januar 1995 versandete dann die Auseinandersetzung über die Power Rangers in den aktuellen Printmedien langsam. Zwar finden sich in den Jahren 1995 und 96 immer einmal wieder kleinere Zeitungsartikel zum Thema ‚Power Rangers', aber die Debatte hat deutlich an Schärfe verloren, wenn auch die Wortmeldungen sich immer wieder um die gleichen zentralen Aussagen zentrieren: (1) Die Serie ‚Power Rangers' verharmlose und verherrliche Gewalt. (2) Die ‚Power Rangers' bewirkten, dass Kinder Gewalt gegen andere Kinder anwenden. (3) Die Serie ‚Power Rangers' sollte deshalb verboten bzw. nicht gesendet werden.

3.7 Schädigen oder hemmen die ‚Power Rangers' die Entwicklung von Kindern?

Gestützt und gefördert wurden und werden solche Thesen und Forderungen von einer Reihe wissenschaftlicher Expertisen. So hat der bereits o.a. Pädagoge Glogauer sich in einigen Monographien mit Action-Filmen (Power Rangers, Turtles, He-Man, Knight Rider, Airwolf, A-Team, Bat-Man etc.) intensiv auseinandergesetzt und kommt in Bezug auf deren kriminogene Wirkung zu folgendem Ergebnis: „Medien bedingen in vielfältiger Weise die Straffälligkeit von Heranwachsenden. Die verschiedenen Medien (...) wirken als Impulse, Motive und vor allem als Modelle bei der Ausübung von Straftaten. Zu kriminalisierenden Medieneinflüssen kommt es häufig dann, wenn ungünstige Bedingungen im sozialen Umfeld und in der Persönlichkeit des Heranwachsenden vorhanden sind"[23] (Glogauer 1993: 124). Im Hinblick auf den Umfang einer solchen „medieninduzierten Delinquenz" (Glogauer 1995: 157) weist er gerne auf die Meinung von FBI-Kriminologen hin: Demnach „gehen 25 % bis 50 % der schlimmsten Gewaltakte in den USA mehr oder weniger auf den Einfluß von Medien zurück" (Glogauer 1993: 74 f.).

Ähnlich drastisch formulieren auch Scholz & Joseph ihre Position. Für sie ist klar, dass Action-Filme ganz generell Gewalt als hilfreiches Mittel der Konfliktbewältigung anbieten und somit die „Gewaltbereitschaft bei Betrachtern erhöhen" (Scholz & Joseph 1993: 160). Insbesondere würden dadurch Kinder und Jugendliche „sozialethisch desorientiert" (ebd.: 168). „Gemeint ist damit die Entfremdung von den Werten und Normen, die für unsere Gesellschaftsordnung nach allgemeiner Überzeugung von zentraler Bedeutung sind. (...) Es besteht die Gefahr einer schleichenden Verschiebung von sozialen und ethischen Werten und der Übernahme inhumaner Dispositionen" (ebd.: 168 f.).

Zentral für diese Position ist eine gewagte und alles entscheidende Unterstellung – gewagt deshalb, weil (wie auch die Vertreter dieser These explizit einräumen) bislang keinerlei empirische Befunde für deren Triftigkeit vorliegen: So wird unterstellt, dass (ganz allgemein) die Betrachtung audiovisueller Darstellungen von Gewalt im Fernsehen das Sozialverhalten von Menschen (insbesondere das von Kindern und Jugendlichen, das von Drogen Berauschter und das von Kindern aus ‚schlechten Verhältnissen') massiv schädigt bzw. schädigen kann. Weil der ‚Fernsehimpuls' bei den Rezipienten eine so nachhaltige Reaktion (fast zwanghaft) hervorruft, muss man zumindest die besonders gefährdeten Gruppen vor dem suggestiven Fernsehbild schützen. Nicht nur die These von dem Ursache-Wirkungs-Verhältnis von audiovisuell dargestellter und real ausgeübter Gewalt, sondern auch das dieser Position inhärente Stimulus-Response-Modell der Medienwirkung gilt in der heutigen wissenschaftlichen Diskussion als überholt (vgl. z.B. Aufenanger 1997: 3 f.).

Durchgängig wird aus dieser grundlegenden Unterstellung eine *Pädagogik des Schützens und Bewahrens* abgeleitet. Diese Bewahrpädagogik hofft unausgesprochen darauf, dass die mediale Dauerbestrahlung von Kindern mit guten Ta-

---

23 Welche immense Wirkkraft Glogauer den Medien zuschreibt, erkennt man an einem von ihm zustimmend berichteten Ereignis: Zwei amerikanische Jugendliche hatten nach dem Hören des Musikalbums 'Stained Class' von Judas Priest einen Selbstmordversuch unternommen. Nur einer der Jugendlichen überlebte – wenn auch schwer gezeichnet. „Die Anwälte der Eltern der beiden Jugendlichen machten vor Gericht geltend, daß der Text die beiden ermutigt habe, Selbstmord zu begehen und der hypnotisierende Beat der Musik in Kombination mit dem Text sie so hypnotisiert habe, daß sie glaubten, daß die Antwort auf das Leben der Tod sei. Die Anweisungen des Textes der Musik schufen einen unkontrollierbaren Impuls, Selbstmord zu begehen." (Glogauer 1993: 132)

ten bei diesen auch ein Feuerwerk von guten Taten erzeugt. Wegen erwiesener Ineffizienz hat die wissenschaftliche Pädagogik seit den 60er Jahren von dieser Position endgültig Abschied genommen.

Gegen eine solche rigide ‚Bewahr-Pädagogik' sprechen sich in der Auseinandersetzung um die schädliche Wirkung von Action-Filmen ausdrücklich eine Reihe von (vor allem empirisch arbeitenden) Medienforschern aus. So kommt z.B. Aufenanger in seinem Gutachten zu den ‚V.R. Troopers', (einer Serie, die ebenfalls von Saban produziert, von RTL ausgestrahlt und in fast allen hier relevanten Punkten mit den ‚Power Rangers' vergleichbar ist) zu dem Ergebnis, dass eine Gewalt anstoßende Wirkung von Action-Filmen bisher noch nicht nachgewiesen werden konnte. Dennoch möchte Aufenanger solchen Sendungen keine Unbedenklichkeitsbescheinigung ausstellen. Grund hierfür ist: Die V.R. Troopers (und auch die ‚Power Rangers') transportierten Elemente, „die mit einer autonomen Moral und einem demokratischen Lebensverständnis unvereinbar sind" (Aufenanger 1997: 23). Damit ist vor allem der Umstand adressiert, dass die Serienhelden die Bekämpfung der Bösen nicht einer demokratisch legitimierten Macht (Polizei, Militär) überlassen, sondern die Vertretung des Guten in die eigenen Hände nehmen.[24]

Zwar sieht Aufenanger durchaus, dass Kinder in bestimmten Entwicklungslagen symbolische Angebote zur Bewältigung innerer Probleme brauchen, doch die ‚V.R. Troopers' (und auch die ‚Power Rangers') scheinen ihm dazu wenig geeignet zu sein. Vor allem die krude Zweiteilung in Gut und Böse und auch die

---

24 Sehr ähnlich argumentieren auch Aufermann, Debertin, Gutknecht 1994 in ihrer Begutachtung der ‚Power Rangers'. Für diese Gutachter ist klar, „daß es sich die Hauptakteure aller drei Serien wie selbstverständlich zum Ziel gesetzt haben, die Welt und die in ihr lebenden Menschen von allem Bösen zu verschonen und zu erretten. Dies geschieht offensichtlich ohne Vorhandensein einer institutionellen Exekutive und muß in seiner dargestellten Ausprägung durchaus als Form der Selbstjustiz gewertet werden" (ebd.: 10). Ganz entlang dieser Deutung, nach der die ‚Power Rangers' Varianten zum Thema ‚Ein Mann sieht rot' darstellen, sprechen die Gutachter auch von dem in solchen Serien geltenden ‚Faustrecht' und dem ‚Recht des Stärkeren' (vgl. ebd.: 17). Dieses Urteil und auch die stete Forderung der Gutachter, Kindersendungen sollten immer und überall ‚realitätsbezogen' sein, zeigen vor allem zweierlei – erstens einmal die Beliebigkeit der vorgetragenen Argumente: Statt die Bereitschaft der Jugendlichen, selbst und auf eigene Gefahr gegen das Böse initiativ zu werden, als bewundernswerte Zivilcourage zu feiern, wird das Tun der Kids von den Gutachtern als Ausdruck fehlenden moralischen Bewusstseins denunziert. Hätten die Jugendlichen jedoch – wie von den Gutachtern gefordert – die nächste Bedrohung durch die Hexe Rita lediglich bei der nächsten Polizeidienststelle angezeigt und sich dann selbstzufrieden zurückgelehnt, dann wären sie gewiss schnell als ‚verantwortungslose Drückeberger' bezeichnet worden. Zweitens zeigt die o.a. Klage aber auch den Mangel an Phantasie (bei den Gutachtern): Man stelle sich einmal eine Heldengeschichte für Kinder vor, in der die Helden allesamt der Herausforderung ausweichen und stattdessen das Abenteuer zwecks Erledigung an die zuständige Behörde weiterleiten. Welche Kinder lesen/sehen solche Geschichten? Und: Sollten Kinder solche Geschichten lesen/sehen?

tumbe Handlungsstruktur bewirkten, dass für die „kognitive und sozial-kognitive Entwicklung, ein wenig entwicklungsförderndes, wenn nicht sogar entwicklungshemmendes Angebot gemacht wird, da kein die Ausdifferenzierung kognitiver Bereiche stimulierendes Material vorliegt" (ebd.: 10).

Zentral ist für Aufenanger nicht mehr die Frage nach der sozialschädlichen Wirkung gezeigter Gewalt, sondern für ihn ist entscheidend, ob ein audiovisuelles Angebot ein Kind (kognitiv, moralisch, ethisch etc.) optimal stimulieren kann. Er ist somit Vertreter einer ‚*optimierenden Pädagogik*': Ihr ist es besonders wichtig, dass durch die Tele-Präsenz von sehr viel Förderndem die Entwicklung des Kindes möglichst umfassend optimiert wird.

Auch wenn sich eine solche ‚optimierende Pädagogik' erfolgreich mit dem Einwand auseinandersetzen sollte, sie sei im Kern nur eine in positive Formulierungen gebrachte Version der ‚Bewahr-Pädagogik', so bleibt doch der Tatbestand, dass beide Versuche, die jeweils nächste Generation auf den rechten Weg zu bringen, unter dem Strich ein gemeinsames Verhalten produzieren: Sowohl für die bewahrende als auch für die optimierende Pädagogik gilt, dass sie de facto zu einer *Dauerbeobachtung* und eindringlichen *Durchleuchtung* des kindlichen Alltags führen bzw. bereits geführt haben. Bereits heute teilen sich die Eltern die Aufgabe der Dauerbeobachtung mit einem Heer von ‚Professionellen'. Vor allem Kindergärtner/Innen, Lehrer/Innen, Pädagogen/Innen, Psychologen/Innen, Ärzte/Innen, Marktforscher/Innen u.v.a.m durchleuchten die Alltagswelt der Jungen und Jüngsten (alle durchaus im Interesse der Kinder) mit dem Ziel, das Nicht-Optimale aufzuspüren und durch etwas ‚Besseres' (also die kindliche Entwicklung begünstigendes) zu ersetzen.

Damit überschätzen bewahrende wie optimierende Pädagogik nicht nur ihre eigenen Möglichkeiten, sondern zugleich auch die Einflussmacht der Medien. Medien und deren Inhalte verfügen über sehr viel weniger Gestaltungsmächtigkeit als oft erhofft (z.B. von der Werbung) oder befürchtet (z.B. von den Pädagogen).

3.8 Der Rahmen bestimmt die (Medien-)Wirkung

Die Geschichte, nach der das Fernsehen ein mächtiger Verführer ist, basiert auf Träumen – wenn auch auf unterschiedlichen: Für die einen (die Medienmacher, Politiker, Werbetreibenden) basiert diese Geschichte auf einem Wunschtraum, für die anderen (Eltern, Pädagogen, Kulturkritiker) auf einem Alptraum. Unrecht haben beide Gruppen. Das Fernsehen vermag es nicht, Menschen zu bestimmten Verhaltensweisen zu verführen. Fernsehen kann auch nicht nötigen, noch nicht einmal nahe legen. Das Medium ‚Fernsehen' und auch die von ihm versendeten

Inhalte werden stattdessen von Menschen aktiv angeeignet, d.h. sie werden von den Nutzern vor dem Hintergrund der jeweils relevanten Alltagspraxis gedeutet und mit Relevanz versehen.

Über die Inhalte der Sendungen, die sich Kinder gerne und regelmäßig ansehen, wissen Pädagogen und Eltern meist nicht viel. Und über das Wenige, das sie wissen, wissen sie in der Regel nichts Genaues. Und auch über die tatsächliche Mediennutzung und Medienaneignung von Kindern und Jugendlichen ist bislang nur sehr wenig bekannt. Meist schreibt man den Kindern und Jugendlichen eine passive Rolle als Rezipienten zu. Demnach spielt das Medium den Kindern ‚zum Tanz auf', und diese bewegen sich danach im Takt. Das Wenige, das über die konkreten Aneignungsprozesse der Medien durch Kinder bekannt ist, entstammt vor allem den empirischen Arbeiten von Charlton & Neumann (vgl. Charlton & Neumann 1986 und 1990, Charlton & Neumann-Braun 1992)[25]. Die Freiburger Medienforscher konnten aufgrund ihrer systematischen Beobachtungen kindlicher Mediennutzung plausibel machen, dass auch Kinder sich aktiv und selektiv die Medieninhalte aneignen. Diesen Autoren zufolge stellt das Fernsehen vor allem symbolisches Material (unterschiedlichster Art) zur Verfügung, mit dem die Kinder ‚spielen' und das sie zu teils völlig neuartigen Figuren zusammenstellen. Kinder erzeugen also, und das durchaus eigenwillig und eigensinnig, aus den (mittels Fernsehen versendeten Darstellungen von Welt) eine neue, den eigenen Bedürfnissen angepasste neue Welt (vgl. Doelker 1991). Und die von den Kindern erstellte Version des Gesehenen kann ganz vehement von dem audiovisuellen Angebot abweichen.

Kinder verändern also im Prozess der Aneignung (in unberechenbarer Weise) das medial Angebotene, und zwar wesentlich.[26] Schon allein aus diesem Grund muss die These von der Wirkungsmächtigkeit des Fernsehens zumindest eingeschränkt werden. Hinzu kommt (und dieser Aspekt ist in der bisherigen

---

25 Vieles zu der Wirkung von Gewaltdarstellungen auf Kinder und Jugendliche findet sich zudem in Paus-Haase (1992) und Rogge (1994). Im Übrigen ist Baake (1997) nur zuzustimmen, wenn er fordert, dass endlich systematische Längsschnittstudien entwickelt und durchgeführt werden, welche die Entwicklung der kindlichen Rezeptionsformen (unter Berücksichtigung des Alters, des Geschlechts und der Milieudifferenz) erheben und analysieren. Hinzunehmen sollte man allerdings noch die Untersuchung der Entwicklung der ‚Rahmensetzungskompetenz'.

26 Wie vielfältig die Nutzung der ‚Power Rangers' ausfallen kann, zeigen z.B. Bachmair & Tilemann. Sie beobachteten (allen Befürchtungen von Kulturkritikern und Frauenrechtler/Innen zum Trotz) in einer achten Hauptschulklasse, dass „die ‚Power Rangers' relativ unabhängig vom Serieninhalt als Kontaktaufnahme zwischen den Mädchen und den Jungen genutzt [wurden]. Das altbekannte Spiel, gegenseitig in Kontakt zu treten, sich zu jagen, zu necken und zu berühren, ging für die Schülerinnen und Schüler der Klasse leichter unter dem Deckmäntelchen der ‚Power Rangers'. Die Aufteilung der Klasse verlief demzufolge genau zwischen den Geschlechtern: Die Mädchen spielten die guten Power Rangers und die Jungen die bösen Anhänger der Hexe Rita." (Bachmair & Tilemann 1995: 55 f.)

Debatte um die Medienwirkung noch viel zu wenig berücksichtigt worden), dass auch schon Kinder die Bedeutung von ‚Rahmen' (vgl. Goffman 1977) kennen und auch selbst ‚rahmen' können. Diese These möchte ich im Weiteren kurz erläutern.

In der Medienforschung wird meist recht pauschal von der ‚Wirkung' von Gewalt in dem ‚Fernsehen' gesprochen, ohne dass der Gebrauch der zentralen Begriffe eingegrenzt oder genauer bestimmt wird. So kann es dann passieren, dass man sich unter ‚Wirkung' so etwas wie einen medialen Dauerhagel vorstellt: Das permanente Herabprasseln von Hagelkörnern lässt die (kindliche) Fensterscheibe eintrüben oder zerstört sie sogar (Erosion sittlicher Werte, Schwelle zur Gewalt-bereitschaft sinkt ab). Oder man erklärt sich ‚Wirkung' mithilfe einer Billardme-tapher. Die audiovisuelle Darstellung entspricht dann einer Billardkugel, die mit Wucht auf den Rezipienten trifft und diesen in eine bestimmte Richtung und mit einer bestimmten Energie weitertreibt (das Audiovisuelle treibt den Betrachter zu einer bestimmten Tat).

Neben diesen nicht ernsthaft haltbaren, weil empirisch nicht nachweisbaren Wirkungsweisen der Fernsehbilder hat vor allem das Konzept des Modelllernens (vgl. Bandura 1977) in der Diskussion um den Wirkungsbegriff viel Beachtung und Zustimmung gefunden. Dieses Konzept besagt, dass ein bestimmtes Verhal-ten anderer, das im Hinblick auf ein Problem ‚erfolgreich' ist und zudem von der relevanten Gruppe positiv sanktioniert wird, oft und gerne als Modell für das eigene Handeln genommen wird. Träfe diese Annahme in dieser Eindeutigkeit und Allgemeinheit zu, dann ginge in der Tat von der audiovisuellen Darstellung von Handlungen ein Nachahmungssog aus.

Aber nicht alle Handlungsvorbilder sind gleich überzeugend (also wirkmäch-tig). Entscheidend ist, in welchem ‚Rahmen' die Handlung erfolgreich war und welche Gruppe die Tat positiv sanktioniert hat. Hat die gesehene Handlung sich in der widerständigen Alltagspraxis (also in der Sinnprovinz ‚Alltag', vgl. Schütz 1971) bewährt oder nur in einem Traum? Haben wir davon nur in einer Erzählung gehört oder waren wir Augenzeugen? Das heißt, keine Handlung ist denkbar, die nicht in einen Bedeutungs- und Relevanzrahmen eingebettet ist. Und nur aufgrund dieser Einbettung erhält sie einen bestimmten Realitätsakzent und davon abhängig eine Bedeutsamkeit für die eigene Praxis. Je eindeutiger die Beobachtung einer Handlung den ‚Realitätsakzent' erhält, desto eindringlicher bietet sich die Hand-lung (falls erfolgreich und positiv sanktioniert) als Modell an.

Kinder lernen in der Regel sehr früh und sehr nachhaltig, dass man den Traum von der Wirklichkeit und diese von der Erzählung zu scheiden hat, dass in dem ersten nicht sehr viel, in der zweiten jedoch alles und der dritten manches wirklich ist. Sie erfahren sehr bald, dass man sich vor den Monstern aus dem Alptraum nicht ‚wirklich' fürchten muss und dass die Hoffnung darauf, dass eine gute Fee einem drei Wünsche gewährt, zwar die Seele wärmt, aber nicht erfüllt werden wird. Sie lernen aber auch, dass das erfolgreiche Handeln anderer (egal, wo beobachtet) nicht immer auf einen selbst übertragbar ist. Es ist geradezu konstitutiv für die kindliche Erfahrung, dass man nur sehr wenig von dem kann, was andere, erwachsenere Menschen selbstverständlich beherrschen. Zu prüfen bleibt deshalb (aus der Sicht des Kindes) immer, ob man selbst tatsächlich in der gleichen Lage ist wie der andere, denn nur dann eignet sich dessen Verhalten als Modell für das eigene.

Per Fernsehen ausgestrahlte audiovisuelle Darstellungen von Welt werden auch schon von kleinen Kindern als eigenständige ‚Sinnprovinz' (Schütz) gerahmt. In dieser Sinnprovinz ist anderes möglich als im Alltag und natürlich auch anderes gestattet. Fernsehbilder tragen (auch wenn Dokumentationen zu sehen sind) nie den gleichen Realitätsakzent wie die eigene Praxis. Gesendete Darstellungen von Welt können vielleicht bunter, interessanter, wünschenswerter, exakter und detailreicher sein als die eigene Anschauung, aber sie können nie ‚wirklicher sein als die Wirklichkeit'. Denn schon eine minimale Veränderung des Aufmerksamkeitshorizonts bewirkt bereits, dass der Rahmen des Fernsehbildes (nicht nur im buchstäblichen Sinne) sichtbar und bewusst wird.

Auch im Fernsehen gesendete Darstellungen von Gewalthandlungen empfehlen sich als Bewegungsvorbild nicht von selbst, sondern ihr Wert ergibt sich aus zwei unterschiedlichen Rahmungen. Entscheidend dafür, ob ein bestimmtes Bewegungsvorbild sich empfiehlt, ist die Einbettung in einen Handlungsbogen und in einen Erzählrahmen.

Der Handlungsbogen bestimmt dabei den Stellenwert (Sinn) und die Bewertung der Gewalthandlung: Wichtig ist nämlich, ob der böse Gewalttäter schlussendlich bestraft wird oder aber ob bestimmte Gewalthandlungen als legitime Maßnahmen zur Aufrechterhaltung von Ordnung dargestellt werden.

Über den Erzählrahmen wird dagegen der Realitätsakzent verteilt. Auch bei der Diskussion über die Wirksamkeit von Texten war und ist man sich einig, dass die erzählte Gewalt von sekundärer Bedeutung ist, die jeweilige (durch die Textgattung vorgenommene Rahmung) jedoch primär. Wenn Hänsel und Gretel im Märchen eine Hexe bei lebendigem Leibe verbrannten, dann war dies nicht mit der in der Bibel erzählten Tat des Simon Petrus zu vergleichen, der Malchus mit dem Schwert ein Ohr abschlug, und diese Tat duldete keinen Vergleich mit dem in Indianerromanen beschriebenen Abschlachten von Frauen und Kindern durch amerikanische Kavallerie, und diese lag wiederum auf einer gänzlich anderen Ebene als der engagierte Bericht von amnesty international über die Massenvergewaltigung kroatischer Frauen, und dieser war nicht vergleichbar mit einer wissenschaftlichen Studie zu den vielfältigen Möglichkeiten, aus dem menschlichen Körper das Leben zu vertreiben. Kurz: Medial dargestellte Gewalthandlungen sind erst einmal nur Körperbewegungen. Allein durch die von der Darstellung angebotenen und vom Betrachter vorgenommenen Rahmungen erhält die gezeigte Körperbewegung Bedeutung und Relevanz für die eigene Praxis. Deshalb muss jede Medienanalyse vor jedem bewertenden Urteil den Handlungsbogen und auch den Erzählrahmen ermitteln, in welche Gewalthandlungen eingebunden sind. Verzichtet man auf eine solche ‚Rahmenanalyse', dann kann es passieren, dass man dem Zuschauer eines Filmes, der unter der brennenden Sonne Mallorcas spielt, den unsinnigen Rat gibt, sich zwecks Abwendung eines schmerzhaftes Sonnenbrandes mit einer guten Sonnencreme einzureiben.

Audiovisuell versendete Darstellungen von Gewalthandlungen erschaffen strukturell nicht den Wunsch oder die Bereitschaft (das kann bei psychisch schwer kranken Menschen anders sein), anderen Gewalt anzutun, sondern diese Darstellungen liefern allein den bereits vorhandenen Wünschen und Bedürfnissen Bewegungsvorbilder. Insofern gestalten die versendeten Bilder die Formen der Gewalt (Kampftechnik, Bewaffnung, Intensität der Bewegung etc.) mit. Fernsehbilder sind also nicht dafür verantwortlich, dass Gewalt ausgeübt wird, sondern in welcher Form.[27] Der Wunsch und die Bereitschaft, anderen Gewalt anzutun, gründen nicht in den medial versendeten Bildern, sondern in der eigenen Körperlichkeit und der jeweils historisch vorgefundenen Lebenspraxis. Hier erwachsen Wunsch und Bereitschaft und zwar aus den Formen, Bedingungen, Möglichkeiten und Zwängen, das eigene und das soziale Leben zu reproduzieren.[28]

3.9 Die Rahmung der ‚Power Rangers' durch das sendende Medium

Oben war ausgeführt worden, dass die Rahmung weitgehend die Bedeutung des Gerahmten gestaltet. Audiovisuelle Darstellungen von Gewalthandlungen werden immer durch einen Handlungsbogen und dieser seinerseits durch seine Zuordnung zu einer Erzählgattung gerahmt.

---

27 Ähnliches gilt auch für die Darstellung sexuellen Handelns. Kinder benutzen zwar in ihren ‚Doktorspielen' bestimmte Formen ärztlichen Handelns als Bewegungsvorbild, aber nicht deshalb, weil sie dieses einmal irgendwo gesehen haben, sondern weil sie erlebt haben, dass sie auf diese Weise kindliche Formen der Sexualität (sozial akzeptiert) ausleben können. Und wenn Jugendliche sich zu dem anderen (oder dem eigenen) Geschlecht hingezogen fühlen, dann tun sie das nicht, weil sie dies in audiovisuellen Darstellungen gesehen haben. Aber wenn sie nach dem ‚Frühlingserwachen' ihren Gefühlen eine körperliche (und sprachliche) Ausdrucksform geben wollen, dann erproben sie gelegentlich auch die in den Medien angebotenen Sprach- und Bewegungsvorbilder.

28 Dass das Fernsehen mittlerweile ein nicht wegzudenker Teil dieser Lebenspraxis ist, kompliziert diese Sache zwar erheblich, macht sie aber nicht undurchschaubar.

Über den Erzählbogen ist bereits oben das Wichtigste gesagt worden. Zusammenfassend kann hier festgehalten werden, dass in der Serie ‚Power Rangers' Gewalthandlungen zum einen nur pantomimisch dargestellt, also nicht ausgeführt werden, und dass zum anderen alle Gewalthandlungen, die von den Rangers ausgeführt werden, dazu dienen, in Stunden der Not entweder sich selbst zu verteidigen oder einen Schaden von anderen abzuwenden. Gewalt ist nur dann legitim, wenn mit ihr andere geschützt werden. Illegitim sind dagegen alle Gewalthandlungen, die persönliche Bereicherung zum Ziel haben, oder aus Eitelkeit, Boshaftigkeit, Neid, Sadismus etc. resultieren. Gewalt ist letztlich nur statthaft – so die permanent wiederholte Botschaft der ‚Power Rangers' –, wenn sie dazu dient, mit der (Klein)Gruppe Schaden von der eigenen Welt abzuwehren.

Bevor ich auf den vom Medium gesetzten Erzählrahmen eingehe, soll noch kurz auf die Rahmung durch das Medium eingegangen werden. Wie oben bereits angeführt erzeugt das Medium ‚Fernsehen' dadurch, dass es das Dargestellte dem Nutzer nicht ‚wirklich' zur Hand gibt, sondern lediglich ein flüchtiges Bild abliefert, eine eigene und eigenständige Sinnprovinz, in der andere kognitive Verpflichtungen und andere Kausalitäten gelten als in der Ersten Wirklichkeit. In dieser ‚Fernsehwirklichkeit' genießen Logik, Rationalität und gute Argumente kein hohes Ansehen. Stattdessen tummeln sich dort viele große und kleine Mythen über Tod und Auferstehung, Leid und Freud, Bindung und Freiheit, die nicht nur individuelle (Alp)Träume widerspiegeln, sondern kollektive Erfahrungen deuten, verdichten und ihnen erzählbare Gestalt(en) geben.

Insbesondere für Kinder und Jugendliche bildet das Fernsehen also einen Imaginationsraum des Geistes, zu dem die empirische Erste Wirklichkeit nur begrenzten Zutritt hat. Hier kann sich die Phantasie wie auf einer Spielwiese entfalten, ohne von den Restriktionen des real Möglichen und des (von Erwachsenen) Gewünschten und/oder politisch Korrekten behelligt zu sein. Hier kann der kindliche Nutzer auch in die Sphären einer archaischen Weltordnung hinabsteigen, ohne dort Position beziehen zu müssen oder seine Einvernahme fürchten zu müssen. Zwar rasen Puls und Herz, und die Wangen röten sich, doch Gefahr für Leib und Leben droht nie. Das Medium ‚Fernsehen' erlaubt also den Rückgang auf das Magische unter Ausblendung seiner Verbindlichkeit.

Sucht man nun nach dem vom Medium selbst gesetzten Erzählrahmen, dann ist wohl unstrittig, dass die Serie ‚Power Rangers' eindeutig als ‚fiktional' bzw. ‚phantastisch' gerahmt ist. Versucht man, eine genauere Bestimmung des Rahmens vorzunehmen, dann kann man dies m.E. sehr gut in Auseinandersetzung mit einigen tradierten Erzählrahmen fiktionaler Texte. In Frage kommen hierfür die Rahmen ‚Legende', ‚Sage', ‚Mythos' und ‚Märchen'.

Legenden sind nun Bestandteile einer religiösen Kultur und Überlieferung. Vor allem wurden sie von der Kirche aufgezeichnet und erzählt. Mittelpunkt der

Legende ist das Wunder. Es bezeugt den Kontakt ausgewählter Personen mit dem Heiligen/Göttlichen. „Das Wunder als charakteristisches Merkmal des Heiligen wird wie selbstverständlich als Tatsache in die Legende miteinbezogen, (wie im Märchen). Sinn und Botschaft werden darin erkennbar, zielen sie doch stets darauf hin, das von Gott bewirkte Heilige und damit Gott selbst zu offenbaren" (Zitzlsperger 1994: 19). Legenden illustrieren in der Regel eine Sentenz, einen Glaubenssatz. Damit geben sie religiöse Antworten auf Lebensfragen, arbeiten also an der ‚Gottesmoral' und zielen auf deren Einhaltung.

Sagen erzählen weniger von göttlichen Wundern, dafür mehr von dem Kampf mit dämonischen Feinden und Kräften, die einer anderen Welt angehören. Die Sage ist leicht mit der ‚wirklichen' Welt verknüpft. Sie erzählt von Helden, Zwergen, Kobolden, Riesen etc., und sie richtet sich an die soziale Gruppe mit dem Wunsch, sie zu belehren. Feen belohnen den Guten, Tapferen und Sittsamen, und die Hexen verhexen den Faulen, Ungerechten, Geizigen etc. für immer. „Die Schreckensbilder, die der Sagenerzähler den Zuhörern vermittelt, haben in allen Fällen die gleiche Funktion. Es sind Warnzeichen, aufgestellt für die Mitglieder der Gemeinschaft: Das Verletzen der verbindlichen Normen findet seine Strafe, wo nicht durch die irdische Gerechtigkeit, so doch durch numinose Mächte, die darüber wachen, dass der einzelne nicht die räumlichen und geistigen Grenzen des ‚gevildes' überschreitet" (Bürger 1971: 29). Sagen geben politisch ordentliche Antworten auf Lebensfragen, arbeiten also an der ‚Staatsmoral' und zielen auf deren Einhaltung.

Mythen sind dagegen Erzählungen von der ‚transzendenten Wirklichkeit' des Menschen bzw. menschlicher Gemeinschaften. In und mit Mythen versucht der Mensch, sich, seine Gemeinschaft und die Welt zu deuten. Der Mythos gibt den großen Dingen im menschlichen Leben Sinn: den Natur- und Lebensvorgängen. Diesseitiges wird mit einer Erklärung aus dem Jenseits verständlich gemacht. Der Held trägt einen Namen (ist in gewisser Weise identifizierbar), verkörpert immer einen idealen Typus. „Der Mythos (...) ist eine Erzählung sakralen Charakters, an ihrer Glaubwürdigkeit zweifelt man nicht, sie bringt den heiligen Glauben des Volkes zum Ausdruck. (...). Aber wenn ein Held seinen Namen und eine Erzählung ihren sakralen Charakter verliert, verwandeln sich Mythos und Legende in ein Märchen" (Propp 1971: 236 f).

(Zauber)Märchen und Mythos sind miteinander verwandt, denn beide sind nicht auf die Wirklichkeit verpflichtet, sonder eindeutig fiktional, von Menschen erfunden. Das Märchen stellt aber sehr viel mehr den Einzelnen in den Vordergrund. Dennoch geht es in Märchen nicht um individuelle Schicksale, sondern um ‚Prototypen'. Wie Propp gezeigt hat, ist im Märchen die Funktion der Figuren wichtiger als deren Individualität oder deren konkrete Handlungsweise (vgl. Propp 1975). Oft treiben große Mächte (Eltern, Stiefeltern, Herr oder König) den schwachen und meist kleinen Akteur in eine Gefahr, die dieser aber schlussendlich besteht und deshalb als Held glücklich zurückkehren darf. Das Märchen zielt weder auf eine ‚Gottes-' noch auf eine ‚Staatsmoral' – es kümmert sich noch nicht einmal um moralische Fragen. Im Märchen setzen die Helden auf die befreiende Tat und nicht auf das gute Argument. Diskussionen finden im Märchen nicht statt.

Das Märchen schildert meist den (glücklichen) Erfolg des unscheinbaren oder ‚kleinen' Einzelnen.[29] (Damit passt das Märchen strukturell zu der Lage der Kinder.) Im Märchen gelangt der ‚normale' Mensch als Held stets und sicher zum irdischen Glück. Die Zauber-Gaben aus dem Jenseits sind nur Hilfen zur Bewältigung von Proben und Kämpfen.

Märchen erzählen sehr viel von Gewalt und oft enden sie nur aufgrund terminaler Gewalt glücklich: Eltern verstoßen Kinder oder trachten nach deren Leben, Kinder bedrohen das Leben der Eltern oder ihrer Geschwister. Die Helden müssen sich, wenn sie Gewalt angewendet haben, keine Vorhaltungen anhören oder Bestrafungen fürchten. In Märchen sind (fast) alle Arten von Kriminalität und (abweichendem) Verhalten vertreten – und natürlich alle möglichen Formen von erschreckenden Monstern – Hexen, Zauberer, Stiefmütter, Wölfe, Riesen, Schlangen etc.

Im Märchen stehen Natürliches, Normales, Unbegreifliches und Wundersames kommentarlos nebeneinander: Jede Art von Zauber ist normal im Märchen, er löst keine Verwunderung und kein Augenreiben aus. Im Märchen kann der Mensch sich (mithilfe eines Zauberstabes, -ringes, -pulvers etc.) in eine andere Welt versetzen bzw. mit Wesen aus dieser Welt in Verbindung setzen. Er kann auch in diese andere Welt eintreten und dort (gewaltige) Probleme lösen. Im Märchen begegnet der Held dem Jenseitswesen, er verbindet sich mit ihm oder kämpft gegen es. Später trennen sich wieder die Wege. Die Begegnungen mit dem Jenseits sind immer selbstverständlich und nicht Grund zum Anhalten, Staunen, Wundern oder Erschrecken.

Die Sprache der Märchen ist knapp, die Handlung einfach. Wiederholungen und rhythmische Formelhaftigkeit (Go, Go Power Rangers!) sind konstitutiv für diese Erzählungen. Im Märchen wird nicht differenziert. Alles Seelische liegt außen und ist dort personifiziert sichtbar. Und das Sichtbare ist klar und in Gegensatzpaaren geordnet. Im Sichtbaren ist alles scharf abgegrenzt (Gut – Böse; Held – Feigling; passend – nicht passend), und das Sichtbare wird rituell aufbereitet. Die Erzählung hat einen bestimmten, immer gleichen Aufbau, und die Wiederholungen tauchen stets an ihrem festen und nicht ersetzbaren Platz auf –

---

29   „Das Märchenglück kann jedem zufallen, vor allen anderen sind aber im Märchen die potentiell Auserwählten die Kleinen (der jüngste Sohn, der Dummling, etc.) und die Zukurzgekommenen (das Stiefkind, der kleine Schneider etc.)." (Bürger 1997: 46)

vergleichbar der Liturgie der sonntäglichen Messe. Wer von einem Märchen ‚Lebensnähe‘, ‚komplexen Handlungsaufbau‘ und ‚differenzierte Persönlichkeiten‘ fordert, der verwechselt Märchen für Kinder mit den kantenlosen Erzählungen in der Tradition des ‚Pädagogischen Realismus‘.

Da der Ort des Märchens die Sinnprovinz ‚Phantasia‘ ist, die keinerlei Verbindung mit der Ersten Wirklichkeit mehr hat, sind auch die dort (vom Protagonisten und auch die vom Betrachter) zum Ausdruck gebrachten Gefühle und Handlungen unwirklich. Dieser Umstand entlastet vor allem die kindlichen Zuschauer erheblich. Sie können sich mit bestimmten Märchengestalten (auch moralisch gefahrlos) identifizieren bzw. auf andere ihren Hass projizieren.[30] Die Wirklichkeitsferne garantiert das ‚schuldlose‘ und ‚kostenfreie‘ Ausagieren von Hass und Aggression. Wirklichkeitsnähe schafft dagegen Angst und Schuldgefühle: Böse Hexen darf man töten, als ‚böse‘ empfundene Mütter dagegen nicht.[31]

Doch darüber hinaus erbringen Märchen noch mehr nützliche Leistungen: In Stunden kindlicher Verzweiflung, der ohnmächtigen Wut, der bodenlosen Hoffnungslosigkeit spenden sie durch ihren grenzenlosen Optimismus Trost und geben mit ihrer Botschaft, dass schlussendlich doch das Gute siegen und die Ungerechtigkeit beseitigt werden wird, wieder Kraft zum Weitermachen.

Vergleicht man nun die Handlung, die Form, die Struktur und die Darstellungsweise der Serie ‚Power Rangers‘ mit den oben kurz beschrieben Erzählrahmen fiktionaler Texte, dann kann man mit guten Gründen feststellen, dass die Serie ‚Power Rangers‘ vom Medium selbst gerahmt ist als audiovisuelle Darstel-

---

30   In Bezug auf Action-Serien im Fernsehen stellen Kalkofe et al. fest: „Wut und Antipathie, die ein Kind gegen Eltern oder Freunde im Unterbewußtsein hegt, aber nicht auszudrücken wagt, können hier wie im Märchen auf den Bösewicht der Geschichte abgeladen werden. Auch Kinder kennen ‚negative‘ Gefühle wie Zorn oder Haß. Geschichten mit eindeutig schlechten Charakteren erlauben eine Projektion und ein Ausleben dieser Gefühle ohne Reue" (Kalkofe et al. 1992). Sehr ähnlich argumentieren u.a. Bettelheim (1995), Charlton & Neumann (1990: 138 ff.), Paus-Haase (1991) und Rogge (1994). Auch Aufenanger sieht, dass Action-Filme einen solchen ‚Nutzen‘ mit sich bringen (vgl. Aufenanger 1996: 4; 10), doch er hält deren Gefahren für gewichtiger als den Nutzen.

31   Mir ist durchaus bewusst, dass mit solchen Überlegungen eine sehr spezielle Version der von vielen Medienforschern totgesagten Katharsis-Hypothese wieder belebt wird. Empirisch widerlegt ist m.E. nur die Karikatur der Katharsis-Hypothese, welche besagt, dass Menschen, die sich viele audiovisuelle Darstellungen von Gewalthandlungen ansehen, sehr viel weniger Gewalt gegen andere ausüben, da sie ihre Aggressionen bereits an den Mediengestalten ausgelassen hätten. Diese krude Version der Katharsis-Hypothese berücksichtigt weder die Person und die Situation des Mediennutzers noch die jeweils vorgenommene Rahmung von Gewalt. Demgegenüber steht die Überzeugung, dass mentales Probehandeln während und nach der Wahrnehmung bestimmter audiovisuell vermittelter Gewalthandlungen, das spätere Sprechen darüber und natürlich auch die spielerische Nachahmung im Rollenspiel durchaus praktische, psychische und somatische Folgen hat. Während nämlich das mentale Probehandeln eine Antizipation der Reaktion des Gegenübers ermöglicht, provozieren das Sprechen und das Rollenspiel diese naturwüchsig.

lung eines seriellen Errettungsmärchens. Die Botschaft dieses Märchens an die jungen Betrachter besteht in der Versicherung, dass die guten Kleinen (wenn sie dann gemeinsam vorgehen) ihre kleine Welt immer wieder vor dem Zugriff der bösen Großen in Sicherheit bringen können.

3.10 Aneignung der ‚Power Rangers'

Viele Kinder und Jugendliche sehen häufig und gerne die ‚Power Rangers'. Diese Tatsache ergibt sich zweifelsfrei aus den vorliegenden Daten. Das häufige (obsessive) Betrachten dieser Serie im Fernsehen (Video) und/oder Kino soll hier nicht vor der Analyse als in irgendeiner Weise schädlich, oder als Ausdruck einer bereits vorliegenden Schädigung oder eines wie auch immer falschen Bewusstseins denunziert werden, sondern es wird bis zum Beweis des Gegenteils erst einmal unterstellt, dass dieses Verhalten, das sich im Alltag stabil und häufig herausgebildet hat, eine in gewisser und nicht trivialer Weise sinnvolle Reaktion auf ein für die Nutzergruppe typisches Handlungsproblem darstellt.

Oder anders: Das Handeln der Power Rangers-Nutzer zu verstehen, heißt hier (aus der Perspektive einer hermeneutischen Wissenssoziologie – siehe Soeffner 1992; Reichertz & Schröer 1994): Es muss erst einmal das typische Handlungsproblem der Nutzergruppe aufgefunden und nachgezeichnet werden, für das die beobachtbare Handlung eine sinnvolle Lösung bietet. Hat man dieses Handlungsproblem mit seinen Handlungsoptionen, seinen Zwängen, aber auch seinen Möglichkeiten identifiziert, dann ist (ganz im Sinne einer Verstehenden Soziologie) das Handeln der Menschen verstanden.

Der Begriff ‚Problem' benennt an dieser Stelle ganz formal die Situation, dass (auch für kindliche) Akteure meist mehrere Möglichkeiten zum Handeln (mit unterschiedlichen Kosten und Nutzen) bestehen. Weil dies so ist, müssen Akteure sich immer wieder entscheiden bzw. sich (zwecks Entlastung) vorab entschieden haben, die Handlungssteuerung eingeschliffenen Routinen zu überlassen. Dabei können sie einerseits auf Traditionen, Rezepte, Routinen und Bewährtes zurückgreifen (mit den in diesen ‚Lösungen' eingelassenen Kosten und Nutzen), sie können aber andererseits auch neue Verfahrensweisen schaffen – mithin eine ‚neue Lösung' entwerfen. Gesellschaftlich etablierte und tradierte Handlungsmöglichkeiten und deren Legitimation sind immer nur vorläufige Lösungen zurückliegender Problemlagen. Vor allem kulturelle Innovationen (Erfindungen, Wertewandel) und Umweltveränderungen leiten Bedürfnisse und Problemlagen von Akteuren und Gesellschaften entweder um oder gestalten diese neu. Insofern ist die ständige (weitere) Prüfung und Revision bewährter und neuer Lösungen alltägliche Praxis bei Jugendlichen und Erwachsenen.

Damit ist auch die historisch wohl einmalige Tatsache angesprochen, dass Kinder und Jugendliche ‚unkontrollierten' Zugang zu zwei zentralen Medien unserer Kultur haben (Fernsehen und Computer). Gingen frühere Medien (Schrift, Buch) von der Hand der Erwachsenen in die Hand der nachfolgenden Generation über (nachdem die Erwachsenen die Medien erst geprüft, sie dann für die Jugend lizensiert und schließlich die Jugend in den angemessenen Umgang mit ihnen eingeübt hatte), so hat der Markt der Waren Kindern und Jugendlichen das Fernsehen (und den Computer) in die Hand gegeben, ohne sie vorher via Mediensozialisation in den Gebrauch dieser Medien einzuweisen. Erst langsam bieten die klassischen Sozialisationsagenturen (Schulen) unter dem Druck der Kinderzimmer pädagogisch reflektierte Formen der Mediennutzung an (Medienerziehung, Internetzugang in der Schule). Insofern sind diese Medien zu großen Teilen für die Kinder ‚bedeutungsoffen' – d.h. sie können und müssen sich sowohl auf das Medium selbst als auch auf die versendeten Medieninhalte ihren Reim machen bzw. können diese auch dazu nutzen, ihre Probleme in und mit dem Alltag der Moderne zu parieren.

3.11 Strukturelle Probleme kindlicher Lebenspraxis in den 90er Jahren

Kinder erleben sich in vieler Hinsicht als ‚nicht vollwertig'. Sie sind *zu klein* für diese Welt, sie können diese (auch im wahrsten Sinne des Wortes) nicht begreifen, schon gar nicht beherrschen. Sie sind ausgesprochen *verletzlich* und bedürfen deshalb des Schutzes. Zudem sind Kinder notorisch *schwach* und können deshalb nicht gegen Stärkere bestehen. Gegenüber den Erwachsenen erleben sie sich als *weniger mächtig* (siehe hierzu auch Blothner 1997). All dies gilt für alle Kinder in allen Gesellschaften, da sich diese Merkmale kindlicher Erfahrung aus nicht hintergehbaren, biologischen Reifungsprozessen ergeben.

Nicht ganz so universal, sondern kulturspezifisch ist der Umstand, dass Kinder in unserer Gesellschaft meist im Alter von 3 bis 4 Jahren genötigt werden, die symbiotische Verbindung zur Mutter Schritt für Schritt aufzugeben. Das frühe Kleinkindalter endet für sie meist mit dem Eintritt in den Kindergarten. Damit verbunden ist für Kinder in der Regel die (wenn auch unbegriffene) Erfahrung, dass die Gesellschaft mit ihren Normen und Werten jetzt verstärkt auf sie zugreift – eine Erfahrung, die im Alter von 6 bis 7 Jahren (Schuleintritt) nachdrücklich vertieft wird. Alle an diesem Prozess beteiligten Sozialisationsagenten weisen die Heranwachsenden immer wieder darauf hin, dass jenseits der bislang gelebten (egozentrisch strukturierten) Welt die ‚wirkliche Welt' mit ihren Erfordernissen und gesellschaftlichen Besonderheiten unwiderruflich auf jeden wartet. Die wirkliche Welt stellt sich zwar auch als eine Welt voll von Verlockungen und unbegrenzten Möglichkeiten dar, aber auch prall gefüllt mit Verboten und Grenzen – und selbst entscheiden darf man dort nur sehr wenig. Die Erfahrung von Einschränkung und Versagung ist also geradezu konstitutiv für jede Kindheit.

Eltern und Erziehungsbetraute verbieten (aus der Sicht der Kinder) gerade das, was besonders lockt, sie versagen Wunscherfüllungen, sie ordnen Unangenehmes an, sie engen den Bewegungsraum ein, geizen mit der Zeit, die sie Kindern widmen, sie zwingen (manchmal handgreiflich, manchmal wortstark) Kindern eine erwachsene Ordnung auf, und sie handeln gelegentlich auch ungerecht und unfair. An dieser grundsätzlichen Erfahrung von Kindern konnte auch der groß angelegte gesellschaftliche Versuch, den Sozialisationszugriff durch eine ‚Pädagogik des Gesprächs und der Vernunft‘ abzufedern, also zwangloser und unsichtbarer zu gestalten, nichts Grundsätzliches ändern. Kurz: In der Welt der Kinder gibt es neben Freude und Glück auch reichlich Frustration und die Erfahrung von Einschränkung, Ungerechtigkeit und Ohnmacht. Daraus erwachsen – wenn man den Psychologen glauben darf – Aggression und Gewaltbereitschaft. Gewalt wird hier als Mittel verstanden, von anderen gesetzte Grenzen zu durchbrechen, also als ein Mittel, mit dem man auch Handlungsautonomie erringen kann.

Diese beschriebenen, nicht beglückenden Erfahrungen der Kindheit erhalten in den letzten Jahren weitere kultur- und zeitspezifische Nahrung. Eine ergibt sich aus dem Umstand, dass Kinder schlechter sprechen und natürlich noch schlechter argumentieren können als Erwachsene. Diese Besonderheit gilt zwar ebenfalls für alle Kinder in allen Gesellschaften, doch in den modernen Gesellschaften der 90er Jahre resultiert daraus eine besondere (und besonders nachhaltige) Schikane.

Zur Erläuterung ein kurzer historischer Exkurs: Im Zuge der sich entfaltenden europäischen Aufklärung hat sich das Böse Schritt für Schritt aus dem Leben der Menschen entfernt. Nicht nur Gott, sondern auch der Teufel ist tot. Sünden haben sich damit von selbst erledigt, und Gesetzesübertretungen zeigen nur die Abweichung an, weisen jedoch nicht mehr auf das Böse bzw. die Bösen. Moderne Gesellschaften des 20. Jahrhunderts haben nur noch sehr wenige Gewissheiten, aber eine davon ist, dass das Böse in der Gewalt „seine letzte Residenz" (ebd.: 2) bezogen hat. Deshalb blicken wir „der Gewalt immer genauer, immer tiefer ins Gesicht, wollen sie in immer kleineren Formen verfolgen und selbst, wenn sie in den privatesten Räumen auftaucht, wollen wir sie bestrafen" (ebd.: 3). Das Projekt der Moderne zielt auf die Bändigung des letzten verbliebenen Bösen, auf die Beseitigung der Gewalt. Sie ist gerade dadurch gekennzeichnet, dass sie die „allmähliche Pazifizierung der ungebundenen Aggressionstriebe" (Miller & Soeffner 1996: 15) vorantreibt und in letzter Konsequenz das Böse gänzlich beseitigt. (Auf die zu bedenkende Dialektik solcher rigiden Reinigungsprozesse haben einige Autoren in Miller & Soeffner 1996 hingewiesen.)

Übersetzt in konkrete Handlungsformen und bezogen auf den kindlichen Alltag zeigt sich diese Zuspitzung des Bösen auf die (körperliche) Gewalt darin, dass Eltern und Pädagogen (etwa seit den 60er Jahren) jegliche Art der Ausübung körperlicher Gewalt rigoros verfolgen. Gewalt als Mittel zur Durchsetzung eigener Interessen ist in keiner Form mehr konsensfähig. Stattdessen soll allein das erörternde und abwägende Gespräch Interessenkonflikte auflösen. Dort, wo Gewalt war, soll das begründende Gespräch hin. Jugendliche erleben Erwachsene deshalb oft als Menschen, die einen ‚volltexten'.[32]

Diese Forderung nach dem herrschaftsfreien Dialog, welche auf die konsequente Fortsetzung des Zivilisationsprozesses und die weitere Ausbreitung humanerer Lebensverhältnisse zielt, ist schon von normalen Erwachsenen so nicht zu befolgen. Geradezu ‚gemein' ist es nun (aus der Sicht der Kinder), wenn Erwachsene auch die Heranwachsenden auf den zergliedernden, rechtfertigenden und argumentierenden Dialog verpflichten. Alles muss dann versprachlicht werden und sich vor der ‚Vernunft' (der Erwachsenen) rechtfertigen. ‚Gemein' ist eine solche Diktatur des guten Arguments nicht nur, weil damit eine offensichtliche Machtasymmetrie (Kraft) bruchlos durch eine weniger offensichtliche (nämlich Redegewandtheit) ersetzt wird. ‚Gemein' ist eine solche Verpflichtung vor allem, weil kompetente Argumentierer (= Erwachsene) die nicht redegewandten Heranwachsenden unter dem Vorwand, gleiche Machtverhältnisse herstellen zu wollen, auf ein Spiel festlegen, das die Kinder nicht gewinnen können, das also die ungleiche Machtverteilung zementiert. Wer einmal in eine solche ‚double-bind-Kommunikation' verstrickt ist, kommt (zumindest mit guten Argumenten) nicht mehr so leicht heraus.

Weitere Nahrung erhält die Sammlung nicht-beglückender kindlicher Erfahrungen dadurch, dass Kinder heute vornehmlich in ‚Wenig-Kind-Familien' aufwachsen. Letztere resultieren zwar aus den grundlegenden gesellschaftlichen und ökonomischen Umwälzungen der letzten hundert Jahre, subjektiv vollzogen werden sie jedoch durch erwachsene Männer und Frauen, die sich meist spät und vor allem: bewusst, biographisch geplant und kontrolliert ihren emotional tief

---

32 Der stark pejorative Begriff ‚volltexten', der vor allem von Jugendlichen gegen belehrende Vorhaltungen Erwachsener (Eltern, Lehrer, Pädagogen, Psychologen etc.) eingesetzt wird, beleuchtet das bei vielen Jugendlichen neue Verhältnis von Rationalität und Unsinn in besonders klarer Weise: Der Begriff ‚volltexten' (in Analogie zum Begriff ‚vollquatschen' gebildet) verwahrt sich nämlich gerade nicht gegen einen sinnlosen und deshalb als überflüssig empfundenen ‚Quatsch' oder ‚Unsinn', sondern er verwahrt sich gegen das sinnvoll geordnete und rational argumentierende Wort. Texte begegnen Jugendlichen vor allem in der Schule und/oder eingehüllt in die Aura des pädagogisch Sinnvollen. Wohl auch deshalb stehen ‚Texte' für das wohl Überlegte, das Argument und den Diskurs, ‚Quatsch' dagegen für das Spontane oder auch: für das ‚Wollen ohne Argument'. Wenn heute viele Jugendliche den Begriff ‚volltexten' präferieren, die Generation ihrer Eltern jedoch den Begriff ‚vollquatschen', dann zeigt sich in diesem Gebrauch auch deren unterschiedliche Wertschätzung von Vernunft und Argument.

gründenden Kinderwunsch erfüllen. Diese Konstellation hat nicht selten zur Folge, dass Eltern ein aufwendiges und komplexes ‚Projekt des gelingenden Kindes' organisieren. Hilfreich zur Seite steht ihnen bei diesem Bemühen (wie oben bereits beschrieben) eine Vielzahl von Professionellen, welche den Lebensalltag der Kinder dauerhaft beobachten und durchleuchten.

Gesucht wird dabei nach Schädlichem bzw. Hinderlichem aller Art. Alles – also nicht nur das Fernsehen, sondern auch die Spielsachen, das Vorschulangebot, die sprachliche, körperliche und soziale Entwicklung, die Ernährung, der Umgang etc. – wird genau und bei Licht betrachtet und darauf hin geprüft, ob es die kindliche Entwicklung beeinträchtigt oder fördert. Das Schädliche wird (nach seiner Entdeckung) dann gänzlich beseitigt und das wenig Fördernde durch ein optimal Förderndes ersetzt. Übrig bleibt am Ende eine pädagogisch kolonialisierte Welt, in der alle Menschen Gutes tun (sollen), Interessenkonflikte sich durch die Macht des besseren Arguments schlichten lassen und alle Gegenstände pädagogisch wertvoll (da die Entwicklung stimulierend) sind. So wird die ‚Lebenswelt der Kinder' von den aufrichtigen und gut meinenden Eltern und den erwachsenen Anwälten der Kinder Stück für Stück begradigt und bereinigt, desinfiziert und deodoriert. Fernsehsendungen wie die ‚Sesamstrasse' arbeiten ganz vehement an einer solchen ‚Entzauberung der kindlichen Welt'. Action-Serien wie die ‚Power Rangers' widersetzen sich jedoch der allgemeinen Desinfizierung und Deodorierung kindlicher Lebenswelten – schon allein deshalb wirken sie subversiv.

Und noch ein weiterer Umstand erweitert den Vorrat an nicht-beglückenden kindlichen Erfahrungen. Mediennutzung ereignet sich nämlich nicht nur zwischen Medium und Nutzer. Wie, wo, wann und wie oft ein Medium genutzt wird, ist auch Ausdruck der gesamten sozialen Situation des Mediennutzers. Der Akt der Mediennutzung ist nun (selbst dann, wenn er alleine stattfindet) in ein vielfältiges soziales Beziehungsnetz und -geschehen eingebunden (Gleichaltrige, Eltern, Lehrer). Auch vor dem Hintergrund dieser Beziehungsverflechtungen muss die Bedeutung des ‚Genutzten' gesehen werden (vgl. Charlton & Neumann 1990, auch Kübler 1995).

In der Auseinandersetzung über einen angemessenen Mediengebrauch werden meist auch Beziehungs- und vor allem: Generationskonflikte ausgetragen – und zwar vor allem von den Erwachsenen. Denn die besorgten Erwachsenen haben bei ihrer systematischen Durchleuchtung kindlicher Lebenswelten auch das Medium ‚Fernsehen' gewogen und für ‚zu leicht' befunden. Richtiger Medienumgang wurde und wird dabei meist am Text-Lesen, also einer Fähigkeit der Erwachsenen, gemessen. Diese Orientierung stellt sich als leiser, wenn auch erkennbarer Nachhall des Jahrhunderte alten Disputs zwischen der Bildkultur einerseits und der Textkultur andererseits bzw. (katholischer) Bilderfrömmigkeit und (evangelischer) Textexegese dar. Und natürlich führt sie auch den Streit weiter, was ernste und ernstzunehmende Kultur ist bzw. was nicht. Die herrschende Kultur hat sich dabei bislang vor allem über Texte, also die Alphabetisierung und Vertextung von Welt definiert. Diese Kultur ruht einer Wissenschaft auf, welche die Welt in Texte transformiert. Zugang zu diesen Texten hat nur der ausgebildete Schriftkundige, und auch er muss sich die Texte aktiv und teilweise mühevoll aneignen.

Fernsehen war stets – wegen der enormen Wertschätzung des askesearmen Aneignungsvorganges – der Lieblingsgegner und natürlich auch der Hauptkonkurrent von Wissenschaft und E-Kultur.[33] Deshalb gab und gibt es immer wieder Bemühungen, die Nutzung des Fernsehens prinzipiell zu ächten. Wie teilweise kuriose Beispiele zeigen, wiederholt sich dieser Vorgang jeweils zyklisch bei Einführung eines neuen Mediums (Schrift, Buch, Radio, Tonfilm etc.) – im Übrigen erfolglos (vgl. Kunczik 1993; Fischer, Niemann & Stodiek 1996).

Zusammenfassend kann man sagen, dass sich die erhöhte Bereitschaft (insbesondere von Kindern), Serien wie die ‚Power Rangers‘ zu sehen, als eine Ausdrucksgestalt der beschriebenen Entwicklung erklären lässt. Sie ist also auch eine Reaktion auf ein Zu-Viel der diskursiven und kognitiven (und korrekten, die Werte strukturell erodierende) gesellschaftliche Bearbeitung menschlichen Umgangs mit Gewalt einerseits und die unkritische Verklärung einer sich im herrschaftsfreien Dialog verwirklichenden Vernunft andererseits.

3.12 Die Power Rangers – ein sinnvolles Errettungsmärchen für Kinder der 90er

Die Serie ‚Power Rangers‘ muss, nach Betrachtung der wichtigsten strukturellen Merkmale, als seriell erzähltes Errettungsmärchen auf der Grundlage einer ‚Zwei-Welten-Geschichte‘ betrachtet werden. Diese ‚Zwei-Welten-Geschichten‘ sind uralt. In allen bekannten Kulturen wird von Menschen erzählt, die mit der

---

33 Selbst die ‚trockenste‘ Kultursendung galt vor zwei Jahrzehnten den Weltvertextern noch als Anbiederung an die ‚Ungebildeten'. Mit dem neuerdings inflationär gebrauchten Begriff der ‚Boulevardisierung' rächen sich jetzt die alten Kulturredakteure an den neuen – allerdings mit einem eigenwilligen Argument: Man wirft dem Bildmedium vor, dass es das tut, was es tun muss und auch am besten kann – nämlich Bilder zu zeigen. Mit den Erscheinungsformen, welche von textfixierten Redakteuren wie Wissenschaftlern unter das Rubrum ‚Boulevardisierung' gefasst werden, befreit sich das Bildmedium ‚Fernsehen' ein bisschen mehr aus dem Griff einer textförmigen Vernunft und realisiert etwas mehr von der Struktur, die dem Fernsehen seit seiner Erfindung eingeschrieben ist und die heute ausgeblüht ist: Das Medium ‚Fernsehen' ist nämlich vor allem ein Schaufenster, in das man (wenn man will) hineinschauen kann, es aber nicht tun muss. Man schaut halt nur hinein, wenn dort etwas zu sehen ist, was (aus welchen Gründen auch immer) einen interessiert.

Hilfe von magischen Gegenständen entweder zu anderen mächtigen Wesen ‚morphen' (Verwandlung in Bär, Hirsch etc.) oder aber mit Hilfe von ‚Zauberstäben' (Ringen, Blumen etc.) zeitweise einen enormen Machtzuwachs erlangen können. Die ‚Zwei-Welten-Geschichten' erzählen immer auch: Hinter der scheinbar ‚harmlosen' Fassade lebt ein Gigant und: Jenseits des Alltags existiert eine andere, buntere Welt.

Was die Power Rangers von den üblichen ‚Zwei-Welten-Geschichten' unterschiedet, ist (1): Jugendliche/Kinder sind die Helden und (2): Eine Gruppe von Jungen und Mädchen steht im Vordergrund (Gruppen gab es schon öfters). Dadurch bekommen Kinder und Jugendliche und auch Mädchen ein anschlussleichtes Identifikationsangebot. Die alltäglichen Ohnmachtserfahrungen und Gewaltphantasien verkehren sich zu Allmachtsphantasien: Die gemorphten Kinder kämpfen unerkannt (keine Zurechenbarkeit) erfolgreich gegen die bösen (erwachsenen/großen) Monster. Zwar gewinnen die Kinder, doch die Aggressionen bleiben folgenlos (keine Wunden, keine Vernichtung der Bösen). „Sie können sich groß und stark fühlen, obsiegen und verdrängen, ohne in den Aufwand realer Handlungen einbezogen zu sein. Sie können Unterwerfung, Bemächtigtwerden abschmecken, ohne tatsächlich um ihre Unversehrtheit bangen zu müssen" (Blothner 1997). Die Großen werden besiegt, bleiben aber (zum Glück) erhalten.

Die in Amerika früher so beliebte Comic-Serie ‚Super-Man' (ebenfalls eine ‚Zwei-Welten-Geschichte' – wie auch Bat-Man etc.) lieferte in den 30er und 40er Jahren vor allem mittelmäßigen Kleinbürgern eine gute Vorlage für ihre Tagträume: Der unscheinbare Held (ein eher schüchterner Jedermann von nebenan) erledigt alltags einen wenig spektakulären Job, verwandelt sich aber in Momenten großer Gefahr in den maskierten Übermenschen Super-Man, der die eigene Welt immer wieder knapp vor dem Zugriff des Bösen, was hier heißt: vor einer überbordenden Großstadtkriminalität (Gewalt und Eigentumsdelikte) schützt. Dabei sind die Bösen für alle sichtbar, und auch Super-Man siegt oft vor den Augen einer zuschauenden Menschenmenge. Nach getaner Arbeit entkommt Super-Man in die Anonymität: Er verwandelt sich wieder in den farblosen Reporter Kent und hört als solcher, wie allerorts die (männliche wie weibliche) Mitwelt die Taten des Helden bewundert und rühmt. ‚Super-Man' gibt allen erwachsenen Mittelmäßigen so die Chance, sich im ‚falschen' Alltag als richtiger Held zu träumen. Insofern passte ‚Super-Man' mehr zu den Problemen von Erwachsenen, was erklärt, weshalb die Heranwachsenden die ‚Power Rangers' erheblich lieber sehen. Bei den ‚Power Rangers' erfährt die Öffentlichkeit nur in Ausnahmefällen etwas von der Bedrohung durch das Böse. Die beiden Welten bleiben strikt getrennt. Und da die erwachsene Gesellschaft nicht weiß, was ihr droht und wer sie rettet, muss der Retter auch weiterhin sein Heldentum nicht preisgeben. Außer dem kindlichen Retter weiß niemand von Bedrohung und Erlösung – fürwahr ein nicht falsifizierbares Glaubenssystem.

Die ‚Power Rangers' geben kindlichen Phantasien Körper und Namen: Es sind dies vor allem Allmachtsphantasien von Machtlosen, Phantasien der Kleinen, die sich gegen die Großen richten. Die Power Rangers lösen Konflikte mit dem ‚bösen Feind' nie durch (rationale) Gespräche. (Das mag Eltern und Lehrer betrüben.) Untereinander haben sie manchmal unterschiedliche Ansichten, aber keine grundlegenden Differenzen. Diese werden mit Hilfe von kurzen Gesprächen bearbeitet. Mit dem Feind spricht man dagegen nicht. Es ist klar, was er will: die Vernichtung der Guten (und der Welt). Die Bösen entscheiden sich nie gegen das Gute, sondern sie verrichten Böses mit der gleichen Selbstverständlichkeit wie Katzen Mäuse fressen. Deshalb gibt es auch kein Abwägen und auch kein Verständnis für die Perspektive des anderen. Zwischen Gut und Böse gibt es kein Gespräch, sondern allein und immer wieder nur Kampf, den natürlich die Guten gewinnen – ebenfalls immer wieder. Das ist einfach – aber klar. Ordnung ist in dieser Welt und: Die Welt ist in Ordnung.[34] Das ist sprachlose und machtvolle kindliche (phantasierte) Action und Aggression gegen die mächtigen und sprachgewaltigen Eltern. Hier werden subversive Phantasien ohne Rücksicht auf die ‚political correctness' ausgelebt.

Dazu gebrauchten Kinder in früheren Jahrzehnten vor allem Märchen – und: Deshalb brauchen Kinder jetzt Fernsehen (vgl. Rogge 1994: 149 f.). Kinder sind keine Engel. Zurecht plädiert Rogge deshalb aufgrund seiner Untersuchungen ganz ausdrücklich für das Recht der Kinder auf ‚vorsoziale Aggression', und er deutet die vermeintliche ‚Engelhaftigkeit' der Kinder als eine Projektion der Erwachsenen, geschaffen, um den eigenen Aggressionen zu begegnen (vgl.: 135). Auch Kinder haben Angst, sind wütend (auf Erwachsene wie Kinder) und aggressiv, haben Gewaltphantasien: nicht immer, aber auch nicht niemals. Und diese aggressiven Impulse lösen sich weder von selbst in Wohlgefallen auf, noch lassen sie sich restlos zügeln. Werden diese Wünsche, Ängste und Aggressionen verdrängt, haben die Kinder keine Möglichkeit, damit umzugehen und ihrer Herr zu werden. Wer als Erwachsener diese ‚destruktiven Elemente' (bei sich und bei den Kindern) leugnet bzw. nicht sehen möchte, drängt sie nur in den ‚Untergrund'. Kinder brauchen deshalb das Ausagieren des Destruktiven im imaginären Schonraum des Phantastischen. Früher lieferten die Märchen diesen Schonraum, heute zunehmend die audiovisuellen Versendungen des Fernsehens.

Die Serie ‚Power Rangers' ist vor allem ein Märchen – wenn auch in moderner Form. Neu sind allein die Zusammensetzung des Personals, die sensorische Anreicherung (Musik und Bilder) und die Rasanz der Ereignisse und der

---

34   „Nur wenn die Bösen am Ende bestraft werden, weiß das Kind, daß in der Welt alles wieder in Ordnung ist und daß es sich in ihr sicher fühlen kann." (Bettelheim 1995: 170)

Bildschnitte. Ansonsten geben sie den Kindern, was sie auch in dieser Entwicklungsphase brauchen: die Möglichkeit zum folgenlosen Ausagieren von Aggressionsphantasien, das Finden von (moralischer) Ordnung und die Belebung der Hoffnung auf ein glückliches und autonomes Leben nach der Kindheit.

Mit dem bisher Ausgeführten soll nun keineswegs behauptet werden, jede Art von audiovisueller Darstellung von Gewalthandlungen gegen andere Menschen sei für die soziale Entwicklung von Kindern und Jugendlichen förderlich. Sondern es wird hier allein die Position vertreten, dass bestimmte und spezifisch gerahmte Gewaltdarstellungen zu einigen strukturellen Problemen ‚passen', die Kinder in den 90er Jahren in ihrer (modernen) Lebenswelt vorfinden, und ihnen helfen, diese sozial gebilligt zu bearbeiten. Audiovisuell dargestellte Errettungsmärchen wie die ‚Power Rangers' und die darin eingelassenen aggressiven Handlungen schädigen demnach nicht die soziale Entwicklung der Kinder, sie hemmen diese auch nicht, sondern sie helfen den Kindern dabei, mit aggressiven Impulsen ‚schadensfrei' umzugehen und Autonomie langsam aufzubauen – insofern brauchen Kinder auch die ‚Power Rangers'.

Literatur

Aufenanger, Stefan (1993): Zum Verhältnis von Märchen und Actionfilm. In: Audio Visuell – Märchen in visuellen Medien. Frankfurt a.M. S. 101-112.

Aufenanger, Stefan (1997): Gutachten zur RTL-Action-Serie ‚V.R. Troopers' im Auftrag der Niedersächsischen Landesmedienanstalt. In: Czaja, Dieter (Hrsg.): Kinder brauchen Helden. München: KoPäd. S. 267-300.

Aufenanger, Stefan, Baake, Dieter et al. (1996): Gutes Fernsehen, schlechtes Fernsehen. München: KoPäd.

Aufermann, J., Debertin, M. & Gutknecht, H.-G. (1994): Gutachten zu drei RTL-Kinderserien – Biker Mice from Mars, X-Men, Power Rangers. MS. Göttingen.

Baake, Dieter (1997): Gutachten zur Auseinandersetzung und zum Diskussionsstand über die Action-Serie ‚Power-Rangers' und Vorschläge für eine Weiterentwicklung. In: Czaja, Dieter (Hrsg.): Kinder brauchen Helden. München: KoPäd. S. 301-310.

Bachmair, B. & Tilemann, F. (1995): Pädagogische Genre-Forschung. Zur Diskussion um die RTL-Serie ‚Power Rangers'. In: medien praktisch 2: 52-56.

Bandura, A. (1977): Social Learning Theory. Englewood Cliffs/NJ: Prentice Hall.

Bettelheim, Bruno (1995): Kinder brauchen Märchen. München: dtv.

Blothner, Dirk (1997): Psychologische Untersuchung zur Wirkung der Action-Serie ‚Power-Rangers' bei Kindern im Alter von sechs bis vierzehn Jahren. (Gutachten für RTL plus). In: Czaja, Dieter (Hrsg.): Kinder brauchen Helden. München: KoPäd. S. 211-246.

Blothner, Dirk (1995): Gewalt im Fernsehen. Der Fall ‚Power-Rangers'. In: Zwischenschritte 1: 63-67.

Born, Monika (1993): Kognitiver oder kreativer Umgang mit Märchen in Erziehung und Unterricht. In: Audio Visuell – Märchen in visuellen Medien: 9-21.

Bürger, Christa (1971): Die soziale Funktion volkstümlicher Erzählformen – Sage und Märchen. S. 26-56 in: Ide, Heinz (Hrsg.): projekt deutschunterricht – kritisches lesen: märchen, sage, fabel, volksbuch. Stuttgart: Metzler.

Charlton, Michael & Neumann, Klaus (1986): Medienkonsum und Lebensbewältigung in der Familie. München/Weinheim: Psychologie Verlags Union.

Charlton, Michael & Neumann, Klaus (1990): Medienrezeption und Identitätsbildung. Kulturpsychologische und kultursoziologische Befunde zum Gebrauch von Massenmedien im Vorschulalter. Tübingen: Gunter Narr.

Charlton, Michael & Neumann-Braun, Klaus (1992): Medienkindheit – Medienjugend: eine Einführung in die aktuelle kommunikationswissenschaftliche Forschung. München: Quintessenz.

Doelker, Christian (1977): Kulturtechnik Fernsehen. Analyse eines Mediums. Stuttgart: Klett-Cotta.

Goffman, Erving (1977): Rahmen-Analyse. Frankfurt a.M.: Suhrkamp.

Fischer, Heinz-Dietrich, Niemann, Jürgen & Stodiek, Oskar (1996): 110 Jahre Medien-Gewalt-Diskussion in Deutschland. Synopse und Bibliographie zu einer zyklischen Entrüstung. Frankfurt a.M.: Fischer.

Glogauer, Werner (1993): Kriminalisierung von Kindern und Jugendlichen durch die Medien. Baden-Baden: Nomos Verlagsgesellschaft.

Glogauer, Werner (1995): Die neuen Medien verändern die Kindheit. Weinheim: Dt. Studien-Verlag.

Groebel, Jo (1995): Angsthaben ist so schön. In: Die Zeit vom 13.01.1995.

Hiddemann, F. (1995): Betr.: Power Rangers. Eine populäre Ästhetik der Verklärung In: medien praktisch 4: 60.

Hungar, Kristian (1996): Masken und Maskierte. Wahrnehmungen einer kritischen Medientheorie. S. 102-112 in: Bubmann, Peter & Müller, Petra (Hrsg.): Die Zukunft des Fernsehens. Stuttgart u.a.: Verlag W. Kohlhammer.

Jörg, Sabine (1995): Und es wirkt doch! Zur Diskussion über Medienwirkung – kritische Bilanz und Ausblick. In: medien praktisch 4: 38-42.

Kalkofe, Oliver et al. (1992): Action Serien – Anatomie eines Genres. S. 87-151 in: Paus-Haase, Ingrid (Hrsg.): Neue Helden für die Kleinen. Das (un)heimliche Kinderprogramm des Fernsehens. Münster: Lit Verlag.

Kottlorz, Peter (1993): Fernsehmoral. Ethische Strukturen fiktionaler Fernsehunterhaltung. Berlin: Wissenschaftsverlag V. Spiess.

Kübler, Hans-Dieter (1995): Das unendliche Ende der Wirkungsforschung In: medien praktisch 3: 4-12.

Kunczik, Michael (1993): Gewaltdarstellungen – ein Thema seit der Antike. Zur Geschichte der Auseinandersetzung um Gewalt in den Medien. In: Media Perspektiven 3: 108-113.

Miller, Max & Soeffner, Hans-Georg (1996): Modernität und Barbarei. Eine Einleitung. S. 12-27 in: Miller, Max & Soeffner, Hans-Georg (Hrsg.): Modernität und Barbarei. Soziologische Zeitdiagnose am Ende des 20. Jahrhunderts. Frankfurt a.M.: Suhrkamp.

Müller, Petra (1996): Gewalt im Fernsehen. Ethische Überlegungen zur audiovisuellen. Gewaltdarstellung. S. 35-58 in: Bubmann, Peter & Müller, Petra (Hrsg.): Die Zukunft des Fernsehens. Stuttgart u.a.: Verlag W. Kohlhammer.

Paus-Haase, Ingrid. (1991): Zur Faszination von Action Serien und Action-Cartoons für Kindergarten- und Grundschulkinder. In: Media Perspektiven 10: 672-680.

Paus-Haase, Ingrid (Hrsg.) (1992): Neue Helden für die Kleinen. Das (un)heimliche Kinderprogramm des Fernsehens. Münster: Lit Verlag.

Propp, Vladimir (1975): Morphologie des Märchens. Frankfurt a.m.: Suhrkamp.

Reichertz, Jo (1992): Der Morgen danach. Hermeneutische Auslegung einer Werbefotografie in zwölf Einstellungen. S. 141-164 in: Hartmann, Hans A. & Haubl, Rolf (Hrsg.): Bilderflut und Sprachmagie. Fallstudien zur Kultur in der Werbung. Opladen: Westdeutscher Verlag.

Reichertz, Jo (1996): „...da war ich verheiratet." Magische Elemente in der Sendung ‚Traumhochzeit'. In: Schweizerische Zeitschrift für Soziologie 3 (21): 705-740.

Reichertz, Jo & Schröer, Norbert (1994): Erheben, Auswerten, Darstellen. Konturen einer hermeneutischen Wissenssoziologie. S. 56-84 in: Schröer, Norbert (Hrsg.): Interpretative Sozialforschung. Auf dem Weg zu einer hermeneutischen Wissenssoziologie. Opladen: Westdeutscher Verlag.

Riepe, Manfred (1995): Alle Gewalt geht vom Spielzeug aus. In: Frankfurter Rundschau vom 17.01.1995.

Rogge, Jan-Uwe (1994): Kinder können Fernsehen. Reinbek: Rowohlt.

Schmidbauer, Michael (1995): Wie beobachten und verarbeiten Kinder Gewaltdarstellungen in Fernsehprogrammen? In: Televizion 8 (2): 4-24.

Scholz, Rainer & Joseph, Peter (1993): Gewalt- und Sexdarstellungen im Fernsehen. Systematischer Problemaufriss mit Rechtsgrundlagen und Materialien. Bonn: Forum-Verlag.

Schütz, Alfred (1971): Symbol, Wirklichkeit und Gesellschaft. S. 237-414 in: ders. Gesammelte Aufsätze. Bd. 1. Den Haag: Nijhoff.

Schuh, R. (1994): Verbot der ‚Power Rangers' gefordert. In: Medien Kritik vom 27.12.1994: 11 ff.

Soeffner, Hans-Georg (1992): Die Ordnung der Rituale. Die Auslegung des Alltags. Frankfurt a.M.: Suhrkamp.

Tügel, Hanne (1996): Kult ums Kind. Großwerden in der Kaufrauschglitzercybergesellschaft. München: Beck.

Zitzlsperger, Helga (1994): Kinder spielen Märchen. Weinheim/Basel: Beltz.

4 „...denn sie wissen nicht, was sie tun". Von James Dean zu Alexander Klaws

Nun pöbelt Bohlen wieder. Öffentlich. Im Fernsehen. Er darf nicht nur. Er soll sogar! Auf diese Weise erfährt so mancher gerade mündig Gewordene, dass er „unterirdisch", „absolut talentfrei" oder dass er „weniger als ein Frosch" sei – aus dem könne man wenigstens noch ein Kilo Hackfleisch machen. Freundlich ist das gerade nicht und niemand weiß, was die so Gescholtenen sich später angetan haben. Und mancher wird sich fragen, weshalb die Angehörigen einer Generation, von denen viele von Kindesbeinen an von ihren Eltern entweder auch angesichts miserabler Leistungen mit kritikloser Zustimmung motiviert oder mit einem desinteressierten Achselzucken übergangen wurden, sich bei *Deutschland sucht den Superstar* oder ähnlichen Casting Shows freiwillig einer solchen, keineswegs nur spaßigen Pöbelei aussetzen. Ist (unbemerkt von der Wissenschaft) gar eine Generation von Masochisten herangewachsen?

Aber man kann sich noch sehr viel mehr fragen: nämlich weshalb die Casting Shows zurzeit in vielen Ländern der Welt so viele Zuschauer vor den Bildschirm und so viele Bewerber in die Aufnahmestudios locken. So suchte unlängst Amerika mit riesiger Anteilnahme nach dem Superstar, England und Australien natürlich auch – außerdem mittlerweile weitere 15 Länder, darunter auch Arabien, wo die Show 2003 zum erfolgreichsten TV-Ereignis des Jahres avancierte. In Deutschland saßen bis zu 15 Millionen Zuschauer vor dem Bildschirm, um mit zu erleben, aber auch mitzubestimmen, wer Superstar von Deutschland wird. Und auch die Zahl der jugendlichen Sänger, Models oder Comedians, die sich dem Urteil der Juroren und des Publikums stellen wollen, ist enorm. So bewarben sich allein für die erste Staffel *Deutschland sucht den Superstar* etwa 20.000 Erfolgswillige.

Kommunikationswissenschaftler wissen natürlich, dass sich der Erfolg solcher Sendungen nicht durch einen Faktor alleine erklären lässt, sondern dass nur das Zusammenspiel und der Gleichklang vieler Interessen, Personen, Firmen und Institutionen eine solche (möglicherweise kurze) Erfolgsgeschichte zustande bringen können. Im Weiteren möchte ich kurz auf die wichtigsten Mitspieler dieses Spiels und deren Motive eingehen.

Die Idee, Nachwuchssänger im Fernsehen gegeneinander antreten und öffentlich bewerten zu lassen, ist fast so alt wie das Fernsehen. Neu an den aktuellen Casting Shows und speziell an dem Superstar ist die Idee von Simon Fuller, dem ‚Erfinder‘ des Superstar-Formats (der u.a. auch die Spice Girls auf den Markt gebracht hat), dass sich Stars mit Casting Shows wie Autos, Marken oder auch Muscheln produzieren lassen, dass mithin Stars industriell herstellbare Waren sind, durch deren Verkauf viel Geld zu machen ist. Und Fuller verdient gut an seiner Idee, da er nicht nur an dem Verkauf der Fernsehrechte, sondern auch an den Hits seiner Stars mitverdient.

Auch die *Musikindustrie* ist von den Casting Shows begeistert. Mussten sie früher Millionen für die Nachwuchsförderung ausgeben, ohne zu wissen, ob sich die Ausgaben auch wieder einspielen, so verfügen sie mit den neuen Shows über eine fast kostenlose ‚Nachwuchsförderung‘ mit Gewinngarantie. Denn indem die Zuschauer die wählen, die sie für die Besten halten, sagen sie auch, für wen sie bereit sind, Geld auszugeben. Und bislang ist dieses Konzept weltweit aufgegangen. Die Superstars ließen sich alle gut vermarkten – zumindest bis zur nächsten Runde *Superstar* und den neuen Gewinnern.

Dass eine solche kostengünstige Produktion von Stars das gesamte Starsystem aushöhlt und so möglicherweise langfristig das Fundament der Musikindustrie gefährdet, nimmt man (möglicherweise sogar billigend) in Kauf. Denn diese neuen *Instant-Stars* zeichnet aus, dass sie gerade nicht aufgrund ihrer Besonderheit, ihrer individuellen herausgehobenen Fähigkeit Stars werden, sondern deshalb, weil sie im Wesentlichen so sind wie die meisten. Denn das Publikum als Jury belohnt nicht die einzigartige, also von der Allgemeinheit abweichende Begabung, das Individuelle, sondern die Mehrheit einigt sich auf den kleinsten gemeinsamen Nenner, auf den Allgemeinplatz, auf das, was allen gemeinsam ist. Nicht die Innovativen gewinnen, sondern die, welche sich musikalisch, optisch, moralisch und stilistisch ‚middle of the road‘ bewegen. Wer gewinnt, entspricht deshalb dem Maß der Mehrheit, dem arithmetischen Mittel der Bewerter ohne Begabung – Mittelmaß in jeder Hinsicht also. Auf diese Weise verringert sich die Kluft zwischen Publikum und Star: Das Publikum wird immer mehr wie der Star, weil der Star immer mehr so wird wie das Publikum.

Weshalb die *Fernsehsender* die Casting Shows so attraktiv finden, kann man sehr schön in Georg Francks *Ökonomie der Aufmerksamkeit* nachlesen: Denn mit diesen Shows produzieren die Sender mit geringem Einsatz (die Akteure treten kostenlos auf und die Produktionskosten werden weitgehend von der Musikindustrie übernommen) ein hohes Maß an Aufmerksamkeit, das sie einerseits für viel Geld an die Werbetreibenden verkaufen und andererseits gegen Erfolgbeteiligung in die exklusiv an sie gebundenen Superstars investieren. Hier rentiert sich die systematische Produktion von Aufmerksamkeit in besonderem

Maße. Und auch hier (berücksichtigt man die Vielzahl solcher Casting Shows) scheint das Geschäft noch gut zu laufen.

Die *Zuschauer* treibt (das sei deutlich gesagt) nicht der ansonsten immer gern ins Spiel gebrachte Voyeurismus vor den Fernseher (genauso wenig frönen die Kandidaten einem Exhibitionismus). Für die Zuschauer dürften dagegen zwei andere Gratifikationen ausgesprochen verlockend sein: zum einen (und vordergründig) das erlebte Gefühl von *Macht*, das einen wärmt, wenn man über das Leben und die Zukunft von Anderen entscheiden kann. Man selbst ist wichtig (zumindest einmal hier und jetzt), man hat (ein wenig) Macht, kann mit dem Daumen nach unten oder oben zeigen und man kann später sich selbst und den Anderen erzählen, dass man den Erfolg des späteren Superstars nicht nur vorausgesehen hat, sondern auch aktiv dafür verantwortlich war. Zum Zweiten nähren die Casting Shows die alte Frohe Botschaft des Fernsehens, dass es ausnahmslos jeder schaffen kann, im Fernsehen Aufmerksamkeit und manchmal auch Ruhm und Geld zu erlangen. Also auch er selbst! Was heute Alexander Klaws und Daniel Küblböck gelang, das kann (zumindest theoretisch oder im Tagtraum) morgen jedem Zuschauer (also auch ihm) gelingen: Oder mit Rudi Carell: „Gestern noch in Bergisch Gladbach, heute schon auf der Show-Bühne ..."

Aber die eigentlich spannende Frage ist die, weshalb sich so viele *junge Menschen* zwischen 16 und 30 weltweit dem wertenden Urteil von Jury und Publikum stellen – wohl wissend, dass man sich oft öffentlich einen harschen Bescheid einhandeln kann. Gewiss sind einige der Kandidaten nur wegen einer Wette oder eine Mutprobe vor Ort, andere wenige leiden an einer krankhaften Störung der Selbstwahrnehmung, andere suchen Spaß, Jux oder den thrill des Fernsehauftritts, aber die meisten der Bewerber/innen meinen es ernst. Bitterernst. *Sie suchen ein, nein: das Urteil.*

Gewiss auch, weil sie eine (wenn auch geringe) Chance sehen. Doch was erhoffen sie sich? Gerne angesehen zu sein, begehrt und berühmt und somit auch reich zu werden? Geht es also letztlich um Lebensglück, das bekanntlich nie gefahrlos erlangt werden kann? Gewiss spielt all dies eine Rolle. Gewiss wollen die Kandidaten Zuwendung, Ansehen und Reichtum. Und die Castings Shows öffnen manchen dorthin einen Weg und viele sind bereit, ihren Wegzoll in der Währung der Medien zu entrichten, also in den Medien ihre soziale Identität zu riskieren, aufs Spiel zu setzen, sich vor den Augen und zum Ergötzen der anderen lächerlich zu machen.

Weiter kommt man m.E., wenn man sich fragt, weshalb die jungen Kandidaten *auf diese Weise* ihr Glück machen wollen. Denn insbesondere materielles Glück lässt sich doch viel zuverlässiger durch Ausbildung und Ausdauer, also durch eine besondere, persönlich erworbene Fähigkeit erreichen. Der Einwand, eine solche Ansicht sei reichlich weltfremd, da es den Bewerbern doch gerade nicht darum ginge, das Glück durch zeitraubende Arbeit, sondern *sofort* und *ohne Mühe* zu erlangen, klingt nur im ersten Moment gut. Dennoch bleibt die Frage offen, was es bedeutet, dass eine Gesellschaft ihrer Jugend einen solchen Weg zum schnellen und materiellen Glück eröffnet. In anderen Zeiten stellten Gesellschaften zum gleichen Zweck Lotterien zur Verfügung, belohnten den Mut von Stierkämpfern, Fußballern, Sportlern oder Künstlern. Sie alle riskierten sich (und oft auch ihr Leben) in der Öffentlichkeit, und dafür belohnte sie die Gesellschaft mit Anerkennung und schnellem Reichtum. Doch was riskieren die Superstars?

Ein Blick auf die Besonderheit der Bewährungsprobe der Casting Shows hilft vielleicht weiter. Ganz sicher (das war schon gesagt) steht nicht die Suche nach dem Besonderen, dem *Individuellen* auf der Agenda, sondern man sucht Typen – den Coolen, die Verführerische, einen wie Robbie Williams und eine wie Britney Spears. Und auch Daniel Küblböck war ein Typ: schrill und crazy halt, ein bunter Tupfen. Und wie man hört, versuchen auch in anderen Castings Shows Kandidaten der neue Küblböck zu werden. Das Aufgehen im Typischen, das sich Anpassen, das *So-zu-sein-wie-alle-anderen* ist das Besondere aller Casting Shows. Nicht für Individualisierung, sondern für Vergemeinschaftung erhalten die Kandidaten ihren Lohn – nämlich *Anerkennung*. Eigentlich geht es also um Anerkennung. Aber auch das ist noch nicht alles.

Denn neben dem ganz offensichtlichen Vergemeinschaftungsdruck findet sich ein weiteres zentrales Element in diesen Shows: die persönliche Probe und das wertende Urteil. Und das Besondere dieses Urteils ist, dass es hart und manchmal auch schmerzlich ist, aber eins ist es nie: ambivalent. Das Urteil der Jury und des Publikums ist deutlich und eindeutig. Hier gibt es nicht mehr nur Gewinner, sondern der zweite Sieger ist der erste Verlierer. Nach der Entscheidung weiß man klar, was man wert ist.

Immer wieder gibt es (oft ganze) Generationen, die aus unterschiedlichen Gründen nicht wissen, was sie wert sind – sei es, dass die Eltern keine Zeit für sie finden oder sie zu sehr in Watte einpacken. So gab es auch in den 50er Jahren des letzten Jahrhunderts eine solche Jugendgeneration auf der Suche nach dem eigenen Wert. Hollywood verdichtete und dramatisierte das Problem vieler Heranwachsender dieser Zeit in dem Filmmythos *...denn sie wissen nicht, was sie tun (Rebel without a cause – 1955).* James Dean verkörperte darin den verzweifelt um Anerkennung kämpfenden Jugendlichen. Von den Eltern, die Anderes und Besseres zu tun haben, übersehen, spielte er mit anderen, ebenfalls von der anbrechenden Wohlstandsgesellschaft übersehenen Jugendlichen draußen vor den Toren der Kleinstadt mit seinem Leben. Mit Schrottautos fuhren sie mit hohem Tempo auf Klippen zu und wer zuerst aus dem Auto sprang, hatte verloren: das Spiel und die Anerkennung der Anderen. Nur wer das ganz hohe Risiko einging, und erst wenige Millimeter vor dem Abgrund ausstieg, konnte das Ansehen der Anderen gewinnen.

Abseits der Gesellschaft sich riskieren, um so zu erfahren, was man bei aller Nichtbeachtung der Erwachsenen (noch) wert ist, das ist das, was viele (im Film) noch in den 50ern und 60ern bevorzugten. Heute riskieren sich dagegen viele Jugendliche nicht mehr am Stadtrand, sondern im Zentrum gesellschaftlicher Aufmerksamkeit, im Fernsehen, nehmen das Risiko öffentlicher Schmach auf sich, um so einen Hinweis darüber zu erhalten, was sie anderen, was sie in der Gesellschaft (noch oder schon) wert sind. Und das scheint ihnen, die (zu) oft gehört haben wie „super" sie sind, viel wert zu sein. Alexander Klaws, der Gewinner der ersten Staffel von ‚Deutschland sucht den Superstar', *took his chance,* aber was weiß er, da er Superstar von Deutschland geworden ist, jetzt wirklich über sich?

5 „Ich könnte schreien vor Glück" oder: Formen des Glücks in den Massenmedien

> „Zu viel! Zu viel! Mein ganzes Sein ist in einem Augenblick. Jetzt stirb. Mehr ist unmöglich. (...) Dieser eine Tropfen Seligkeit macht mich zu einem köstlichen Gefäß. Hinab, heiliger Becher."
>
> *Leonce in: ‚Leonce und Lena' (2/4) von Georg Büchner*

5.1 Zwei Wege zum Glück – Jennifer Aniston und der Dalai Lama

„Spieglein, Spieglein an der Wand, wer ist die glücklichste Frau im ganzen Land?" Hätte man diese Frage nicht dem ‚märchenhaften' Spiegel gestellt, sondern der BWZ, also dem bunten TV-Programm, das einmal die Woche kostenfrei der Tageszeitung WAZ beiliegt, dann hätte die BWZ geantwortet: Jennifer A-niston, eine der Stars aus der vor allem bei Jugendlichen beliebten US-amerikanischen Fernsehserie ‚Friends' ist die „Glücklichste Frau in Hollywood"! Zumindest im Heft vom November 2001 titelte nämlich so das Blatt auf der Frontpage. Den Grund für die Ernennung zur glücklichsten Frau Hollywoods liest man wenige Seiten später: „Sie mag sich wie sie ist" (BWZ, Nov. 2001: 4) – obwohl sie an Po und Brust etwas rundlich ist. Aber der *wahre* Grund für ihr überdimensioniertes Glück ist deutlich handfester: Denn mit Brad Pitt, mit dem sie seit einem Jahr verheiratet ist, (so verrät uns die BWZ) angelte sie sich „einen wahren Frauenschwarm". Und der zeigte auch öffentlich, wie glücklich er mit Jennifer ist, was wiederum diese glücklich machte, denn: „Es gibt nichts Bewegenderes, als einen Mann an seiner eigenen Hochzeit weinen zu sehen." Da kann auch Jen nicht zurückstehen. Ihr Kommentar im bunten Blatt: „Ich könnte schreien vor Glück" (ebd.).

Angesichts dieses großen Glücks von Jen Aniston fragt sich der Leser der vielen bunten Illustrierten, ob man denn auch ohne gute Figur, beruflichen Erfolg und den von allen bewunderten berühmten Mann an seiner Seite glücklich sein kann – ob also z.B. auch der Dalai Lama glücklich sein kann? Er kann! – zumindest wenn man dem Nachrichtenmagazin Focus traut. Denn das rief im Heft 10/2002 zum Titelthema ‚Glück' sowohl einen guten Freund des geistlichen

Führers aus Tibet als auch seine Schwester als Zeugen auf, die übereinstimmend berichteten, den aus der Heimat Vertriebenen noch nie unzufrieden oder in schlechter Laune erlebt zu haben (vgl. Focus 10/2002: 62 ff.). Aber der Dalai Lama beließ es nicht dabei, nur glücklich zu sein. Er hat jetzt auch eine „Glücksfibel" verfasst, die gleichzeitig in zwölf Ländern erschienen ist und gegen Bares den Menschen auf der Welt mitteilt, wie man auf geordneten Wegen zum Glück gelangt. Er rät ab vom „äußeren Glück", dem Streben nach Geld und Luxus, empfiehlt dagegen Mitleid und Güte, frühes Aufstehen, Askese, vegetarische und maßvolle Ernährung und Besinnung auf das Wichtige (ebd.).

So sehr Jennifer Aniston und der Dalai Lama sich im Hinblick auf das, was sie unter Glück verstehen, auch unterscheiden mögen, so gibt es doch zwischen den beiden mehr Gemeinsames, als man auf den ersten Zugriff vermuten könnte: Beide sind nämlich ohne Zweifel bekannte *Ikonen des Glücks* (wenn auch unterschiedlichen Glücks). Beide sind durch die ,*Massenmedien*', also die Verbreitungsmedien, die von sehr vielen (wenn auch recht unterschiedlich) genutzt und bezahlt werden, weltweit bekannt geworden. Beiden ist durch die Medien eine *Ikonographie* des ,Glücklichseins' beigegeben worden: breites, Zähne zeigendes Lächeln in einem strahlend nach vorne schauenden Gesicht, modische Frisur, dezenter Schmuck und Designerkleidung auf der einen Seite und der demutsvoll geneigte Kopf mit dem nach innen gekehrten Lächeln, schlichtem Kaftan und Armband aus Plastikperlen auf der anderen Seite. Beide mehren mit der Verbreitung in den Medien sowohl ihr symbolisches wie ökonomisches *Kapital*. Und beide sind für viele Zeitgenossen Wegweiser zum Glück geworden – und mit beiden glauben die Massenmedien Auflage – also Kasse machen zu können.

Nicht nur sex sells – sondern auch Glück (und natürlich auch Unglück, aber dazu weiter unten mehr). Nicht erst heute, sondern schon immer. Glück ist nämlich das, was *alle* Mitglieder der Gattung ,Mensch' haben wollen: von Anfang an, möglichst viel und möglichst lange. Glück ist das, was Menschen begehren, weil sie Menschen sind. Und wer Glück verspricht, der findet offene Ohren und geöffnete Geldbörsen. Heute, aber auch schon in alten Zeiten. Was die Zeiten und die Menschen allein trennt, ist die Frage, was denn ,Glück' eigentlich ist.

Und was in bestimmten Zeiten und für bestimmte Menschen ,Glück' ist, wie es *erlangt* und *gezeigt* werden darf, hängt nicht allein, aber auch von den Speicher- und Übertragungsmedien der jeweiligen Gesellschaft ab. Medien sind nämlich nie alleine ,Container' zur Aufbewahrung und Verschickung bestimmter ,Güter' z.B. der Glücksvorstellung – nein: Medien bevorzugen die Güter, die zu ihnen ,passen' oder anders: Güter, die nicht zu den Medien passen, müssen erst passend gemacht werden – was Konsequenzen hat. Im Folgenden werde ich versuchen, einige Besonderheiten (nach-)modernen Glücks zu beschreiben, die sich nicht alleine, aber auch daraus ergeben, dass sich die Menschen heutzutage überwiegend der so genannten ‚Massenmedien' (Zeitung, Radio, Fernsehen) bedienen. Da jedoch das Neue sich meist erst vor dem Alten deutlich abheben lässt, ist nach der Klärung, was wissenssoziologisch unter ‚Glück' verstanden wird, ein sehr kurzer Ausflug zu den medial überlieferten Quellen unserer Kultur unabdingbar.

5.2 ‚Glück' als das Begehrenswerte

Die Glücksforschung ist für viele zeitgenössische *Soziologen* ein Landstrich, den sie nicht allzu gerne aufsuchen. Das hat weniger damit etwas zu tun, dass der Glücksdiskurs traditionell meist (und fast exklusiv) von der Philosophie oder religiösen Heilslehren beliefert und beherrscht wurde, sondern vor allem damit, dass die Frage nach dem Wesen des *‚wahren'* Glücks sich schnell als normative Überlegung zu dem Thema entpuppt, was die Menschen als ‚Glück' begreifen *sollen*. Soziologen, wenn sie in Ausübung ihres Berufs unterwegs sind, neigen nun (aus meiner Sicht völlig zurecht) dazu, die Frage nach dem, was in einer Gesellschaft für begehrenswert gehalten werden soll, auszuklammern, und sich stattdessen zu fragen, wie es dazu kommt, dass und wie Menschen etwas begehren sollen – unabhängig davon, was die Menschen im Einzelnen begehren.

Deshalb wenden viele Soziologen sich dem ‚Glück' in der Regel nur als Untersuchungsgegenstand zu und weigern sich, an der Ausdifferenzierung des Glücks mitzuarbeiten bzw. bestimmte Formen in irgendeiner Weise zu legitimieren oder privilegieren. Das gesellschaftlich Begehrenswerte ist für Soziologen das Ergebnis und der Ausdruck der jeweiligen Kultur, d.h. es ist die jeweils letzte ‚Antwort' einer Gesellschaft auf die Wahrnehmung und Deutung ihrer ökonomischen, politischen, praktischen, moralischen und kommunikativen Probleme. Bleiben diese Probleme stabil, bleiben es auch die Antworten. Ändern sich z.B. aufgrund gravierender wirtschaftlicher, technischer, moralischer Umwälzungen die Probleme, dann verändert sich zwangsläufig auch das gesellschaftlich Begehrenswerte. In Zeiten gesellschaftlicher Stabilität wird das Begehrenswerte (wenn auch von Gesellschaft zu Gesellschaft und von Zeit zu Zeit verschieden) von einem breiten Konsens getragen, in Zeiten des Umbruchs ringen verschiedene Gruppen um das, was ihnen jeweils als begehrenswert vorschwebt.

Alle ‚Glücksvorstellungen' sind in dieser wissenssoziologischen Sicht sozialen und damit menschlichen Ursprungs. Sie werden sozial erarbeitet und auch sozial verbürgt. Gewiss mag es Formen des Glücks geben, die eine gewisse biologische bzw. auch chemische Basis haben, wie zum Beispiel ‚Sexualität', ‚Zucker' und ‚Drogen', aber selbst diese Werte können durch soziale Neudeutungen fast vollständig ausgehebelt werden. Und natürlich kam und kommt es immer wieder vor, dass bestimmte Gesellschaften etwas als begehrenswert ansehen, was bei anderen nur ungeteilte Abscheu hervorruft.

Glücksvorstellungen sind nun für jede Gesellschaft konstitutiv. Dies deshalb, weil jeder Akteur wegen des weitgehenden Instinktverlustes der Gattung ‚Mensch' sich in jedem Moment seines wachen Lebens immer wieder für oder gegen eine Handlungsoption selbst entscheiden muss. Deshalb benötigt er einerseits das Wissen um das gesellschaftlich Wünschenswerte, die *Ethik*, er muss also wissen, welche Pfade man selbst und die anderen (auch auf der Suche nach Glück) gehen dürfen. Aber er benötigt auch das Wissen um das gesellschaftlich Begehrenswerte, die *Glücksvorstellungen*, er muss also wissen, was die anderen und man selbst begehren soll. Glücksvorstellungen sagen dem Einzelnen, wann er ‚glücklich' zu sein hat und wann die für ihn relevante Gruppe ihn für ‚glücklich' hält und wann sie ihm Unglück bescheinigt.

Allerdings muss der Akteur sich den Glücksvorstellungen seiner Gruppe nicht bedingungslos anschließen, er kann sich auch gegen sie entscheiden, aber was auch immer er tut, indem er von ihnen weiß, kann er sich daran orientieren. Ob ein Akteur eine Glücksvorstellung für sich akzeptiert, ist erst einmal ohne Belang. Entscheidend ist, dass durch Glücksvorstellungen die Möglichkeit geschaffen wird, sich im Hinblick auf die angebotenen Formen des Glücks zu verhalten, sich mit ihnen auseinanderzusetzen. Denn auch der Entschluss, auf völlig andere Weise sein Glück zu ersuchen, orientiert sich an dem Abgelehnten. Es ist nicht möglich zu entscheiden, das einmal zur Kenntnis Genommene nicht zur Kenntnis zu nehmen. Man kann sich dann nicht nicht-entscheiden. Dieser Zwang, sich für oder gegen eine Glücksvorstellung zu entscheiden (und sei die Entscheidung noch so implizit), sie also widerspruchslos hinzunehmen, ihr beizupflichten oder sie zu verwerfen, konstituiert notwendigerweise die Identität des Entscheidenden. Denn in der ‚Identität' der Entscheidungen erkennt der Entscheidende sich wieder bzw. kann von anderen wieder erkannt werden.

Aber weil Menschen die Vorstellungen des Glücks nicht nur zwanghaft und immer wieder repetieren, sondern wegen ihrer ‚exzentrischen Positionalität' (Plessner 1982) an ihnen arbeiten müssen (d.h. diese wahrnehmen und erneut ausdeuten), finden und erfinden sie das Universum der Glücksvorstellungen stets aufs Neue. Auf diese Weise entstehen und vergehen Formen des Glücks, ihre Ausdrucksformen, ihre Legitimationen, aber auch deren menschliche Verwalter und Trägergruppen.

Da ‚Glücksvorstellungen' in diesem Verständnis stets gesellschaftliche Konstrukte sind, überschreiten sie nicht zufällig, sondern systematisch die Perspektive und die Wünsche des Einzelnen. Da ‚Glücksvorstellungen' Entwürfe des Begehrenswerten sind, dienen sie dazu, den Einzelnen im Sinne der Gruppe ‚besser' auf bestimmte Ziele einzustellen und daran auszurichten – sie bewirken (so sie denn akzeptiert werden) die Selbstüberschreitung des Einzelnen zum gesellschaftlich gewollten Begehrenswerten. Insofern bedürfen sie, wie die gesamte Kultur, der Legitimierung.

Manche dieser Glücksvorstellungen werden von religiösen Vorstellungen getragen – dann predigen sie meist *Weltabkehr* und damit verbunden oft (aber nicht notwendigerweise) eine *Jenseitsorientierung*, andere werden von den mehr oder weniger säkularisierten Erben des Religiösen (Politik, Wissenschaft, Esoterik, Therapie, Medien) gerechtfertigt, dann propagieren sie in der Regel *Weltzuwendung* und *Diesseitsorientierung* – entweder zugunsten der Gesellschaft oder zugunsten des Einzelnen.

Was Glück im einzelnen Fall und für den einzelnen Menschen ausmacht, variiert (und das keinesfalls zufällig, sondern gesellschaftlich gedeutet) mit Alter, Geschlecht, Rasse, Bildung, Gesundheitszustand, Situation, Wohnort, Zeit, Religion und vielem Anderen mehr. Glück ist nämlich das Begehrenswerte, das ‚normal' (also in der Mehrzahl der Fälle) in einer bestimmten Situation nicht erwartbar war, nicht erwartbar sein konnte. Ein Unglück ist dann passiert, wenn das Erwartbare deutlich *negativ* unterschritten wird. Man kann großes und kleines Glück haben, glücklich und sehr glücklich sein. Man kann Glück gehabt haben, ohne glücklich zu sein, aber auch glücklich sein, ohne Glück gehabt zu haben. Glück und das Glücklichsein kennen also Grade und unterschiedliche Mischungsverhältnisse – ebenso wie Unglück und Unglücklichsein. Verbleibt man im Bereich des Erwartbaren, dann ist man zufrieden. Glück überschreitet das Erwartbare. Glück ist also relativ zu dem im jeweiligen Kontext Erwartbaren.

Oft, aber nicht notwendigerweise wird das Glück von einem leichten und manchmal sogar von einem überschießenden inneren Wohlempfinden (Glücksgefühl, Kick, Flow) begleitet. Biologen sagen, dass dieses Wohlempfinden durch die mehr oder weniger starke Ausschüttung von körpereigenen Drogen, den so genannten Glückshormonen ausgelöst wird – z.B. durch Noradrenalin, Dopamin oder Serotonin. Einige Menschen haben Glück, ohne dass dieses Glück von dem inneren Glücksgefühl begleitet ist, andere erleben intensivste Glücksgefühle (z.B. durch Ecstasy-Pillen, beim Bungee-Sprung), ohne Glück gehabt zu haben. ‚Glück haben' und ‚sich glücklich fühlen' scheinen (zumindest in unserer westlichen, nachmodernen Kultur) unterschiedliche Sachverhalte zu bezeichnen. Das Erste bezeichnet eher jenes, was von den Anderen, den Mitmenschen *wahrgenommen* werden kann, das Zweite eher jenes, was der Einzelne im Inneren (für sich) erlebt und deshalb den Anderen *angezeigt* werden kann, aber nicht muss.

Wie sehr auch die biologisch fundierten, Glücksgefühl bringenden Hormonausschüttungen im Gehirn auf die sozialen Gebote der Gruppe reagieren, belegen die Arbeiten des Glücksforschers mit dem unaussprechlichen Namen Mihaly Csiksentmihaly. Denn das von ihm entdeckte ‚Flow-Erlebnis' (mittlerweile unverzichtbares Glücksversprechen in jedem Motivationsseminar für Bedienstete jeder Gehaltsklasse), das sich erst dann einstellt, wenn wir durch (Arbeits-)Leistung unseren Horizont und somit unsere Leistungskraft erweitern, steht schon seit langer Zeit (zu Recht) im Verdacht, eine neurobiologische Neufassung der protestantischen Leistungsethik zu sein.

5.3   Glück und Glas – wie leicht bricht das

Jeder weiß bzw. glaubt zu wissen, was Glück ist. Oder anders und genauer: Gesellschaftlich erarbeitetes und sanktioniertes und entsprechend auratisiertes und mit den Medien der Zeit verbreitetes Wissen sagt uns, was ‚Glück‘ ist. Wesentliche Ursprünge dieses Glückswissen, dessen (wenn auch leicht verwehte) Spuren auch heute noch in diversen Spruchweisheiten nachweisbar sind, finden sich in der griechischen Mythologie. Ohne hier wiederholen zu wollen, möchte ich dennoch sehr kurz auf zwei, drei Besonderheiten der antiken Formen der Glückserlangung aufmerksam machen. Dies deshalb, weil sie als Kontrastfolie besonders gut geeignet sind, die Neuerungen der in der heutigen Zeit massenmedial verbreiteten Glücksvorstellungen sichtbar zu machen.

Geht man nicht zu sehr ins Detail, dann lässt sich das Deutungsmuster ‚Glück‘ des alten Hellas, das dann später auch die antike Tragödie wesentlich strukturierte, in etwa so beschreiben: Tyche war eine der vielen Töchter des Zeus. Dieser gab ihr die Macht, über das Schicksal der Menschen nach eigenem Gutdünken zu entschieden. Manchen gab sie viel Glück und das immer wieder, anderen nahm sie nicht nur das Glück, sondern auch das Notwendigste. Tyches Tun war völlig unberechenbar: Weder mit Gebet, noch Versprechen, noch Opfergaben konnte man sie ‚zwingen‘, einem selbst oder anderen Glück zuzuweisen. Kurz: Tyche war besonders launisch und eigensinnig. Fortuna, die römische Nachfahrin von Tyche, und an Füllhorn, Ball und Kugel in den medialen Fixierungen erkennbar, galt ihren Zeitgenossen sogar als trügerische und dämonische Gestalt und wurde oft in Opposition zur göttlichen Gerechtigkeit gestellt.

Wesentlich bei dieser Deutung von Glück ist nun, dass der Mensch *nicht* aktiv an seinem Glück arbeiten konnte, sondern einem ‚blinden‘, Verdienste und Opfer ignorierenden ‚Schicksal‘ unterworfen war, das schnell und viel geben, aber genauso schnell viel nehmen konnte: Wie gewonnen, so zerronnen. Aber ganz bedeutungslos war der Mensch in der Welt des alten Hellas denn doch nicht bei der Gestaltung seiner Glückskarriere: Er konnte nämlich zumindest in Maßen versuchen, den *Entzug* des Glücks zu beeinflussen. Denn Menschen, die Tyche mit den unterschiedlichen Gaben aus ihrem Füllhorn überschüttet hatte, taten gut daran, einen Teil der Gaben den Göttern als Opfer wiederzugeben und auch die ärmeren Mitbürger an dem Wohlstand teilhaben zu lassen – natürlich in Maßen. Und was der glückliche Mensch auf gar keinen Fall tun durfte, war die öffentliche Zurschaustellung des Glücks oder gar die Behauptung, das Glück verdanke sich eigener Leistung. Ein solcher Übermut (Hybris) löste fast zwangsläufig erst den Neid und dann die Rache der Götter aus. Und Nemesis, die Tochter des Okeanos, sorgte dann dafür, dass der Übermütige massiv und sichtbar erniedrigt wurde – was bei manchen auf diese Weise Unglücklich-Gemachten eine Katharsis bewirkte, die dann in weise Bescheidenheit mündete.

Die Lehre aus diesem Deutungsmuster ist leicht zu erkennen: Wenn dir Glück gegeben wird, posaune es nicht laut hinaus, und behaupte nie, das Glück allein eigener Leistung zu verdanken. Spürbar ist diese Deutung heute noch in dem ohne Zweifel magischen *Aussprechverbot*, sich öffentlich selbst ‚glücklich' zu nennen, auch in dem lange Zeit gepflegten *Darstellungsverbot* von Glück, und natürlich auch in der noch viel radikaleren Auffassung, wenn man bewusst *fühle*, dass man glücklich sei, sei man es in Wahrheit schon nicht mehr. Glück gilt manchen nämlich als der Moment *vor* der Bewusstwerdung, also der Zustand vor der reflexiven Erfassung. Das Fassen-Wollen, das Fixieren des Glücks – egal auf welche Weise auch immer – scheint dem Glück abträglich zu sein. Glück ist wie dünnes, funkelndes Glas – verlockend, aber sehr zerbrechlich. Glück scheint sich in dieser Deutungstradition gerade durch den menschlichen Zugriff ins Gegenteil, ins Unglück zu verwandeln: King Midas in reverse!

5.4 Glückszwang durch Weltabkehr und systematische Askese

Menschen scheinen sich deshalb (bislang) so erfolgreich auf dem Globus verbreitet zu haben, weil sie anscheinend Schwierigkeiten damit haben, Willkür und Zufälligkeit zu akzeptieren. Immer wieder entwickeln sie (konfrontiert mit Willkür und Zufall) mit mehr oder weniger Erfolg neue Deutungen und neue Techniken, die das Willkürliche in Herbeigezwungenes und das Zufällige in Festgeregeltes transformieren sollen. Auch die Glückserzählung des alten Hellas erfuhr im Laufe der Jahrhunderte in diesem Sinne eine erhebliche und immer schärfere Überarbeitung. Die Tendenz dieser Neuerzählung: vom zufälligen Glück zum begrenzten Glückszwang. Doch dazu später mehr.

Mitverantwortlich hierfür (wenn auch nicht allein), und da mögen die Theologen einem Wissenssoziologen manche Ungenauigkeit verzeihen, war *auch* das Aufblühen der christlichen Religion – ist für sie doch das ‚wahre' Glück eines Menschen nicht messbar an der Qualität und der Vielzahl *irdischer* Gaben (Wohlstand, Familie, Gesundheit, Ansehen etc.). Gerade der Verzicht auf die sichtbaren Gaben des Glücks schuf – dieser Deutung nach – für Christen gute

Voraussetzungen für das ewige Glück des Menschen im Jenseits. Kamele kommen zwar gelegentlich auch durch ein Nadelöhr, aber gewiss nicht leicht. Gebete, Buße und gute Taten konnten da schon ganz hilfreich sein, Gott in Maßen zu ‚zwingen', Menschen im Jenseits das ewige Glück zukommen zu lassen. Aber Weltabkehr, Buße und der begrenzte Gotteszwang, der sehr viel später in Form von Ablässen zum ‚Gotteshandel' wurde und die Protestanten dazu veranlasste, in ihrer Deutung vehement jede Form von Gotteszwang zu negieren, war nur eine Seite des christlichen Deutungsmusters von Glück.

Die andere Seite des christlichen Deutungsmusters von Glück war sehr viel tief greifender und folgenreicher. Glück wurde nämlich von den Glaubensvirtuosen zunehmend gedeutet als positiv erlebter *innerer* Zustand, der vornehmlich dann eintrat, wenn man Anderen Gutes tat, sich von den lauten und bunten Verlockungen der Welt löste, zufrieden war und in sich ruhte. Und ganz besonders großes Glück erlebte der, dem es gelang, mittels bestimmter Formen der Askese und des Denkens Gott nahe zu kommen, seinen Atem, seinen Geist zu spüren. Das Besondere dieses Weges zum Glück war nun, dass er ganz wesentlich vom Tun und Wollen des *Menschen* anhängig war. Der Mensch hatte jetzt zumindest eine Vorstellung von einem gangbaren Weg zum Glück. Jeder konnte diesen dornigen Weg gehen – wenn er dann wollte. Der ‚Trick' bei dieser Glücksdeutung lag nun darin, dass man alle Dinge, die sich der Kontrolle des Einzelnen entziehen können, als ‚Nicht-zum-Glück-Gehörig' etikettierte, und dem gegenüber alles das, was der Kontrolle des Menschen in gewissen Maßen verfügbar ist, zum ‚wahren' Glück erklären konnte. Glück wurde machbar – wenn man den Geboten Gottes folgte.

Etwas ‚gottloser' – und deshalb auch weniger Jenseits orientiert – wurde die Glückssuche von den Philosophen der Stoa angegangen. Das Verlangen nach Luxus galt ihnen als Beginn des Niedergangs. Vom gelassenen Blick in das eigene Innere versprach man sich Glück. Stellvertretend für viele der Deutungsvorschlag von Epiktet: „Es verrät gewöhnlichen Sinn, bei den Bedürfnissen des Körpers zu lange zu verweilen und zum Beispiel zu viel Zeit auf Leibesübungen, auf Essen und Trinken, auf die Befriedigung der niedrigsten und sinnlichsten Triebe zu verwenden. Das alles sind doch nur gleichgültige Dinge, und unsere Aufmerksamkeit gebührt der geistigen Seite unsres Wesens" (Epiktet 1984: 45).

Doch wie zur selig machenden Hinwendung zum eigenen Inneren gelangen und zwar aus eigener Kraft und für jeden machbar? „Gleichmut und Gelassenheit", war die Antwort der Stoiker. Ignatius von Loyola, der spanische Gründer der Societas Jesu, schrieb mit seinen Exerzitien die wohl erste systematische und selbst gesteuerte Annäherung an Gottes Inspiration. Wenn man so will, waren die Exerzitien die erste Glücksfibel – also der erste Ratgeber, wie durch harte Arbeit an sich selbst es möglich wird, sich Gott zu nähern. Das Mittel der Wahl:

Selbstgesuchte Abgeschiedenheit und Askese: „Je mehr unsere Seele sich allein und abseits abgeschieden findet, um so geeigneter macht sie sich, ihrem Schöpfer zu nahen und an Ihn zu rühren, und je mehr sie sich so an Ihn bindet, um so mehr stellt sie sich bereit, Gnaden und Gaben zu empfangen von Seiner Göttlichen und Höchsten Güte" (Loyola 1993: 15). Oder anders: Gottes Nähe ist herstellbar und zwar systematisch – wenn auch schweigsam.

Aber Menschen, die das Glück mit eigener Kraft herbei zwingen wollten, gab es nicht nur unter den Philosophen und religiösen Menschen. Letztere zielten mit ihren Übungen auf das innere, stille, wenn auch ‚wahre' Glück. Die anderen strebten mit teils handfesten und gewaltvollen Praktiken die Erreichung eines ‚äußeren' Glücks an. Glücksritter und Glückssucher, die ihre Heimat verließen, um andernorts das zu finden, was ihnen zuhause unmöglich erschien, gab es wohl zu allen Zeiten: Nicht nur mancher Hellene wollte an fremden Staden Ruhm und Reichtum gewinnen, auch viele Kreuzfahrer trieb der Wunsch nach irdischem Glück ins Morgenland.

Allerdings wurde mit den Jahrhunderten aus den Aventiuren der wenigen Edlen eine organisierte, medial angeheizte und begleitete Massenbewegung für jeden ‚Neckermann'. Aber auch der Handel mit Glücksversprechen blühte schon früh: Landkarten, die den Weg zum Gold verheißenden El Dorado zeigen sollten, fanden ebenso reißenden Absatz wie Salben, die ewige Schönheit schaffen, und Wasser, das männliches Haupthaar neu sprießen lässt. Je aufgeklärter die Zeiten, desto mehr festigte sich der Glaube an die Machbarkeit, ja an die *Erzwingbarkeit* des Glücks.

Und seitdem im Jahr 1776 ein neuer Staat jenseits des Atlantiks das Recht in seine Unabhängigkeitserklärung schrieb, dass ausnahmslos jeder (bis auf die ganz wenigen coloured, die nicht ganz so gleich waren) das staatlich garantierte Recht hat, nach *seinem persönlichen* Glück zu streben, ist dieses Land fast weltweit nicht nur eine Stätte der Hoffnung für Menschen auf der Suche nach Glück geworden, sondern dieses Land hat einen geradezu gigantischen und beispiellosen Wirtschafts-Komplex zur Erlangung und Darstellung aller Formen des Glücks ausgebildet – des großen wie des kleinen, des inneren wie des äußeren, des von Zelluloid abgespielten wie des Drogen induzierten Glücks. So blüht dort in der Wüste die immergrüne Glücksoase Las Vegas mit Einarmigen Banditen und Rouletttischen ohne Einsatzbeschränkungen; junge und arme IT-Pioniere bauen erst in Garagen, dann (reich geworden) in großen Werkshallen PCs zusammen und mancher Schuhverkäufer freut sich, zum ‚Besten der Woche' gekürt worden zu sein; Kokain beglückt die Reichen, Crack die Armen und Hollywood und Heimkino alle jene, die für begrenzte Zeit und wenig Geld den Hauch des Wohlbefindens verspüren wollen; Beauty-Farms und Gyms verhelfen all denen zum Glück, die auf die Attraktivität wohlgeformter wie spiegelnder Oberflächen setzen, und der Buddhismus bedient all jene, die Glück in der eigenen ‚Tiefe' vermuten (vgl. auch Senge 2001).

5.5 Die Medien und die Suche nach Glück

Die Bedeutung der Medien bei der Verbreitung und Auratisierung bestimmter Formen des Glücks bzw. bestimmter Praktiken zur Glückserreichung kann man kaum *über*schätzen. Alle Medien haben immer wieder das Glück, und vielleicht noch mehr die dunkle Schwester des Glücks, das *Unglück*, thematisiert (vgl. auch Marquard 1995). Letzteres tritt einem in den Medien entweder als individuelles Unglück in Form von Arbeitslosigkeit, Krankheit, Armut oder Unfall oder als kollektives Unglück in Form von Flugzeugabstürzen, Erdbeben, Epidemien oder Kriegen entgegen. Für die Überbringung der Nachrichten vom kollektiven Unglück ist (wenigstens zurzeit) das ‚ernste' Medienformat zuständig, für die vom individuellen Unglück dagegen eher der Boulevard. Eine vergleichbare Arbeitsteilung findet sich interessanterweise nicht, wenn es um die Nachrichten vom Glück geht: Zwar sind auch hier überwiegend die bild- und farblastigen Formate für das individuelle Glück zuständig, aber für die Benachrichtigung über kollektives Glück scheinen die Formate und die Nachfrage zu fehlen. Gute Ernten tauchen in den Medien ebenso selten auf wie wirtschaftlicher Gewinn bestimmter Familien oder die überdurchschnittlich gute Gesundheit spezifischer Gruppen. Glück fällt in den Medien vor allem Individuen, Kollektiven dagegen eher selten zu, während das Unglück unterschiedslos Einzelne wie Gruppen heimsucht.

Jede Gesellschaft hat die Medien ihrer Zeit (entweder Menschmedien oder Schreib-, Druck- und audiovisuelle Medien) dazu genutzt, Darstellungen des großen wie kleinen Glücks in unterschiedlicher Form zu fixieren und über Raum und Zeit weiterzugeben (mündliche Überlieferung, Schrift, Musik, Bild, Film, Computer gestützte Simulation): Medien speicherten und verbreiteten Formen des Glücks ebenso wie Praktiken der Glückserlangung realer oder fiktiver Figuren (meist in stark idealisierter Form), und Medien informierten über die Arten und Zeichen des Glücksausdrucks, also darüber, was ‚Glück' jeweils dem Einzelnen und seiner Gruppe bedeutete. So – um nur ein Beispiel aus der Literatur zu nennen – begab sich Emma Bovary nach ihrem nachmittäglichen, das Liebesabenteuer eröffnenden Ausritt mit Rudolphe umgehend vor ihren Spiegel, um endlich auch an sich zu sehen, was Glück ist – so wie es in den von ihr geliebten Büchern verheißen wurde.

Glückliche haben sich ihrerseits, wenn sie sich bei bestimmten Situationen, z.B. einer Hochzeit, über das Darstellungsverbot von Glück hinwegsetzen durften oder wollten, bei der In-Szene-Setzung ihres Glücks stets (auch) der Medien bedient – und das auf zweifache Weise: Zum einen wurden Medien genutzt, um die Darstellung des Ausdrucks von ‚Glück' zu *fixieren* und für sich und Andere *glaubhaft* zu machen (Ring, Brief, Foto, Video), zum anderen wurden medial angebotene Glücksdarstellungen anderer als *Lernhilfen* für die korrekte und angemessene Darstellung von Glück genutzt. Zwischen der Darstellung von ‚Glück' von konkreten Menschen und der medialen Überhöhung und Stilisierung bestimmter Glücksdarstellungen (also der Ikonographie des Glücks) fanden deshalb stets *vielfältige und vielschichtige Austauschprozesse* statt. Glücksdarstellungen waren also von Beginn an immer und unhintergehbar auch ‚Simulakra' (Baudrillard 1978) – und werden dies (unabhängig von den Formen und Zeichen) auch bleiben (vgl. Flusser 1993 u. 1995). Deshalb ist die Klage über die audiovisuellen Darstellungen von Welt, die in der Nach-Moderne ‚wirklicher als die Wirklichkeit' seien und die Welt dazu brächten, sich nach ihnen neu zu formieren, so nicht zutreffend. Menschen haben Medien immer auch dazu genutzt, sich mit ihrer Hilfe neu zu entwerfen und zu gestalten – auch ihre Vorstellungen vom Glück.

Allerdings hat sich in den letzten Jahrzehnten die Bedeutung der Medien verändert – und dies gilt vor allem in Bezug auf die wichtigsten, vom Massenverkauf lebenden Medien wie Zeitung, Radio und Fernsehen. Diese Medien oder genauer: die Produzenten dieser Medien und deren Inhalten sind angesichts nationaler wie internationaler Konkurrenz sehr viel *aktiver* geworden: Sie berichten nicht mehr nur darüber, was anderen an Glück widerfahren ist, sondern sie betätigen sich zunehmend selbst als Glücks*überbringer* und Glücks*schaffer* (vgl. Reichertz 2000). Kurz: Die Medien bringen oft großes wie kleines Glück – Glück soll auf diese Weise Kundschaft bringen oder halten.

Allerdings sind die Medien als Glückszuteiler manchmal ähnlich launisch und unberechenbar wie ehemals Tyche. Wer gestern noch ein viel umjubelter Star z.B. aus *Big Brother* war, um den sich alle Medien rissen, kann heute leicht von denselben Medien zum Depp der Nation geschrieben werden, dessen Platten niemand hören und dessen Filme niemand sehen will.

Die Medien, die ihr eigenes Überleben nur dem Massengebrauch gegen Geld verdanken – allen voran das Fernsehen –, sind also zu *modernen Lieferanten des Glücks* geworden und das auf vielfältige Weise:

- So beraten sie in zahllosen Ratgebersendungen oder entsprechenden Seiten ausführlich darüber, was wahres Glück ist und wie es erlangt werden kann.
- Auch stellen sie in Reportagen und Talkshows gerne und großzügig Bühnen zur Darstellung und Ausstellung individuellen Glücks zur Verfügung.

- Sie helfen in einer Fülle von Formaten ganz normalen Menschen dabei, ihr Glück zu finden – sei es, dass Reporter oder Moderatoren Streit schlichten, Liebesbotschaften überbringen oder Trauungen organisieren.
- Und sie schaffen oft Gelegenheiten, bei denen medienöffentlich das Glück den Einzelnen treffen kann – entweder bei Lotterien, Quizshows, Überraschungssendungen oder Schönheitswettbewerben.

5.6 Don't worry, be happy and show it!

„Jetzt reicht's! Ich möchte wieder glücklich werden! Vielleicht finde ich auf diesem Wege den intelligenten und erfolgreichen Mann ohne Bauch und Bart, der ..." (WAZ vom 16. Feb. 2002). Verlassen wir an dieser Stelle die 48-jährige Dame, die von ihrem Glück recht konkrete und (wie manche glauben werden) vordergründige Vorstellungen hat und betrachten ihren Glauben, wie dieses Glück erlangt werden kann. Ganz offensichtlich will sie (wohl wegen des ausbleibenden Erfolgs) nicht länger auf die glückliche Fügung warten, sondern ihr reicht es. Sie will selbst aktiv werden, selbst an der Schaffung ihres Glücks mitarbeiten, das Glück in Form eines passenden Mannes mittels Kontaktanzeige zumindest auf ihre Spur bringen.

Insofern ist sie ein Kind der Moderne, und sie scheint den Glauben zu teilen, der in *alle* Medienbotschaften eingelassen ist: Glück ist *dort* (nämlich in den Medien) von jedem machbar. Wer nicht an seinem Glück arbeitet, so die Botschaft, ist selber schuld, wenn er keins hat. Glück rückt damit als Gut immer mehr in die Nähe eines Arbeitsplatzes: Glück wie Arbeitsplatz sind verdient! Wer arbeitslos oder unglücklich ist, hat einfach zu wenig getan. Mit mehr Einsatz – wer weiß? Immer weniger zählen die glücklichen Umstände, immer mehr der persönliche Einsatz. Deshalb zeigt das Glück, dass der Glückliche viel getan hat. Das Glück adelt das Leben – macht es in den Augen der Gesellschaft erfolgreich. Deshalb ist der Erfolgreiche (in den Medien) glücklich.

Die Erlangung des Glücks fordert allerdings nicht mehr so viel dem Einzelnen ab wie ehemals: Aufwändige Askesepraktiken und gefahrvolle Fahrten sind überflüssig geworden. Glück liegt nämlich nicht nur im Trend, sondern ist (glaubt man den Medien) recht *einfach* zu erlangen – ein paar Tipps genügen und mit wenig Geld und ein paar Tricks ist das Glück schnell überlistet und erlangt – so die Botschaft eines recht erfolgreichen Frauenmagazin: „Anleitung für das neue Glücksgefühl. Einfach nur glücklich sein – das ist der Trend. Damit Sie diesen Zug der Zeit nicht verpassen: Hier der Cosmo-Fahrplan durch die Glücksgefilde. Tricks, Tipps und Anregungen, die Ihnen schon beim Lesen

‚happy hours' schenken. Bedanken Sie sich nicht – es macht uns glücklich, Sie glücklich zu machen" (*Cosmopolitan Special* 7/94: 177).

Allerdings hat das medial erworbene und gezeigte Glück auch seinen Preis, und das nicht nur für die Beglückten, sondern auch für die gesamte Gesellschaft: Denn wer in den Medien sein Glück zeigen oder gar sein Glück erwerben will, muss dies nach den Regeln und den Geboten der Medien tun. Und da die wesentlichen Leitmedien dieser Zeit nur das erfassen und übermitteln können, was zu *sehen*, zu *hören* und zu *beschreiben* ist, wird Glück schnell zu dem, was von *Medienkäufern* gesehen, gehört und gelesen werden kann. Mediales Glück ist deshalb das Glück, das am Äußeren erkennbar ist bzw. sichtbar gemacht wird. Für das innere ‚Glücklich-Sein' haben die Medien kein Organ – außer den Glücklichen gelingt es, das Innere am Äußeren abzubilden: Die Medien ziehen das laute Glück vor Publikum dem stillen zu zweit deutlich vor.

Ein Beispiel aus der Show *Traumhochzeit*, in der Liebespaare fernsehöffentlich getraut werden, soll dies ein wenig plausibilisieren: Den Kandidaten und Kandidatinnen wurde von Kritikern der Sendung wiederholt vorgeworfen, sie ließen sich durch die üppigen Geschenke, die für die Gewinner durchaus die 50.000 Euro-Grenze leicht überschreiten konnten, ihre Privatheit abkaufen. Diese Kritiker verkennen allerdings die Logik medialen Glücks: Glück ist dort nur das, was gezeigt werden kann. Deshalb muss der gewonnene Mercedes auf die Bühne gefahren oder die Wohnzimmereinrichtung dort aufgebaut werden. Und deshalb müssen die Glücklichen jubeln oder weinen – Hauptsache laut und sichtbar (vgl. Reichertz 2000). Großes Glück ist das, was große Reaktionen auslöst, kleines Glück das, was kleine auslöst. Wer in den Medien sein Glück sucht und erhält, muss es entsprechend der Logik des Mediums darstellen, also immer auch theatralisieren.

Zeitung, Radio und Fernsehen führen so zu einer Pflicht der Darstellung und *Theatralisierung* des Glücks. Glück soll nicht länger im Geheimen genossen, sondern öffentlich gezeigt werden. Der Ratschlag des Freiherrn von Knigge aus dem Jahre 1788, der selbst als eine durchaus ökonomisch motivierte Variante des magischen Aussprechverbotes der alten Griechen aufgefasst werden kann: „Rühme aber auch nicht zu laut Deine glückliche Lage! Krame nicht zu glänzend Deine Pracht, Deinen Reichtum, Deine Talente aus!" (Knigge 1979: 41) ist nicht nur vergessen, sondern ins Gegenteil gekehrt. Glück in den Medien soll deutlich sichtbar und hörbar sein: Jennifer Aniston macht also alles richtig, wenn sie den Medien (oder diese ihr) diktiert(en): „Ich könnte schreien vor Glück".

5.7 Theatralisierung des ‚Glück' in und durch die Medien

Sich und der Gesellschaft zeigen zu wollen oder zu sollen, dass man ‚glücklich',
also auch erfolgreich ist, bringt immer die Notwendigkeit mit sich, dieses Glück
auch darzustellen, es ‚in Szene zu setzen' – es zu inszenieren (siehe hierzu in
diesem Band S. 37ff.). Von der Inszenierung kann man mit guten Gründen die
Theatralisierung' unterscheiden. Diese ist ein Unterfall der Inszenierung.
Theatrale Handlungen zielen *nicht mehr allein* darauf, ihr angestrebtes, instrumentelles Ziel zu erreichen (z.B. den Anderen davon in Kenntnis zu setzen, dass
man glücklich ist), sondern sie wenden sich immer *auch* (also nicht ausschließlich) an ein anwesendes Publikum. Die Handlungslogik der theatralen Geste
orientiert sich dann nicht mehr allein an der effektiven Zielerreichung der Kommunikation, sondern auch (also nicht nur) an der gekonnten Darstellung seiner
Darstellungshandlung.

Theatralisierungen haben also immer zwei Adressaten: den Menschen gegenüber und das Publikum, das dem Geschehen beiwohnt. Der beobachtete
Mensch inszeniert, typisiert sein Handeln für den, der ihn beobachtet, damit es
für diesen verständlich wird.

Medien promoten ohne Zweifel theatrales Glück – einfach deshalb, weil es
zu den Medien passt. Da ‚Glück' nur Glück ist, wenn es von Anderen wahrgenommen wird, muss das Vorhandensein von ‚Glück' für den Anderen (und die
Gesellschaft) zur Erscheinung gebracht werden – ‚Glück' muss dargestellt, also
(für den Partner und die Zuschauer) aufgeführt werden. Eine glaubhafte Darstellung gelingt jedoch nur mit Hilfe bestimmter Zeichen und bestimmter Formen:
dazu gehören Körperausdruck, Gestik, Mimik und Stimmführung genauso wie
die verstärkte ornamentale Gestaltung von Kleidung und Körper, wie spezifische
Handlungen und Praktiken. Glückliche *präsentieren* auf diese Weise den Anderen ihr Glück: Sie stellen ‚Glück' in und mit den Medien dar, die Anderen schau-
en zu, glauben, hoffen und warten oder werden aktiv.

‚Glückliche' führen nun nicht nur für sich alleine ‚Glück' auf: indem sie die
kulturellen Praktiken der Glücksdarstellung aufgreifen und neu in Szene setzen,
*re*präsentieren sie auch die Kultur einer Gesellschaft und damit auch das, was für
eine bestimmte Gesellschaft als ‚Glück' gilt – was es bedeutet, glücklich zu sein,
was Männer und Frauen also tun und sagen, wenn sie glücklich sind. Diese
‚Glücklichen' zeigen also nicht nur, dass sie selbst ‚glücklich' sind, sondern sie
zeigen auch der Gesellschaft, was ‚Glück' ist und wie sich diese zum Ausdruck
bringt. Kurz: *Glückliche (re)präsentieren immer auch die ‚Glückskultur' einer
Gesellschaft – und das in und mit den Medien der Gesellschaft.*

5.8 Medienglück

Medienglück ist also zum Glück für die Medien theatrales Glück. Aber die Logik der Medien verändert die Glückskultur der Gesellschaft noch weiter: Glück wird durch sie stets intensiver – und zwar in *Quantität* und *Taktung*. Medien verbrauchen nämlich (angeheizt durch die Konkurrenz) alte Darstellungen von Glück. Das große Glück von gestern (50.000 Euro in der *Traumhochzeit*) ist angesichts der Gewinne in *Wer wird Millionär?* das kleine von heute. Wer glücklich sein oder von anderen glücklich genannt werden will, muss heute mehr tun als gestern und morgen mehr als heute – was in den Medien dazu führt, dass die Glückssuche verbissener und unbarmherziger wird. Bigger is better!

Und da alle Medien immer wieder (neues und großes) Glück zeigen wollen (weil sie glauben, es zu müssen), verändert sich auch die Taktung von Glück. Einmal glücklich sein, ist nicht mehr genug, besser ist schon: immer wieder glücklich sein. Glück gerät unter Zeitdruck. Wer seine Zeit besser nutzt, also immer und überall am Glück arbeitet, liegt vorne. *Mobilität* ist dann der Versuch, die technische Verfügbarkeit von Zeit und Raum zur Erlangung von Glück zu optimieren und *Eile* die Lebensweise, die versucht, eine gegebene Zeitspanne mit immer mehr Versuchen der Glückserlangung zu füllen.

Die Heldinnen und Helden der Medien (und insbesondere der Seifenopern aller Welt für Jung und Alt) jagen, bewaffnet mit Terminkalender und jeder Art von Ratgeber(literatur), hinter Glücksversprechen jeder Art her: neuen Liebespartnern (Männern oder Frauen), ungewöhnlichen und unbekannten Sinnesfreuden (Essen, Trinken, Sehen, Hören, Fühlen), Status anzeigender Ausstattung (Haus, Auto, Kleidung, Schmuck etc.) und angesehener und gut bezahlter Arbeit (Medien, Bank, eigene Firma).

Medienglück (wie hier beschrieben) ist also ein recht eigenwilliges, von den Medien und deren Produzenten bevorzugtes, weil zeigbares Glück. Natürlich finden sich in den heutigen (Massen-)Medien nicht nur die von mir hier skizzierten (und manchmal auch karikierten) Glücksvorstellungen. Neben diesen werden ein Fülle anderer, sehr alter oder solcher, die aus anderen Kulturkreisen stammen, gehandelt. Betrachtet man allerdings das Medienglück in seiner Gesamtheit, dann lässt sich m.E. dennoch ein Muster ausmachen, das sich deutlich von früheren Glücksvorstellungen abhebt. Kennzeichnen lässt sich dieses ‚Medienglück' im Wesentlichen durch sechs Entwicklungstendenzen, die da sind:

- *Von der Gabe zum Zwang.* Glück wird in den Medien nicht von außen zugeteilt, sondern kann von Akteuren durch bestimmte Praktiken und Opfergaben (z.B. Geld) herbei gezwungen werden.

- *Von der Hoffnung zur Arbeit.* Glück wird in den Medien selten passiv erwartet, sondern meist aktiv und systematisch erarbeitet.
- *Von Innen nach Außen.* Glück stellt sich in den Medien weniger durch die Zuwendung zum eigenen Inneren, sondern häufiger durch die Orientierung auf Äußeres her.
- *Vom Verbergen zum Zeigen.* Glück wird in den Medien selten verschwiegen, sondern meist theatral für Zuschauer sichtbar gemacht.
- *Vom Kleinen zum Großen.* Glück ist in den Medien immer weniger das kleine Glück, sondern immer mehr das große und das noch größere.
- *Von der Ausnahme zur Regel.* Glück ist in den Medien das, was man nicht nur einmal erlangen will, sondern immer wieder und immer öfter.

Die hier behandelten, von Massen gekauften Medien bzw. die, die von deren Verkauf leben, produzieren also recht *spezifische* und in dieser Form tendenziell neue Glücksvorstellungen und bringen diese in Umlauf. Wichtig dabei ist, dass die Medien nicht die einzigen Institutionen sind, die Glücksvorstellungen produzieren und anbieten. Auch andere sind in diesem Geschäft tätig wie z.b. Religion, Pädagogik, Sekten, Wissenschaft, Politik, Wirtschaft etc., teilweise mit ähnlichen, teilweise mit konträren Vorstellungen. Was sich schlussendlich wie auf dem Markt des Glücks durchsetzen wird, bestimmen nicht die Medien (auch wenn manchen Kulturkritikern und Medienmachern dies gefallen würde), sondern hängt zum Glück von sehr vielen Faktoren ab – also auch von denen, die Medien nutzen und bezahlen und vor allem eines sein wollen: glücklich.

Literatur

Baudrillard, Jean (1978): Agonie des Realen. Berlin: Merve.

Bellebaum, Alfred & Barheier, Klaus (Hrsg.) (1997): Glücksvorstellungen. Ein Rückgriff in die Geschichte der Soziologie. Opladen: Westdeutscher Verlag.

Epiktet (1984): Handbüchlein der Moral und Unterredungen. Stuttgart: Kröner.

Flusser, Vilém (1993): Lob der Oberflächlichkeit. Für eine Phänomenologie der Medien. Bensheim: Bollmann.

Flusser, Vilém (1995): Interview mit V. Flusser. S. 200-215 in: Klook, Daniela: Von der Schrift- zur Bild(schirm)kultur. Berlin: Spiess.

Goffman, Erving (1983): Wir alle spielen Theater. München: Piper.

Knigge, Adolph Freiherr von (1979; 1788): Über den Umgang mit Menschen. Frankfurt a.M.: Insel Verlag.

Loyola, Ignatius von (1993): Die Exerzitien. Freiburg: Johannes Verlag.

Marquard, Odo (1995): Glück im Unglück. Philosophische Überlegungen. München: Wilhelm Fink Verlag.

Plessner, Helmuth (1982): Ausdruck und menschliche Natur. Frankfurt a.M.: Suhrkamp.

Reichertz, Jo (2000): Die Frohe Botschaft des Fernsehens. Kultursoziologische Untersuchung medialer Diesseitsreligion. Konstanz: Universitäts Verlag Konstanz.

Reichertz, Jo (2001): Die neue Pracht beim Standesamt. In: Kursbuch 144: 129-142.

Senge, Konstanze (2001): Chants, Metta und Retreats: Religiöse Mittel für innerweltliches Glück. In: sozialer sinn 3: 407-434.

Soeffner, Hans-Georg (1992): Die Ordnung der Rituale. Die Auslegung des Alltags 2. Frankfurt a.M.: Suhrkamp.

6 Becker und Häkkinen beim Golfen. Das Altenbild in der Mercedeswerbung

> „Wer 40 Jahre Jugendwahn in der Werbung erlebt hat, tut sich schwer, jetzt den Generationenvertrag über die Rentenfrage hinaus zu heben und sich selbst zu fragen: wie lebt eine älter werdende Gesellschaft mit sich selber, was bietet sie Älteren an, und welche Perspektiven gibt sie Jüngeren."
>
> *Bundespräsident Rau in: Die Zeit, 12. Dez. 2002*

6.1 „Almost as close as you won Suzuka"

Boris Becker erscheint groß im Bild, man erkennt ihn in der Nahaufnahme trotz der tiefen Falten, die sein Gesicht zerfurchen, und dem langen Haar, das farb- und kraftlos bis auf die Schultern reicht. Sein Gesichtsausdruck ist konzentriert, wirkt allerdings wenig zuversichtlich an diesem frühen Morgen, an dem sich die Sonne hinter Wolken und Dunst versteckt und nur ein einsamer Vogel irgendwo in der Ferne krächzt. Aufschlag Becker! Wir sind im Jahr 2029 – informiert uns der Untertitel des Fernsehspots. Dann geht die Kamera in die Totale, und im Bild sind zwei alte Männer, die etwas unbeholfen auf einem Golfplatz stehen. Unschwer erkennt man in ihnen den alten Boris Becker und den ebenfalls stark gealterten Mika Häkkinen. Sie befinden sich an einer höher gelegenen freien Stelle, hinter ihnen Golftaschen, Bäume und Dunstschwaden, die über dem ansonsten menschenleeren Platz hängen. Beide scheinen das Golfspielen eher als Zeitvertreib im Freien und nicht als ernsthaften (Leistungs-)Sport anzusehen. Sie bewegen sich steif und etwas schwerfällig.

An diesem Morgen scheint aus gutem Grund niemand sonst auf dem Platz zu sein: Es ist ungemütlich und herbstlich; die Golfer sind warm angezogen, das ihre Unbeholfenheit und Unsportlichkeit noch betont. Auf modische Finessen legen sie offensichtlich als Rentner an einem menschenleeren Ort keinen Wert. Boris Becker macht sich umständlich daran, seinen Abschlag vorzubereiten. Die mangelnde Zuversicht, die er in seine Golferqualitäten legt, scheint angebracht zu sein. Mika Häkkinen, der zweite Golfer, spottet „Boris, das ist kein Tennisschläger." Auch er ist deutlich gealtert, hat ebenfalls schulterlanges Haar und

wirkt ebenso unvorteilhaft wie Boris Becker, dessen Entgegnung auf die Stiche-
leien seines Spielpartners entnervt ausfällt: „Mika, bitte ...."
   Boris Becker schlägt ab, der Ball fliegt weit fort, gefolgt von einem eben-
falls getroffenen Rasenstück. Mika Häkkinen freut der missglückte Schlag:
„Wirklich schlecht. Haha", lacht er – offensichtlich froh über den Schaden des
Anderen. Boris Becker reagiert nicht, sondern wandert mit seiner Tasche in
Richtung Ball – irgendwo in der Ferne. Mika Häkkinen folgt ihm ungelenk eilig.
„Boris, lass mich deine Tasche ziehen, du bist zu alt", sagt er (vermeintlich)
fürsorglich und spielt so erneut auf den stümperhaften Schlag an. Wieder keine
Antwort von Becker. Steif und schwerfällig entfernen sie sich zum Landepunkt
des Balls kurz vor der Fahne.
   Mika Häkkinen blickt konzentriert auf den Ball. Wird Boris Becker einlo-
chen? Vogelgeschrei unterbricht die Stille, Häkkinen ahmt ihre Geräusche nach,
offensichtlich, um Boris Becker zu irritieren. Dessen Ball geht deutlich am Loch
vorbei, begleitet von Häkkinens spöttischen Lockrufen, die den Ball doch noch
in Richtung Loch bewegen sollen. Boris Becker richtet sich entnervt auf, und
Häkkinen bringt mit dem Kommentar „Das war knapp, Boris", offensichtlich das
Fass zum Überlaufen. Becker, der bislang den Spott still ertragen hat, holt zum
Gegenschlag aus: „Almost as close as you won Suzuka. Fast so knapp wie dein
Sieg in Suzuka."[35]
   Häkkinens gute Laune bricht schlagartig zusammen. Er brabbelt Unverständliches und bewegt sich eilig hinter Becker her. Er will den Hinweis auf eine
seiner schmerzlichsten Niederlagen während seiner Rennkarriere jedoch nicht
auf sich sitzen lassen: „Wie meinst du das mit Suzuka?" Becker antwortet jedoch
nicht, sondern läuft in Richtung Tankstelle. Häkkinen traut seinen Augen nicht:
Zwischen den dort geparkten Autos der Zukunft, die ohne Räder über dem Boden schweben und mit ihren silbrigen Rundungen an Raumschiffe erinnern, steht
Beckers Mercedes aus dem Jahr 2000. Dieser ist (im Gegensatz zu seinem Fah-
rer) in einem Topzustand, mit glänzendem Lack, ohne Beule oder Kratzer (und
Falte). Becker macht Anstalten einzusteigen, als Häkkinen ihm zuruft: „Boris,
warum kaufst du dir nicht mal ein neues Auto?" Beckers Antwort fällt knapp
aus: „Das sag ich dir nicht."
   Dann wird der Bildschirm abrupt schwarz. In weißer Schrift erscheint kurz
‚Für alle, die es wissen wollen' dann die Zeilen ‚mobilo-life. 30 Jahre Mobili-
tätsgarantie.', schließlich der Mercedesstern und darunter ‚Mercedes-Benz. Die
Zukunft des Automobils'.

---

35   Um den Seitenhieb würdigen zu können, muss man wissen, dass in Suzuka normalerweise das
     jeweils letzte Rennen der Formel-Eins-Saison stattfindet. Im Jahr 2000 gewann Schumacher
     das entscheidende Rennen in Suzuka und damit (zum Verdruss von Häkkinen) die Weltmeis-
     terschaft, obwohl Häkkinen zweimal führte und sich lange Zeit schon als Sieger wähnte.

6.2 Was ist die Frage?

Im folgenden Text möchte ich *nicht* der Groß-Frage nachgehen, ob und in welcher Weise sich diese Wissensmuster und die Formen der (Re)Präsentation von ‚Alter' in den letzten Jahr(zehnt)en gewandelt haben. Zum einen trägt mein Datenmaterial für eine solche ausgreifende Fragestellung nicht – sowohl aufgrund der geringen Fallzahl, aber auch aufgrund der Besonderheit des Falles: handelt es sich doch um nur *einen* Fall und bei diesem um einen *Werbespot der Firma Mercedes*. Zum Zweiten ist zu dieser Frage kaum mehr etwas wirklich Neues zu sagen, da vieles Zutreffende bereits festgestellt wurde (siehe hierzu weiter unten).

Die Analyse eines einzigen Falles kann zwar ohne Zweifel viel über das Bild der Alten in der Werbung zutage bringen, aber sie kann gewiss nicht die Häufigkeit und die Verteilung der der Analyse ermittelten Besonderheiten in einem sozialen System ermitteln. Das will sie auch nicht.

Prämisse meiner Argumentation ist, dass der Mercedes-Spot, wie alle anderen Werbespots, ein (wenn auch interessierter) Beitrag zur gesellschaftlichen Debatte über als relevant erachtete Themen ist – in diesem Fall auch über das Thema ‚Alter'. Als solcher ist er hier von Interesse. Oder genauer: Ich möchte erst einmal fragen, welches ‚Altenbild' in einem (in der Ausstrahlungszeit) recht beliebten Werbespot von Mercedes zu finden ist: wie ‚spricht' man (also die Auftraggeber und Macher) hier über das ‚Alter' und wie reagieren junge Studenten/innen im intergenerationellen Dialog auf diese Alterdarstellung? Um dies zu erreichen, werde ich einerseits mit Hilfe der hermeneutischen Wissenssoziologie (siehe hierzu in diesem Band S. 252ff.) die Sinnstruktur des Spots aufzudecken versuchen und andererseits davon berichten, wie Studenten/innen in einer Befragung auf den Spot reagierten.

6.3 Alter als biologisch fundierte soziale Konstruktion

Unter ‚Lebensalter' wird hier ein biologisch fundiertes, numerisch ungefähr bezifferbares Attribut verstanden, das (nicht nur) menschlichen Akteuren von anderen oder von sich selbst zugeordnet wird. Da die (moderne) Gesellschaft mehr oder weniger genaue Zählstandards entwickelt und kodifiziert hat, gibt es bei der Bestimmung des numerischen Alters eines Individuums bis auf sehr wenige Ausnahmen kaum Debatten. ‚Alter' in dieser Verwendung ist ein besonderes Attribut: es kann (im Gegensatz zum Attribut ‚konservativ') nicht abgewählt oder verweigert werden – Alter, einmal in Gang gesetzt, zieht stetig und unerbittlich seine Bahn und hinterlässt typische Spuren am individuellen Körper, so dass jedes Mitglied einer Gesellschaft in der Regel in der Lage ist, das Alter eines

jeden Anderen (plus minus 10 Prozent) zutreffend einzuschätzen. Jedes Lebensalter (Kindheit ebenso wie Jugend und Alter etc.) ist zudem durch spezifische
Kompetenzen und Defizite gekennzeichnet. Wie diese allerdings gewichtet und
bewertet werden, ist Gegenstand einer ganz anderen gesellschaftlichen Debatte.

Bis wann man noch als ein Kind angesehen wird oder schon als ein Jugendlicher, oder wann man Erwachsen genannt wird oder ein Greis, das ist im Wesentlichen Ergebnis eines sozial ausgehandelten, sozial geteilten und verteilten
Konsenses. Ausdruck dieses Konsenses sind Selbst- und Fremdverständnis des
Alters – wobei Selbst- und Fremdverständnis sehr stark von einander abweichen
können. Das jeweilige ‚Alter' (also auch das Jung-Sein) muss nun – ebenso wie
z. B. ‚Geschlecht', ‚Nationalität', oder ‚Gesinnung' – für den anderen (die Gesellschaft) und einen selbst zur Erscheinung gebracht werden. ‚Alter' muss dargestellt, für den Partner und die Zuschauer aufgeführt werden. Eine überzeugende und glaubhafte Darstellung gelingt jedoch nur mit Hilfe bestimmter Zeichen
und bestimmter Formen bzw. nur mit der Beseitigung oder Retuschierung typischer Spuren des Alters am Körper: Dazu gehören Körperausdruck, Gestik, Mimik und Stimmführung genauso wie die Gestaltung von Kleidung und Körper,
wie spezifische Handlungen und Praktiken und bestimmte Formen und Inhalte
der Kommunikation. Die ‚Alten' präsentieren auf diese Weise den Anderen ihr
‚Alt-Sein': Sie stellen ‚Alter' dar, ebenso wie die Kinder ihr Alter darstellen. Die
Alten sind deshalb (ebenso wie die Jungen), wenn sie kommunizieren, für sich
und die anderen permanent Alters-Darsteller und Alters-Bestätiger.[36]

Die ‚Alten' führen nun nicht für sich alleine ‚Alter' auf: Indem sie (auch
mit Retusche und Operation) die kulturellen Praktiken der Altersdarstellung
aufgreifen und neu in Szene setzen, repräsentieren sie auch die Kultur einer Gesellschaft und damit auch das, was für eine bestimmte Gesellschaft als ‚alt' gilt –
was es bedeutet, alt zu sein: wie man und frau aussehen und was man und frau
tun und sagen, wenn sie alt sind. Diese Repräsentation der gesellschaftlichen
Bedeutung von ‚Alter' geht immer an drei Adressen: einmal an die Adresse des
Gegenübers, zum Zweiten an die Adresse des Dritten, der Gesellschaft, und
natürlich an die eigene. Alte zeigen also nicht nur einander an, dass sie alt und
wie sie alt sind, sondern sie zeigen auch all denen, denen sie begegnen, was
‚Alter' ist und wie es sich zum Ausdruck bringt. Kurz: Alte (re)präsentieren
immer auch die ‚Alters- und Altenkultur' einer Gesellschaft. Das im Übrigen
auch dann, wenn sie persönlich glauben oder hoffen, gerade sie würden persönlich nun nicht die Kultur des Alt-Sein verkörpern. Die Wahrheit ist, dass sie
jedoch nur eine andere Variante der Alten-Kultur verkörpern: nämlich die, dass

---

36   Vgl. auch: „We argue that 'elderliness' is in significant ways manufactured and modified in
     sequences of talk in which older speakers are involved, through the agency of elderly and
     young speakers." (Coupland, Coupland & Giles 1991: 55)

man trotz des Alters jung geblieben ist (manchmal nur im Herzen, manchmal, weil man gute Gene hat oder mit Körpertechniken und/oder diverser Verhüllungs- und Bedeckungsverfahren, die Sichtbarkeit der körperlichen Verfallsprozesse mindern konnte). Jeder erkennt dies – und als erste die Jungen.

6.4 Blicke auf die Codierung des Alters in den Bildern der Werbung

Untersuchungen zum Bild der Alten in der Werbung gibt es zwar nicht allzu oft, aber immer wieder. Der Befund dieser Studien, die häufig viel zu wenig die (soziologische) Literatur zum Alter(n) und die zu den Bildern des Alterns aufnehmen[37], ist dabei ziemlich eindeutig: die Alten kämen (so der durchgängige Duktus der Argumentation) trotz ihrer zunehmenden Bedeutung in der Gesellschaft[38] und für die Wirtschaft[39] in den Darstellungen zu Werbezwecken zu selten vor und meist schlecht weg. Alte Vorurteile und Stereotype würden gepflegt, und auf die neuen Formen und Vorteile des Altseins würde wenig, ja: zu wenig eingegangen.

Bei ihren Arbeiten tun sich die wissenschaftlichen Untersucher/innen oft recht schwer, mit dem Thema ‚Alter‘, von dem sie immer auch selbst betroffen sind, unbefangen umzugehen. Oft schütten sie in vermeintlicher Anwaltschaft der Alten das ‚Kind mit dem Bade aus‘: So wird das Defizit-Modell des Alters, das in der Werbung meist vorzufinden ist, und welche das Alter vor allem in der Kategorie des ‚Nicht-Mehr‘ fasst, durchweg und energisch verurteilt, während das Differenzmodell, welches das Alter vor allem in der Kategorie des ‚Anders-Sein‘ begreift, überschwänglich gelobt wird – oft ohne zu bemerken, dass ein

---

37 Grundlegend zum Thema Altern ist immer noch Baltes & Mittelstraß (1992). Für die englischsprachige Diskussion siehe Featherstone & Wernick (1995). Einen neueren Überblick liefern Prahl & Schröter (2000). Eine Besprechung der aktuellen Literatur liefert Mann (2002). Zur Geschichte des Alter(n)s und den Bildern des Alters immer noch einschlägig: Tews (1995) und Borscheid (1987). Interessant auch Berger (1993). Aus anderer, aber durchaus aufschlussreicher Sicht: Franke (1990).

38 Zu diesen Thesen siehe auch ZEIT-Punkte 1 (1996) und SPIEGEL spezial 2 (1999). Das Besondere an diesen Heften ist, dass sie nicht nur den Bedeutungswandel der Alten diagnostizieren, sondern in ihm auch (wie auch andere Magazine und auflagenstarke Streitschriften) die Ursache eines Konflikts oder gar Krieges zwischen Jung und Alt vermuten.

39 „Jeder fünfte in Deutschland ist heute älter als sechzig Jahre. So um das Jahr 2030 herum wird es jeder Dritte sein. Mit dem steigenden Alter der Gesellschaft werden sich Wünsche und Konsumgewohnheiten ändern; und irgendwann folgt das Selbstbild, das die Verbraucher in Anzeigen und Fernsehspots wiederfinden. ‚Senioren bestimmen künftig die Nachfrage‘, prophezeit Ulrich Eggert, Geschäftsführer der Kölner Handelsberatung BBE. Und der Zentralverband der Deutschen Werbewirtschaft verkündet die ‚Ablösung der Jugendkultur durch die Alterskultur‘.“ (ZEIT vom 16. Januar 2003:15)

Lob auch eine (unbeabsichtigte) Bevormundung und Herabsetzung sein kann.[40] Allerdings gibt es auch eine Reihe neuerer Arbeiten zum Altersbild in der Werbung, welcher dieser Gefahr entkommen sind.

In ihrer Untersuchung der aktuellen Werbung zum Bild der Alten kommen Herbert Willems und York Kautt nicht nur zu dem Ergebnis, dass die Werbung gerade kein eindeutiges und konsistentes Bild vom Altern entwerfen, sondern dass das Bild der Alten sowohl geschlechtsspezifisch, aber auch nach Produkt und Zielgruppe differenziert werden muss. Allerdings finden die Autoren in der Werbung für Alte eine Botschaft, die sich unterhalb des explizit Thematisierten in fast allen Werbeanzeigen als Subtext findet: „Drittens, und dies ist vielleicht am wichtigsten, führen die Darstellung von Alter(n) als Problem nicht die nüchterne Faktizität des Alterns vor die Augen des Publikums. Vielmehr wird genau umgekehrt die Vermeidbarkeit oder Kontrollierbarkeit der negativen Typen von Alter(n) suggeriert. Alter(n) unter negativen Vorzeichen ist nach Auskunft des ‚Mainstreams' der Werbung, überspitzt formuliert, eigentlich gar nicht nötig, sondern eher ein Risiko, das man eingeht und das man reduzieren kann" (Willems & Kautt 2003: 651).

Werbung modellierte demnach „Altern als erhaltende, steigernde und wiederherstellende Arbeit am Selbst, die im Leben eines Menschen sehr früh einsetzen sollte (etwa ab 25, so z.B. in der Kosmetikreklame und in der Werbung für Versicherungen), und dann bis ans Lebensende geleistet werden muss" (ebd.: 653). Und dies ist wahrscheinlich die frohe Botschaft, die jeder Werbung eingeschrieben ist, nämlich dass auch das Unmögliche durch den Menschen machbar ist, sofern er denn bereit ist, Engagement zu zeigen und (natürlich) Geld auszugeben. Dieser ‚konsumistische Machbarkeitsmythos', also das Versprechen, etwas Unangenehmes wie das Alter mittels Kauf von Produkten und Dienstleistungen parieren zu können, ist vielen medialen Botschaften gemeinsam, so auch den medialen Darstellung, welche die Erreichbarkeit von Glück und Liebe thematisieren (vgl. hierzu Reichertz 2002 und Illouz 2002).

Jäckel, Kochan und Rick untersuchen in ihrer Studie die Bedeutung älterer Menschen als Werbeträger. Ausgehend von der allseits geteilten Annahme, dass die Anzahl der älteren Menschen in Deutschland beachtlich zunimmt und dass die Kaufkraft der älteren Menschen durchaus auch lukrativ für die Anbieter von

---

40 Solche Anwälte einer ‚guten, fortschrittlichen Altenpolitik', also eines irgendwie besseren Erscheinens der Alten in der Werbung, den Medien und in der Gesellschaft erwecken denn auch oft den Eindruck, dass sie nicht so recht an das eigene Plädoyer glauben. Oder (was oft noch unangenehmer ist) sie geben sich als großzügige Gönner, die durch ihre Art der Hinwendung sehr augenfällig gerade das zum Ausdruck bringen, was sie bei den anderen auf das Heftigste kritisieren: nämlich die Auffassung, dass die Alten wegen ihres nachlassenden Intellekts, abnehmender Kraft und schwindender Macht und Bedeutung eines mächtigen, (noch) jugendlichen Anwalts bedürfen.

Waren und Dienstleistungen ist,[41] stellen sie die Frage, weshalb dennoch Ältere kaum in der Werbung als Werbeträger vorkommen. Ohne diese Frage abschließend beantworten zu können, favorisieren sie aufgrund ihrer Durchsicht aktueller Werbeanzeigen die These, dass in der zukünftigen Werbung nicht die Anzahl der Älteren zunehmen wird, sondern eher Jugendliche mit den Zeichen des Alters erscheinen werden. Eine prinzipielle Umorientierung der Werbung auf die ältere Zielgruppe halten sie deshalb für sehr unwahrscheinlich. Zwar bestehe „die Möglichkeit, dass das Durchschnittsalter der Werberprotagonisten ansteigt, aber gleichzeitig die ihnen zugeschriebene Jugendlichkeitselemente abnehmen. Hier würde das Alter selbst die Werbung dominieren. Die Protagonisten präsentierten ihr Alter mit positiven Aspekten wie Erfahrung oder Weisheit; das Alter würde ‚zelebriert'. Eine derartige Werberevolution scheint jedoch lediglich eine geringe Chance auf Realisierung zu besitzen – es müssten sowohl der ‚Jugendwahn' als auch die ‚Altersangst' ihren gesellschaftlichen Stellenwert verlieren" (Jäckel, Kochan & Rick 2003: 687).

Caja Thimm, Linguistin und Kommunikationswissenschaftlerin, arbeitet in ihrer Studie über die Darstellung und die Bezeichnung von Alten in der Werbung heraus, dass die Bilder des Alters sich im Umbruch befinden und dass zurzeit ein Defizitmodell des Alterns mit einem Differenzmodell konkurriere. Ersteres begreife das Altern als einen Prozess zunehmender Defizite, während das Zweite vor allem die unterschiedlichen Leistungen von Jugend und Alter herausarbeite (vgl. hierzu auch Gast 2002). Thimm glaubt, dass eine erfolgreiche Ansprache der älteren Generation nur dann gelingen werde, wenn „Alter sowohl in seinen problematischen Aspekten gewürdigt, aber auch in seinen positiven Qualitäten ästhetisch und emotional ansprechend kommuniziert werden kann. (…) Für Gesellschaft und Politik heißt es, realistischere Leitbilder der Älteren zu entwickeln und zu akzeptieren. Die Werbung beginnt, aus den ihr eigenen kommerziellen Motiven, sich dieser Aufgabe zu stellen und könnte – so die optimistische Sichtweise – dazu beitragen, dass sich die negativen Bilder von Alter verändern" (Thimm 1998: 137). Die Werbung stellt also durchaus eine energische Kraft gegen einen langsam aufkeimenden Ageism dar, auch wenn das Motiv hierfür nicht in der Wertschätzung des Alters, sondern in der Aussicht auf das Geld der Alten vermutet werden darf.[42]

---

41 Siehe hierzu ausführlicher und profund Kayser (1996), Gleich (1999) und Kübler (2002). Durchaus aufschlussreich zu diesem Thema auch das Heft ‚Die Grauen Panther auf dem Sprung' der Zeitschrift ‚Tendenz' IV (1999).

42 Nicht ganz passend, wenn auch ähnlich, ist das Bild der Alten in den weit verbreiteten Daily Soaps. In ihrer Untersuchung dieses Fernsehformats kommen drei Wissenschaftler/innen aus Essen zu folgendem Ergebnis: „Von ca. 90 Darstellern konnten wir 18 ein Alter von mindestens 60 Jahren zuschreiben. (...) Allerdings spielen 'Alte' jedoch fast ausschließlich Nebenrollen und haben entsprechend kurze Auftritte" (Flüren, Klein & Redetzki 2001: 24). Vier Typen

6.5 Der Rahmen ‚Werbung'

Da all dies in Werbeanzeigen über ‚Alter' geäußert wurde, ist es unumgänglich (will man die Bedeutung des Geäußerten ermitteln), sich die Bedeutung des Rahmens ‚Werbung' anzusehen. Denn in der gesellschaftlichen Praxis greifen alle Akteure bei der Gestaltung ihres Handelns unentwegt auf Handlungstypen, Kommunikationsgattungen, Formate, Rahmen etc. zurück oder bewegen sich von Sinnprovinz zu Sinnprovinz. Rahmen, Formate, Typiken und Sinnprovinzen werden in Gesellschaften erarbeitet und gesellschaftlich zur Verfügung gestellt. Die Nutzung der Vielzahl gesellschaftlicher Typisierungen von Situationen hilft dabei, Handlungen anderer und auch eigene zu identifizieren oder sie auch anderen verständlich zu machen – also sich selbst, aber auch den sozialen Ort des anderen zu finden. Dieser gesellschaftliche Bestand an Situations- und Handlungstypisierungen stellt die geronnene Geschichte einer Interaktionsgemeinschaft dar oder besser: Er besteht aus – im Laufe der Geschichte absedimentierten – Handlungsmustern und -abfolgen, die sich in dieser Gemeinschaft bis zu diesem Zeitpunkt als ‚erfolgreich' (the fittest) bewährt haben.

Sie organisieren die Erfahrung (Goffman 1979: 19). Dabei wirken sie nicht handlungsnormierend (schon gar nicht handlungsdeterminierend) über eine ihnen eigene strukturelle Kraft, sondern sie geben bewährte Interpretations- und Handlungsmuster vor, an die man sich (wenn auch mit für den einzelnen Akteur typischen Abschattierungen) anschließt, will man in der jeweiligen Interaktiongemeinschaft verstanden werden und verstanden bleiben. Dabei steht es jedem Akteur frei, neue an das gesellschaftliche Leben anschlussfähige Typen zu (er)finden.

Kommerzielle Werbung lässt sich leicht (und zutreffend) als eine spezielle, historisch erarbeitete (und mittlerweile arbeitsteilig und wirtschaftlich organisierte) kulturelle Technik mit eigenen Sinnwelten, Relevanzen und Handlungsanschlüssen – kurz: als eine Sinnwelt mit einem eigenen Rahmen beschreiben (vgl. auch Krallmann et al. 1997). Dieser Rahmen ist förderlich und hinderlich zugleich. Hinderlich, weil etwas – einmal als Werbung erkannt – oft den Beige-

---

von Alten konnten (re)konstruiert werden: a) die Altruisten, b) die Professionellen, c) die nicht von der Bühne abtreten wollenden und d) die Autoritären. „Der relativ höchste Sympathiewert gilt in den Soaps den Altruisten, ein deutlich geringerer den Professionellen, deren Fachkompetenz Respekt genießt. Die Wertschätzung für die, die nicht von der sozialen Handlungsbühne abtreten wollen, ist deutlich ambivalent; für die Autoritären liegt sie eindeutig im Negativbereich" (ebd.). Ergo findet sich auch in den Soaps das schon bekannte Bild, das erstmals wohl in der Zeit des Biedermeier gezeichnet wurde: Alte sollen sich aus dem Beruf und dem öffentlichen Leben ohne Protest zurückziehen, sich der Freizeit und diversen Ehrenämtern widmen und ansonsten die erwirtschafteten Güter nicht selbst verbrauchen, sondern mit ‚warmer Hand' großzügig an die Nachkommen verteilen (vgl. Schmidbauer 2001).

schmack des unwahren Marktgeschreis erhält und die Kaufbereitschaft mindert; förderlich, weil der beworbene Artikel sich ohne diesen Werberahmen in der vielfältigen Warenwelt leicht verliert. Deshalb braucht die Werbung ihren Rahmen, und wenn sie versucht, ihn moderner und etwas unaufdringlicher zu gestalten, dann führt das nicht zum Verschwinden der Werbung, sondern nur zu einem neuen Stil.

Werbung ist immer und unaufhebbar eine Einladung zu einem sehr heiklen Doppelspiel: Einerseits weiß der Rezipient, sobald er aufgrund seiner Erfahrung mit Werbung etwas als ‚Werbung' enttarnt hat, dass er die dargebotenen Informationen nicht für bare Münze nehmen kann, zum anderen stellt sich ihm (wider alle Vernunft und Erfahrung) die Frage, welche Teile der Werbebotschaft vielleicht dennoch stimmen und ihm von Vorteil sein könnten. Die Güte einer Werbung hängt davon ab, wie intelligent sie das Doppelspiel auf die jeweiligen Mitspieler abstimmen kann.

Werbung ist entgegen einem verbreiteten, gleichwohl unzutreffenden Bild *nicht* ein *Spiegel* der Gesellschaft: Weder bildet Werbung die Gesellschaft als ganze ab, noch verdoppelt sie das Vorgefundene bloß. Werbung wählt stattdessen aus, was sie zeigen will, unterschlägt vieles und überzeichnet anderes. Werbung zeigt meist das Wünschenswerte, manchmal auch (als Kontrastfolie) das Unerwünschte, sie erzählt von den Wegen zu Glück und auch von der Vermeidung des Unglücks.

Aber: *Werbung vermag es keinesfalls, Werte zu setzen, Werte zu schaffen oder gar Werte zu ‚heiligen'.* Werbung bedient sich bereits vorhandener Werte, von denen sie glaubt, dass sie von einem breiten Konsens getragen sind, dass viele bereit sind, in Verfolgung dieser Werte, Ressourcen hinzugeben. Schönheit, Wohlstand, Gesundheit, Attraktivität waren schon lange vor der ersten Werbung zentrale Werte westlicher Gesellschaften. ‚Jugendwahn' und ‚Altersangst' sind weder von der Werbung erfunden, nicht von ihr positiv bzw. negativ aufgeladen worden, sondern beides findet sich in modernen Gesellschaften in großem Ausmaß. Werbung greift allein die Werte einer Gesellschaft auf, zeigt nur Wege und Formen, wie diese Werte (mit Hilfe des Ankaufs von Produkten und Dienstleistungen) verwirklicht und erreicht werden können.

Geschaffen werden Werte in der Lebenspraxis und von der Kultur einer Interaktionsgemeinschaft. Gewiss ist auch die Werbung Teil dieser Kultur, aber nur ein kleiner und unbedeutender – letzteres vor allem, weil alle Werbung unhintergehbar und (für jedes Gesellschaftsmitglied) erkennbar strategische Kommunikation zum Zwecke der Verkaufsförderung ist. Werbung und auch nicht die Werber können Werte selbstständig schaffen. Was in einer Gesellschaft wünschenswert ist, wird andernorts erarbeitet.

Alle Werte, das Wünschenswerte wie das Unerwünschte, sind somit gesellschaftlichen Ursprungs. ‚Glücksvorstellungen' sind in dieser wissenssoziologischen Sicht nicht vom Himmel gefallen, sondern auf Erden geschaffen. Sie werden sozial erarbeitet und sozial verbürgt. Und Formen des Wünschenswerten, die eine gewisse biologische oder chemische Basis haben, wie zum Beispiel ‚Sexualität' oder ‚Drogen', können durch soziale Neudeutungen fast vollständig ausgehebelt werden. Und natürlich kam und kommt es immer wieder vor, dass bestimmte Gesellschaften etwas als begehrenswert ansehen, was bei anderen nur ungeteilte Abscheu hervorruft.

Werte sind für jede Gesellschaft konstitutiv. Dies deshalb, weil jeder Akteur wegen des weitgehenden Instinktverlustes der Gattung ‚Mensch' sich in jedem Moment seines wachen Lebens immer wieder für oder gegen eine Handlungsoption selbst entscheiden muss. Deshalb benötigt er einerseits das Wissen um das gesellschaftlich Wünschenswerte, er muss wissen, welche Pfade man selbst und die anderen gehen dürfen und sollen. Aber er benötigt auch das Wissen um das gesellschaftlich Begehrenswerte, er muss also wissen, was die anderen und man selbst begehren soll.

Aber weil Menschen die Vorstellungen des Wünschens- und Begehrenswerten nicht nur bewusstlos immer wieder kopieren, sondern an ihnen arbeiten müssen (sie müssen nämlich erst wahrgenommen und dann erneut ausgedeutet werden), finden sie nicht nur das übergebene Universum des Wünschenswerten stets vor, sondern müssen sich immer wieder aufs Neue ein neues Universum schaffen. Auf diese Weise entstehen und vergehen Werte, ihre Ausdrucksformen, ihre Institutionen, ihre Legitimationen, aber auch deren menschliche Verwalter und Trägergruppen.

Viele dieser Werte werden von religiösen Vorstellungen getragen – dann predigen sie meist *Weltabkehr* und damit verbunden oft (aber nicht notwendigerweise) eine *Jenseitsorientierung*, andere werden von den mehr oder weniger säkularisierten Erben des Religiösen (Politik, Sport, Wissenschaft, Esoterik, Therapie, Medien) gerechtfertigt, dann propagieren sie in der Regel *Weltzuwendung* und *Diesseitsorientierung* – entweder zugunsten der Gesellschaft oder zugunsten des Einzelnen. Die *Nächstenliebe* ist religiösen, die *Solidarität* gewerkschaftlichen und die *Fairness* sportlichen Ursprungs. Im Jenseits verankert, also geheiligt, ist nur die Nächstenliebe, Fairness und Solidarität sind im Diesseits verankert und auf das Diesseits gerichtet. Getragen und verbürgt werden diese Werte von jeweils unterschiedlichen, gleichwohl relevanten gesellschaftlichen Gruppen und Institutionen. Es ist nicht erkennbar, dass die Werbung von vergleichbaren Gruppen getragen und verbürgt wäre.

Deshalb können Werber allenfalls bereits etablierte und geteilte Werte in Umlauf bringen, kreieren können sie diese jedoch nicht. Werbung, die versuchen würde, *Steuerehrlichkeit* in Deutschland als handlungsrelevanten Leit-Wert einzuführen, würde bei noch so hoher Marktpenetration und noch so großem Werbedruck kläglich scheitern. Allerdings sind die Werber Großmeister in der Schaffung und Verbreitung immer deutlicher und klarerer Ritualisierungen und Hyperritualisierungen (vgl. Goffman 1979) von Werten oder in einer anderen Terminologie: in der Schaffung und Verbreitung von *Symbolisierung* der gesellschaftlichen Werte.

6.6 Die zufriedenen Golfer. Jenseits der Heroisierung der Jugend

Doch zum Abschluss möchte ich noch einmal auf den eingangs beschriebenen Daimler-Spot zurückkommen, der anlässlich der neu eingeführten Mobilitätsgarantie von Mercedes von der Agentur ‚Springer und Jacoby' produziert und zum ersten Mal am 29. Dezember 2000 bei RTL 2 geschaltet wurde.[43] Dieser Spot ist (wie bereits gesagt) wie alle Werbung auch selbst Teil des inner- und intergenerationellen Diskurses über das Alter. Allerdings ist er ein besonderer – gerade weil er auf einen alten (und vielleicht neuen) Wert zurückgreift.

Zur Erinnerung: Im Spot agieren der zweifache Formel-1-Weltmeister (1998 und 1999) Mika Häkkinen und der dreifache Wimbledonsieger Boris Becker, durch Maskenbilder auf ‚alt' und ‚gebrechlich' geschminkt. Beide waren damals schon zweimal mit großer (Medien-)Resonanz in einem Werbespot der Firma Mercedes aufgetreten (‚gemeinsames Rennen' und ‚Suche nach Wimbledon'). Sie waren also durchaus schon als (Männer-)Paar bekannt. In diesem Spot spielen die beiden im Jahr 2029 gemeinsam Golf – den Sport der älteren und wohlhabenden Generation. Häkkinen fährt ein futuristisches Fahrzeug, Becker dagegen immer noch die A-Klasse von Mercedes.

Beide weisen die zurzeit ritualisierten Merkmale des Alters in starkem und gut erkennbaren Maße auf: Gesicht, Hals und Hände sind Falten durchzogen, ein kleiner Bauch gut sichtbar, ebenso wie der Krummrücken. Der Gang ist gebrechlich, das Haar lang und das Gesicht füllig. Die Kleidung (Knickerbocker, Lederbundhosen, konservativ) ist durchaus altengerecht, die Stimme dünn und die Bewegung langsam. Dass man Golf spielt und nicht auf dem Snowboard die Halfpipe unsicher macht, passt ebenfalls. Beide sprechen langsam, mit alten Stimmen und wenig Stimmdruck. Thematisiert werden altersbezogene Phänomene, und es wird eine Vergangenheitsperspektive etabliert (vgl. Coupland, Coupland & Giles 1991).

---

43 Standbilder aus diesem Spot sind auch für eine Printkampagne in den Lead-Magazinen (FOCUS, SPIEGEL etc.) genutzt worden.

Der eine, Häkkinen, grantelt und versucht den anderen, Becker, immer wieder aufs Neue zu kritisieren und auf seine altersbedingten Schwächen hinzuweisen. Der andere nimmt das einsilbig und mit einer gewissen Gelassenheit eine zeitlang hin, um dann den Provokateur mit einer schlagfertigen Antwort für kurze Zeit zum Verstummen zu bringen (Typ: sagt wenig, aber wenn, dann...) – bis zur nächsten Runde. Die beiden führen offensichtlich das gemeinsam gealterte Paar auf, das aufgrund gemeinsamer Erfahrungen aufeinander eingespielt ist, und das das Spiel von Attacke und Parade perfekt spielen kann. Der eine muss immer wieder den Stachel gegen den Anderen ausfahren, und dieser pariert und sticht zurück. Und trotz der kleinen Blessuren, die beide erleiden, können sie doch nicht voneinander lassen.

Becker und Häkkinen greifen damit (aus Medien) bekannte Bilder von alten Männerpaaren auf, variieren sie jedoch. Und diese Variation zeigt das Besondere des Typischen des Werbespots. So nehmen sie deutlich Abstand z.B. von einer Neuauflage eines anderen bekannten Altenpaares der Filmgeschichte – nämlich von Archie und Harry (gespielt von den Helden zahlreicher US-Western Burt Lancaster und Kirk Douglas). Archie und Harry, zwei gerade aus dem Gefängnis entlassene, liebenswerte Gewohnheitsverbrecher, verkörpern gerade nicht das ‚Sich-Wohlfühlen-im-Alter', sondern sie sind zwei Alt-Gewordene, die es den Jungen noch einmal so richtig zeigen wollen und dabei letztlich scheitern. Douglas und Lancaster führen dabei nicht nur den Niedergang des klassischen Helden des amerikanischen Kinos auf, sondern sie träumen sehenden Auges den Traum von der ewigen Jugend: Sie können von der Jugend nicht lassen.

Becker und Häkkinen haben auch nur sehr wenig mit den zwei Alten aus der Muppet-Show gemein. Denn diese betrachten aus der luftigen Höhe eines Theaterbalkons das Treiben der Jugend auf der Bühne vor ihnen und haben für die Akteure nur Spott und Hohn übrig. Dennoch: Sie sind Parasiten der Jugend, haben sie doch ohne die Menschen auf der Bühne nichts, über das sich das Reden lohnt. Auch sie leben auf die Jugend hin, gerade dann, wenn sie diese verspotten.

Stattdessen knüpfen Becker und Häkkinen ganz offensichtlich mit ihrem Verhalten an die von Hollywoodfilmen typisierten Alten und durch sie bekannt gemachten Walter Matthau und Jack Lemmon an. Beide sind schrullig und grantig; sie frozzeln ständig und sind starrsinnig – können jedoch nicht von einander lassen. Matthau und Lemmon haben sich (und das ist der entscheidende Punkt, der sie sowohl von Douglas & Lancaster wie von den Muppet-Alten unterscheidet) jenseits der Jugendlichkeit ein Diesseits geschaffen, einen neuen, selbständigen und geschätzten neuen Stand-Punkt, der das Leben auch ohne Jugend sinnvoll macht. Matthau und Lemmon brauchen die Jugend(lichen) nicht (mehr), sie genügen sich selbst, jenseits der Jugend haben sie ein Leben mit eigenen Reizen und eigenem Sinn gefunden. Und dies ist wohl auch die besondere, gegen die Zeitzei-chen aufgerichtete Botschaft des Mercedes-Spots: Es gibt ein lohnenswertes Le-ben jenseits, weshalb die Jugend keine Verlockung mehr darstellt. Die Jugend ist eher das endlich Vergangene, das man mit Freude hinter sich lässt.

Diese Botschaft fand ich (durchaus den Überfünzigjährigen angehörend) so interessant, dass es mich reizte herauszufinden, wie dieser Mercedesspot im intergenerationellen Dialog aufgenommen wird. Deshalb habe ich im Jahr 2001 in einem Seminar 197 Studenten/innen der Kommunikationswissenschaft (Alter: zwischen 19 und 25 – 2001) dazu befragt. Die Frage, die ‚offen‘ auf einem Blatt Papier (freiwillig) zu beantworten war, lautete: Wie interpretieren und bewerten Sie den Umstand, dass in der Mercedes-Werbung Häkkinen und Becker ‚alt‘ geschminkt wurden?

Die Antworten waren keineswegs eindeutig. Hässlich fanden die Studen-ten/innen die beiden Ex-Sportler – ganz ohne Zweifel – aber die Spots selbst erschienen vielen als witzig, amüsant. Beispielhaft hier zwei Statements: So meinte Otto L.: „Die Idee, Häkkinen und Becker schon heute so zu sehen wie sie in 30 Jahren aussehen, ist sehr witzig." Oder Ella G.: „Der Spot ist amüsant, nicht so ermüdend wie andere mit Prominenten."

Andere (und zwar nicht wenige) fanden den Spot jedoch auch unangenehm und abstoßend. Und fast überall (auch bei den Befürwortern also) fand sich in den schriftlichen Antworten ein dunkler Ton, ein deutlich spürbares Unbehagen. Die Frage war nun, weshalb der Spot bei den Jüngeren so oft Unbehagen auslöste.

Symptomatisch für ein solches, leises Unbehagen sind folgende Aussagen, welche die schmerzliche Erkenntnis variieren, dass der Mensch vergeht, aber das Auto bleibt. Z.B. schrieb Helmut P.: „Die auf alt geschminkten Häkkinen und Becker zeigen, dass der Fortschritt bei Mercedes dem Menschen um einiges voraus ist. Die Technik wird mit der Zeit nicht veraltern, sondern sie geht mit der Zeit. Die Menschen altern dagegen." Oder Susanne S.: „Dem Zuschauer wird suggeriert, dass selbst Sportlegenden eher altern als dieses Fahrzeug den Geist aufgibt."

Sehr viel deutlicher wird dieses Unbehagen, wenn die eigene Endlichkeit in der Auseinandersetzung mit dem Spot in den Blick kommt, wie z.B. bei Kristin K.: „Ich persönlich finde es eher befremdlich, Menschen, die ich als ‚junge‘ Menschen kenne, plötzlich um Jahre gealtert zu sehen. Dadurch wird mir mein eigenes Alter bewusst und ich werde ungern daran erinnert. Ich sehe mir diesen Spot nicht gern an."

Dieses Unbehagen bei der Rezeption des Werbespots resultiert m.E. (und ich hoffe mit meiner Interpretation den Boden der Daten nicht zu verlassen) aus einer dreifachen, durch sanfte Ironie bewirkte Entzauberung der Jugend:

Zum Ersten wird hier gerade nicht ein weiteres Lob der Jugendlichkeit ge-sungen, sondern Becker und Häkkinen demonstrieren, dass die Jungen (für sie) nicht zählen. Der Spot schielt nicht mit verstecktem Neid auf die jugendlichen Anderen, sondern ignoriert sie völlig. Zum Zweiten wird nachdrücklich gezeigt, dass auch die großen, von vielen Jugendlichen bewunderten und gut bezahlten Helden des Sports Menschen wie alle anderen sind. Es kann die Erkenntnis dämmern, dass auch die größten Helden altern müssen, weil sie halt das sind, was wir alle sind – nur Menschen. Zum Dritten wird im Spot die Verdrängung des Menschen durch die Maschine in Szene gesetzt: Becker und Häkkinen sind trotz ihrer prominenten Stellung keine Götter. Stattdessen sind die Autos von Mercedes die neuen und wahren Götter. Sie allein trotzen der Zeit, die Menschen jedoch nicht!

Kurz: Das anfängliche Lachen der Studenten/innen legte sich schnell und wich einem Unbehagen, das sich m.E. aus der vagen Ahnung speist, dass jedes individuelle Leben und auch das Leben der erfolgreichsten Individuen ein Leben zum Tode ist (memento mori) und letztlich der einzige und wahre Gott einer Diesseitsreligion – so die Werbebotschaft – das vom Menschen geschaffene Produkt ist. Der Mensch, der sich in einer individualisierten Erlebnisgesellschaft mit vielfältigen und unaufhörlich sich vermehrenden Optionen als Zentrum eines scheinbar endlosen Lebens wähnt, wird angesichts der Langlebigkeit seiner Produkte der eigenen Endlichkeit gewahr. Im innergenerationellen Dialog der Alten unter sich mag diese Erkenntnis versöhnlich stimmen, im intergenerationellen Dialog vermag sie jedoch eine erheblich narzisstische Wunde zu schlagen.

Insofern ist die hier betrachtete Mercedes-Werbung kein weiterer Beitrag zur werbeüblichen Entalterung der Gesellschaft oder der Heroisierung der Jugend als eigentlichem und einzigem Sitz eines sinnvollen Lebens, sondern eher die (wenn auch augenzwinkernd vorgetragene) Botschaft, dass selbst nach der blühendsten Jugend notwendigerweise das Alter kommt, also eine Lebensphase, in der man sich (vielleicht) einen Mercedes leisten kann. Alter konnotiert hier also nicht mit ‚Verfall‘, ‚Krankheit‘, ‚Armut‘, ‚Inkompetenz‘ und ‚Skurrilität‘, sondern mit ‚Freizeit‘, ‚Zufriedenheit‘ und ‚Wohlstand‘. Und wer wollte das nicht – irgendwann?

Allerdings kann dieser Mercedesspot nicht als Beginn einer neuen Ära des Altenbildes in der Werbung gefeiert werden. Denn seine Botschaft ist nur begrenzt generalisierbar, da bekanntlich eine Schwalbe noch keinen Sommer macht. Kurz: Es ist nicht angebbar, ob mit der hier untersuchten Mercedeswerbung eine neue Zeit heraufzieht, oder ob sie lediglich eine mit medial verstärkter Stimme vorgetragene Minderheitenmeinung ist, die bald im allgemeinen Rauschen des ansonsten Gesagten und Gezeigten wirkungslos verhallt sein wird.

Literatur

Baltes, Paul & Mittelstraß, Jürgen (Hrsg.) (1992): Zukunft des Alterns und gesellschaftliche Entwicklung. Berlin: de Gruyter.

Berger, Ursel (1993): Bilder vom alten Menschen in der niederländischen und deutschen Kunst. Braunschweig: Herzog-Anton-Ulrich-Museum.

Borscheid, Peter (1987): Geschichte des Alters. 16.-18. Jahrhundert. Münster: F. Coppenrath.

Coupland, Nikolas, Coupland, Justine & Giles, Howard (1991): Language, society and the elderly: discourse, identity and ageing. Cambridge/Massachusetts: Blackwell.

Featherstone, Mike & Wernick, Andrew (1995): Images of Aging. London and New York: Routledge.

Flüren, Hanns, Klein, Marion & Redetzki-Rodermann, Heidrun (2002): Das Altersbild der deutschen Daily Soaps. In: medien praktisch 1: 23-28.

Franke, Hans (1990): Das Altersantlitz. Medizinische, kosmetische, psychologische und kunsthistorische Aspekte. Stuttgart/New York: Schattauer Verlag.

Gast, Wolfgang (2002): Die Ausgegrenzten. Medien- und Werbeangebote und die 50+-Generation. In: medien praktisch 1: 9-13.

Gleich, Uli (1999): Über 50jährige als Zielgruppe für Marketing und Werbung. In: Media Perspektiven 6: 301-311.

Goffman, Erving (1979): Geschlecht und Werbung. Frankfurt a.M.: Suhrkamp.

Goffman, Erving (1994): Interaktion und Geschlecht. Frankfurt a.M.: Campus.

Hickethier, Knut (1993): Film- und Fernsehanalyse. Stuttgart/Weimar: Metzler.

Hitzler, Ronald, Reichertz, Jo & Schröer, Norbert (Hrsg.) (1999): Hermeneutische Wissenssoziologie. Standpunkte zur Theorie der Interpretation. Konstanz: UVK.

Illouz, Eva (2002): Vermarktung der Leidenschaft. In: Institut für Sozialforschung, Mitteilungen 13: 7-30.

Jäckel Michael, Kochhan, Christoph & Rick, Natalie (2003): Ist die Werbung aktuell? S. 675-690 in: Willems, Herbert (Hrsg.): Die Gesellschaft der Werbung. Wiesbaden: Westdeutscher Verlag.

Kayser, Susanne (1996): Ältere Menschen als Zielgruppe der Werbung. In: Media Perspektiven 6: 301-309.

Kübler, Hans-Dieter (2002): 50 plus – aber kaum älter. ,Senioren' und Medien. In: medien praktisch 1: 4-8.

Lettke, Frank (2003): Werbung und Generationenbeziehung. S. 711-736 in: Willems, Herbert (Hrsg.): Die Gesellschaft der Werbung. Wiesbaden: Westdeutscher Verlag.

Mann, Bernhard (2002): Altern und Gesellschaft – zwischen Handlungskompetenz und ,Ageism'. In: Soziologische Revue 2: 133-148.

Opl, Eberhard (1990): Zur Frage der Audiovisuellen „Codeebenen". In: Kodicas/Code 13 (3/4): 277-306.

Peters, Jan-Marie (1980): Bild und Bedeutung. Zur Semiologie des Films. S. 178-188 in: Brauneck, Manfred (Hrsg.): Film und Fernsehen. Bamberg: Buchners.

Prahl, Hans-Werner & Schröter, Klaus (2000): Altern im Fadenkreuz von Individualisierung und Vergesellschaftung. In: Ethik und Sozialwissenschaften 3: 425-481.

Reichertz, Jo (1994): Selbstgefälliges zum Anziehen. Benetton äußert sich zu Zeichen der Zeit. S. 253-280 in: Schröer, Norbert (Hrsg.): Interpretative Sozialforschung. Opladen: Westdeutscher Verlag.

Reichertz, Jo (2002): „Ich könnte schreien vor Glück" oder: Formen des Glücks in den Massenmedien. S. 227-244 in: Bellebaum, Alfred (Hrsg.): Glücksforschung. Eine Bestandsaufnahme. Konstanz: UVK.

Soeffner, Hans-Georg (1989): Auslegung des Alltags – Der Alltag der Auslegung. Frankfurt a.M.: Suhrkamp.

Tews, Hans Peter (1995): Altersbilder. Über Wandel und Beeinflussung von Vorstellungen vom und Einstellungen zum Alter. Köln: Kuratorium Deutsche Altershilfe.

Thimm, Caja (1998): Sprachliche Symbolisierungen des Alters in der Werbung. S. 113-140 in: Jäckel, Michael (Hrsg.): Die umworbene Gesellschaft. Opladen: Westdeutscher Verlag.

Schmidtbauer, Wolfgang (2001): Von wegen sturer Kauz. In: Die Zeit vom 5. April: 9.

Stadelhofer, Carmen (2002): www.senioren. Internetschließung – auch für ältere Erwachsene. In: medien praktisch 1: 14-18.

Strauss, Anselm (1991): Grundlagen qualitativer Sozialforschung. München: Fink.

Willems, Herbert & Kautt, York (2003): Werbung als kulturelles Forum: Das Beispiel der Konstruktion des Alter(n)s. S. 633-656 in: Willems, Herbert (Hrsg.): Die Gesellschaft der Werbung. Wiesbaden: Westdeutscher Verlag.

7 Der Mediensport Olympia – ein globales Integrationsritual?[44]

> „Es gibt kein unsterbliches Evangelium; a-
> ber nichts rechtfertigt den Glauben, dass die
> Menschheit unfähig wäre, in der Zukunft
> neuen zu erschaffen. Welches die Symbole
> sein werden, unter denen sich der neue
> Glaube ausdrücken wird, ob sie jenen der
> Vergangenheit gleichen oder nicht, ob sie
> der Wirklichkeit, die sie ausdrücken wer-
> den, angepasst sind oder nicht, ist eine Fra-
> ge, dies das menschliche Fassungsvermö-
> gen überschreitet, und die im übrigen gar
> nicht den Kern der Dinge berührt."
> *Émile Durkheim 1981: 572 f.*

7.1 Macht, Spaß und Geld

Die olympischen Spiele von Athen haben es erneut gezeigt: Obwohl immer wieder wegen der starken Kommerzialisierung gescholten, ziehen die internationalen Wettkämpfe Millionen von Zuschauern aus aller Welt in ihren Bann – wenn
auch nur für kurze Zeit. In dieser Zeit verbindet der Sport die Zuschauer – über
Länder-, Kultur- und Rassengrenzen hinweg – und die Menschen feiern mit den
Siegern und Siegerinnen die Leistung als Mittel menschlicher Selbstüberschreitung. Olympischer Sport ist ohne Zweifel ein Mediensport, und gerade deshalb
ist er mehr als ein lukratives Geschäft, politische Demonstration oder unterhalt-
sames Event. Gerade mit Hilfe der Medien werden die olympischen Spiele der
Neuzeit ein wichtiger Integrationsritus einer neuen, sich globalisierenden Welt.

---

44   Der Artikel geht zurück auf einen Vortrag, der im Rahmen des Studium Generale im Juli 2004
      an der Universität Heidelberg gehalten wurde. Da der Artikel vor den Spielen geschrieben,
      aber erst danach publiziert wurde, wurde an einigen Stellen die Zeitform geändert. Danken
      möchte ich Naziker Bayram, Marco Budek, Nadine Marth, Nadia Zaboura und Robert Zvosec.
      Erst haben sie mir viel Material über Olympia verschafft und später bei der Auswahl geholfen.
      Danken möchte ich auch Sylvia Wilz. Das Gespräch mit ihr über die Besonderheit der neuen
      olympischen Spiele half mir dabei, den eigenen roten Faden zu finden.

7.2 Olympia ist tot

Olympia ist tot. Zu diesem Befund kommen viele Beobachter des Zeitgeschehens. Wenn die Beobachter diesen Befund vortragen, dann tun sie das meist mit großer Sorge. Und sie haben Recht: In ihrem Befund und mit ihrer Sorge – zumindest wenn man das aktuelle Olympia an den offiziellen Idealen der olympischen Spiele, oder genauer: den medial immer wieder vorgestellten Idealen misst, die ihr Erneuerer Pierre de Coubertin vor gut 100 Jahren in die Welt gesetzt hat. Auf die Frage, weshalb er die olympischen Spiele wieder ins Leben gerufen habe, antwortete er nämlich: „um den Sport zu adeln und zu stärken, um seine Unabhängigkeit und Dauer zu sichern und den Athleten zu befähigen, der erzieherischen Rolle, die ihm mit der modernen Welt obliegt, besser gerecht zu werden" (zitiert nach Valerien 1996: 125). Gemessen an diesen Idealen, nämlich dass der Sport im Allgemeinen und der olympische im Besonderen eine moralischen Erziehung der Jugend, eine Stärkung der individuellen Persönlichkeit und ein Verantwortungsbewusstsein gegenüber der Gesellschaft zur Folge hat, wenn das die Ziele des 1896 wieder erschaffenen Olympia gewesen sind, dann ist Olympia in der Tat tot. Gestorben im magischen Dreieck von Geld, Macht und Medien.

Macht Olympia (noch) Spaß? Nein. Spaß macht Olympia den Beteiligten schon lange nicht mehr, wenn es denn jemals das Ziel von Olympia gewesen sein sollte, Spaß zu machen. Normaler Sport, der seinen Reiz aus einer temperierten Askese gewinnt, ist durchaus mit Spaß oder Freude verbunden. Sport ist nämlich, wie der italienische Semiotiker Umberto Eco (1987: 196) es mit Bezug auf den Profifußball formuliert, „eine Tätigkeit, in der einer ohne Gewinnstreben und durch unmittelbaren Einsatz des eigenen Körpers physische Exerzitien betreibt, die seine Muskeln üben, sein Blut zirkulieren und seine Lungen voll durchatmen lassen, der Sport, sage ich, ist eine sehr schöne Sache, zumindest so schön wie der Sex, die philosophische Reflexion und das Glücksspiel mit Erbsen als Einsatz." Aber diese Art von Sport findet bei Olympia nicht (mehr) statt. Denn die modernen Athleten sind mittlerweile hoch trainierte und spezialisierte Ausnahmeerscheinungen, die, mit sehr viel Mühen und Einsatz so weit gekommen, gut davon leben, eben diesen Sport und sonst nichts zu betreiben. Deshalb sind für Eco (ebd.: 188) die Athleten und Athletinnen menschliche Wesen, die speziell zu Wettkampfzwecken gezüchtet wurden: „Der Athlet ist bereits ein Wesen, das ein einziges Organ hypertroph entwickelt hat, das seinen Körper zum exklusive Sitz und Quell eines Dauerspiels macht. Der Athlet ist ein Monstrum, (…) die Geisha mit den verstümmelten Füßen, zurechtgestutzt zur totalen Instrumentalisierung." Spaß macht Olympia für diese Athleten vielleicht noch im Neben- oder Nachtprogramm, wie die aktuellen Ereignisse in Dänemark belegen: So hat zum Beispiel die Olympiateilnahme des dänischen Kronprinzen Frederik (in der Segelmannschaft) dazu geführt, dass er abends in einer Bar Mary Donald-son aus Tasmanien, Australien, kennen und lieben lernte, was zur Folge hatte, dass die beiden heirateten und Dänemark bald eine Königin von der anderen Seite der Welt haben wird.[45]

Macht Olympia Geld? Ohne Zweifel macht Olympia Geld. Spätestens seit sich das IOC mit seinen Beschlüssen von Baden-Baden 1981 ganz offiziell von der Lebenslüge des olympischen Sport, dem Amateurismus, verabschiedet. „In Baden-Baden", so schreibt ein wohlwollender Beobachter der Ereignisse, „ge-stand sich die olympische Familie ein, dass olympischer Sport nicht mehr nur von wahren Liebhabern des Sports betrieben wird, sondern dass Sport einen politischen, wirtschaftlichen und medialen Machtfaktor im Globalisierungspro-zess darstellt und dass diese dem olympischen Sport zugefallene Rolle auch gespielt werden muss" (Thelen 2001: 46). Olympischer Sport ist aber nicht nur Profisport, sondern (gerade weil er Profisport geworden ist) heute im Wesentli-chen auch Mediensport, also eine körperliche Tätigkeit, deren Logik ausgerichtet ist, möglichst viele Zuschauer dazu zu bewegen, bestimmte Medien zu kaufen oder anzuschalten (vgl. Lambrecht & Stamm 2002: 133 ff.).

Mediensport beruht zwar noch auf körperlicher Bewegung, doch diese Be-wegung wird für den Zuschauer in besonderer Weise inszeniert: Mediensport heißt vor allem eine verstärkte Sichtbarkeit des sportlichen Handelns durch hoch auflösende Kameras, Teleobjektive und Super Slow Motion, eine Bevorzugung des Bildhaften, eine immer weiter gesteigerte Dramatik, eine Intensivierung der Theatralität und der Erhöhung der Spannung. All dies hat dazu geführt, dass bestimmte Sportarten von den Medien gern und andere ungern gezeigt werden: Medien sponsern die Sportarten, die besonders gut zu der Darstellungslogik der Medien passen. Medien verändern somit den Sport, was man ganz handgreiflich schon daran sehen kann, dass die von den Medien verschmähten Sportarten re-gelmäßig Überlegungen anstellen, wie man durch die Änderung von Spielregeln eine bessere Medientauglichkeit erreichen und somit mehr Medieninteresse und somit auch mehr Geld erhalten kann.

Dass es in Olympia um Geld geht, das wird seit den Spielen 1984 in Los Angeles und seit der Ära Samaranch nicht mehr schamhaft verdeckt, sondern sehr selbstbewusst demonstriert (vgl. auch Höfer 1996). Mittlerweile verdienen (fast) alle Beteiligten an dem olympischen Mediensport: Sowohl die Athleten, als auch deren Trainer, als auch die Funktionäre des IOC, die Veranstalter und

---

45 Offensichtlich sind die Olympischen Spiele schon aus Tradition für die europäischen Fürsten-häuser segensreich: So begegnete die deutsche Hostess Silvia Sommerlath 1972 bei den Spie-len von München erstmals ihrem späteren Mann, König Carl Gustaf von Schweden, und 1996 in Atlanta schaute die spanische Prinzessin Christina dem Handballer und Bronzemedaillenge-winner Inaki Urdangari zum ersten Mal tief in die Augen.

Ausrichter vor Ort und natürlich auch die nationalen wie internationalen Medien, die für viel Geld die Rechte zur Berichterstattung gekauft haben, um sich so selbst besser an Leser, Zuhörer und Zuschauer und natürlich an Werbekunden verkaufen können. Dass nicht nur die Großen mit Olympia Geld verdienen (so verdiente ein IOC-Präsident Mitte der 90er Jahre des letzten Jahrhunderts steuerfrei 500.000 Dollar – vgl. Krüger 1996: 393), zeigten die Ereignisse in Athen. Nachdem erst die Hotels vor Ort ihre Zimmerpreise für die Zeit der Spiele um 300-700 % erhöht haben, wollten auch die Zimmermädchen ihren Anteil haben. Deren Gewerkschaft drohte sogar mit Streik, sollten die Arbeitgeber keine 8% Lohnerhöhung und eine Erschwerniszulage von zwei Monatsgehältern gewähren. Und andere Berufsstände folgten diesem Vorbild.

Schafft Olympia Macht? Ohne Zweifel schafft Olympia Macht, nicht nur weil das Olympische Komitee als eine der ersten weltweit anerkannten und agierenden Institutionen angesehen werden muss. Das IOC ist mittlerweile ein internationales Unternehmen mit hoch bezahlten Managern, das seit Jahren sehr erfolgreich ein ausgeklügeltes und gewinnbringendes Franchisesystem betreibt: Gestellt werden vom IOC (und das verbindet Olympia mit Coca Cola, McDonald's oder Marlboro) die Namen, die Tradition und die Idee – der Veranstalter vor Ort übernimmt dies alles, zahlt Lizenzgebühren und betreibt damit seinerseits sein Geschäft mit Olympia. In Olympia, egal wo es jeweils gerade inszeniert wird, geht es also um Geld, geht es in der Regel sogar um viel Geld. So betrugen allein die Einnahmen aus den internationalen Fernsehrechten in Sydney ca. 1,3 Milliarden US Dollar (vgl. Lambrecht & Stamm 2002: 137). In einer solchen Situation liegt die Versuchung nahe, Vorteile nicht nur auf der Rennbahn zu erkämpfen, sondern auch schon einmal an anderen Orten: Doping scheint nicht mehr die Ausnahme zu sein, und Bestechung ist zumindest häufiger schon versucht worden, wie 1999 der Skandal um die Vergabe der Spiele an Salt Lake City ans Licht brachte (vgl. Swaddling 2004:184).

Olympia war zudem schon von Beginn an eingebunden in das politische Kräftespiel von Demonstration von Macht (Berlin 1936) und Gegenmacht (München 1972). Trauriger Höhepunkt ist wohl, dass die Spiele in Athen angesichts der Aktivitäten internationaler Terrororganisationen den Schutz der NATO erbeten und auch erhalten haben. Im Umkreis von ca. 60 km um das Olympiastadion von Athen wurde der Luftraum von Awacs Aufklärern überwacht und wäre notfalls mit Gewalt geschützt worden. Kosten der Aktion: Statt 250 Millionen Euro (so viel kostete die Sicherheit in Sydney), mussten 1 Milliarde Euro aufgebracht werden. Es wurden die umfangreichsten Sicherheitsmaßnahmen aller Zeiten erbracht, damit es im Stadion von Athen und an den Millionen von Fernsehgeräten nach olympischem Frieden und Kultur übergreifender Harmonie aussehen konnte.

Dass selbst im antiken Olympia manchmal der olympische Friede, die Eke-cheiria, nicht eingehalten wurde,[46] zeigten die Ereignisse von 424 v. Chr. Als nämlich die Eleer, die damaligen alleinigen Betreiber der olympischen Spiele, im Peloponnesischen Krieg ihre neutrale Haltung aufgaben und sich mit den Athe-nern gegen Sparta verbündeten, konnten die Spiele nur unter dem Schutz Tausender von bewaffneten Kriegern stattfinden (Swaddling 2004: 161).

Olympia ist also für die, die es organisieren und betreiben, vor allem ein wirtschaftliches Unternehmen, das Geld kostet und deshalb auch Geld bringen muss. Die Ökonomie ist die oberste Gottheit, nicht das Spiel, nicht die Moral und die Freude am grenzüberschreitenden Wettkampf oder dem Kultur übergreifenden Zusammenkommen. Insofern haben die Kulturkritiker, die gerne das Neue am Alten messen, Recht. Aus dieser Sicht ist Olympia tot. Dennoch gibt es Olympia. Immer noch. Und machtvoller als je zuvor.

7.3 Olympia lebt!

Dass Dinge vergehen, Institutionen sich wandeln, Traditionen vergessen werden, Menschen wie das von ihnen Geschaffene sich auflösen, das ist durchaus nichts Neues oder gar Weltbewegendes, sondern der normale Gang der Dinge. Schon Coubertin (um bei unserem Gegenstand zu bleiben) ließ das antike Hellas und seine Spiele zu Ehren des Zeus sterben (die 776 v. Chr. zum ersten Mal ausge-tragen wurden und ,deren Flammen auf den Altären im Jahr 394 nach Chr. vom Christentum gelöscht wurden' – vgl. Coubertin 1966: 129)[47], um sein eigenes und modernes Olympia neu erbauen zu können. Obwohl die Verdienste Couber-tins für die Wiedereinführung der Olympischen Spiele völlig unstrittig sind,

---

46 Der olympische Friede sollte gewährleisten, dass alle Athleten und Zuschauer unbehelligt zu den Spielen anreisen und diese auch wieder verlassen konnten. „Bevor sich die Athleten samt ihrem Troß, die offiziellen Festgesellschaften der einzelnen Städte und die zahllosen Einzelbe-sucher auf den Weg nach Olympia machten, um bei den Spielen als Akteure, als politische Vertreter und als begeisterte Zuschauer dabei zu sein, mußte der offizielle Einladung zu den Olympien erfolgen. Zu diesem Zweck wurden Herolde in alle Gegenden der griechischen Koi-né ausgesandt, die sowohl die Ekecheiria – also die Waffenruhe vor, während und nach den Spielen – wie auch den genauen Termin für die Wettkämpfe verkündeten. Diese Aufgabe ü-bernahmen die elischen Spondophoren, die ,Herolde der Festzeit', die Männer aus Elis, die den Frieden des Kroniden Zeus verkündeten." (Seibler 2004: 168).

47 „Gerade der religiöse Charakter war ja der zentrale Grund für den Untergang der Spiele. Als Kaiser Theodosius 394 durch ein Edikt die öffentliche Götterfeste und damit auch die athleti-schen Wettkämpfe verbietet, ist dies keine Verdammung einer heruntergekommenen Sportmo-ral, sondern Folge des Ultimatums zweier Bischofskonferenzen, deren Teilnehmer dem Kaiser die Gefolgschaft zu verweigern drohten, wenn er nicht endlich Götterfeste, insbesondere die Olympischen Spiele, verbiete" (Lämmer 1990: 6).

kommen Historiker bezüglich seiner Geschichtstreue dennoch zu einem etwas zurückhaltenderen Ergebnis. So meint etwa Manfred Lämmer (1990: 4), Leiter des Instituts für Sportgeschichte der Deutschen Sporthochschule Köln „daß das Bild, das romantisierende Pädagogen und Sportfunktionäre des 19. Jahrhunderts von der Griechischen Antike zeichneten (…), der Realität nicht gerecht wird."

Heute glaubt man zu wissen (und das ist für Sozialwissenschaftler selbstverständlich), dass auch schon im antiken Griechenland die Spiele Teil und Ausdruck der herrschenden Kultur und der Kultur der Herrschenden war. „Eine das Land beherrschende Schicht von zeitlich und finanziell Unabhängigen Feudalherren" – so Manfred Lämmer (ebd.: 4) in seiner überzeugenden Arbeit zum Wandel der olympischen Idee weiter, „sah in der Maxime ‚Immer der Beste zu sein und überlegen den Anderen' eine zentrale ethische Forderung. Für diese frühgriechischen Ritter erfüllte sich der ganze Sinn des Lebens in der kurzen Spanne diesseitiger Existenz. Da sie an ein Weiterleben nach dem Tode nicht glaubten, galt es im Agon, d.h. im Krieg oder Wettkampf, möglichst viel Ruhm und Ehre zu erlangen, um dem traurigen Los der Vergessenheit durch die Nachwelt zu entrinnen. Diese düstere Anschauung und pessimistische Weltsicht kennzeichnet die griechische Athletik und die olympischen Spiele. Rücksichtsloser Einsatz der Gesundheit und des Lebens, die Devise ‚Kranz oder Tod' und ein hohes Maß von Aggression und Gewalt waren die Folge. Es ging den Kriegerathleten der archaischen und klassischen Zeit um existenzielle Selbstdarstellung und um Bewahrung beziehungsweise Verbesserung des sozialen Ranges unter ihresgleichen. Nur der Sieger wurde ermittelt und ausgerufen." Philotimia strebten die Helden der Antike an: das Verlangen nach diesseitiger Ehre oder auch Ruhmgier (vgl. auch Siebler 2004: 160 ff.)[48]. Second winner – first loser (eine im heutigen Profisport oft gehörten Weisheit) galt offensichtlich schon im alten Hellas.

Deshalb ruht das Credo der modernen olympischen Spiele auf einer Reihe unzulässiger Rückprojektionen auf. Zu diesen verklärenden Projektionen gehört sicher die Geschichte vom sportlichen Amateur, der angeblichen Frieden schaffenden Macht der olympischen Spiele und die von der harmonischen Bildung von Körper und Geist. Dies alles rechtfertigt in den Augen von Lämmer (1990: 4) folgendes, sicherlich etwas zugespitzte Urteil: „Es fällt jedoch schwer (…) irgendeinen Grundgedanken des Modernen Olympismus in der Antike wiederzufinden. Die olympischen Spiele der Griechen hatten nur eines mit den modernen gemeinsam: die regelmäßige Veranstaltung geregelter und festlich gestalteter

---

48   Aber nicht nur die Athleten wurden von der Philotimia angetrieben, auch die Sponsoren (wie Paul Veyne in seinem schönen Buch über die politische Herrschaft in der Antike zeigt) versuchten sich mit Gaben für das öffentliche Leben zu übertreffen – um so zu Ehren und dann zu Ämtern zu kommen. Auch dem Eugertismus liegt das agonale Prinzip zugrunde (vgl. Veyne 1994: 163-311).

Wettkämpfe." Eine solche Kritik übersieht allerdings, dass keine Tradition über-leben kann, wenn sie sich nicht immer wieder (mit dem gesellschaftlichen Wan-del) tief greifend wandelt. Deshalb ist es wahrscheinlich eben diesem Traditions-bruch zu verdanken, dass die Olympischen Spiele der Neuzeit in der neuen Zeit so erfolgreich wurden.

Denn trotz vielfältiger Krisen und Skandale ist die Bedeutung der olympi-schen Spiele in den letzten Jahrzehnten nicht geringer geworden, sondern sie hat sogar immens zugenommen – und vor allem seit der Kommerzialisierung und Medialisierung der Spiele. Daraus ergibt sich die Frage, weshalb die olympischen Spiele immer noch, oder genauer: seit 1984 so erfolgreich geworden sind – denn die ersten 100 Jahre der neuen olympischen Spiele zeitigten nur einen begrenzten Erfolg, weshalb das Überleben der Spiele manchen zweifelhaft erschien.

Erfolgreich heißt hier erst einmal, dass es kein anderes Sportereignis gab und gibt, an dem sich so viele Athleten aus so vielen Ländern in so vielen Dis-ziplinen miteinander messen: Wetteiferten 1896 in Athen noch 245 männliche Teilnehmer aus 15 Staaten in 43 Wettbewerben miteinander um den Siegerkranz, so waren es 1984 in Los Angeles schon 6.797 Männer und Frauen aus 140 Staa-ten, die in 221 Wettbewerben gegeneinander antraten. Im Jahr 2000 in Sydney beteiligten sich 10.651 Sportler/innen aus 199 Staaten in 300 Wettbewerben, während in Athen 10.500 Athleten aus 202 Ländern an den Start gingen. Erfolg-reich sind die neuen olympischen Spiele aber auch und vor allem, weil bei keiner anderen Veranstaltung auf der gesamten Welt so viele Zuschauer dabei sein wollen. So begleiteten die Olympia Eröffnungsfeier in Sydney 2000 weltweit ca. 3,7 Milliarden Fernsehzuschauer, während die sportlichen Wettkämpfe von ins-gesamt 20-25 Milliarden Zuschauern verfolgt wurden. Zum Vergleich: Das Fuß-ball-WM Endspiel zwischen Deutschland und Brasilien 2002 brachte es nur auf 2,1 Milliarden Fernsehzuschauer. Allerdings verfolgten die Fußball-WM insge-samt 30-35 Milliarden Zuschauer. Insgesamt hat die gesamte Fußball-WM mehr Zuschauer, aber was die Höhepunkte angeht, übertrifft Olympia die Fußball-WM bei Weitem. Die Eröffnungsfeier, also das Ereignis, an dem überhaupt kein Wettkampf stattfindet, zieht das größte Zuschauerinteresse auf sich.

Erfolgreich sind die olympischen Spiele auch, weil kein anderes Ereignis auf der Welt so viele Journalisten auf den Plan ruft. So waren z.B. 1992 bei den Spielen in Barcelona 19.200 Berichterstatter (Print, Hörfunk und Fernsehen) vor Ort (vgl. Krüger 1996: 401). Und in Athen stellte das deutsche Fernsehen einen neuen olympischen Rekord auf: Mit 6.000 Mitarbeitern produzierten die beiden öffentlich-rechtlichen Anstalten allein 1.400 Stunden Berichterstattung – so viel wie kein anderes Land. Das war insofern beachtlich, dauern doch die Spiele, rechnet man den Tag mit 24 Stunden, insgesamt nur 288 Stunden. Und all das zahlte sich für die deutschen Sender aus: Im Olympiamonat August verbesserte sich der Marktanteil der ARD von 13,3 Prozent auf 16,0 Prozent, während der Marktführer RTL ohne Olympia auf 12,3 Prozent abfiel. Olympia bewegt also die Menschen in Deutschland – und auf der ganzen Welt. Olympia hat mehr Kraft und Ausstrahlung als je zuvor. Olympia lebt. Immer noch.

Angesichts dieser Tatsache, nämlich dass die olympischen Spiele und hier vor allem die ‚sportfreie' Eröffnungsfeier einer der am meisten beachteten Ereignisse der Welt sind, wundert man sich schon, (und das hat Hans Lenk bereits vor 30 Jahren festgestellt) weshalb gerade die Sozialwissenschaften diesem Ereignis so wenig Beachtung schenken (vgl. Lenk 1984). Vielleicht hat es etwas damit zu tun, dass Intellektuelle schon fast aus Tradition ein etwas gebrochenes Verhältnis zum Sport haben, vielleicht weil sie ahnen, dass der Sport von der Kraft des Nichtintellektuellen kündet. Wie dem auch sei: Dieser Mangel an sozialwissenschaftlichen Arbeiten über den olympischen Sport soll im Weiteren ein wenig gemildert werden, wenn ich in der verbleibenden Zeit aus kommunikationswissenschaftlicher und soziologischer Sicht ein wenig der Frage nachgehe, weshalb die olympischen Spiele so erfolgreich sind, weshalb sie mehr Interesse erwecken als Weltmeisterschaften, was sie von Weltmeisterschaften unterscheidet. Bei dem Versuch, diese Frage zu bearbeiten, ist vielleicht auch die Erinnerung hilfreich, die Erinnerung an das Besondere der Spiele, an das, was die Zuschauer bislang so bewegte.

Erinnert sei hier (um die Stimmung der Ereignisse zu vergegenwärtigen) an zwei besonders ergreifende Eröffnungsfeiern der olympischen Sommer-Spiele: Rund 3,5 Milliarden Menschen verfolgten am Bildschirm die Eröffnungsfeier in Atlanta, und viele waren damals zu Tränen gerührt, als Muhammad Ali, deutlich von der Parkinsonschen Krankheit gekennzeichnet, die letzten Stufen der heiligen Stätte erklomm, um dann mit stark zitternden Händen das olympische Feuer zu entzünden. Und man erinnere sich an Sydney 2000, wie Cathy Freeman, Weltmeisterin und Aborigine, unter dem Jubel der 110.000 Zuschauer das olympische Feuer entzündete. Cathy Freeman, das Symbol der Aussöhnung der schwarzen Ureinwohner mit der weißen Bevölkerung, sollte weltweit ein Zeichen setzen und so in ihrer eigenen Person die olympische Idee der Völkerverständigung verkörpern.

Weil die Eröffnungsfeier der olympischen Spiele für die Zuschauer offensichtlich den absoluten Höhepunkt der Spiele darstellt, möchte ich mich im Weiteren vor allem auf die Bedeutung dieser Eröffnungsfeier konzentrieren – also die Bedeutung des Fackellaufes um die Welt, des Einmarsches der Nationen, des Entzündens des olympischen Feuers, des Meers der Fahnen, der olympischen Fanfaren und olympischen Ringe, des öffentlichen Ablegens des olympischen Eides von einem für alle und der feierlichen Eröffnungsformel: „Hiermit erkläre ich die XX. olympischen Spiele neuer Zeitrechnung für eröffnet." Umrahmt ist dies alles von einem prunkvollen Kulturprogramm – heute würde man aber eher sagen: umrahmt von einem effektvollen Showprogramm.

Das olympische Feuer (um nur einen Teil der Feier etwas näher zu beleuchten) fungiert hier als Symbol der Verbindung über Raum und Zeit hinweg. Denn das olympischen Feuer, herbei getragen von einer Reihe olympischer Heroen und Heroinnen (manchmal über den halben Erdkreis hinweg)[49], verbindet den jeweils aktuellen Austragungsort nicht nur räumlich mit dem fernen Olympia, sondern auch über die Zeit, über Tausende von Jahren hinweg. Das am Zeustempel in Elis entzündete Feuer ragt wie die mythische Erzählung in eine unbekannte Vergangenheit hinein, erinnert an sie, deutet das Aktuelle als Wiederkehr und Weiterführung des Alten und gibt Hoffnung für die Zukunft.

Diese Eröffnungsfeier ist also eine opulente, sinnenreiche Zusammenstellung von Texten, die gesprochen, Symbolen, die gezeigt, und Handlungen, die in immer gleicher Weise vollzogen werden müssen. Kurz: Sie ist eine feierliche Zeremonie, bei der sich unter dem Jubel der Zehntausenden von Zuschauern vor Ort und unter den Augen von Milliarden von Zuschauern vor dem Bildschirm die Mannschaften der teilnehmenden Nationen nicht nur vorstellen, sondern sich in einem öffentlichen Gelöbnis mit folgenden Worten einer Moral unterstellen und einem Ziel verschreiben: „Im Namen aller Teilnehmer verspreche ich, dass wir uns bei den olympischen Spielen als loyale Wettkämpfer erweisen, die Regeln achten und teilnehmen im ritterlichen Geist zum Ruhme des Sports und zur Ehre unserer Mannschaften."

Diese umfangreiche Eröffnungszeremonie ist das, wenn auch nicht das einzige, was Olympia von einem normalen internationalen Sportfest abhebt, was aus Olympia mehr macht als ein Sportfest. Olympia ist zwar auch ein Sportfest, aber nicht nur. Das Besondere an Olympia ist – und das hebt Olympia von einer Fußballweltmeisterschaft oder dem Super Bowl ab – dass Olympia auch ein kollektiver Ritus ist – ein kollektiver sakraler Ritus, vielleicht der erste und (sieht man von dem Neujahrssegen „Urbi et Orbi" des Papstes einmal ab) vielleicht auch der einzige einer sich immer weiter globalisierenden Gesellschaft.

---

49 Dass Olympia und das Medien gestützte Starsystem eine immer engere Verbindung eingehen, dass Mediensport und Kulturindustrie sich immer weiter durchdringen, kann man gut daran ablesen, dass in diesem Jahr zum ersten Mal nicht nur erfolgreiche Athleten und Athletinnen die Fackel durch das Land tragen dürfen, sondern auch diverse Größen aus dem Film-, Musik- und Modegeschäft, die zwar in ihrer Branche recht erfolgreich sind, jedoch noch nie durch sportliche Leistungen einen Lorbeerkranz errungen haben (so Jennifer Aniston und Puff Daddy).

7.4 Coubertins Konzeption der olympischen Spiele als Ritus

Um diese These von den olympischen Spielen als kollektiver Ritus, eine These im Übrigen, die schon des Öfteren und davon am überzeugendsten von Herms (1990) vorgetragen wurde, zu plausibilisieren, möchte ich noch einmal auf den Erschaffer der modernen olympischen Spiele und seine Absichten zurückkommen. Coubertins Vorhaben, die olympischen Spiele der Antike mit neuem Leben zu erfüllen, muss aus soziologischer Sicht auch als Teil eines im Wesentlichen durch die Industrialisierung des ausgehenden 19. Jahrhunderts angestoßenen Modernisierungsprozesses begriffen werden, der sowohl den Sport (wie alle anderen gesellschaftlichen Bereiche) ergriffen und gestaltet hat, der aber zugleich vom Sport Impulse erhielt und dadurch verstärkt wurde.

Ermöglicht wurde dieser Prozess der grenzüberschreitenden Industrialisierung durch die Erfindung der Dampfkraft und die des Telegrafen. Vieles ging jetzt schneller und effektiver: Die Produktion von Gütern beschleunigte sich ebenso in einem rasanten Tempo wie deren Transport. Die Bahn erlaubte grenzüberschreitenden Transport von Mensch und Gütern, und die neue Nachrichtentechnik überwand Berge und Seen mühelos und mit einer bis dahin ungekannten Schnelligkeit. Die neuen Medien übersprangen Sprach- und Kulturgrenzen mit Leichtigkeit und so wurde die gesamte Welt, zumindest strukturell, das neue Spielfeld. Damit war eine neue Etappe des bislang eher langsam vorankommenden Globalisierungsprozesses erreicht. Dieser ,Globalisierungssprung' hat nicht nur im Kerneuropa alle Lebensbereiche neu gestaltet, die Kultur verändert und das gesamte Machtgefüge der Nationalstaaten untereinander nachhaltig erschüttert, sondern auch das Gefühl der Menschen, in eine religiös fundierte Kultur eingebettet und damit einer einheitlichen und umfassenden Moral verpflichtet zu sein.

Der charismatische Coubertin, der nicht nur die Stimmen der Gegenwart, sondern die der Vergangenheit und der Zukunft ,hörte',[50] fand für die Kennzeichnung seiner Zeit Worte, die in unseren Ohren vielleicht ein wenig unmodern klingen, die aber, da wir uns in einer strukturell ähnlichen Situation des tief greifenden Wandelns, nämlich einer weiteren Etappe des Globalisierungsprozesses befinden, durchaus aktuell sind: „Selbst wenn man sich nur wenig mit der Geschichte dieses Jahrhunderts befaßt, ist man erstaunt über die Spielarten moralischer Unordnung, die anscheinend durch das nunmehr vorhandene Wissen um die industriellen Dinge hervorgerufen werden. Das Leben wird umgewälzt, die Völker gewöhnen sich an das Gefühl, daß die Erde, die sie trägt, unter jedem Schritt erzittert. Sie wissen nicht, woran sie sich halten sollen, denn alles um sie herum ist in Bewegung und einem ständigen Wechsel unterworfen: und in ihrer

---

50   Zur Entwicklung der Gedankenwelt Coubertins siehe vor allem Herms (1990) und auch Hojer (1972).

Verwirrung suchen sie alle in der Welt verstreuten moralischen Kraftelemente zusammen. (...) Ich glaube, hier liegt der philosophische Keim der im 19. Jahrhundert so betont zu Tage tretenden Bewegung der Wiederbelebung der Körperkultur" (Coubertin 1966: 8).

Diesem modernen Sport fehlte allerdings eine solide philosophische Grundlage, sollte er von Dauer sein – so die Einschätzung von Coubertin (ebd.: 133). Denn: „Was kann man schon Dauerhaftes aufbauen, wenn man sich auf die Mode stützt? Um das schwache Gebäude zu stützen, (...) schien mir die Wiedereinrichtung der – diesmal vollständig internationalisierten – Olympischen Spiele die einzig gangbare Lösung zu sein. Es galt, die nur einen Tag dauernde Anglomanie mit dem immensen Prestige der Antike zu überdecken, dabei in etwa den Widerstand der Freunde der Klassik zu entwaffnen und auf diese Weise die ganze Welt einer Formel zu unterwerfen, deren Ruf keine Grenzen kennt; (...) Zu diesem Zweck bot sich uns auch in unserem verweltlichten Jahrhundert eine Religion an; die zum Lohn für den siegreichen Athleten am Mast emporsteigende Nationalflagge – Symbol des modernen Patriotismus – das sollte die Fortsetzung des Gottesdienstes am wieder aufleuchtenden Olympischen Feuer sein."

Diese von Coubertin vorgenommene Parallelisierung von Sport und Religion war kein einmaliger Ausrutscher, sondern ausdrückliches Programm: „Das erste und wesentliche Merkmal des alten wie des modernen Olympismus ist: eine Religion zu sein. Durch Leibesübungen formte der Wettkämpfer der Antike seinen Körper wie ein Bildhauer seine Statur, und ‚ehrte dadurch seine Götter‘. Der Wettkämpfer der Neuzeit, der Gleiches tut, erhöht damit sein Vaterland, seine Rasse und seine Fahne. (...) Daraus entstanden alle die Formen des Kults, aus denen sich das Zeremoniell der modernen olympischen Spiele zusammensetzt. Ich mußte sie eine nach der anderen einer lange Zeit sich sträubenden öffentlichen Meinung aufzwingen, die darin nichts weiter sah, als mit dem Ernst und der Würde internationaler sportlicher Wettbewerbe unvereinbare theatralische Kundgebung oder ein überflüssiges Schauspiel. Der sport-religiöser Gedanke, die religio athletae ist nur sehr langsam in das Bewußtsein der Sportler eingedrungen" (Coubertin 1966: 150).

Weshalb wollte Coubertin nun diese rituelle Überhöhung der modernen Spiele? Seinem Wunsch zugrunde lag die damalige, von Durkheim, der ein Zeitgenosse Coubertins war, auch theoretisch gefasste Vorstellung davon, was eine Gesellschaft eigentlich zusammen hält. Sicherlich (so die Vorstellung) die Werte und die Normen, die den Gesellschaftsmitgliedern gemein sind und von ihnen verbürgt werden. Gewiss auch die ökonomischen Rahmenbedingungen. Aber all das ist nicht genug. Gesellschaft muss nämlich immer wieder hergestellt werden. Dazu geben u.a. die Traditionen, Gesetze, Institutionen die Rahmen vor, die dann in der alltäglichen individuellen, direkten wie medial vermittelten Kommunikation immer wieder mit Leben gefüllt werden müssen. Und natürlich halten die alltäglichen wie die sakralen Rituale eine Gesellschaft zusammen, oder wie Durkheim (1981: 28) formulierte: „Die Riten sind Handlungen, die nur im Schoß von versammelten Gruppen entstehen können und die dazu dienen sollen, bestimmte Geistzustände dieser Gruppen aufrechtzuerhalten oder wiederherzustellen."

Ganz ähnlich formuliert das Coubertin (1966: 67), wenn er schreibt: „Glauben Sie nicht, eine Demokratie könne auf normale Weise existieren, wenn es, um die Bürger zusammenzuhalten, nur die Gesetzestexte und die Aufrufe zur Wahl gibt. Einst hatte man die äußeren Feierlichkeiten der Kirche und verschwenderischen Prunk der Monarchie. Wodurch will man das ersetzen? Durch Einweihung von Statuen und Ansprachen im Gehrock? Ach was! Es gibt nur einen Kult, der heute eine dauerhafte Bindung der Staatsbürger untereinander bewirken kann, das ist der, der um die sportlichen Übungen der Jugend, dem Symbol des unbeschränkten Fortbestandes der Rasse und der Hoffnungen der Nation, entstehen wird. Und darüber hinaus würde dieser Kult den der Flasche vernichten."

Dieser Kult sollte auf einer Religion basieren, die nicht auf einen personalen Gott, sondern auf die Nation ausgerichtet war. Deshalb musste das sportliche Tun in spezifischer Weise kultisch aufgeladen, rituell überhöht werden. Das Sporttreiben durfte nicht sich selbst genügen, sondern musste einem Ziel untergeordnet werden. „Schon vom ersten Male an hatten Eröffnungen und Ende der Spiele die gewünschte Feierlichkeit, aber die Zeremonie war erst mit dem Augenblick vollendet, da man begann, die kurze und eindrucksvolle Formel des Athleteneides auf die gesammelten Fahnen der wettstreitenden Nationen abzulegen" (Coubertin 1966: 135).

Die olympische Eröffnungsfeier und der olympische Sport sind also ganz bewusst als Ritus konzipiert und von Mal zu Mal entlang dieser Absicht verbessert worden. Ohne die Entwicklung der Medien hätten sich die olympischen Spiele jedoch nicht zu einem kollektiven Ritus entwickeln können, waren doch die nichtmedialen Formen der Vermittlung unzureichend. Mit dem Aufkommen der Medien und hier insbesondere seit dem systematischen Einsatz des Fernsehens, das es ja auch in anderen Bereichen geschafft hat, Äquivalente des Religiösen zu liefern (vgl. Reichertz 2000), hat die Aufführung der olympischen Spiele als kollektiver sakraler Ritus, an dem auch alle Zuschauer teilnehmen können, (endlich) ihr Ziel erreicht.

Bei den ersten Spielen der Neuzeit wurden die Ergebnisse der Athleten noch von den Kampfrichtern allein mit Hilfe der Stimmkraft ausgerufen, weshalb die Zuschauer oft nicht wussten, was der Stand der Dinge war. Stadionlautsprecher und später die übergroßen Bildschirme sorgten dafür, dass alle vor Ort wissen, wo gerade etwas Wichtiges passiert, und genau sehen, was sich ereignet. Eine ähnliche Entwicklung ermöglichte das Dabeisein der Zuschauer zuhause:

Anfangs wurden die Ergebnisse noch telegraphisch übertragen. Sicherlich ein Fortschritt, doch auf diese Weise konnte zuhause kein richtiger Funke überspringen. Das änderte sich ein wenig, aber nicht entscheidend, als ab 1924 die Berichte die Zuschauer zuhause über den Radioempfänger erreichten. Eine neue Ära begann allerdings 1936, als die olympischen Spiele erstmals im Fernsehen zu sehen waren. Später sorgten dann Live-Übertragungen und neue Formen der Bilderfassung dafür, dass ein Betrachten der Ereignisse im Fernsehen durchaus als eine Form der Fernanwesendheit verstanden werden kann. Deshalb haben die neuen Medien am Erfolg der modernen olympischen Spiele einen großen Anteil.

Allerdings gilt auch hier, dass der olympische Sport immer durchwebt ist von dem olympischen Geist, material präsent durch die Flamme, die Fahnen und die Ringe.

7.5 Der Sport und die Zuschauer

Welche Rolle spielt nun der Sport in den olympischen Spielen (und andernorts)? Sport ist ganz im Sinne von Max Weber (1976: 1) ein soziales Handeln, weil es seinem „den Handelnden gemeinten Sinn nach auf das Verhalten anderer bezogen wird und daran in seinem Ablauf orientiert ist." Der moderne Sportler, insbesondere wenn es ihm darum geht, bei Sportwettbewerben neue Rekorde aufzustellen, orientiert sein Handeln an drei Größen: Zum einen kämpft er direkt und deutlich sichtbar gegen seinen Konkurrenten, der entweder im direkten Vergleich neben ihm auf der Bahn läuft oder nach ihm seinen Speer wirft.

Zum Zweiten orientiert er sein Handeln an dem unpersönlichen Maß, das andere durch ihr sportliches Handeln in die Welt gesetzt haben und das es jetzt zu übertreffen gilt: an dem Rekord und der Logik des maßlosen Übertreffens des Maßes. Der Rekord und das Streben nach dem Rekord, historisch gewachsen in und mit der Industrialisierung, getragen vom Bürgertum und durchtränkt mit dem Geist des Kapitalismus, ist der höchste Wert gerade des olympischen Athleten.[51] Noch einmal Coubertin (1966: 151): „Der Versuch, dem Kampfsport eine Leitlinie verbindlicher Mäßigung aufzuerlegen, bedeutet eine Utopie. Seine Anhänger brauchen ungehemmte Freiheit. Darum hat man ihnen den Wahlspruch: ‚Citius, Altius, Fortius' gegeben, ‚immer schneller, immer höher, immer stärker'."

Zum Dritten orientiert der Athlet sein Handeln an einer entweder körperlich anwesenden oder medial präsenten Öffentlichkeit. Vor den Augen dieser Öffentlichkeit und oft auch in deren Auftrag bzw. in Stellvertretung seiner Herkunftsge-

---

51   Zur Geschichte des Rekords aus dem Geist des europäischen Bürgertums und zu seiner zeitge-
      schichtlichen Bedeutung siehe die aufschlussreiche Arbeit Borscheid (2004: 176 ff.). Eine Kri-
      tik des Rekordbegriffes findet sich bei Sombart (1934: 38 ff.).

sellschaft (vgl. Gebauer et al. 2001: 66 ff.) sollen einerseits die Erträge dieser Kultur vom Sportler zur Schau gestellt werden, andererseits gilt es (auch mithilfe des Konkurrenten) die Grenzen des Menschenmöglichen weiter nach vorne zu versetzen: Das bisher als ‚nicht machbar' Angesehene doch zu schaffen, die Ausweitung der Grenzen menschlicher Möglichkeiten voranzutreiben. Rekordorientierter Sport glaubt fest an die Macht des Menschen und den Fortschritt durch Leistung. Vollendung durch Tüchtigkeit ist die Botschaft dieser säkularen Diesseitsreligion, die an den Anfang nicht das Wort, sondern die sportliche Tat setzt.

Menschen sprechen gerne miteinander. Sprechen schafft Kultur, gestaltet und schafft somit den Menschen. Sport, verstanden als Sport treiben, ist das Ende der Rede. Obwohl seit etwas mehr als einem Jahrhundert sehr viel über Sport geredet wird, ist der Sport, sobald er beginnt, das Ende der Rede. Sport hat nichts mit dem Diskurs zu tun – nicht das bessere Argument zählt, sondern allein die bessere Tüchtigkeit.

Was für den Sportler gilt, gilt in gewisser Weise auch für den Zuschauer. Stand bei Coubertin (das sei hier noch nachgetragen) noch der Athlet im Zentrum seiner pädagogischen Bemühungen, sollte doch durch den Sport eine neue nationale Elite geformt werden, die in der Lage war, der Nation Kraft und Moral zu geben und zu erhalten, so ist bei den heutigen Spielen die moralische Formung der Athleten eher von marginaler Bedeutung. Was zählt, ist die Ansprache der Zuschauer, deren Involvement, deren Bereitschaft, sich zu beteiligen und zu engagieren. Seit der olympische Sport Mediensport ist, gilt es, den Zuschauer mit allen verfügbaren Mitteln zu erreichen. Die Medien schaffen zu diesem Zweck einen hyperrealen Blick auf die Sportereignisse, die man nur mit dem Blick Gottes vergleichen kann. Die Medien, und damit auch die Zuschauer, sehen nämlich mehr und genauer als die Zuschauer, die live und vor Ort dabei sind, was auf der Rennbahn passiert. Ihnen entgeht nichts, weil sie den Blick enorm schärfen und auch die Zeit anhalten, verlangsamen und sogar zurückdrehen können (Zoom, Slow Motion, Standbild, Wiederholung). Mit Hilfe der Medien dabei zu sein ist also eine, wenn auch besondere Form, des Dabeiseins.

Auch wenn Zuschauer viel und gerne sprechen, ist das Zuschauen bei internationalen Wettbewerben doch etwas anderes als miteinander zu sprechen. Denn auch der Zuschauer setzt auf den Körper. Er soll ergriffen werden, auf dass der ergriffene Körper den Zuschauer im wahrsten Sinne des Wortes vom Sitz reißt, ihn in einen Siegestaumel versetzt und ihn berauscht. Die Freuden, die Begeisterung und manchmal auch das Glück und natürlich die Frustration und die Trauer, welche die Zuschauer am eigenen Körper erleben, das ist nicht das Mit-Fühlen der Freude, des Glücks oder des Unglücks der teilnehmenden Sportler, nein, es sind das eigene, selbst erfahrene Glück, die eigene selbst erlebte Frustration, die uns bewegen und die wir mit dem Zuschauen herbeiführen wollen. Dieser eigene

Freudentaumel, der die Zuschauer ohne Rücksicht auf Rasse, Geschlecht, Alter und sozialen Stand ergreift, überspringt die Grenzen der Körper, erfasst alle in gleicher Weise und verbindet sie umfassend zu einer Gemeinschaft, die sich zumindest in diesem Moment ihrer Werte, ihrer Grundlagen gewiss ist. Dieses Communio-Erlebnis versichert alle Beteiligten (oft auch wider besseres Wissen und wider alle Vernunft) ihrer wirklichen Fundamente und tut es ohne Wenn und Aber. Es schafft Gewissheit dort, wo ansonsten Zweifel und Nachdenken stehen – auch wenn man weiß, dass dieser Zustand nicht von Dauer sein wird. Das Communio-Erlebnis resultiert nicht aus einer Feier der Selbstverehrung, sondern aus dem Versuch der grenzenlosen Selbstüberschreitung, damit aus der Suche nach einer großen, wenn auch innerweltlichen Transzendenz.

Sport hat nichts ernsthaft Diskursives, weder in der Arena noch auf den Rängen. Sport bringt das Kollektiv ins Spiel, umgeht den einzelnen Verstand, um zu dem zu gelangen, was alle verbindet, zum Körper und seinen Gefühlen. Beim Sport werden die Menschen ergriffen. Niemand spielt Ergriffenheit. Jeder, oder: fast jeder wird ergriffen, auch wenn er sich nicht ergreifen lassen wollte. Und das seit Jahrtausenden bewährte Mittel menschlicher Gesellschaften, sich gemeinsam ergreifen zu lassen, besteht in einem kollektiven Ritus, einer Zusammenkunft, die symbolisch überhöht und in ihrer Prozesshaftigkeit so gestaltet ist, dass sie die Körper erreicht.

Ist Olympia ein Kult des Sportler-Ichs? Nein! Der eigene Körper des Athleten wird nicht zum Schauplatz des Sinns. Auch wenn an ihm über Jahre hinweg hart gearbeitet wurde, auf dass er in den entscheidenden fünf Minuten oder gar nur in den entscheidenden zehn Sekunden seine höchste Tüchtigkeit öffentlich demonstrieren kann. Aber es geht heute (und das ist der wichtige Punkt) um Tüchtigkeit und nicht mehr um die Nation oder den Patriotismus, wie Coubertin noch meinte, die Tüchtigkeit, die Grenzen des bisher Menschenmöglichen zu überschreiten. Diese Tüchtigkeit ist das Ziel aller Anstrengungen, nicht der gestählte und auch nicht der schöne Körper. Die stehen in andern Lebensbereichen (Kraftsport, Models) im Vordergrund. Der Sportler pflegt diese Tüchtigkeit, er schützt und optimiert sie mit allen legalen und manchmal auch illegalen Mitteln, mit den neuesten Erkenntnissen der Wissenschaft, mit Unterstützung eines ganzen Teams von hoch bezahlten Beratern. Und man versichert sich ihr durch spezifische (religiöse) Praktiken der Enthaltsamkeit. Dieser Kultus der Körpertüchtigkeit fordert Reinheit, Askese und (wenn man es so nennen will) auch ‚orale Zurückhaltung' von denen, die in der Bewährung bestehen wollen.

7.6 Olympia als kollektiver Ritus einer sich globalisierenden Gesellschaft

Der Regentanz der Pueblo-Indianer aus Mexiko ist in der kulturwissenschaftlichen Fachliteratur ein beliebter und oft zitierter Topos. Vor gut 100 Jahren wunderten sich Ethnologen und Sozialforscher noch, weshalb die Indianer immer wieder an bestimmten Orten zusammenkamen und unter freiem Himmel gemeinsam tanzten, ganz offensichtlich um etwas so Unberechenbares wie den Regen herbei zu bitten oder gar herbei zu zwingen. Diese Sozialforscher wunderten sich nicht nur, sondern wähnten sich sogar überlegen, da sie (aus westlicher Sicht) sicher waren, dass Tanzen und Regen nicht ursächlich zusammen hängen und somit das Letztere, also der Regen, durch das Erstere, den Tanz, nicht herbeigeführt werden kann.

Heutige Sozialforscher sind dagegen der Ansicht, dass es den tanzenden Pueblo-Indianern nicht wirklich darum ging, mit ihrem Tanz den Regen herbei zu zwingen, sondern dass dieses Erlebnis gemeinsamen Tanzens in Zeiten der Dürre und der Not die Einzelnen dazu brachte, näher zusammen zu rücken und sich später auch praktisch zu helfen. Auf diese Weise wurde das Kollektiv integriert und stabilisiert. Der Regentanz erscheint aus dieser Sicht als Gemeinschaftserlebnis eigener Art mit einer beachtlichen Wirkung.

Heute glauben nur noch wenige Sozialforscher, dass in westlichen Gesellschaften solche Formen der Systemintegration überflüssig geworden sind. Einige halten eher das Gegenteil für zutreffend und glauben, dass wir gerade in Zeiten des Wandels vermehrt solche Riten benötigen. „Je schneller – durch Innovationen – in unserer Welt aus Gegenwart Vergangenheit wird, umso stärker wird das Interesse an der Vergangenheit. (…) In der Moderne ist der Homo Faber gleichzeitig Homo Conservator; und zur modernen Wegwerfgesellschaft gehört – und zwar als notwendige Kompensation – die genuin moderne Ausbildung der Bewahrungs- und Erinnerungskultur" (Marquard 2000: 52 f.). Der Fortbestand kollektiver Feierlichkeiten (und das Entstehen neuer) wie z.B. in Form von Festivals, Love Parades und Faschingsumzügen bestätigt diese These. Diese Feierlichkeiten haben durchaus etwas mit dem Regentanz der Pueblo-Indianer gemein.

Und natürlich weist auch der Sport eine solche Gemeinsamkeit auf – und hier insbesondere die sportlichen Großveranstaltungen wie Länderspiele, Europa- oder gar Weltmeisterschaften. Und natürlich gilt dies für die olympischen Spiele. Kurz: Unter einem bestimmten Aspekt haben die olympischen Spiele sehr viel mit Regentänzen zu tun: In Zeiten einer sich beschleunigenden Globalisierung und einer weiten und umfassenden Versprachlichung des Sakralen und Rituellen (vor allem in den westeuropäischen Religionen) ist der olympische Ritus der einzige weltweit vollzogene Ritus, welcher den mit der Aufklärung einsetzenden und durch die Industrialisierung beschleunigten Prozess der Rationalisierung der Welt vehement und sehr selbstbewusst widerspricht: Er tut sogar noch mehr: Mit den Mitteln der audiovisuellen Medien steigert er die Theatralität des Ritus für die Anwesenden vor Ort und die Fernanwesenden vor den Bildschirmen in einer solchen Weise, dass zumindest für einen kurzen Moment Anwesende und auch Fernanwesende zu einer Kultgemeinde zusammengeführt werden, die sich in dem Erlebnis der Gemeinsamkeit ihres zentralen Wertes, nämlich der grenzenlosen Selbstüberschreitung, gegenseitig versichert.

Gewiss konnte ich hier nicht das gesamte Phänomen ‚Olympia' behandeln, und es ist fraglich, ob der von mir untersuchte Teil dieses Phänomens wirklich ein wesentlicher ist. Dennoch: Ich habe hier heute das in den Blick genommen, was aus meiner Sicht das Besondere der olympischen Spiele ist und was Olympia von allen anderen internationalen Sportwettkämpfen unterscheidet, nämlich dass Olympia das erste und vielleicht auch einzige kollektive Ritual in einer sich globalisierenden Gesellschaft ist. Olympia überschreitet systematisch den Erfahrungsraum des Einzelnen, entrückt ihn seiner Alltäglichkeit und schafft so eine Brücke zur gemeinsamen Erfahrung einer globalen Wertegemeinschaft.

Der olympische Wettkampf erlaubt und ermöglicht all denen, die zuschauen, und das nimmt die rituelle Gestaltung der Eröffnungsfeier vorweg, am eigenen Körper eine Transzendenz zu erfahren, nämlich die Erfahrung der im Diesseits verankerten Tüchtigkeit, das Menschliche zu überschreiten. Der Glaube an diese menschliche Fähigkeit, geboren aus der Ideenwelt Westeuropas und in die Welt getragen von seinen Philosophen, ist es, der uns alle verbindet oder zumindest doch verbinden sollte. Dieser Fähigkeit werden wir im kollektiven Ritus ‚Olympia' fraglos gewiss, auch, dass diese Fähigkeit nicht an Rasse, Geschlecht, Alter oder sozialen Stand gebunden ist. Ohne diese Frohe Botschaft einer tüchtigkeitsgebundenen Diesseitsreligion menschlicher Selbstüberschreitung wäre Olympia lediglich ein Sportfest wie viele andere auch. So aber ist es ein wichtiger und wahrscheinlich auch notwendiger Integrationsritus, ein weltweit mit Hilfe der Medien übertragener ‚Regentanz', der davon kündet, dass wir trotz aller Unterschiede zusammengehören und dass wir das zu vollenden haben, was damals vor fast 3000 Jahren im griechischen Elis begann.

Literatur

Borscheid, Peter (2004): Das Tempo-Virus. Frankfurt a.M.: Campus.
Büch, Martin-Peter (1996): Sport und Ökonomie-Märkte. Über den Sport und ihre wirtschaftliche Bedeutung in Deutschland. In: Literatur und Zeitgeschichte 29: 23-27.
Coubertin, Pierre de (1966): Der Olympische Gedanke. Köln: Olympischer Sport-Verlag.
Coubertin, Pierre de (1974): Einundzwanzig Jahre Sportkampagne. Ratingen: Henn.

Dressler, Hilmar (2000): Olympischer Realismus – ernüchternd und hoffnungsvoll zugleich. In: Olympisches Feuer 6: 14.

Durkheim, Émile (1981):. Die elementaren Formen des religiösen Lebens. Frankfurt a.M.: Suhrkamp.

Eco, Umberto (1987): Über Gott und die Welt. München: dtv.

Fischer, Kai & Güldenpfennig, Sven (2001): Gibt es eine eigene Ethik des olympischen Sports? Bundesinstitut für Sportwissenschaft (Hrsg.). Köln: Strauß.

Gebauer, G. et al. (2001): Die Besten und die Tüchtigen. S. 63-112 in: Krais, Beate (Hrsg.): An der Spitze: von Eliten und herrschenden Klassen. Konstanz: UVK.

Güldenpfennig, Sven (1992): Der politische Diskurs des Sports. Aachen: Meyer-Meyer-Verlag.

Güldenpfennig, Sven (1999): Sport als Kultur: Ist die olympische Idee am Ende? In: Olympisches Feuer 4: 30-38.

Güldenpfennig, Sven (2000): Sport. Kritik und Eigensinn. Sankt Augustin: Academia.

Herms, Eilert (1990): Der religiöse Sinn der Olympischen Idee. S. 26-46 in: Evangelische Akademie Bad Boll (Hrsg.): Gold für Olympia. Bad Boll: Evangelische Akademie.

Höfer, Andreas (1996): Von Athen nach Atlanta: Ein olympisches Jahrhundert. In: Politik und Zeitgeschichte.B. 29: 3-12.

Hojer, Ernst (1972): Vorwort. S. 5-15 in: Coubertin, Pierre de: Schule Sport Erziehung. Schorndorf: Verlag Karl Hofmann.

Krüger, A. (1996). Sport, Kommerzialisierung und Postmoderne. In Sarkowicz, H., Schneller, höher, weiter (390-406). Frankfurt a.M.: Insel.

Krüger, Michael (Hrsg.) (2001): Olympische Spiele. Bilanz und Perspektiven im 21. Jahrhundert. Münster: Lit Verlag.

Lämmer, Manfred (1990): Die Olympische Idee im Wandel. S. 3-15 in: Evangelische Akademie Bad Boll (Hrsg.): Gold für Olympia. Bad Boll: Evangelische Akademie.

Lambrecht, Markus & Stamm, Hanspeter (2002): Sport zwischen Kultur, Kult und Kommerz. Zürich: Seismo.

Lenk, Hans (1984): Olympia zwischen Pädagogik, Politik und Presse. In: Gegenwartskunde 2: 141-152.

Reichertz, Jo (2000): Die Frohe Botschaft des Fernsehens. Konstanz: UVK.

Schöbel, Heinz (2000): Olympia und seine Spiele. Berlin: Sportverlag.

Siebler, Michael (2004): Olympia. Ort der Spiele, Ort der Götter. Stuttgart: Klett-Cotta.

Sinn, Ulrich (1996): Olympia- Kult, Sport und Fest in der Antike. München: Beck.

Sombart, Werner (1934): Deutscher Sozialismus. Berlin: Buchholz & Weisswange.

Swaddling, Judith (2004): Die olympischen Spiele der Antike. Stuttgart: Reclam.

Thelen, Silvan (2001): Olympismus in der Hochschule. S. 11-25 in: Krüger, Michael (Hrsg.): Olympische Spiele. Bilanz und Perspektiven im 21. Jahrhundert. Münster: Lit Verlag.

Valerien, Harry (1996): Atlanta. Das Olympiabuch. Köln: Sportverlag.

Veyne, Paul (1994): Brot und Spiele. München: dtv.

Weber, Max (1976): Wirtschaft und Gesellschaft. Tübingen: Mohr.

II Netzkommunikation – Rahmen und Bedingungen

1 ‚Navigieren' oder ‚Surfen' oder: Das Ende der Bedrohung

> „Gemeinhin verleihen wir unseren Vor-
> stellungen vom Unbekannten die Farbe
> unserer Vorstellungen vom Bekannten."
> *Fernando Pessoa*
>
> „Where do you want to go today?"
> *Microsoft*

1.1 Metaphern als Medien des Denkens und des Handelns

„Wenn Sie mir (..) sagen, daß es an einer bestimmten Stelle, von der ich noch nie gehört habe und von deren Standort ich nicht die geringste Ahnung habe, eine Diamantenmine gibt, so teilen Sie mir nichts mit; wenn Sie mir aber sagen, daß ich sie finden kann, wenn ich einem bestimmten Weg folge, dessen Anfang ich gut kenne, so ergänzen Sie einfach meine Kenntnis dieses Wegs." (Peirce 1990: 242 f.)[52] Diese Worte richtete vor gut neunzig Jahren der amerikanische Philosoph und Semiotiker Charles Sanders Peirce nicht an bärtige Pioniere, die sich auf die mühevolle Suche nach Diamanten begaben, sondern Peirce adressierte diese Worte an seine akademischen Fachkollegen. Ihnen wollte er damit seine Behauptung plausibilisieren (d.h. anschaulich darstellen *und* für die Akzeptanz werben), dass ‚ein vollkommen neues Zeichen niemals durch einen Akt der Kommunikation erzeugt werden kann, sondern höchstens ein schon existierendes Zeichen weiter ergänzt und verbessert werden kann' (vgl. ebd.).

---

52 Meine Deutung der Peirceschen Vorstellung vom ‚Neuen' wird gut illustriert durch einen Metalog, in dem ein Vater seiner Tochter auf die Frage: „Was ist ein Klischee?" u.a. folgendes antwortet: „Wir alle haben eine Menge fertiger Redewendungen und Vorstellungen, und der Drucker hat fertige Druckstöcke, die alle in Redewendungen angeordnet sind. Wenn aber der Drucker etwas Neues drucken will – sagen wir mal, irgendwas in einer neuen Sprache – dann muß er die alte Ordnung der Buchstaben aufbrechen." (Bateson 1983: 47) Im Übrigen arbeitet auch die von Peirce gebrauchte Metapher von dem Weg zur Diamantenmine mit dem Argument, daß Neues immer an bereits Bekanntes anschließbar sein muß. Ähnlich argumentiert auch Stern: „Alles Schließen ist ein Fortgehen des Denkens von gegebenen Urteilen zu neuen." (Stern 1921: 262) Weitere Ausführungen zum Begriff des Neuen bei Peirce siehe Reichertz (1991 und 2003).

Mit seiner Behauptung unterstellte Peirce, dass Wissenschaftler mit Entdeckern einer Diamantenmine zumindest in gewisser Hinsicht einige Gemeinsamkeiten aufweisen würden. Beide seien sich nämlich – so kann der Interpret folgern – darin ähnlich, dass sie etwas Neues entdeckt hätten – die ersten bislang unbekanntes Wissen, die zweiten einen bislang unbekannten Ort. Und beide stünden nach der Entdeckung vor dem Problem, den Auffindungsort des Neuen denen mitzuteilen, die nicht bei der Entdeckungsreise dabei waren. Will der glückliche Schatzfinder anderen mitteilen, wo die wertvollen Steine zu finden sind, dann hilft die Ortsangabe, die Mine befände sich genau dort, wo ihm vor drei Tagen vier Igel begegnet seien, wohl nicht besonders weit. Und auch die Aussage des Wissenschaftlers, er habe entdeckt, daß ‚PETYR‘ sich immer nur mit den Mitteln des ‚AGBA‘ darstellen lässt, wird die Kollegen nur schwerlich dazu bewegen, ihm zu folgen. Aber wenn beide Entdecker dem Rat von Peirce folgen, dann tun sie gut daran, das bislang Unbekannte an das bereits Bekannte anzuschließen, indem sie den Weg bzw. die Operationen angeben, wie man von dem bereits Vermessenen zu dem noch Unvermessenen gelangt.

Gewiss hätte Peirce seinen Rat auch in ‚gerader Sprache‘ formulieren können, und er hat es in der Tat mit folgenden Worten getan: „Ein vollkommen neues Zeichen kann niemals durch einen Akt der Kommunikation erzeugt werden, sondern höchstens ein schon existierendes Zeichen kann weiter ergänzt und verbessert werden". Doch dieser Textversion seiner Sachverhaltsdarstellung hat Peirce eine ‚Bildversion‘ beigegeben. In Anlehnung an eine Unterscheidung von Wittgenstein könnte man sagen, Peirce hat nicht nur etwas mit Hilfe eines Textes *gesagt*, sondern auch etwas mit Hilfe eines Bildes *gezeigt*, so als überzeugte uns das Gezeigte mehr als das Gesagte.

Logisch gesehen haben wir es bei der Peirceschen Bebilderung mit einem *Analogieschluss*[53] zu tun. Ausgehend von der (nicht zur Diskussion gestellten) Behauptung, zwei Dinge oder Vorgänge seien sich *in ihrer Struktur* in gewisser Hinsicht gleich (und in anderer Hinsicht ungleich), wird nämlich die Folgerung gezogen (bzw. nahegelegt), diese Dinge oder Vorgänge seien sich auch *in Bezug auf bestimmte Handlungsprobleme* gleich.

Rhetorisch gesehen haben wir es jedoch bei der Peirceschen Formulierung mit *Metaphern* zu tun. D.h. Zeichen (in der Regel sind das Lexeme oder Gruppen von Lexemen) werden wider ihrer ‚normalen‘, ‚einfachen‘ und ‚geraden‘ Verwendung (meist in einem ‚übertragenen‘ Sinne) gebraucht. Würde man Me-

---

53   In der Terminologie von Peirce hat diese Analogie die Struktur einer qualitativen Induktion. Sie ist somit deutlich von einer Abduktion, die Neues hervorbringt, abgegrenzt. Metaphern gliedern also schon aufgrund ihrer logischen Form das Noch-nicht-Bekannte, das Unvertraute in das Bekannte ein. Zur Bestimmung der Leistungen von Induktion, Deduktion und Abduktion bei Peirce siehe Reichertz (2003 – siehe auch in diesem Band S. 176ff).

taphern beim Wort nehmen, ergäbe das Gesagte keinen Sinn und man könnte nur ‚unsinnig' reagieren. Der Gebrauch von Metaphern legt dagegen nahe, die Lexeme nicht wörtlich zu nehmen, sondern sie als Reduktion eines abstrakten Sachverhalts auf ein sinnlich wahrnehmbares, konkretes Bild aufzufassen und auch so zu behandeln. Der Hörer wird aufgefordert, sich in gewisser Weise das unvertraute Abstrakte so vorzustellen wie das vertraute Konkrete. Metaphern sagen nichts, sie zeigen vor allem.

Jeder Metapher liegt ein Analogieschluss zugrunde. Metaphern resultieren notwendigerweise aus Denkakten, also aus der gedanklichen Erstellung von Ordnung zum Zwecke des sinnvollen Weiterhandelns. Und deshalb sind Metaphern *Medien des Denkens* und *Medien des Handelns* – wenn auch im Medium der Sprache.[54]

Versteht man dagegen Metaphern allein als eine Besonderheit der Sprache, dann übersieht man die Leistungen der Metaphern. Zudem läuft man noch Gefahr, sich in die fruchtlosen Debatten zu verstricken, z.B. in die Debatte aufgrund welcher syntaktischen oder semantischen Markern Metaphern erkennbar sind oder in die Debatte, wie es zu welcher Bedeutung von Metaphern kommt.

Metaphern sind also – so die Behauptung – *Medien des Denkens,* die vor allem (also nicht nur) dann Verwendung finden, wenn angesichts neuer Entwicklungen und Phänomene die geltende Ordnung in alter Form nicht mehr gilt, in gewisser Weise sogar problematisch[55] geworden ist, da (noch) unbekannt ist, welche Handlungsfolgen das Neue mit sich bringt. Metaphern, verstanden als sprachlich materialisierte Teile der Kultur einer Gesellschaft, fassen das Unbe-

---

54 Vergleiche dazu auch die durchaus als wissenssoziologisch zu verstehende Arbeit von Lakoff & Johnson, die in Bezug auf das Verhältnis von Metapher und Sprache zu folgendem Ergebnis kommt: „Metaphor is primary a matter of thought and action and only derivately a matter of language." (Lakoff & Johnson 1980: 153). Zu der sprachwissenschaftlich geführten Debatte über Formen und Funktionen der Metapher siehe u.a. Jakobsen & Halle (1971) (Bedeutung der Metapher substituiert ‚eigentliche' Bedeutung), Black (1963) (Bedeutung der Metapher tritt in Wechselwirkung mit der ‚eigentlichen' Bedeutung') und Lakoff & Johnson (1980) (Denken operiert vor allem metaphorisch). Vgl. hierzu auch Nierrad (1977) und Hülzer (1987).

55 Der Begriff ‚Problem' benennt an dieser Stelle ganz formal die Situation, dass angesichts neuer Entwicklungen für Akteure meist mehrere Möglichkeiten zum Handeln (mit unterschiedlichen Kosten und Nutzen) bestehen. Weil dies so ist, müssen Akteure sich immer wieder entscheiden bzw. sich (zwecks Entlastung) vorab entschieden haben, die Handlungssteuerung eingeschliffenen Routinen zu überlassen. Dabei können sie einerseits auf Traditionen, bewährte Rezepte, Routinen und auch auf Metaphern zurückgreifen (mit den in diesen ‚Lösungen' eingelassenen Kosten und Nutzen), sie können aber andererseits auch neue Verfahrensweisen schaffen – mithin eine 'neue Lösung' entwerfen. Gesellschaftlich etablierte und tradierte Handlungsmöglichkeiten und deren Einordnung sind immer nur Lösungen zurückliegender Problemlagen. Ob sie auch für neue Problemlagen tauglich sind, muss sich erst noch zeigen. Insofern ist die ständige (weitere) Prüfung und Revision bewährter und neuer Metaphern alltägliche Praxis bei Jugendlichen und Erwachsenen.

kannte in die Begriffe des Vertrauten, werden also verwandt, wenn gedanklich eine (bestimmte) Ordnung (wieder) hergestellt werden soll und muss, damit ‚sinnvoll‘ weitergehandelt werden kann, weshalb Metaphern zugleich auch *Medien des Handelns* sind. Deswegen wundert es nicht, dass es im Gefolge der Entwicklung neuen technischen Fortschritts immer wieder zum Aufblühen einer Vielzahl von Metaphern kam und natürlich immer noch kommt, um ebendieses Neue zu benennen, und damit einzuordnen. Gut beobachten läßt sich dieses Phänomen zur Zeit sehr gut an den Formulierungen, die benutzt werden, um zum einen die *Besonderheiten* der neuen, technisch erzeugten ‚Sinnprovinz‘ (Schütz) INTERNET zu beschreiben und zum anderen die Art des *Agierens* in dieser (noch) unbekannten Welt zu erfassen.[56]

1.2 Sinnstiftende Metaphern für das Internet

Die Bezeichnung ‚Internet‘ ist eine Abkürzung für den englischen Begriff ‚internetworking‘, was mit ‚untereinander vernetzt arbeiten‘ übersetzt werden kann. Hatte man anfangs die Besonderheit dieses neuen ‚ETWAS‘, nämlich dieses weltweiten dezentralen Verbunds von Millionen von Rechnern und mehreren Teilnetzen, darin gesehen, dass es wie ein (Fischer)Netz aus vielen Knoten (und Verbindungen zwischen diesen) besteht und so die Welt umspannt, wird seit einigen Jahren eine andere Metapher bemüht und erprobt – diese Verbindungen und Knoten werden oft als *Datenautobahn* oder *(Super)Datenhighway* adressiert.[57] ‚Autobahn‘ nicht nur, weil sich dieser Begriff sehr gut als Vorlage für Metaphern eignet. „Autobahnen sind etwas lange Bekanntes, Vertrautes. Durch ihre unübersehbare, unüberhörbare physische Beschaffenheit und massenhafte Nutzung eignen sie sich als anschauliches Funktionsmodell für Dinge, die noch unbekannt oder noch nicht realisiert sind oder sich aufgrund ihrer physischen Beschaffenheit der direkten

---

56 Damit ist auch die historisch wohl einmalige Tatsache angesprochen, dass Kinder und Jugendliche ‚unkontrollierten‘ Zugang zu zwei zentralen Medien unserer Kultur haben (Fernsehen und Computer). Gingen frühere Medien (Schrift, Buch) von der Hand der Erwachsenen in die Hand der nachfolgenden Generation über (nachdem die Erwachsenen die Medien erst geprüft, sie dann für die Jugend lizensiert und schließlich die Jugend in den angemessenen Umgang mit ihnen eingeübt hatten), so hat der Markt der Waren Kindern und Jugendlichen das Fernsehen (und den Computer) in die Hand gegeben, ohne sie vorher via Mediensozialisation in den Gebrauch dieser Medien einzuweisen. Erst langsam bieten die klassischen Sozialisationsagenturen (Schulen) unter dem Druck der Kinderzimmer pädagogisch reflektierte Formen der Mediennutzung an (Medienerziehung, Internetzugang in der Schule). Insofern sind diese Medien zu großen Teilen für die Kinder ‚bedeutungsoffen‘ – d. h. sie können und müssen sich sowohl auf das Medium selbst als auch auf die versendeten Medieninhalte ihren Reim machen.

57 Zur Entstehung und erhellenden Ausdeutung dieser Metapher siehe Canzler, Helmers & Hoffmann (1995).

Anschauung entziehen.“ (Canzler, Helmers & Hoffmann 1995: 7) Allerdings ist der Begriff der Autobahn wegen der Verbindungen zur Geschichte des Dritten Reiches einerseits und der Kritik von Seiten engagierter Umweltschützer andererseits nicht nur durchgängig durch das Merkmal ‚Schnelligkeit‘ gekennzeichnet. Zwar appelliert er auch an die „positiven Attribute der erfolgreichen Verbreitung einer technischen Infrastruktur. Er evoziert Eigenschaften wie Schnelligkeit, Gradlinigkeit, Effizienz und Leistungsvermögen. Gleichzeitig provoziert der Begriff skeptische und ablehnende Assoziationen, weil die Autobahn zum Symbol des ökologisch, sozial und funktional problematisch gewordenen Automobilismus geworden ist“ (ebd.: 6). Hinzufügen muss man aufgrund des neuen Bedeutungsraumes neuerdings noch die negative Assoziation ‚langes Warten‘. Gerade die Nutzer, die aus ihrer Hardware immer schnellere Zeiten herausholen, mussten schmerzlich feststellen, dass im Internet auch ‚rush-hours‘ und natürlich ebenfalls die sie begleitenden nerv- und zeitaufreibenden ‚jams‘ existieren.

Das Reden von der Datenautobahn thematisiert das Internet *als System* und als Angebot. Dabei wird das Netz grundsätzlich *topologisch* (als Raum) gedeutet: Das Internet ist als ‚Autobahn‘ vor allem etwas, das zwischen zwei Orten liegt und diese verbindet. Es wird mithin als Verkehrsweg angesprochen. Optimistische Hersteller nennen diesen Verkehrsweg ‚Highway‘ oder ‚Kanal‘, verärgerte Nutzer gerne ‚Feldweg‘.[58] Eine andere topologische Metapher für das Internet ist die *menschliche Siedlung*: Das Internet wird in dieser Variante gern als ‚globales Dorf‘ oder ‚digitale Stadt‘ oder gar als ‚Cyber-Space‘ vorgestellt. Dort kann man dann (je nach Gusto) Punks, Freaks und Kuriositäten aller Art finden und treffen. Eine andere topologische Metapher begreift das Internet als ein großes *Kaufhaus*, das für einen globalen Markt ein riesiges Warenangebot bereithält. Dieses Warenhaus lädt (ohne auf lästige Öffnungszeiten achten zu müssen) jeden Weltbürger zu einem mühelosen und auch kostengünstigen Shopping ein.

Alle diese Metaphern versuchen, das System ‚Internet‘ als Raum zu begreifen, genauer: als einen bestimmten Ort. Der Ort ‚Internet‘ wird dabei je nach Interessenlage in recht unterschiedliche, aber bekannte und bewährte Garderobe gekleidet. Spricht man miteinander jedoch nicht über das Internet als System, sondern darüber, auf welche Weise im Internet *agiert* wird, dann bleibt die horizontstiftende Metapher zwar im Topologischen, aber sie verlagert sich vom festen Land ins *Maritime*.

---

58 Dieser Verkehrswegmetapher korrespondiert (gewiss nicht zufällig) das aus der alten Informations- und Kommunikationswissenschaft bekannte Modell, nach dem ein Sender über einen Kanal einem Empfänger Informationen übermittelt. Seit etwa einem Jahrzehnt glaubt man dagegen zu wissen, dass weder Informationen auf diese Weise ‚übertragen‘ werden noch Kommunikation so zustande kommt.

Allerdings ist man sich zurzeit noch uneins darüber, welcher Art die Fortbewegung im Maritimen ist. Die Hersteller von Software, welche dem Nutzer hilft, sich im Internet zu bewegen, bieten vor allem zwei Bewegungsformen an: ‚*surfen*' oder ‚*navigieren*'. Und auch die Nutzer bezeichnen die eigene Tätigkeit im Internet mit diesen Begriffen. Einige sagen, sie würden ‚im Internet surfen', andere behaupten, sie würden ‚durch das Internet navigieren'. Im Internet wird (glaubt man den Herstellern, Betreibern und Nutzern) also vor allem *gesurft* oder *navigiert*. Zwar hört man auch von Cybernauten, doch die beiden zurzeit vorherrschenden Metaphern erzählen vom Meer und den unterschiedlichen Arten, sich auf und in ihm fortzubewegen. Manche surfen („You click – we do the rest") und andere navigieren (begeben sich auf eine Vergnügungs- oder Geschäftsreise) – beides Tätigkeiten, für die in dieser Kultur vor allem Männern zuständig sind.[59]

So titelt etwa die WAZ angesichts des Umstandes, dass Hunderte von Menschen sich für das WAZ-eigene Ctiy-Netz interessierten, vollmundig: „Surfer stürzen sich in die Wellen von cityweb" (WAZ vom 1. Nov. 1996). Und die Deutsche Telekom bietet seit Mai 1996 allen *Netsurfern* „für Ihre persönliche *Surf-Tour* durch das Internet" schon ein virtuelles „*Internet-Surfbrett*" an. Visualisiert wird das Sprechen von Surfern in der Regel durch Grafiken oder Fotos, auf denen (meist männliche) Surfer auf einem Surfboard stehend das Meer (vgl. Abb. 1) oder Teile der PC-Hardware durchpflügen. Manchmal wird jedoch diese Metapher auch mit Wind- oder Airsurfer bebildert.

Auf der anderen Seite gibt es auch *Netz-Navigatoren*. Von einem ‚*Heimathafen*' (mit Leuchtturm) aus kann man in See stechen und mithilfe von *Navigationsprogrammen* ausgewählte und selbstbestimmte Ziele ansteuern. Visualisiert wird die Navigation meist durch ein stilisiertes Schiffssteuerrad (vgl. Abb. 2), einen Kompass, einen Sextanten oder durch ein gleitendes Schiff, unter sich die See und über sich das Firmament, auf dem einige Sterne (zur Orientierung) blinken (Netscape). Beliebt ist auch für diesen Zweck die Darstellung der Instrumententafel innerhalb eines Flugzeugcockpits.

Im Folgenden werde ich nun versuchen, die (gesellschaftliche) Bedeutung dieser beiden Metaphern herauszuarbeiten. Beabsichtigt ist also eine *wissenssoziologische* Rekonstruktion der einzelnen Sinnverweisungen, die in den Metaphern (historisch und gesellschaftlich verteilt) eingelagert sind. Zu diesem Zweck werde ich die von der Metapher aufgerufenen Tätigkeiten oder Gegenstände genau deskribieren, um so von dem Allgemeinen zu dem Besonderen zu

---

59 Mit dieser Sprachverwendung deuten die Metaphern ‚Surfen' und ‚Navigieren' (bei aller Unterschiedlichkeit) das Medium ‚Internet' geschlechtsspezifisch, d.h. sie legen nahe, dass dieses Medium in der Tradition männlicher Aktivitätsformen steht.

gelangen. Angestrebt wird die Ermittlung aller sinnrelevanten Verweisungen der jeweiligen Metapher.

Auf *keinen* Fall werde ich versuchen, den historischen Prozess der Metapherneinführung und -verwendung zu rekonstruieren. Es geht also nicht darum, welche Personen oder Institutionen, wann und mit welcher Motivation welchen Begriff einführten. Diese Fragen sind sicherlich auch von Belang, will man z.b. die konkreten Durchsetzungsprozesse erfassen und analysieren, aber mir geht es hier nicht um die Persönlichkeits- und Machtkonstellationen, die für die Einführung einer Metapher verantwortlich zu machen sind, sondern allein um die (gesellschaftliche) Bedeutung dieser Metaphern.

1.3 Das Meer als Metapher

Das Meer hat nun seit Jahrhunderten immer wieder für Analogien und Metaphern herhalten müssen. Zwei Beispiele aus der jüngeren Zeit mögen das verdeutlichen. So hat z.B. Otto Neurath die (wie man heute weiß: vergebliche) Suche nach den gesicherten und reinen Protokollsätzen in folgendes Bild übersetzt: „Wie Schiffer sind wir, die ihr Schiff auf offener See umbauen müssen, ohne es jemals in einem Dock zerlegen und aus seinen besten Bestandteilen neu errichten zu können." (Neurath 1975: 206) Einfache Menschen, Seeleute nämlich, kämpfen in diesem Bild ständig mit den Unbillen des Meeres. Das Meer selbst ist die Quelle steter Gefahr und Bedrohung! Vor dem Untergang bewahrt werden die Schiffer lediglich von einem (offensichtlich nicht besonders meerestauglichen) Schiff, das immer wieder aufs Neue ausgebessert und umgebaut werden muss. Einen Heimathafen oder einen Zufluchtsort scheint es für die Mannschaft nicht zu geben. Wie einst Sisyphus sind sie dazu verurteilt, nie das Werk vollenden zu können. Auf dem Schiff zu leben heißt, sich (ohne Aussicht auf Erlösung) immer und unwideruflich gegen den Untergang anstemmen zu müssen.

Auch der bereits erwähnte Peirce sprach gern und oft vom Wasser. Allerdings sind seine Verweisungen völlig anders. So kleidet er seinen Rat an alle, die nach neuer Erkenntnis streben, in folgendes Bild: *„Betrete Dein kleines Boot der Versenkung, stoß Dich ab in den See Deiner Gedanken und lasse den Atem des Himmels Deine Segel füllen!"*[60] Es ist in dieser Metapher nicht der Atem eines

---

60 „Enter your skiff of musement, push off into the lake of thought, and leave the breath of heaven to swell your sail. With your eyes open, awake to what is about or within you, and open conversation with yourself: for such is all meditation! It is, however, not a conversation in words alone, but is illustrated, like a lecture, with diagramms and with experiments." (1908: 6.461) Betreibt man das Spiel allerdings zu zielstrebig, wird aus dem Spiel schnell (unguter, weil hastiger) Ernst: „If one's observations and reflections are allowed to spezialize themselves to much, the Play will be converted into scientific study" (1908: 6.459).

Gottes, der das Boot vorantreibt, sondern der Atem stammt von etwas unterhalb des Göttlichen und zugleich oberhalb des Menschlichen, es ist der Atem des Himmels. Dieser ist Teil der Natur, wenn auch deren (buchstäblich) höherer Teil. Der Atem ist einerseits Lebensäußerung der Natur, und er bringt andererseits (neues) Leben, indem er das Segelboot in Fahrt bringt. Um dies zu tun, bedarf es der Muße, d.h.: die Befreiung von dem aktuellen Handlungsdruck ist die grundlegende Bedingung, ohne die das Boot nicht in Fahrt kommt: Der *bewusst arbeitende*, mit logischen Regeln vertraute *Verstand* soll ausmanövriert werden. Der Tagträumende schaltet das logische Urteilsvermögen aus, indem er sich dem ‚Atem des Himmels' anvertraut – was immer das auch sein mag. Der geistige Prozeß der Versenkung soll ein Zustand des ‚Getriebenseins' sein, verlustig der eigenen, bewussten Steuerung.

Die Metaphern von Neurath und Peirce sprechen teilweise explizit, teilweise implizit *drei* Weisen der klassischen Nutzung des Meeres als erklärendes Bild an. Konstitutiv für das stets bewegte Meer ist, dass es keinen festen Untergrund zur Verfügung stellt. Auf dem Meer ist die Geborgenheit des festen Heims dahin, stattdessen bringt es uns dorthin, „wo zwar alle Festigkeit aufhört, wir aber nicht ins Bodenlose versinken" (Jaspers zitiert nach Böhmer 1995: 122). Das Meer gewährt keine Sicherheit, es ist ein eher tückisches Element. Insofern galt das Meer (nicht nur den Europäern) vorrangig als *Bedrohung* und *Gefahr*. Auf dem Meer endet die Berechenbarkeit, die bekannte Ordnung, das menschliche Gesetz, hier herrscht undurchschaubare Willkür, die sich mit übermenschlicher Macht unterschiedslos gegen die Guten wie die Schlechten richten kann. Seefahrt ist untrennbar immer auch mit Schiffbruch verbunden. „Unter den elementaren Realitäten, mit denen es der Mensch zu tun hat, ist ihm die des Meeres – zumindest bis zur Eroberung der Luft – die am wenigsten geheure. Für sie sind Mächte und Götter zuständig, die sich der Sphäre bestimmbarer Gewalten am hartnäckigsten entziehen. Aus dem Ozean, der den Rand der bewohnbaren Welt umgibt, kommen die mythischen Ungeheuer, die von den vertrauten Gestalten der Natur am weitesten entfernt sind und von der Welt als Kosmos nichts mehr zu wissen scheinen" (Blumenberg 1979: 9).

Aber das Meer als die Versinnbildlichung des Nicht-Festen und doch nicht Bodenlosen ist zugleich der ideale Untergrund für die Entwicklung und Entdeckung des Neuen. Das Meer und vor allem das (vielleicht Verderben, vielleicht großen Gewinn bringende) Unbekannte jenseits des sichtbaren Horizonts haben Generationen von Seefahrern und Abenteurern auf die (teils wackligen) Planken gelockt. Auf große Fahrt zu gehen, ins Meer zu stechen eröffnete einen Freiheitsraum. Die bekannte und (manchmal zu) enge Ordnung konnte so verlassen werden. Deshalb galt die hohe See den Europäern über Jahrhunderte hinweg nicht allein als Bedrohung, sondern zugleich als *Freiheitsverheißung*. Menschen, die (aus welchem Grund auch immer) erfüllt waren von dem Wunsch nach einem besseren Leben, bot das Meer eine beachtliche Herausforderung und die Möglichkeit zur persönlichen Bewährung.

Zum Dritten – und hier spreche ich eine andere Großverwendung der Metapher ‚Meer‘ an – treiben die Wellen des Meeres (für den normalen menschlichen Blick) scheinbar end- und zeitlos dem Ufer entgegen. Wohl deshalb konnotiert das Meer für viele Kulturen mit ‚Ewigkeit‘. Das Meer selbst scheint grenzenlos zu sein: Es kommt aus einem nicht sichtbaren Jenseits und ufert in dem sichtbaren Diesseits. Mit diesen Eigenschaften bildet das Meer eine besonders handgreifliche Veranschaulichung des Unendlichen im Diesseits und ermöglicht so die Verbindung zum Transzendenten (Gott, Tod, Weisheit etc.). Das Meer galt deshalb auch als gangbarer, wenn auch gefährlicher *Weg zu einem ‚göttlichen‘ Jenseits.*[61] Wer das Meer befährt, begibt sich in die Hand göttlicher Gewalt. So war das von Gott durch alle Gefahren gelenkte Schiff innerhalb des christlichen Glaubens von Beginn ein Ursymbol. „Die Kirchenväter wußten ebenfalls, daß das Schiff der Bibel das Kirchenschiff, das Staatsschiff, das Lebensschiff in seiner Universalität symbolisiert. Das Symbol Schiff weist auf den, der als Schöpfer der Welt die Weltgeschichte lenkt. Im Schiff sind die Fische, also die Menschen, die Jesus Christus als Gottes Sohn und Heiland bekennen" (Kettenbach 1994: 27).[62]

In alle hier genannten Sinnschichten ist jedoch ein Merkmal (mehr oder weniger deutlich sichtbar) eingewoben: das Meer als Sinnbild des Chaos galt als Urquell der Angst, von ihm ging unvermeidbar eine permanente und nicht zu tilgende Bedrohung aus. Schutzschild gegen diese Bedrohung ist vor allem die menschliche Gesellschaft, sie ist Hort und Hüterin der Ordnung. Oder mit den Worten Blumenbergs: „Der Mensch führt sein Leben und errichtet seine Institutionen auf dem festen Lande. Die Bewegung seines Daseins im Ganzen jedoch sucht er bevorzugt unter der Metaphorik der gewagten Seefahrt zu begreifen" (Blumenberg 1993: 9).

1.4 Internetnutzung als Sport – Surfen

Ob die hier angesprochenen drei Bedeutungsschichten der Meeresmetapher auch bei den ‚Surfern‘ und den ‚Navigatoren‘ anklingen, soll im nächsten Analyse-

---

61 Dass die hier herausgearbeiteten Sinnverweisungen der Metapher ‚Meer‘ auch im anglo-amerikanischen Sprachraum präsent sind, belegt z. B. Vries (1974) (hier vor allem die Einträge zu ‚sea‘, 405 f., zu ‚water‘, 493 und ‚wave‘, 495).

62 Vgl. zu den hier vorgetragenen drei Sinnschichten der Metapher ‚Meer‘ auch: Frank (1995), Barnes (1990), Held (1985), Sloterdijk (1995), Böhmer (1995).

schritt untersucht werden. *Surfen* (alt: surfriding; vom englischen surf = Brandung) bezeichnet die in den ersten Jahren vor allem an der amerikanischen Westküste ausgeübte Wassersportart ‚Wellenreiten'.[63] Kenntnis erhielt die Welt von dieser Sportart, als in den 60er Jahren ein Teil der amerikanischen West-Coast-Jugend ihr Lebensgefühl im Wellenreiten verkörpert sah. Für sie war und ist surfen mehr als ein Sport, surfen ist demnach auch und vor allem eine besondere ‚fun-orientierte' Einstellung zum Leben. Die Leitbarden dieser Jugendbewegung – nämlich die Beach-Boys – brachten das Programm der meist angepassten Kinder wohlhabender Eltern auf folgende Forderungen: ‚Surfin USA' und ‚Fun, Fun, Fun'.

Bei dieser (mittlerweile bei enorm vielen Jugendlichen sehr beliebten) Sportart nähert sich der Surfer (auf seinem surf-board liegend) einer möglichst hohen Brandungswelle. Wichtig ist, sich dann im richtigen Augenblick auf das Brett zu stellen und von der Brandungswelle (am liebsten im Wellentunnel) an Land treiben zu lassen. Dabei gleitet der Surfer (scheinbar leicht) über das Wasser und nutzt die Wellengewalt für seine Zwecke aus. (Er reitet die Welle oder anders: Er domestiziert eine der Ur-Gewalten). Da Surfer nie dieselben Wellenverhältnisse antreffen, gibt es keine festen Regeln, sondern je nach Lage muss improvisiert werden. Die Unwägbarkeiten der Brandung pariert der Surfer mit einer intuitiven und inkorporierten Technik, den Körper auszubalancieren. Der Surfspaß selbst dauert meist nicht lange: manchmal nur wenige Sekunden, wenn alles gut geht ein, zwei Minuten. Dann muss der Surfer erneut hinein ins Meer und seine nächste Welle suchen.

Allerdings ist dieses ‚Reiten der Welle' nicht ungefährlich. Anfänger werden regelmäßig vom Brett geschleudert und ziehen sich dabei teils erhebliche Blessuren zu. Amateure tun deshalb gut daran, die Höhe der Brandungswelle auf ihr Können abzustimmen, und selbst Profis stellen sich nicht jeder Welle entgegen.

Sehr viel körperliche Geschicklichkeit, Kraft und (wegen der nicht geringen Gefährlichkeit) eine gehörige Portion Mut gehören dazu, ein Surf-Board zu besteigen und sich dort oben zu behaupten. Der Surfer kämpft mit den Wellen, nutzt deren Gewalt für seine Zwecke aus, vermag es also, sich gegenüber der Meeresbrandung zu behaupten und deren gewaltige Macht zu bändigen. Ohne Training und ohne Mut kann niemand eine Welle besteigen. Aber da das gute

---

63   Im amerikanischen Sprachraum bedeutet ‚to surf' seit Jahren auch das ‚Herumzappen' durch das Fernsehprogramm. Dieses ‚Zappen' durch Fernsehprogramme lässt sich gewiss leichter mit der Internutzung parallelisieren als mit dem Wellenreiten. Möglichweise deshalb wird in Amerika von Softwareanbietern die Surfmetapher nicht mit Bildern des ‚Wellenreitens' visualisiert. Im Deutschen verweist ‚surfen' dagegen allein auf den Sport in der Brandungswelle. Dieser Umstand verweist zugleich darauf, dass meine Analyse in dieser Form nur für den deutschen Sprach- und Kulturraum gilt.

Gefühl sich auch schon dann einstellt, wenn man auf kleinen Wellen reitet, hat sich das Surfen schnell als Freizeitsport etabliert.

Surfen kann man jedoch nicht an jeder Küste. Sandiger Flachstrand und sehr viel Sonne sorgen dafür, dass die Gefahren und die Unbequemlichkeiten sich in Grenzen halten. Und natürlich braucht man Wind. Ohne Wind keine Welle. Bestimmte Kleidung und eine besondere Ausrüstung (beides fest in der Hand nicht billiger Markenartikler) braucht man ebenfalls. Die Kleidung lässt vom Körper viel sehen: Badeshorts oder Badeanzug lassen den Betrachter schnell erkennen, daß der Surfer über einen gut gebauten und gestylten Body, eine durchtrainierte Muskulatur und eine nahtlos gebräunte Hautoberfläche verfügt. Surfen ist ein Sport der Jugendlichen. Ältere Erwachsene und schlecht gebaute können sich auf dem Board nicht halten. Am Strand sind die jugendlichen Funsportler unter sich.

Obwohl man allein auf dem Brett steht, betreibt man das Wellenreiten in der Regel nicht alleine. Meist surft man gemeinsam mit Freunden in einer Clique. Außer zu surfen, feiert man noch zusammen Parties. Und glaubt man der Surf-Folklore, dann sind die gutaussehenden jungen Mädchen dort meist schnell bereit, sich mit einem ebenfalls gutaussehenden jungen Surfer zu vergnügen.

Zusammenfassend kann man sagen, dass Surfen heute vor allem mit folgenden Verweisungen konnotiert: Abenteuersport, Jugend, Clique, schöne Mädchen, Freizeit, Wohlstand, Musik, Schönheit, Sonne, Strand, Fun und ein bisschen (sauberer) Sex.[64]

1.5 Internetnutzung als berufsmäßige Erarbeitung von Reiserouten – Navigieren

Navigieren (vom lateinischen navigare = schiffen, steuern, segeln; subst. Schiffahrt) bezeichnet die Aufgabe und auch die Handlung, ein Fahrzeug (gebräuchlicherweise ein Schiff oder Flugzeug) auf einem (vor)bestimmten Weg von einem Ausgangsort zu einem Ziel zu steuern. Die Navigation ist stets zielgerichtet. ‚Navigatoren‘ gehören bei Langstreckenflügen zu jeder Flugzeugbesatzung und sind für die Ortbestimmung und die Routenauswahl zuständig. ‚Navigation‘ heißt dann auch die Lehre von der exakten und methodisch kontrollierten Technik der Standort- und Routenbestimmung.

Während ‚Surfer‘ sich stets in der Nähe von flachen Sandküsten aufhalten, also nie den Sichtkontakt mit dem sicheren Land aufgeben, müssen Navigatoren sich auf das weite Meer wagen, müssen also ihre bekannte Heimat verlassen. Der

---

64   Diese Mischung aus Jugend, Sport, Strand, Abenteuer und korrekter Sexualität wurde besonders gut in der erfolgreichen ARD Surf-Serie ‚Gegen den Wind‘ in Szene gesetzt.

Navigator ist gefragt, wenn das menschliche Auge zur Orientierung nicht mehr ausreicht. Der Navigator kämpft dann unentwegt gegen den Orientierungsverlust, gegen die Irrfahrt und damit auch gegen den Untergang und den Tod – egal, ob die Menschen, die sich auf seine Fertigkeit verlassen, auf Vergnügungs- oder Geschäftsreise sind.

Weil der rechte Weg meist nur schmal ist und zudem durch Schikanen unterschiedlichster Art erschwert wird, ist Navigation überlebensnotwendig. Dem Navigator stehen bei seiner Aufgabe oft keine (oder nur wenige) feste und sichtbare Anhaltspunkte zur Verfügung. Meist ist er genötigt, ohne Sichtkontakt und nur mit Hilfe von Instrumenten seine Route und sein Ziel zu finden. Deshalb müssen die Instrumente des Navigators (Tools) genau und zuverlässig sein. Navigieren meint also die Technik des Orientierens.

Dabei bedeutet ‚Navigieren' einer gelernten Regel zu folgen. Wissen und die Anwendung von Erlerntem bestimmen die Güte der Navigation. Navigation besteht aus der Anwendung von Geometrie und Arithmetik. Der intelligente Kopf entscheidet darüber, ob man gut navigiert, nicht der gestählte Körper. Der Körper selbst taucht bei der Navigation nicht auf, er wird nicht gebraucht – auch wenn es überwiegend Männer sind, die den Navigationsberuf ausüben.

Navigieren lernt man an einer Institution der Erwachsenen. Die Institution stellt auch nach einer Prüfung eine Kompetenzbescheinigung aus. Navigieren lernt man nicht nur von Erwachsenen, sie ist auch eine Tätigkeit von (männlichen) Erwachsenen. Gut navigieren zu können ist eine gesellschaftlich angesehene Berufstätigkeit, also kein Sport. Strukturell ist der Navigator ein Ingenieur, der wissenschaftliche Erkenntnisse in seinem beruflichen Tun anwendet, jedoch keine neuen systematisch erzeugt oder prüft. Navigation stützt sich auf Wissenschaft, sie bedarf jedoch nicht des wissenschaftlichen Genies. Der Navigator pariert die Gefahren und die Unwägbarkeiten der Elemente nicht mit Intuition, sondern geballtem Einsatz wissenschaftlicher Rationalität. Navigieren ist eine zielgerichtete und kalkulierte Tätigkeit. *Exaktheit* und *Kontrolle* sind Leitwerte, nicht Fun, Kurzweil oder Eingebung.[65]

---

65   Diese Sicht der Dinge findet sich auch explizit in der „Unternehmensphilosophie" von Netscape Corporation: Die Anbieter des Netscape Navigators wollen mit ihrer Softwareplattform „Menschen und Unternehmen über Netzwerke hinweg" verbinden. „Diese Softwareplattform ist interoperabel, unabhängig von allen System- und Hardwareplattformen und integriert alle Datenbanken oder bestehenden, früheren Systeme. Sie weist höchste, heutigen Industriestandards entsprechende Sicherheitsmerkmale auf, ist skalierbar und verläßlich" (Netscape Corporation 1996: 12).

1.6 Das Ende der Bedrohung?

Betrachtet man die Metaphern vom Netznutzer als Surfer und/oder als Navigator zusammen, dann findet man Gemeinsames, aber auch Trennendes: Gemeinsam ist den beiden Bildern der schwankende und unberechenbare Untergrund, was angesichts der digitalen und absolut berechenbaren Basis der heutigen Rechner (auf den ersten Blick) ein wenig überrascht. Verständlich wird jedoch der bedrohliche und unberechenbare Untergrund, stellt man die subjektiven Erfahrungen der Nutzer in Rechnung: Jeder User hat nämlich (und meist oft) die unangenehme Erfahrung gemacht, dass Dateien auf unerklärliche Weise verschwinden oder ganze Programme scheinbar unmotiviert ,abstürzen'. Die Meeresmetapher und die an sie angelagerte Konnotation des nichtfesten Bedrohlichen knüpft also an die subjektiv erlebten Aneignungsprozesse der Computerhard- und -software an – sowohl von Surfern als auch von Navigatoren.

Trotz dieser Gemeinsamkeit kann man bei etwas näherer Betrachtung jedoch schnell erkennen, dass in den beiden Metaphern ein sehr unterschiedlicher Gebrauch von dem schwankenden Untergrund gemacht wird: Surfen als Freizeitsport (mit nicht nur sportlichem Erlebnispotential) ist mit der präzisen und zielgerichteten Navigation (als Teil des beruflichen Tuns von gut ausgebildeten Ingenieuren) nur schwer kompatibel – im Übrigen auch dann nicht, wenn man diese beiden Umgangsweisen in unterschiedliche ,Sozialzeiten' verlegt. Zwar könnte man vermuten, dass der Internetnutzer sich in seiner Arbeitszeit als ,Navigator' versteht, in seiner Freizeit jedoch als ,Surfer', doch diese Vermutung erscheint mir nicht plausibel.

M.E. liegen diese beiden Gebrauchsweisen (und ihr implizites Weltverständnis) nämlich so weit auseinander, dass man sie mit guten Gründen als konkurrierende, möglicherweise einander ausschließende Deutungen der Internet-Nutzung ansehen kann. Netsurfer benutzen das weltweite Netz (so das von der Metapher und den Metaphereinführenden Nahegelegte), um virtuos von einem rasanten Bildschirmerlebnis zum nächsten zu springen, Navigatoren suchen und halten dagegen einen sicheren Kurs in einem fast grenzenlosen und unüberschaubaren Meer an Informationen und Optionen, auf dass sie sich und das Ziel nicht aus den Augen verlieren. Für die einen wird das Internet als erlebnisreicher Freizeitspaß typisiert, für die anderen als kühl zu kalkulierende Orientierungsarbeit.

Interessant ist, dass in beiden Metaphern das Bedrohliche der Urgewalt ,Meer' gelöscht zu sein scheint. Zwar klingt bei der ,Navigation' das Gefahrvolle des Meeres noch an, doch diese Gefahr ist (mit Hilfe technischer Instrumente) prinzipiell beherrschbar geworden. Der Alptraum von der willkürlichen Bodenlosigkeit des Wassers ist dem modernen Traum oder genauer: dem *Traum der Moderne* von der Berechen- und Beherrschbarkeit der Welt gewichen. Insofern stehen sowohl der ‚Surfer' wie der ‚Navigator' in der Tradition der europäischen Aufklärung. Keinesfalls sind sie Gestalten der Postmoderne.

Der Navigator hat das Chaos, die unberechenbare Urgewalt mit Verstand und Technik gebändigt. Und auch für den ‚Surfer' birgt das tobende Meer keinerlei Gefahren mehr (wohl auch, weil er seinem Sport nur an flachen Sandküsten nachgeht, sich also nicht auf das endlose Wasser begibt). Die Gefahren und Unsicherheiten der Meeresbrandung verwandeln sich für ihn in Möglichkeiten lustvoller Überraschungen, in Quellen der Lebensfreude. Das Bedrohliche des Meeres gerät so zu einer unerschöpflichen Quelle endloser und wiederholbarer positiver Erlebnisse. Die Bedrohung durch das Meer ist (fast) restlos getilgt. ‚Surfer' wie ‚Navigator' nutzen beide das Meer für ihre Zwecke: Der erste benutzt es, um sich erlebnisreich tragen zu lassen, der zweite, um Macht und Ansehen zu erlangen.

1.7 Gesellschaftlicher Kampf um die Leitmetapher

Surfen und navigieren sind jedoch nicht nur Erklärungen des Neuen mit alten Bildern, sondern auch Vorschläge dazu, wie man/frau in *Zukunft* mit diesem Neuen umgehen, wie man es verwenden soll. Metaphern schließen also nicht nur einfach das Neue an etwas *beliebiges* Bekanntes an (und ‚erklären' es damit als ein Fall von etwas), sondern sie schließen das Neue an etwas *bestimmtes* Bekanntes an. Damit behaupten sie eine Analogie, interpretieren das Neue als eine Fortsetzung bzw. eine Variante eines bestimmten Vertrauten. Dies tun sie, indem sie einige Aspekte des Neuen betonen, andere Merkmale ausblenden, andere dramatisieren – kurz: *Metaphern deuten das Neue als Teil einer gemeinsamen Welt, Metaphern versehen das Neue mit (Handlungs)Sinn.* Und nur aufgrund dieser Sinngebung legen Metaphern Lesarten, Umgangsweisen, Wertigkeiten und auch Anschlussforschungen nahe. Die Diskussion über die ‚passende' Metapher ist deshalb stets ein gesellschaftlicher Disput der an dem Neuen ‚Interessierten' (Erfinder, Produzenten, Nutzer, Pädagogen, Soziologen etc.) darüber, welche Bedeutung, also welche praktischen Folgen das mit der Metapher Belegte hat bzw. haben soll. Deshalb sind Metaphern nicht nur Medien zur Erarbeitung einer kognitiven Ordnung (also Medien des Denkens), sondern auch und vor allem *Medien zur gesellschaftlichen Produktion von Wirklichkeit* (also Medien des Handelns). Deshalb ist auch verständlich, wenn es immer wieder zu Auseinandersetzungen über die ‚treffende' Metapher kommt.

Es ist hier bewusst nicht diskutiert worden, welche der behandelten Metaphern mehr ‚Empirieverbundenheit' aufweist. Diese Frage ist m.E. nicht von großem Belang, da die Durchsetzbarkeit von Metaphern nicht von deren Wirklichkeitsnähe abhängt. Die Durchsetzung oder Etablierung einer bestimmten Metapher ist nämlich (wie bereits oben gesagt) Ergebnis eines gesellschaftlichen Aushandlungsprozesses, an dem viele Parteien mit recht unterschiedlichen Interessen und in unterschiedlichen Koalitionen beteiligt sind. Es versteht sich dabei von selbst, dass dieser gesellschaftliche Aushandlungsprozess nicht den Maximen eines herrschaftsfreien Diskurses folgt, sondern dass alle Beteiligten ihre Mittel (und ihre Macht) einsetzen, um ihre Deutung durchzusetzen und zu legitimieren. Dabei muß keineswegs schlussendlich immer der ‚gewinnen', der die größte Medien-Macht hinter sich hat. Auch Aushandlungsprozesse haben nämlich ihre Phasen: Zu Zeiten des Auf- und Umbruchs scheint vieles möglich, was später (zu Zeiten der Reflexion) jedoch als unpassend und voreilig abgetan wird.

Dennoch – erlauben Sie mir zum Schluss eine vorsichtige Prognose – scheint mir, dass der aktuellen und boomenden ‚Surf-Metapher' keine rosige Zukunft beschieden sein wird[66]: vor allem angesichts der Millionen von fast unbewegt vor den Bildschirmen Hockenden, die täglich darauf warten, dass endlich eine Verbindung zu und in der ‚Wüste Internet' (Stoll 1995)[67] zustande kommt, scheint mir die Kluft zwischen dem Versprechen der Hersteller und Betreiber und der eigenen Körpererfahrung allzu groß zu sein. Deshalb ist die Surf-Metapher in diesem (noch anhaltenden und noch nicht entschiedenen) Kampf um die richtigen Symbole und Kampfbanner (zumindest für mich) kein großer Favorit – vor allem wenn es zutrifft, dass fast 78,7 % der Internet-Nutzer am liebsten im Netz ‚stöbern' (Quelle: GVU, Stern 29/1996: 124), zugleich aber 80,9 % der Nutzer die zu geringe Geschwindigkeit als größtes Netz-Problem ansehen (Quelle: GVU, Focus 36/1996: 172).[68] Dieses Problem, dass Metaphern-Anspruch und ‚real life' nicht kompatibel sind, scheinen in neuerer Zeit auch einige Protagonisten der Surf-Metapher bemerkt zu haben. So verlagert z.B. die

---

66 Diese Prognose hat sich aus heutiger Sicht (2007) als falsch herausgestellt: Zwar sitzen immer noch alle Nutzer unbewegt vor ihren Rechnern, aber DSL sei Dank kommen die Bilder in raschem Fluss auf den Schirm.

67 An dem deutschen Titel des Buches von Stoll kann man erkennen, dass auch Buchverlage daran interessiert sind, sich in die Auseinandersetzung um die ‚richtige' Metapher einzumischen. Möglicherweise auf die verkaufsfördernde Wirkung provakativer Titel hoffend, hat sie den amerikanischen Originaltitel ‚Silicon Snake Oil. Second thoughts on the Information Highway' in den Gegenentwurf einer ‚Wüste' Internet umgedeutet und damit eine neue Metapher ins Spiel gebracht.

68 Besonders schön hat Nürnberger diese Kluft zwischen Hoffnung und Erfahrung bebildert: „Und auf Dauer kann den Netsurfern dieser Welt auch kaum verborgen bleiben, daß sie nach stundenlangem Surfen weder Sonne, noch Wind, noch Wasser und schon gar nicht den Geschmack von Freiheit und Abenteuer abbekommen, sondern nur 1001-mal mit der Maus geklickt haben. (...) Wer morgens seine Maus sattelt, um ins Internet einzufahren, hockt vor einer maximal 17 Zoll in der Diagonale messenden Glotze und verläßt diese am Abend mit Kreuzweh, tränenden Augen und steifen Gliedern" (Nürnberger 1996).

Zigarettenfirma WEST bei ihrer Einladung zu einem virtuellen Rollenspiel den Ort des Surfens vom Meer in den menschlichen Schädel: „Der größte Raum zum Surfen ist Dein Kopf". Doch das ist eine neue und sehr interessante Metapher, die ich hier nicht interpretieren werde.

Literatur

Barnes, Julian (1990): Eine Geschichte der Welt in 10,5 Kapiteln. Zürich: Haffmans.

Bateson, Gregory (1983): Ökologie des Geistes. Frankfurt a.M.: Suhrkamp.

Black, Max (1963): Models and Metaphors. Ithaka/New York: Cornell University Press.

Blumenberg, Hans (1979): Schiffbruch mit Zuschauer. Frankfurt a.M.: Suhrkamp.

Böhmer, Otto (1995): Sternstunden der Philosophie. München: Beck.

Canzler, Weert, Helmers, Sabine & Hoffmann, Ute (1995): Die Datenautobahn – Sinn und Unsinn einer populären Metapher. http://duplox.wz-berlin.de/docs/caheho.

Fittkau, Susanne & Maaß, Holger (1996): Das deutschsprachige World Wide Web. Hamburg.

Fleck, Ludwik (1983): Erfahrung und Tatsache. Frankfurt a.M.: Suhrkamp.

Frank, Manfred (1995): Die unendliche Fahrt. Die Geschichte des fliegenden Holländers und verwandte Motive. Leipzig: Reclam.

Held, Jutta (1985): Antoine Watteau. Einschiffung nach Kythera. Frankfurt a.M.: Fischer.

Helm, Gerhard (1992): Metaphern in der Informatik. Arbeitspapiere der Gesellschaft für Mathematik und Datenverarbeitung MBH 652. Sankt Augustin: GMD.

Helmers, S. (1995): Internetdschungel – Überall/Jederzeit. http://duplox.wz-berlin.de/docs/ding.

Hülzer, Heike (1995): Die Metapher. Kommunikationssemantische Überlegungen zu einer rhetorischen Kategorie. Münster: Nodus.

Jakobsen, Roman & Halle, Morris (1971): Fundamentals of Language. The Hague: Mouton.

Kettenbach, Günter (1994): Einführung in die Schiffahrtsmetaphorik der Bibel. Frankfurt a.M.: Peter Lang.

Kügler, Werner (1984): Zur Pragmatik der Metapher. Frankfurt a.M.: Lang.

Kuhn, Thomas (1976): Die Struktur wissenschaftliche Revolutionen. Frankfurt a.M.: Suhrkamp.

Kuhn, Thomas (1978): Die Enstehung des Neuen. Frankfurt a.M.: Suhrkamp.

Lakoff, George & Johnson, Mark (1980): Metaphors We Live By. Chicago/London: University of Chicago Press.

Mambrey, Peter & Tepper, August (1992): Metaphern und Leitbilder als Instrument. Arbeitspapiere der Gesellschaft für Mathematik und Datenverarbeitung MBH 651. Sankt Augustin: GMD.

Neurath, Otto (1975): Über Protokollsätze. S. 70-80 in: Schleichert, Hubert (Hrsg.): Logischer Empirismus – der Wiener Kreis. München: Wilhelm Fink Verlag.

Netscape Corporation (1996): Das Intranet. Vision und Produkte. München.

Nieraad, Jürgen (1977): „Bildgesegnet und Bildverflucht". Forschungen zur sprachlichen Metaphorik. Darmstadt: Wissenschaftliche Buchgesellschaft.

Nürnberger, Ch. (1996): Klickt euch selbst! In: Süddeutsche Zeitung vom 30.08.1996.

Peirce, Charles Sanders (1990): Semiotische Schriften Bd. 2. Herausgegeben und übersetzt von Christian Kloesel und Helmut Pape. Frankfurt a.M.: Suhrkamp.

Pessoa, Fernando (1995): Das Buch der Unruhe des Hilfsbuchhalters Bernando Soares. Frankfurt a.M.: Fischer.

Pielenz, Michael (1993): Argumentation und Metapher. Tübingen: Gunter Narr.

Reichertz, Jo (1991): Aufklärungsarbeit. Kriminalpolizisten und Feldforscher bei der Arbeit. Stuttgart: Enke.

Reichertz, Jo (2003): Die Abduktion in der qualitativen Sozialforschung. Opladen: Leske+Budrich.

Ricoeur, Paul & Jüngel, Eberhard (1974): Metapher. Zur Hermeneutik religiöser Sprache. München: Kaiser.

Sebeok, Thomas (Hrsg.) (1971): Style in Language. Boston: Technology Press of MIT.

Sloterdijk, Peter (1995): Im selben Boot. Frankfurt a.M.: Suhrkamp.

Stern, William (1921): Psychologie der frühen Kindheit. Leipzig: Quelle & Meyer.

Stoll, Clifford (1995): Die Wüste Internet. (Engl. Originaltitel: Silicon Snake Oil. Second thoughts on the Information Highway) Frankfurt a.M.: Fischer.

Vries, Ad de (1974): Dictionary of Symbols and Imagery. Amsterdam/London: North-Holland.

2 Browsen im Internet oder: Der Einfall trifft nur den vorbereiteten Geist

2.1 Die Zukunft des Internet – Nichts Genaues weiß man

Über die Nutzung des Internet lässt sich zurzeit gefahrlos sehr viel sagen. Dies liegt vor allem daran, dass im Moment niemand etwas Genaues weiß – mithin haben wir gute Zeiten für jede Art von Prognose und Spekulation. Diese für die Spekulation günstige, für die wissenschaftliche Reflexion jedoch sehr unvorteilhafte Situation resultiert aus zwei Besonderheiten: Zum einen existieren nur sehr wenige Studien zur tatsächlichen Aneignung dieses neuen Mediums, zum anderen erlebt die Entwicklung des Internet immer noch und immer wieder teils dramatische Innovationsschübe und Umbrüche.

Was heute noch als normal gilt, kann morgen längst ausgemustert sein, und was heute als kaum realisierbar erscheint, ist morgen bereits grauer Alltag. Kurz: Sowohl das Medium als auch die Aneignung dieses Mediums durch Nutzergruppen befindet sich immer noch in einer Phase des Aufbaus und der Festigung. Die Aneignung des Internet hat noch nicht zu tief greifenden Institutionalisierungs- und Routinisierungsprozessen geführt. Allerdings sind wir Zeitzeugen dieser Prozesse.

Wegen dieses Informationsdefizits können Kritiker wie Befürworter des Netzes fast beliebig ihre Argumente vortragen: So sehen und erhoffen die (meist interessierten) Förderer vom Internet eine grundlegende, positive Umwälzung der Welt: Menschen können sich weltweit miteinander vernetzen, Informationen fließen frei, jeder kann seine Ideen und Texte in das Netz einspeisen.

Die Kritiker sehen das jedoch völlig anders: Ihrer Schreckensvision zufolge produziert das Internet vor allem noch mehr (Netz)Süchtige, noch mehr Menschen in Isolation und vor allem die Zerstörung der Privatsphäre. Ernsthaft darüber zu debattieren, ob die Kritiker oder die Förderer Recht haben werden, ist angesichts der mageren Datenlage ein nicht viel versprechendes Unterfangen.

2.2 Das Internet als Lehr- und Lernmedium in der Schule

Aber diesseits der globalen Debatten um die Gefährdung der Weltkultur im Allgemeinen und der Jugend im Besonderen erleben Lehrende auf allen Bildungsstufen seit den 90er Jahren des letzten Jahrhunderts eine immer intensiver werdende Diskussion, die (gefordert und gefördert von Wirtschaft, Staat, Hardwareherstellern und Netzbetreibern) von der *Hoffnung* getragen wird, mit Hilfe des Einsatzes von netzfähigen Rechnern ließe sich im schulischen Lernen, genauer: bei den Schülern ein Quantensprung erzielen.

So berichtet die Stiftung Bertelsmann, dass die Untersuchung amerikanischer Schüler der Mittelstufe gezeigt habe, dass z.B. im Mathematikunterricht mit Hilfe des PCs Verdopplungen, ja sogar Verdreifachungen der Leistungen erreicht werden konnten. Auch im Biologieunterricht hätten die elektronischen Helfer aus Silicon Valley es bewirkt, dass die Behaltensleistung der Schüler sich um 100 % gesteigert habe (vgl. Bertelsmann-Briefe 1999: 32). Wenn diese Studien auch nur halbwegs zutreffen und verallgemeinerbar sein sollten, dann würde der tastaturgesteuerte Verbund von Hard- und Software in der Tat das gesamte gesellschaftliche Bildungssystem revolutionieren.

Aber die Hoffnungen oder besser: die Versprechungen der Befürworter gehen noch weiter: Nicht nur die Rechenkünste oder die Merkfähigkeit sollen durch den Rechner drastisch gesteigert werden, nein – die bereits erwähnte Untersuchung amerikanischer Schüler der Mittelstufe zeitigte nicht nur eine Verbesserung von Fachleistungen, sondern die Hilfe der PCs führte auch dazu, dass grundlegende, heute als besonders wichtig eingeschätzte *kognitive* und *soziale* Kompetenzen deutlich zunahmen. So konnte (laut Bertelsmann-Studie) bei den Schülern die *Erfassung komplexer Zusammenhänge* und das *Transferlernen* verbessert, das eigenständige Lernen *vertieft*, die Problemlösungskompetenz *gesteigert*, die Fähigkeit zur Teamarbeit *intensiviert* und auch die Kreativität *gefördert* werden (vgl. ebd.: 33). Würde diese Untersuchung das Bild einer erreichbaren Zukunft zeichnen, dann verfügte die Pädagogik mit dem handlichen PC in der Tat über einen neuen (fast allmächtigen) Hoffnungsträger.

Und einen neuen Hoffnungsträger braucht die Schule. Angesichts ansteigender Klassenstärken und zunehmender Multikulturalität, angesichts der Überalterung des Kollegiums und wachsender Sparauflagen und angesichts komplexer, differenzierter und zugleich noch anspruchsvoller werdender Curricula wäre ein solches *,Super-Lehr-und-Lernmedium'* eine kaum zu überschätzende Hilfe. Allerdings sitzt die Skepsis, vor allem bei den älteren Pädagogen, tief. Nicht oder besser: nicht nur, weil die neue Technik sie vor große Rätsel stellt, sondern weil die Älteren sich noch gut an den Einzug des *Fernsehgerätes* in die Schulräume erinnern können. Anfang der 70er Jahre wurden nämlich mit großem Aufwand und noch größeren (den heute bis hinein in die Formulierung identischen) Versprechen eine Reihe von Schulen mit Fernsehgeräten ausgestattet (manchmal zwei pro Klassenraum), ohne dass allerdings kurz-, mittel- oder langfristig ein Anstieg von Schülerleistungen zu verzeichnen war. Was übrig blieb, waren verwaiste Medienzentren und defekte oder ruinierte Fernseher – als in jedem Klassenraum sichtbares Zeichen einer gescheiterten Medienrevolution.

Ob den netzfähigen Rechnern und dem durch sie zugänglich gemachten Internet die gleiche trostlose Zukunft blühen wird wie dem Schul-Fernsehen (oder gar dem CB-Funk) ist völlig ungewiss, vielleicht sogar unwahrscheinlich, aber es wäre völlig realitätsfremd, die Vision einer von allen gewünschten Zukunft mit der schnöden Realität zu verwechseln. Letztere verweigert sich oft – selbst dem best gemeinten Wunsch – möglicherweise auch dem Rechner in der Schule.

Die Frage ist also, was bei genauer Prüfung der Leistungen des neuen Mediums von dem Versprechen auf einen tiefgreifenden und gewaltigen Qualitätssprung des Bildungssystems übrig bleibt. Stefan Aufenanger, seines Zeichens Professor für Medienpädagogik an der Universität Hamburg, hat sich Ende 1999 in einer Publikation mit dieser Frage systematisch auseinandergesetzt. Nach der Sichtung und Prüfung neuerer Studien zur Lern-Effektivität der sogenannten Neuen Medien kommt er zu dem Ergebnis, „dass wir noch weit davon entfernt sind, genaueres über die Optimierung von Lernprozessen mit Hilfe von Computern und Internet wissen. Vielmehr ist die anfängliche Euphorie einer nüchternen Beurteilung der Möglichkeiten von hypermedialen Anwendungen gewichen" (Aufenanger 1999: 8).

Die schlechte Nachricht lautet demnach, dass nicht alles, was einst glänzte, auch Gold ist. Die gute Nachricht lautet jedoch, dass bei genauer Suche auch das eine oder andere Nugget zu finden ist. In meinen weiteren Ausführungen werde ich mich auf die Suche nach einem solchen Nugget begeben. Und zwar werde ich nach dem (oben dem PC und dem Internet zugeschriebenen) *Kreativitätspotential* der Rechner fragen. Oder genauer: Das Internet – und damit ist das WWW ebenso wie das Usenet, die MUDs ebenso wie die Chat-Kanäle und die E-Mails ebenso wie die web-cams gemeint – eröffnet dem Nutzer eine scheinbar unendliche Fülle von Informationswegen. Die Frage, die ich im Weiteren stellen und beantworten möchte, lautet, ob der User sich *notwendigerweise* und *immer wieder* im Dickicht dieser Pfade verliert und frustriert mit leeren Händen zurückkehrt, oder ob die besondere Netzstruktur des Internet ein ‚browsen', ein ‚nosing around' nahelegt, das durchaus intellektuelle Gewinne, ja sogar neue Erkenntnisse und Einsichten erbringen kann.

Es geht im Weiteren also nicht um die Optimierung von Fachleistungen oder den Ausbau von Sozialkompetenzen, sondern allein um die Klärung der Frage, *ob der Besuch im Internet die menschliche Kreativität verbessert bzw. verbessern kann.* Um diese Frage zu beantworten, werde ich im ersten Schritt untersuchen, was unter ‚Kreativität' zu verstehen ist, im zweiten dann die Struktur des Internetwissen und dessen Gliederung ermitteln, um dann abschließend eine begründete Beantwortung und Bewertung der Ausgangsfrage vornehmen zu können.

2.3 Deduktion, Induktion und Abduktion

,Kreativität' ist ein Spezialfall der Wissenserweiterung. Mithilfe kreativer Bewusstseinsakte erweitert man nicht nur den eigenen Wissensbestand, sondern man fügt ihm etwas Neues zu (ausführlicher Reichertz 2006). Dass die Sonne nicht jeden Morgen aufgeht, sondern die Erde sich mit einer großen Beständigkeit um sie dreht, ist eine solche, wenn auch sehr alte, große Wissenserweiterung. Es gibt aber auch Wissenserweiterungen, und das wird die überwiegende Mehrzahl des normalen Lernens sein, die *nicht* auf kreative Akte zurückgehen. Zu wissen, dass (unterstellt man die prinzipielle Sterblichkeit der Menschen) auch ich sterben werde, ist eine solche Wissenserweiterung. Auch die Erkenntnis, dass auch morgen noch die Sonne auf uns scheinen wird, verdankt sich einer nicht-kreativen Wissenserweiterung.

Allerdings sind die hier benannten Bewusstseinsakte der Wissenerweiterung von unterschiedlicher Form und Natur. Allen gemeinsam ist, dass sie eine logische Form aufweisen, somit auch *Schlussfolgerungen* genannt werden können. Allerdings unterscheiden sie sich im Hinblick auf Kreativität und Zuverlässigkeit. Wenn man nicht allzu genau ist, könnte man sagen, dass der Grad der Kreativität einer Wissenserweiterung mit dem Grad ihrer Zuverlässigkeit negativ korreliert. Versucht man einmal, die logischen Formen der verschiedenen Verfahren der Wissenerweiterung voneinander zu unterscheiden, dann lassen sich (folgt man den Überlegungen des amerikanischen Logikers Ch. S. Peirce) idealtypisch *vier* Verfahren unterscheiden, die sowohl im Hinblick auf ihre logische Schlussform als auch im Hinblick auf den Erkenntnisgewinn beträchtlich voneinander abweichen.

Eine erste Art der Wissenerweiterung besteht in dem Verfahren der *Kategorisierung* oder der *Subsumption*. Die Kategorisierung geht (sehr abstrakt betrachtet) von einem bereits bekannten Merkmalszusammenhang aus (z.B.: Nur Peter Müller bricht auf die Weise X in Wohnungen ein.) und versucht, diesen in den Daten wiederzufinden (Da in diese Wohnung auf die Weise X eingebrochen wurde, ist Müller der Täter.) Dieses Verfahren prägt das Material nach dem Vorbild. Die logische Form dieser Operation ist die der *Deduktion*: Der in Frage stehende Fall wird einer bereits bekannten Regel untergeordnet. Hier wird eine vertraute und bewährte Ordnung auf einen neuen Fall angewendet – ohne jedoch Neues zu erfahren, was bedeutet, dass dieser Schluss *tautologisch* ist. Deduktionen sind jedoch nicht nur tautologisch, sondern auch *wahrheitsübertragend* – war die zur Anwendung gebrachte Regel gültig (!), dann ist auch das Ergebnis der Regelanwendung wahr. Deduziert man, dann hat man sich entschlossen, das zu Untersuchende als Wiederkehr des Bekannten und Bewährten anzusehen.

Eine zweite Art der Auswertung besteht darin, im Datenmaterial vorgefundene bzw. zusammengestellte Merkmalskombinationen zu einer Ordnung oder Regel zu generalisieren (Wohnungseinbrecher Müller hat 12 Mal Spuren in bestimmter Form am Tatort hinterlassen – Schluss: Müller hinterlässt immer diese Spuren). Die logische Form dieser Operation ist die der *(quantitativen) Induktion*. Sie überträgt die quantitativen Eigenschaften einer Stichprobe auf die Gesamtheit, sie ‚verlängert' den Einzelfall zu einer Regel. Quantitative Induktionen sind also (streng genommen) ebenfalls tautologisch (da sie keine neue Idee in die Welt bringen), jedoch nicht wahrheitsübertragend. Die Resultate dieser Form des Schlussfolgerns sind lediglich *wahrscheinlich*.

Eine dritte Art der Datenbearbeitung besteht darin, bestimmte qualitative Merkmale der untersuchten Stichprobe so zusammenzustellen, dass diese Merkmalskombination einer anderen (bereits im Wissensrepertoire der Interaktionsgemeinschaft vorhandenen) in den wesentlichsten Punkten gleicht. In diesem Fall kann man den bereits existierenden Begriff für diese Kombination benutzen, um die ‚eigene' Form zu benennen. Die logische Form dieser Operation ist die der *qualitativen Induktion* (in seinen frühen Arbeiten nannte Peirce diese Schlussform ‚Hypothese'). Sie schließt von der Existenz bestimmter qualitativer Merkmale einer Stichprobe auf das Vorhandensein anderer Merkmale (z.B. Ich sehe hier am Tatort eine bestimmte Spurenlage. In sehr vielen Elementen stimmt sie mit dem Spurenmuster von Müller überein. Schluss: Müller ist der Spurenleger).

Die qualitative Induktion schließt also, und das ist entscheidend, von zwei bekannten Größen, nämlich Resultat und Regel, auf den Fall. Der beobachtete Fall (token) ist ein Exemplar einer bekannten Ordnung (type). Die quantitative Induktion überträgt die quantitativen Eigenschaften einer Stichprobe auf die Gesamtheit. Die qualitative Induktion ergänzt dagegen die wahrgenommenen Merkmale einer Stichprobe mit anderen, nicht wahrgenommenen. Nur in diesem Sinne überschreitet diese Art der Induktion die Grenzen der Erfahrung – nämlich lediglich die Erfahrung mit der in Frage stehenden Stichprobe. Kenntniserweiternd ist dieser Schluss nur insofern, als er von einer begrenzten Auswahl auf eine größere Gesamtheit schließt. Neues Wissen (im strengen Sinne) wird auf diese Weise nicht gewonnen, bekanntes lediglich ausgeweitet. Die qualitative Induktion ist kein gültiger, sondern nur ein wahrscheinlicher Schluss – allerdings besitzt sie den Vorzug, dass sie sich (wenn auch nicht einfach) operationalisieren lässt. Alle wissenschaftlichen Verfahren, welche in den erhobenen Daten nur neue Formen des bereits Bekannten erkennen wollen bzw. erkennen können, arbeiten mit der qualitativen Induktion.

Die vierte Variante der Datenbearbeitung besteht nun darin, aufgrund der Beobachtung und Ausdeutung der ‚Welt', solche Merkmalskombinationen zusammenzustellen bzw. zu entdecken, für die sich im gesellschaftlich bereits existierenden Wissensvorratslager bereits bewährter Figurationen *kein* entsprechendes Pendant findet, wenn also etwas Neues auftaucht. Wirklich Neues löst (nicht nur laut Peirce) Überraschung aus, echtes Erschrecken. Denn ist kein passender ,type' zu finden, dann muss in einem geistigen Prozess ein neuer erstellt werden. Dieser geistige Erkenntnisschritt stellt sich ,blitzartig' ein, und er ist nur ,sehr wenig von logischen Regeln behindert' (Peirce 1973: 253).

Eine Ordnung, eine Regel ist bei diesem gedanklichen Prozess also erst noch zu (er)finden – und zwar mithilfe einer geistigen Anstrengung. Etwas Unverständliches wird in den Daten vorgefunden, und aufgrund des geistigen Entwurfs einer *neuen* Regel wird sowohl die Regel gefunden bzw. erfunden und zugleich wird klar, was der Fall ist. Die logische Form dieser Operation ist die der *Abduktion*. Hier hat man sich (wie bewusst auch immer und aus welchen Motiven auch immer) entschlossen, der bewährten Sicht der Dinge nicht mehr zu folgen.

Eine solche Bildung eines neuen ,types', also die Zusammenstellung einer neuen typischen Merkmalskombination ist ein kreativer Schluss, der eine neue Idee in die Welt bringt. Diese Art der Zusammenschließung ist nicht zwingend, eher sehr waghalsig, gibt es doch eine Fülle von Möglichkeiten, den vorhandenen Bestand an types neu zu ordnen. Die Abduktion ,schlussfolgert' also aus einer bekannten Größe (= Resultat) auf zwei unbekannte (= Regel und Fall). Und sie kommt wie ein ,Blitz'.

2.4 Eine Strategie zur Herbeiführung von Abduktionen

Nimmt man das bisher Gesagte ernst, dann müsste man zu dem Befund kommen, dass die abduktive Entdeckung von Neuem entweder auf den blinden Zufall, ein glückliches Schicksal, einen gütigen Gott, eine wohlgesonnene Evolution oder eine besonders günstige Gehirnphysiologie angewiesen ist. Wissenserweiterung als *systematisches* Unternehmen schiene demnach zum Scheitern verurteilt. Anything goes.

Aber – wenn man schon den abduktiven Blitz nicht algorithmisch geregelt *herbeizwingen* kann – gibt es vielleicht Verhaltensweisen und Vorkehrungen, die es dem Blitz erleichtern ,einzuschlagen'? Denn auch der Blitz kommt nicht völlig unerwartet. So tritt er – um im Bild zu bleiben – nur im Gefolge einer bestimmten Wetterlage auf. Man kann im Gewitter die Eichen suchen und vor den Buchen weichen oder gar die Spitze des Kirchturms aufsuchen. Durch keine dieser Maßnahmen kann ganz sichergestellt werden, dass der Blitz kommt und trifft, aber die Möglichkeit ist doch sehr viel größer als bei jemandem, der nur die strahlende Sonne liebt, sich bei Gewitter stets im Keller aufhält und, falls er doch einmal in das Unwetter muss, die Nähe von Blitzableitern sucht. Kurz:

Sollte Erkenntnis tatsächlich etwas mit Zufällen zu tun haben, dann kann man dem Zufall eine Chance geben oder sie ihm verweigern.

Peirce selbst nennt *zwei Großstrategien*, die geeignet sind, abduktive Prozesse besonders gut ‚hervorzulocken' oder doch zumindest deren Auftreten zu begünstigen. Im Weiteren werde ich jedoch nicht von beiden berichten, sondern nur auf eine Strategie eingehen, die in unserem Zusammenhang von Interesse sein könnte. Diese Strategie besteht nun darin, dass der Suchende – so der Rat von Peirce – seinen Geist ohne ein bestimmtes Ziel wandern lässt. Dieses geistige Spiel ohne Regeln nennt er ‚*musement*', ein Spiel der Versenkung – Tagträumerei. Wie man in den Zustand der Tagträumerei gelangt, kann man folgenden Formulierungen von Peirce entnehmen:

> „Betrete Dein kleines Boot der Versenkung, stoß Dich ab in den See Deiner Gedanken und lasse den Atem des Himmels Deine Segel füllen. Mit geöffneten Augen, wach für alles, was um Dich und in Dir vor sich geht, im offenen Gespräch mit Dir selbst. (...) Es ist jedoch kein Gespräch allein mit Worten, sondern es ist illustriert (…) mit Schaubildern und Experimenten." (1908: 6.461)

Um dies zu tun, bedarf es der *Muße* und der *Dekontextualisierung*, d.h.: Die Befreiung von dem aktuellen Handlungsdruck ist eine grundlegende Bedingung, ohne die das Boot nicht in Fahrt kommt, die andere ist die Auflösung der bisherigen sprachlichen und logischen Ordnung der Dinge. Ziel ist, dass der *bewusst arbeitende*, mit logischen Regeln vertraute *Verstand* ausmanövriert wird. Der tagträumende Peirce schaltet das logische Urteilsvermögen aus, indem er sich dem ‚Atem des Himmels' anvertraut, also selbst nicht mehr Steuermann seiner Fahrt ist. Der Atem des Himmels treibt ihn scheinbar ziellos voran.

Diese Maßnahme, um günstige Bedingungen für Abduktionen zu schaffen, zielt also auf eins: auf die Erlangung einer *Haltung*, bereit zu sein, alte Überzeugungen aufzugeben und neue zu suchen. Abduktives ‚Räsonieren' ist jedoch kein glückliches, zufälliges Raten ins Blaue hinein, sondern ein informiertes Raten. Vor dem Hintergrund eines Handlungsproblems und aufgrund des erworbenen, wenn auch (in Bezug auf die Gültigkeit) ausgesetzten und verflüssigten Wissens von Welt, trifft mich der Blitz der Erkenntnis. Wenn man so will: *der gute Einfall trifft immer nur den vorbereiteten Geist*. Abduktives Denken ist also keine Methode, mit deren Hilfe sich logisch geordnet (und damit operationalisierbar) Hypothesen oder gar eine Theorie generieren lässt, sondern der abduktive Denkprozess ist Ergebnis einer offenen Haltung gegenüber Daten und gegenüber der Gültigkeit des eigenen Wissens.

Halten wir also fest, was man laut Peirce für das Spiel des ‚musement' braucht, das dem kreativen Einfall eine Chance gibt. Es sind da vor allem drei Dinge wichtig: (1) Muße, also Befreiung vom Handlungsdruck, (2) die Verflüssigung und Dekontextualisierung des bisher erworbenen Wissens und (3) die Suche ohne Ziel, das scheinbar planlose Durchstreifen der Welt.

2.5 Der Hypertext des Internet und seine Pfade

Nachdem jetzt – zumindest vage – bekannt ist, was hier unter ‚Kreativität' verstanden wird, soll nun geklärt werden, wie das Internet und speziell der ‚Hyperspace', also der Raum des Hypertextes, aussieht, um so beurteilen zu können, ob die Struktur dieses Raumes ein günstiges oder gar ein ungünstiges Klima für Abduktionen schafft.

Da der Raum des Hypertextes vom Internet konstituiert wird, kurz einige Bemerkungen hierzu. Die Bezeichnung ‚Internet' ist eine Abkürzung für den englischen Begriff *inter-net*working', was etwa so viel heißt wie ‚untereinander vernetzt arbeiten'. Finanziert und entwickelt wurde der Vorgänger des heutigen Internet, das Arpanet, von dem US-Verteidigungsministerium in den 60er Jahren. Doch schon bald schlossen sich an das zunächst nur militärisch genutzte, dezentrale Computernetz auch zivile Einrichtungen, wie Universitäten und Bibliotheken, an. In den 90er Jahren des vergangenen Jahrhunderts erlebte das Internet schließlich den endgültigen Einzug in die Wohn- und Arbeitszimmer von Privatpersonen, die aufgrund der fortgeschrittenen Technik nicht mehr einen Großcomputer, sondern nur einen PC brauchten, um sich in das Internet einzuloggen.

Heute besteht das Internet, das maschinengestützt die gleichzeitige und dialogische Übermittlung von Text, Bild und Ton ermöglicht, aus mehreren Teilnetzen, die aufgrund einheitlicher Kommunikationsstandards miteinander ‚interagieren' können. Dabei gibt es (was einige bedauern, andere jedoch sehr schätzen) *keine* zentrale Kontrollinstanz, die für das gesamte Internet verantwortlich ist bzw. dieses kontrollieren kann.

Um wirklich zu verstehen, was das Internet ist, sollte man dessen Vielzahl von Nutzungsmöglichkeiten betrachten, von denen an dieser Stelle die wichtigsten kurz dargestellt werden sollen:

Zum einen dient das Internet der *Kommunikation* mit anderen Internet-Usern. Dieses geschieht vor allem durch die Versendung von E-mails (= elektronisch übermittelter Brief), den Aufbau von Telefonverbindungen oder die Organisation von Videokonferenzen. Weiterhin gibt es die Möglichkeit, über *Newsgroups*, also Diskussionsforen, die in verschiedene Themengebiete unterteilt sind, Meinungen anderer einzuholen und gleichzeitig seinen persönlichen Standpunkt über ein bestimmtes Thema zu äußern. Eine besonders lockere Basis für Kommunikation bieten die IRCs (Internet Relay Chat), auch *Chatlines* genannt. Hier können sich zur gleichen Zeit mittels Tastatur beliebig viele Teilnehmer miteinander unterhalten. Ebenfalls mittels Maus und Tasten kann man anonym und maskiert mit anderen mehr oder weniger intelligente Rollenspiele (MUDs) spielen. Kurz: Das Internet hilft massiv dabei, Kontakte zu bekannten und unbekannten Anderen bzw. Gruppen weltweit aufzubauen und zu pflegen

Ein weiterer Dienst, den das Internet leistet, ist die *Beschaffung von Informationen*. Im Rahmen des World Wide Web (WWW) befindet sich mittlerweile eine unüberschaubare Menge von Dokumenten zu allen erdenklichen Themengebieten, die mit sogenannten ‚Links' miteinander verbunden sind. Diese Dokumente bestehen meist aus Texten, sie können jedoch auch Bilder, Videos oder Musikstücke enthalten. Die Dokumente können auch auf den eigenen Computer ‚heruntergeladen' werden, um sich diese Informationen auf dem eigenen Rechner zu konservieren bzw. um mit ihnen weiterzuarbeiten. Das Internet dient also auch der *Übertragung und Weiterverarbeitung von Informationen.* Zudem gibt es spezielle Suchdienste, die das *Auffinden von Informationen* erst ermöglichen. Schließlich bietet das Internet noch die Funktion, *eigene Dokumente zu erstellen* und über das World Wide Web zu *verbreiten*. Kurz: Das Internet ist zugleich auch ein Medium der Informationsbeschaffung, Informationsverarbeitung und Informationsweitergabe und -verbreitung.

Und das Internet ist ein, vielleicht sogar *das* zukünftige zentrale Medium des weltweiten (kostenlosen wie kostenpflichtigen) *Handels*. Rund um die Uhr stehen die Pforten der virtuellen Kaufhäuser offen, und sie bieten von der Auslegeware bis zum Auto alles an. Andernorts können Software, Videos und Musik unentgeltlich ‚downgeloaded' werden, und wieder an anderen Plätzen werden Aktien erworben und abgestoßen, Mieten überwiesen und Ratenzahlungen vereinbart.

Im Weiteren werde ich mich nur mit dem *Internet als Informationsmedium* befassen und nach den Besonderheiten der Struktur des Hyperspace fragen. Unter ‚Hyperspace' verstehe ich dabei den gesamten, durch das Internet ermöglichten und zugänglichen, und von Menschen durch das Setzen von Verweisungen (‚links') geschaffenen Verweisungsraum (vgl. auch Sandbothe 1997). Durch diesen Raum bewegt man sich, indem man auf dem Bildschirm sichtbare Objekte ‚anklickt' und dann an ‚dahinterliegende' andere Objekte weitergeleitet wird, die ihrerseits wiederum Verweisungszeichen beinhalten usw. Im Hyperspace sind *Schriftstücke*, bewegte und stille *Bilder* sowie *Töne* jeder Art nacheinander (zweidimensional), aber auch übereinander (dreidimensional) abgelegt und zu einem großen *Raum-Text* ‚verwoben'. Allerdings handelt es sich hierbei im strengen Sinne des Wortes *nicht* um ein ‚Netz'. Denn niemand hat aufgrund eines entworfenen Planes ein gleichmäßig geformtes Netz gesponnen, (wenn auch einige, kleinere Teile des Netzes diese Struktur aufweisen können). Und niemand ist in der Lage, das Netz in seiner Gänze zu überschauen oder gar zu pflegen. Die im Hyperspace angelandeten Texte aller Art besitzen auch kein Gravitations*zentrum*, sondern allenfalls eine Fülle sich ständig in Bewegung befindender Zentren. Es existiert auch nicht (mehr) ein erkennbarer Ausgangspunkt. Deshalb hinkt auch der beliebte Vergleich des Hyperspace mit einer weitverzweigten *Wurzel* oder dem *Rhizom*. Der Hyperspace hat nämlich keinen Anfang (mehr), sondern lediglich eine unüberschaubare Fülle von Einstiegen. Er ist ohne Ende, aber gewiss nicht unendlich. Deshalb ist es sehr viel angebrachter, nicht mehr von festen Strukturen, sondern von Prozessen auszugehen und im Hinblick auf das Internet von einem ungeplanten und auch nicht mehr planbaren *Wucherungsprozess* zu sprechen. Dieser Prozess der Wucherung hält weiter an und wird in absehbarer Zeit weder zu begrenzen noch zu stoppen sein.

Zu dem Hyperspace gibt es keine Kursbücher oder Landkarten. Niemand weiß genau, was heute im Netz ist und morgen hinzugekommen oder verschwunden sein wird. Eine rudimentäre Orientierungshilfe im Dickicht des Netzes liefern allein die verschiedenen Suchmaschinen und das Wissen um spezielle Verlinkungstechniken. Ansonsten ist jeder Nutzer seines Glückes Schmied – was nichts anders heißt, als dass jeder Nutzer sich selbst einen eigenen und meist auch einzigartigen Weg durch den Hyperraum bahnt. Nur wenn man arg ungenau ist, könnte man sagen, der Nutzer *konstruiere* sich seinen eigenen Pfad. Ungenau ist eine solche Beschreibung deshalb, weil im Begriff der ‚Konstruktion' der vorab entworfene *Konstruktions-Plan* notwendigerweise eingelassen ist, und diese Planung gehört nun gerade *nicht* zum Tun des Netznutzers, sie ist ihm sogar völlig verschlossen. Deshalb ist es auch völlig unangemessen zu sagen, der Nutzer *navigiere* durch den Hyperspace, wohl eher (wenn auch immer noch nicht genau) trifft zu, dass er sich einer kaum berechenbaren Kraft anvertraut und sich von ihr vorantreiben läßt, also *surft*.

M.E. ist es deshalb sehr viel angebrachter, von *‚browsen'* oder *‚nosing around'* zu sprechen. Ersteres meint das unsystematische Abgrasen von Weiden oder das Schmökern in Büchern, Zweiteres das ziellose Stöbern und Herumschnüffeln. Wer herumstöbert, weiß nicht genau, was er sucht, aber er ist bereit, etwas zu finden, und er glaubt, beurteilen zu können, wann er etwas gefunden hat.

Hat der Nutzer sich einmal entschlossen, eine Text-Kammer des Hyperspace zu betreten, so eröffnen sich ihm drei Handlungs-Möglichkeiten: So kann er den angebotenen Text sequentiell abarbeiten, also wie eine Buchseite von links nach rechts und von oben nach unten lesen und dann weiterblättern, oder er kann sich den Verlockungen der blau sichtbar gemachten Links hingeben und zu einer Fahrt, einem Ausflug ins Ungewisse aufbrechen, oder er kann drittens erst der angebotenen Textsequenz folgen, um später dann der Spur einiger, ausgewählter Links eine gewisse Zeit nachzugehen.

Welches Verfahren er auch wählen wird, der Nutzer wird in jedem Fall seinen Geist auf eine Reise schicken. Allerdings werden sich die Reisen deutlich voneinander unterscheiden – nicht nur im Hinblick auf das Reiseziel, sondern auch im Hinblick auf Komfort und Ertrag.

Entschließt sich der Nutzer, dem Hypertext wie einem Buchtext zu folgen, wird er im Wesentlichen schnell das dort finden, was er dort auch gesucht hat. Antworten auf gestellte Fragen nämlich, Erfüllungen von gehegten Wünschen und Bestellzettel für benötigte Produkte. Die Reise in den Hyperspace ist dann kurz und effektiv – wenn auch nicht ohne Überraschungen und Mitarbeit. Denn wenn man den Text im Hyperspace wie einen Buchtext bearbeitet, muss man wie bei der Buchlektüre die vom Autor produzierten ,Leerstellen' füllen (man wird also zum Co-Autor – siehe die Arbeiten von Iser und Eco) und man wird (und das ist ja medienhistorisch gesehen der große Verdienst der Bücher gewesen) auch auf Wissen stoßen, das für einen selbst neu und unbekannt ist und das Kreativitätsprozesse in einem auslöst.

Die entscheidende Frage ist, was sich in einem Geist entzündet, der auf eine Reise geschickt wird, deren Reiseroute *vor* der Wahl völlig unklar und nicht einschätzbar ist – wenn er keine Antworten auf interessierende Fragen verspricht, wenn man sich also auf eine Fahrt ins Blaue einlädt (wie in den oben beschriebenen Varianten zwei und drei). Denn eine solche Fahrt ins Blaue erwartet den Reisenden in der Tat, wenn er die Dreidimensionalität des Hyperspace nutzt und sich immer wieder neuen, völlig unbekannten Text-Autoren anvertraut. Die Wahl, einem angebotenen Link zu folgen, ist nämlich meist entweder durch starke *Kurzsichtigkeit* (wenn der Link mit einer knappen Beschreibung versehen ist) oder völlige *Blindheit* strukturiert (vgl. Bucher 1998).

Man weiß nie, was einen erwartet: Links *können* vom Allgemeinen zum Besonderen oder zum Verwandten oder Ähnlichen oder zur Ursache oder Folge führen, aber sie *müssen* es nicht: Meist führen sie zu irgendetwas, das von irgendeinem mit dem sichtbaren Text irgendwie in Beziehung gebracht wurde. Das System der Verweisungen ist grenzenlos (vgl. Sandbothe 1997) uneinheitlich und wechselhaft – was manchmal auch dazu führt, dass man nach mehreren Stunden dort landet, wo man begonnen hat. Die Links sind also nicht nach einem bestimmten, erkenn- und vermittelbaren System miteinander gekoppelt (obwohl einige das sein können), sondern beliebig und oft assoziativ. Die Links deuten lediglich an, behaupten, dass es einen Zusammenhang gibt, sagen jedoch nicht, welcher Art dieser Zusammenhang ist. Jeder Klick ist ein Sprung ins Ungewisse! Die Pfade im Hyperspace sind also verschlungen. Sie führen *manchmal* zu neuen Kontinenten, *oft* in Sackgassen und *meist* irgendwohin. Das geradezu Gemeine daran ist, das vorab völlig unentscheidbar ist, ob der nächste Klick einen Diamanten oder eine hohle Nuss auf den Bildschirm bringen wird.

Aber nicht nur die Pfade im Internet sind unberechenbar, auch die Textbausteine, auf die man bei seiner Reise ins Ungewisse trifft, tragen eine Unschärfe in sich. Da man nämlich in der Regel immer nur auf *Teile* von Gesamttexten, auf Wissensmodule, stößt, bleibt der *Kontext* des Gefundenen meist unbekannt, und er kann auch oft nicht nacherhoben werden. Der Nutzer verlässt mit seinen Klickentscheidungen die von bestimmten Autoren vorgezeichneten Wege. Das heißt nicht, dass der Nutzer es besser wüsste, also aus guten Gründen einen neuen Weg wählt, es bedeutet nur, dass der Nutzer eine auktoriale Textverbindung auflöst, um eine andere, nunmehr nicht mehr von einem Autor durchdachte und verantwortete Textsequenz, herzustellen. Der auf diese Weise neu entstandene ,Nutzertext' hat zwar noch ein *zeitliches* ,Vorher' und ,Nachher', aber kein logisches oder sinnhaftes mehr. Kurz: Wissen aus dem Hyperspace ist in der Regel *dekontextualisiert*, was dazu führt, dass man zwar weiß, was man gelesen hat, aber nicht, was das Gelesene in seinem Ursprungskontext auch *bedeutet*. D.h. der Nutzer weiß nicht mehr, auf welche Frage das Gefundene ursprünglich eine Antwort gab.

Wissen, das man auf der Reise durch den Hyperspace erwirbt, ist also durch eine nicht hintergehbare *Unvorhersehbarkeit* und weitgehende *Kontextfreiheit* gekennzeichnet. Das mag auf den ersten und selbst auf den zweiten Blick betrüblich sein und wenig fruchtbar erscheinen. Und es wird denen Recht geben, die das Stöbern im Internet für teure Zeitverschwendung halten. Aber wenn man sich an die Besonderheiten des oben beschriebenen, für Abduktionen günstigen Klimas erinnert, dann fällt auf, dass neben einem vorhandenen und fundierten Wissen dort ,Unvorhersehbarkeit' und ,Dekontextualisierung' zwei zentrale Voraussetzungen des kreativen Prozesses sind.

Peirce fordert sogar nachdrücklich, dass der abduktive Schlussfolgerer auf Überraschendes, Unerwartetes stoßen muss, soll der abduktive Prozess überhaupt in Gang kommen. Wer nämlich nur dort suche, wo er glaube, etwas Bestimmtes finden zu können, werde auch nur das finden, von dem er schon vorher wusste. Wirklich Neues sei so nicht zu erlangen. Wer allerdings von anderen geführt werde, kann (muss aber nicht) in Regionen kommen, von denen er überhaupt nicht zu träumen wagte. Der klickvermittelte Sprung ins Ungewisse ist eine solche fremdinduzierte Reise ohne bestimmtes Ziel. Das assoziative Springen von Link zu Link führt so zumindest zur *Möglichkeit*, auf Informationen zu stoßen, die hilfreich zur Lösung eines Problems sind, ohne dass man vorher wusste, dass sie nützlich sein können. Die völlig unsystematische Struktur des Hyperspace gibt (so paradox es auch klingen mag) auf diese Weise dem Zufall eine Chance, eine neuen Einfall zu provozieren – und sie gibt sie systematisch!

Allerdings ist es (und das war ebenfalls schon oben gesagt worden) für den kreativen Prozess zudem günstig, wenn die zufällig gefundene Information nicht fest an einen, und *nur einen* Gedankengang gebunden ist, sondern wenn sie möglichst viele freie Bindungsstellen aufweist, d.h. wenn sie entkontextualisiert auftaucht. Je weniger Kontext eine Information mit sich bringt, desto verfügbarer ist sie für neue Verwendungsweisen, desto leichter lässt sie sich in andere Kontexte sinnvoll einfügen. Wer z.b. einer gefährlichen Schlange leibhaftig in der Wüste begegnet, wird wahrscheinlich nur *ein* Problem, *einen* Kontext sehen, und schauen, dass er der Gefahr entfliehen kann. Wer jedoch im Internet (oder im Traum) auf das Bild einer stilisierten Schlange stößt, kommt vielleicht auf die Idee, dass die Struktur der DNS zwei ineinander verschlungenen Schlangen ähneln könnte.

Aber: Wer sich nicht für die Struktur der DNS interessiert und nichts über sie weiß, der wird auch nicht das Bild der verschlungenen Schlangen für die Beschreibung der DNS nutzen können. Der *sachunkundige* Browser wird sich nämlich, wenn er auf die Schlange im Hyperspace stößt, vielleicht ein wenig geistig ekeln und dann schnell weiterklicken, um dann zu erfahren, dass GUCCI auch Schuhe aus Schlangenleder herstellt. Und er wird weiter herumstöbern, ohne zu wissen, welche Entdeckung ihm gerade entgangen ist.

‚Browsen‘ oder ‚nosing around‘ kann also durchaus teure Zeitverschwendung sein, aber sie muss es nicht. Für die kreative Nutzung des Internet gilt nämlich das Gleiche wie für die Nutzung des Buches: Der gute Einfall trifft nur den vorbereiteten Geist. Nur wer etwas weiß und zudem auch weiß, was er nicht weiß, kann mit einer Information etwas anfangen und neues Wissen schaffen. Deshalb wird vor dem kreativen Einfall auch in Zukunft gelernt werden müssen, auch in der Schule unter Anleitung der Lehrer und mit Hilfe der netzfähigen Computer. Insofern erwartet Sie alle noch eine arbeitsreiche Zukunft.

Literatur

Aufenanger, Stefan (1999): Lernen mit neuen Medien – Was bringt das wirklich? In: medien praktisch 4: 4-8.

Bickel, Hans (1998): World-Wide-Web – eine neue Kommunikationsform im Internet. S. 211-220 in: Holly, Werner & Biere, Bernd Ulrich (Hrsg.): Medien im Wandel. Opladen: Westdeutscher Verlag.

Bollmann, Stefan (Hrsg.) (1995): Kursbuch Neue Medien. Mannheim: Bollmann.

Bucher, Hans-Jürgen (1998): Vom Textdesign zum Hypertext. S. 63-102 in: Holly, Werner & Biere, Bernd Ulrich (Hrsg.): Medien im Wandel. Opladen: Westdeutscher Verlag.

Jakobs, Eva-Maria (1998): Mediale Wechsel und Sprache. S. 187-210 in: Holly, Werner & Biere, Bernd Ulrich (Hrsg.): Medien im Wandel. Opladen: Westdeutscher Verlag.

Krajewski, Markus (1997): Spür-Sinn. Was heißt einen Hypertext lesen? S. 60-78 in: Gräf, Lorenz & Krajewski, Markus (Hrsg.): Soziologie im Internet. Frankfurt a.M.: Campus Verlag.

Marcus, Debbie (1999): Neue Computer-Technologien in Amerikas Klassenzimmern. In: Bertelsmann Briefe 142: 32-35.

Nickl, Markus (1996): Web Sites – Die Entstehung neuer Textstrukturen. S. 389-400 in: Bollmann, Stefan & Heibach, Christiane (Hrsg.): Kursbuch Internet. Mannheim: Bollmann.

Peirce, Charles Sanders (1973): Lectures on Pragmatism – Vorlesungen über Pragmatismus. Herausgegeben mit Einleitung und Anmerkungen von Elisabeth Walther. Hamburg: Felix Meiner Verlag.

Reichertz, Jo (2006): Was bleibt vom göttlichen Funken? Über die Logik menschlicher Kreativität. In: Reichertz, Jo & Zaboura, Nadia (Hrsg.) Akteur Gehirn oder das vermeintliche Ende des handelnden Subjekts. Wiesbaden: VS Verlag. S. 173-189.

Sandbothe, Mike (1997): Interaktivität – Hypertextualität – Transversalität. Eine medienphilosophische Analyse des Internet. S. 56-82 in: Münker, Stefan & Roesler, Alexander (Hrsg.): Mythos Internet. Frankfurt a.M.: Suhrkamp.

Wirth, Uwe (1999): Wen kümmert's, wer spinnt? Gedanken zum Lesen und Schreiben im Internet. S. 29-42 in: Suter, Beat & Böhler, Michael (Hrsg.): Hyperfiction. Hyperliterarisches Lesebuch: Internet und Literatur. Basel/Frankfurt a.M.: Stroemfeld.

3 Vertrauen in der Internet-gestützten Unternehmenskommunikation

> „In vormodernen Umgebungen vertrauten
> die Menschen nur denen, die sie persönlich
> kannten. In der modernen Gesellschaft
> vertrauen wir uns Menschen an, die wir
> eigentlich gar nicht kennen."
> *Anthony Giddens*

3.1 Tiefgreifender gesellschaftlicher Wandel: die Globalisierung

Geschichtliche Entwicklungsprozesse fließen nicht im gleichen Zeittakt voran. Manchmal verläuft die Entwicklung langsam und stetig, so dass leicht der Eindruck entstehen kann, nichts bewege sich, das stets Gleiche wiederhole sich nur, und wenn, ereigne sich die Veränderung lediglich unter der Oberfläche. Dann gibt es aber auch Zeiten, in denen sich Entwicklungen rasant und teilweise auch sprunghaft vollziehen: Für jeden ist der tiefgreifende Wandel erkennbar und auch spürbar. Solche Zeiten, in denen mancher glaubt, er sehe den Mantel der Geschichte wehen, nennt ein bekannter deutscher Historiker, nämlich Koselleck, *Sattelzeit* (Koselleck 1973).

In Sattelzeiten kommt es oft zu Abrissen und Verwerfungen, aber zugleich eröffnen sich neue Verbindungen und neue Freiheiten. Jede Sattelzeit bringt beides mit sich: neue Risiken, aber auch neue Chancen. Symptomatisch für Sattelzeiten ist das Bestreben der in ihr lebenden Menschen, sich auf das Geschehen um sie herum einen (neuen) Reim zu machen oder präziser: Sie versuchen mit Hilfe neuer Selbstbeschreibungen das Neuartige in den Griff zu bekommen. Politiker, Wirtschaftsführer und sogar die Wissenschaftler sind sich fast weltweit einig darüber, dass wir uns seit etwa zwei Jahrzehnten in einer Sattelzeit befinden. Die Signatur dieser Sattelzeit lautet: ‚Globalisierung'.

‚Globalisierung' meint dabei vor allem die Entschränkung des physikalischen, politischen, sozialen und auch des ökonomischen Raumes (vgl. auch Beck 1997). Für einige bedeutet ‚Globalisierung' fortschreitender wirtschaftlicher Wohlstand – (endlich) auch für die Länder der Dritten Welt. Für andere ist sie ein ‚Dschagannath-Wagen‘,[69] der alle die überrollt und vernichtet, die nicht rechtzeitig aufspringen (auch wenn man nicht weiß, wohin der Wagen rollen wird – vgl. Giddens 1995) und für dritte ein Machtdiskurs zum Zweck der Unterdrückung und weiterer Ausbeutung (Bourdieu 1998).

Die Globalisierung ist ohne die Erfindung des neuartigen Speicher- und Übertragungsmedium ‚Computer‘ nur schwer vorstellbar. Gewiss hat der digitale Rechner nicht die Globalisierung verursacht, aber er hat sie wesentlich mitgetragen, und ohne ihn hätte der Prozess der Entgrenzung des Raumes nicht so schnelle Fahrt aufnehmen können.

Die Globalisierung verändert nun nicht nur das weltweite *Wirtschaft*system, obwohl dies vielleicht die zurzeit sichtbarste Entwicklung ist, sondern sie greift gleichzeitig auch in alle anderen gesellschaftlichen Bereiche ein. Fast alle gesellschaftlichen Institutionen (Unternehmen, Wissenschaft, Politik, Religion, Medien) spüren die Notwendigkeit, eine Neubestimmung der geschaffenen Möglichkeiten, aber auch der geschaffenen Begrenzungen, vorzunehmen. Mein Beitrag versteht sich als ein solcher Versuch der Neubestimmung und zwar als Versuch, über die Gegenwart und Zukunft der Unternehmenskommunikation zu Zeiten des aufkommenden E-Commerce nachzudenken.

3.2 Von der Informations- zur Kommunikationsgesellschaft

Als Daniel Bell zu Beginn der 60er Jahre weltweit das Ende der Ideologie und den Beginn der *Informationsgesellschaft* ausrief (Bell 1960) und damit auf die gestiegene Bedeutung der Information (= Wissen, wie etwas funktioniert oder gemacht wird) aufmerksam machte, starb damit weder die *Arbeits*- noch die *Dienstleistungsgesellschaft* aus. Begrifflich gefasst und damit sichtbar gemacht wurde lediglich der Tatbestand, dass neben der Arbeit und der Dienstleistung auch die Information für die Ökonomie der Gesellschaft der 60er und 70er Jahre hochbedeutsam geworden war.

---

69 Der Dschagannath-Wagen (ein Begriff aus der Hindu-Religion) ist oder besser: war für Giddens eine gut passende Metapher zur Veranschaulichung der umfassenden Globalisierung. Er ist nämlich „eine nicht zu zügelnde und enorm leistungsstarke Maschine, die wir als Menschen kollektiv bis zu einem gewissen Grade steuern können, die sich aber zugleich drängend unserer Kontrolle zu entziehen droht und sich selbst zertrümmern könnte. Der Dschagannath-Wagen zermalmt diejenigen, die sich ihm widersetzen, und obwohl er manchmal einem ruhigen Weg zu folgen scheint, gibt es auch Zeiten, da er unberechenbar wird und in eine Richtung abschwenkt, die wir nicht voraussehen können" (Giddens 1995: 173). In neueren Arbeiten spricht Giddens allerdings immer weniger von dem bedrohlichen Dschagannath-Wagen, sondern sehr viel mehr von der Runaway-world, der mittels menschlicher Intervention der Schrecken genommen werden kann.

Gut ein Vierteljahrhundert später verkündete Ulrich Beck die Existenz der *Risikogesellschaft* (Beck 1986). Demnach trieb und treibt die industrielle Entwicklung die Entbettung des Einzelnen aus schützenden Gemeinschaften und Kulturen unaufhaltsam voran (auch ‚Individualisierung' genannt) – allerdings nur ermöglicht durch die gleichzeitige Verwiesenheit auf öffentliche und private Institutionen, welche die Ausfallbürgschaft für die ehemals gemeinschaftlich organisierten Aufgaben übernehmen. Gesteigerte Vereinzelung bei gleichzeitig gesteigerter Standardisierung – gesteigerte Sinndestruktion bei gleichzeitig gesteigertem Sinnbedarf.

Ein anderer Soziologe, nämlich Gerhard Schulze, sprach dagegen ein halbes Jahrzehnt nach Beck von einer *Erlebnisgesellschaft* (Schulze 1993 und 2000). Hier steht das materiell eher saturierte Subjekt im Mittelpunkt des Interesses. Vom allgemeinen Wohlstand nach oben gebracht, dreht sich das Leben der in einzelne Szenen bzw. Milieus zersplitternden Akteure um die ewige (und ewig unbefriedigt bleibende) Suche nach dem positiven, angenehmen Erlebnis, nach dem emotional ansprechenden Life-Event. Der auf sein Innerstes hörende (und an das innere Wohlbefinden gekoppelte) Akteur versucht das ‚Projekt des schönen Lebens' zu verwirklichen, und die Wirtschaft hilft ihm dabei, indem sie im Erlebnismarketing allen Produkten ein ‚Erlebnis-Sur-Plus' beigibt.

Schulze spricht hier (in Kenntnis der Arbeit von Riesman zur ‚einsamen Masse') von ‚*innengeleitet*'. Dieser Sprachgebrauch ist problematisch bis stark missverständlich, hat doch Riesman mit ‚innen-geleitet' diejenigen ‚sozialen Charaktere' bezeichnen wollen, die im Laufe ihrer Sozialisation eine spezifische *Wert*struktur verinnerlicht haben. Dieser innere Kreiselkompass befähigt die Akteure, auch neue Lebensprobleme nach dem gleichen inneren Muster abzuarbeiten (vgl. Riesman 1958). Das Motto dieser Charaktere: Mag die Welt sich auch ändern, ich werde es nicht tun. Der innen-geleitete Mensch ist (so Riesman) in sich recht stabil bis starr (weshalb er heute auch gerne als ‚Urgestein' bezeichnet wird). Der innen-geleitete Akteur im Entwurf von Schulze ist dagegen verunsichert und schwach: Ihm sind die Maßstäbe und der Sinn für den Sinn seines Tuns verloren gegangen. Stattdessen ist er ein ‚Erlebnistier', zwanghaft und rastlos auf der Suche nach Erlebnissen. Die Welt ist ihm eine Wiese mit verlockenden Erlebnisbüscheln. Hat er diese alle abgegrast, dann bedeutet ihm die Welt nichts mehr. Die Erlebnistiere (wie sie Schulze entwirft) sind gerade nicht innen-, sondern Außenreiz-gesteuert (also auch nicht im Sinne Riesmans ‚außen-geleitet'). Diese Klarstellung ist für die Unternehmenskommunikation von entscheidender, weil strategischer Bedeutung. Wären Akteure nämlich in der Tat innen-geleitet, dann würde Werbung sich meist vergeblich bemühen. Wären die Akteure aber Außenreiz-gesteuert, dann hätte sie leichtes Spiel. Aber weder das eine noch das andere ist der Fall: Die Handlungssubjekte in spät-modernen westlichen Gesellschaften sind nämlich sehr viel stärker (im Sinne Riesmans) ,außen-geleitet': Sie ,scannen' die Außenwelt sehr genau, versuchen zu ermitteln, auf welchem Kurs sich die anderen befinden, um Kollisionen zu vermeiden oder Treffen zu erreichen. Denn nur so kann der Akteur überhaupt ein Ziel erreichen, wenn er dann weiß, wo sein Ziel ist und wie er dorthin gelangen kann. Ausgesprochen günstig für die Bewältigung dieser Aufgabe ist für ihn, wenn er (um in der Leitmetapher zu bleiben) über Seekarten verfügt, die ihm einen Überblick über das Ganze gewähren – ihm also sagen, wo es Untiefen, Sandbänke und auch Anlegeplätze gibt, wo ihn Wüste, Sandstrand oder eine Menschenansiedlung erwarten. Was der Akteur braucht (das sei vorab bereits gesagt), ist Wissen über den ,Sinn' seines individuellen Unternehmens.

Doch zurück zur deutschen Kulturdiagnose: Fast zeitgleich mit Schulze diagnostizierte Peter Gross den Aufzug einer *Multioptionsgesellschaft* (Gross 1994). Aller neueren Entwicklung ist demnach der Zwang zur Vervielfältigung und Differenzierung inhärent. Enttraditionalisierung und Entobligatisierung gehen auf der einen Seite und generelle Optionalisierung auf der anderen Seite damit einher. Der einzelne Akteur gerät so zunehmend in den Strudel der unüberschaubaren und immer weniger sinn-strukturierten (Waren)Welt. Haltepunkte und Identitäten haben nur kurzfristig Bestand. Wahl und Wandel haben stattdessen Konjunktur.

Sowohl das Konzept der Risikogesellschaft als auch das der Erlebnis- und der Multioptionsgesellschaft konzentrieren sich bei ihrer Analyse auf einen bestimmten Aspekt neuerer, spät-moderner Gesellschaften – nämlich auf die Befindlichkeit und die Problemlagen der einzelnen Akteure. Alle drei soziologischen Ansätze stellen vor allem die Bedeutung des *einzelnen Handlungssubjekts* in den Vordergrund ihrer Analyse, seine Zwangslagen, seine Bedürfnisse und seine Möglichkeiten – insofern handelt es sich fraglos um subjektzentrierte Vereinseitigungen. Stets wird nämlich hier die *Besonderheit des einzelnen Subjekts* unter den Bedingungen sich globalisierender Gesellschaften betrachtet.

Zu wenig wird dagegen in diesen Konzepten die Bedeutung der *Kommunikation* unter den Bedingungen sich globalisierender Multimedia-Gesellschaften analysiert. Westliche nach-moderne Gesellschaften zeichnen sich (und in diesem Befund sind sich fast alle Gesellschaftwissenschaftler einig) durch zwei scheinbar *in sich* gegenläufige Entwicklungen aus:

1. durch die zunehmende Globalisierung von Wirtschaft und Kultur (bei gleichzeitiger Differenzierung und Regionalisierung – vgl. Baumann 1997) und

2. durch die zunehmende Bedeutung weltweiter Kommunikation mit Hilfe sehr schneller, gleich mehrere Sinne ansprechender Medien (bei gleichzeiti-

ger Wiederbelebung persönlicher Kommunikation und ethisch fundierter Werte wie Vertrauen und Verantwortung – vgl. Reichertz 2000).

Weil dies so ist, kann man mit guten Gründen sagen, dass sich die globalisierende Welt zu einer *Kommunikationsgesellschaft* hin entwickelt hat, einer Gesellschaft mithin, in der (mit und ohne Medien) erheblich *mehr* kommuniziert (von Akteur zu Akteur)[70] wird und in der diese Art der Kommunikation *wichtiger* und *folgenreicher* geworden ist.

Allerdings gilt es zwei Formen der Kommunikation zu unterscheiden: die *personale* Kommunikation, in der konkrete Menschen von Angesicht zu Angesicht ihr Handeln aufeinander abstimmen, und *medial vermittelte* Kommunikation, bei der die Handlungsabstimmung durch technische Geräte vermittelt wird. Bei dieser technischen Vermittlung müssen die Kommunikationspartner nicht mehr persönlich auftauchen, sondern können sich durch ausgewählte Vertreter, Bilder oder Texte ersetzen lassen. Dieses ,Verschwinden' der realen Akteure im multimedialen Raum eröffnet Freiräume und Möglichkeiten, bringt aber auch spezifische Kosten mit sich. Um diese Kosten sichtbar zu machen, möchte ich noch einmal auf die Zeitdiagnosen der ,Bamberger' (also Beck, Schulze und Gross, aber auch Hitzler – vgl. Hitzler 2000) zurückkommen.

3.3 Vertrauen als zentrale Kategorie der Unternehmenskommunikation

Wenn die Überlegungen und Schlussfolgerungen dieser Sozialwissenschaftler in Bezug auf die Problemlagen von zeitgenössischen Akteuren zutreffen, dann folgt daraus, dass im Windschatten individuell sich vermehrender Wahlen Kommunikation *notwendigerweise* aufblühen muss. Denn um zu wählen, braucht das Subjekt Informationen und zwar nicht beliebige Informationen, sondern vornehmlich

---

70 Hier und im Weiteren ist also nicht die sogenannte Massenkommunikation (= one to many) gemeint, sondern allein Kommunikation zwischen Akteuren (one to one) mit dem Ziel der Handlungskoorientierung. ,Kommunikation' ist in diesem Verständnis symbolisch vermittelte Interaktion, also stets eine Form sozialen Handelns. Kommunikation ist zudem symbolvermitteltes Handeln von bestimmten Akteuren für andere bestimmte Akteure, in bestimmten Situationen und bestimmten Soziallagen. Kurz: Jede Sprechhandlung ist auch eine soziale Handlung, d.h. sie ist an eine soziale Identität gerichtet und erwartet eine Antwort-Handlung. Das Handeln mit Hilfe von Zeichen setzt Gesellschaft voraus, da die Umgangsweisen auf Zeichen nicht in den Zeichen selbst verankert sind, sondern vor allem gesellschaftlich verbürgt sind. Aber kommunikatives Handeln schafft auch immer wieder Gesellschaft aufs Neue, da jede Sprachhandlung Gesellschaft gestaltet und formt.

solche, denen es *vertrauen* kann.[71] Informationen (und das ist ein beachtliches Problem) erhält der Akteur heutzutage durch eine nicht mehr überschaubare Fülle von multi-medial vermittelter Kommunikation (Print, TV, Internet). Über jedes Objekt und über jede Person sind Informationen verfügbar – wenn auch aus unterschiedlichen Quellen, deren Zuverlässigkeit kaum feststellbar ist, denn jeder kann jegliche Information im WWW veröffentlichen, ohne dass er genötigt ist, seine Identität, seine Qualifikation oder gar seine Informationsquelle oder seine Daten zu nennen. Deshalb wird zunehmend ungewiss, welchen der vielen kommunikativ angebotenen Informationen noch zu trauen ist. Die zentrale Frage der Zukunft lautet also nicht, wie ich an möglichst viel Information, sondern wie ich an möglichst viel *zuverlässiges*, somit *handlungsrelevantes* Wissen gelangen kann.

Es war noch nie so leicht wie heute, über (fast) alles in dieser Welt mit (fast) jedem in dieser Welt zu kommunizieren und dabei alle denkmöglichen Behauptungen aufzustellen bzw. skurrile Phantasien auszuspinnen – auch deshalb war es noch nie so leicht wie heute, die Inhalte der Kommunikation und die Kommunikation selbst zu überprüfen. Zwar kann (fast) jeder mit den neuen weltumspannenden Medien alles kommunizieren, aber gerade weil jeder alles von sich selbst oder über andere sagen kann, wächst die Notwendigkeit, die Bedeutung und die Glaubwürdigkeit zu überprüfen. Und weil heute (fast) jeder (fast) alles überprüfen kann, haben selbst Halbwahrheiten heute sehr kurze Beine. Wer Falsches sagt, wer verdunkelt oder vertuscht, wer maßlos schönfärbt und übertreibt, gilt schnell als unglaubwürdig. *Transparenz* und die *Übernahme von Verantwortung* sind deshalb in einer Gesellschaft, die große und wichtige Teile ihrer Kommunikation medial vermittelt abwickelt, die entscheidenden Grundlagen für den Aufbau von *Glaubwürdigkeit* und *Vertrauen*. Dies gilt für jeden – für den normalsterblichen Menschen und auch für Unternehmen bzw. große Konzerne. Für letztere (also die Unternehmen) jedoch im gesteigerten Maße, da sich aufgrund der westlichen Kultur (und der Großerzählung von den Unternehmen als Ausbeuter) gegen sie ein genereller Anfangsverdacht richtet (ausführlicher hierzu Reichertz 1995).

Deshalb überzeugt mittel- und langfristig nur noch vertrauenschaffende Kommunikation, und das ist in der Regel eine informative, transparente und persönliche Kommunikation in ‚gleicher Augenhöhe'. Gerade in Zeiten der weltumgreifenden Internationalisierung, wo neben dem heimischen Akteur auch (oft via Internet) ein preisgünstiger Anbieter aus Übersee oder Fernost auftritt, will und muss der zur Wahl verpflichtete Akteur immer öfter und immer genauer

---

71   Zur Bestimmung eines allgemeinen Vertrauensbegriffes siehe vor allem Coleman (1995), Giddens (1995) und Luhmann (1973). Siehe auch die Auseinandersetzung mit diesen Ansätzen in Preisendörfer (1995) und Funder (1999).

wissen, mit wem er es zu tun hat, wie verlässlich der andere ist, für was der andere geradesteht, wo er herkommt und wo er hingehen wird – kurz: welche Identität der andere hat.[72]

Das den Globus umspannende Internet schafft auf diese Weise nicht nur eine globale Konkurrenz der Anbieter, sondern paradoxerweise zugleich zwischen Unternehmen und Kunden einen neuen Zwang zur Nähe. Der Käufer braucht und will nämlich eine Antwort auf die Frage, ob er dem Anbieter vertrauen kann, liefert ihm doch sein Glaube an die Glaubwürdigkeit des Anbieters ein wichtiges Kriterium für seine Kauf-Entscheidung. Ohne Vertrauen keine Kaufentscheidung. Wie ökonomisch bedeutsam die Vertrauenswürdigkeit des Anbieter ist, zeigt z.B. eine repräsentative Studie, die nachweist, dass Konsumenten sich bei ansonsten gleichen Produkten bei ihrer Kaufentscheidung oft danach richten, ob das Ansehen des Herstellers vertrauenerweckend oder die Herstellerfirma sozial und/oder ökologisch engagiert ist (vgl. Stern-Bibliothek 1995).

,Vertrauen' ist also die Schlüsselkategorie in einer zu großen Teilen mediatisierten Kommunikationsgesellschaft. Deshalb muss es eine zentrale Aufgabe jeder zukunftsorientierten Unternehmenskommunikation sein, ,Vertrauen' kommunikativ herzustellen. Um dieses Ziel zu erreichen, gibt es aus meiner Sicht im Wesentlichen drei erfolgversprechende Strategien: a) Vertrauen schaffen durch persönliche Kommunikation, b) Vertrauen schaffen durch moralische Selbstverpflichtung und c) Vertrauen schaffen durch eine mythologische Fundierung eines Unternehmens.

3.4 Vertrauen schaffen durch persönliche Kommunikation

Vertrauen stellt sich in der Regel (wenn auch nicht *ausschließlich)* über persönliche Kommunikation und Transparenz her – also über das Gespräch von Angesicht zu Angesicht in ,gleicher Augenhöhe'. In dem Gespräch ,Auge in Auge' erkennt man, mit wem man es zu tun hat, hört man, ob der andere willens ist, die Verantwortung für seine Worte zu übernehmen, erlebt man, ob dem Gegenüber zu trauen ist. Im Gespräch zeigt sich der andere, er wird erkennbar. Im persönlichen Gespräch erkennt man den Schaumschläger, den Rosstäuscher und den Hochstapler – vielleicht nicht immer, aber doch zumeist. Worte und Versprechungen werden im Gespräch zu einem bestimmten Menschen zurechenbar. Und dieser Mensch übernimmt dadurch für die Worte und Versprechen eine persönliche Verantwortung und Bürgschaft. Gerade diese Bereitschaft zur persönlichen

---

72 Sicherlich sehen die Probleme und Lösungen der Vertrauenssicherung bei (Kauf-) Handlungen völlig anders aus, je nachdem, ob es sich um einen business-to-business Austausch oder einen businss-to-consumer oder einen von user-to-user handelt.

Verantwortung schafft Vertrauen – Hochglanzbroschüren und aufwendig gestaltete Angebote im Fernsehen und Internet erreichen dies jedoch nicht oder doch nur sehr begrenzt.

Denn in einer umfassend mediatisierten Gesellschaft schafft eine allgegenwärtige und wohl-designte Medienpräsenz gerade kein Vertrauen – oft ist sogar das Gegenteil der Fall. In einer medial vermittelten, aber auch *medial zugänglichen* globalen Kommunikationsgesellschaft gilt nämlich das reklamierte *Wort* (und Bild) immer weniger – vor allem weil das Papier geduldig und mittlerweile jedes Bild manipulierbar geworden ist. Stattdessen gilt immer mehr die kommunizierte *Tat*. Mit Worten (und Bildern) kann man nämlich spielen und täuschen, Taten besitzen dagegen Geltung.

Die Kinder der Moderne sind längst keine medialen Analphabeten mehr, sondern weil sie mit vielen Varianten der medialen Kommunikation groß geworden sind, haben sie das Doppelspiel der *klassischen Werbekommunikation* durchschaut und sind durchaus in der Lage, es selbst zu spielen. Ausgefeilte und medial aufwendig daherkommende Kommunikationsstrategien erfreuen zwar die Herzen der nach Erlebnissen suchenden jüngeren Akteure, aber aus diesem Genuss wächst gerade keine Vertrauen, sondern meist nur der Wunsch und Anspruch, weiter unterhalten zu werden.[73]

Weil also medial vermittelte Kommunikation den verantwortlichen Anbieter unsichtbar macht, ihn vor den Augen der Kommunikationspartner versteckt und stattdessen auf den Erlebnishunger der Nachfrager setzt, schafft multimediale Kommunikation nicht Vertrauen, sondern letztlich *zersetzt* sie Vertrauen. Auch deshalb wird dem Bereich der *persönlichen* Unternehmenskommunikation in Zukunft eine besondere und immer größere Bedeutung zukommen. Damit ist nicht nur die Kommunikation mit den Kunden, sondern auch die mit den Zulieferern, den Filialisten und den Mitarbeitern gemeint. Denn Vertrauen er-

---

[73]   Zu einem ähnlichen Ergebnis gelangt auch Hauschildt, ein evangelischer und an der mitgliederstarken Zukunft der Kirchen interessierter Theologe. Er unterteilt die Klientel der Kirchen in fünf Milieus (vgl. Hauschildt 1999): das Niveaumilieu (Ältere, gebildet, kirchlich engagiert und theologisch interessiert), das Harmoniemilieu (Ältere, weniger gebildet, Kirchlichkeit in Halbdistanz, Festtagsbesucher), das Integrationsmilieu (Ältere, mittlere Bildung, Gemeindemitgliedschaft als Gruppenerleben und Geselligkeit), das Selbstverwirklichungsmilieu (Jüngere mit hoher Bildung, sozial für Dritte Welt, Frauen, Obdachlose etc. engagiert) und das Unterhaltungsmilieu (Jüngere, weniger gebildet, man kommt in die Kirche, weil was los ist). Ein typisches Beispiel für die ,Sprunghaftigkeit' des Unterhaltungsmilieus ist laut Hauschildt die Kirchendisco: „Man kommt, weil man neuerdings dahin geht und vorher an der Bushaltestelle vertrieben worden ist; im Freizeitheim ist die Konkurrenzclique. Man bringt die eigene Musik mit, auch das Bier, (evtl.) Drogen, man möchte Billard-Tisch und Flipper; es kommt zu Schlägereien; Kirchenvorstand oder Pfarrer setzen Verbote/Ausweiskontrollen durch; dann zieht die Szene weiter" (ebd.: 401). Deshalb setzt Hauschildt bei seinen Überlegungen zur Zukunft der Kirchen recht wenig auf die Angehörigen des Unterhaltungsmilieus.

wächst nur aus persönlicher Begegnung und der Kommunikation von Angesicht zu Angesicht. Deshalb wird in Zukunft nur derjenige am Markt bestehen, dem es gelingt, persönliche Begegnungen mit den Kunden zu organisieren und mit ihnen in ‚gleicher Augenhöhe' glaubhaft zu kommunizieren. Events, Messen und Tagungen schaffen den Raum für eine vertrauensstiftende Kommunikation, gewiss auch Einladungen ins eigene, transparent gewordene Haus oder Einladungen zu offenen Gesprächen auf allen Ebenen mit allen Beteiligten.

Für den globalisierten Wettbewerb gilt also zweierlei: (1) Das multimediale Netz ermöglicht und erzwingt den sich weiter beschleunigenden weltweiten Wettbewerb, und dieser Wettbewerb wird all die von der Bühne verdrängen, die nicht in der Lage sind, das Netz für sich zu nutzen. Es gilt aber (2): Die zunehmende multi-mediale Kommunikation wird nicht nur nicht die persönliche Kommunikation ersetzen, sondern im Gegenteil: sie wird die Notwendigkeit *von* und den Wunsch *nach* persönlicher Kommunikation noch verstärken. Das Netz ist ein zusätzlicher Kanal für Kommunikation, der allerdings nicht kostenfrei zu haben ist. Netzkommunikation ist nämlich unhintergehbar kontaminiert mit dem Stachel des Zweifels, mit einem Generalverdacht von Übertreibung und Unwahrheit. *Deshalb fordert verstärkte Netzkommunikation geradezu eine Verstärkung der persönlichen Kommunikation!*

Wer nicht mit anderen von Angesicht zu Angesicht glaubhaft kommunizieren kann, läuft Gefahr, dass andere ihm nicht (mehr) vertrauen. Und wer kein Vertrauen erlangt, der wird mit Absatzeinbußen rechnen müssen. Denn *gerade* in Zeiten der Allgegenwart multi-medialer Anpreisung gilt: Ein Unternehmen, das glaubhaft kommuniziert, bewirkt mehr als eine gut designte Homepage.

3.5 Vertrauen schaffen durch moralische Selbstverpflichtung

Vor dem Hintergrund der beschriebenen Entwicklung kann an der Notwendigkeit persönlicher Kommunikation kein Zweifel mehr sein. Zu diskutieren ist aus meiner Sicht lediglich, wie man die gewünschten Ziele persönlicher Kommunikation (nämlich den Aufbau von Vertrauen und Glaubwürdigkeit) noch effektiver erreichen kann. Ein recht gutes Mittel, dies zu erreichen, ist die Selbstverpflichtung auf bestimmte ethisch fundierte Werte. Für ein solches ‚Commitment' gibt es nicht nur *moralische* Gründe, sondern aus Unternehmenssicht sprechen auch andere, gewichtige *zweckrationale* Gründe dafür, sich moralisch zu verpflichten und somit sich auch an der ethischen Neuorientierung der Gesellschaft verantwortlich zu beteiligen: Denn die Vertretung von ethischen Normen und Werten zeitigt via ‚vertrauenserweckender Firmenidentität' auch handfesten *ökonomischen Nutzen*. Dies soll der folgende Exkurs plausibilisieren.

Unternehmen sprechen immer entschiedener von ihrer *Identität*. Doch – so kann man sich fragen – was soll es bedeuten, wenn Firmen von ‚ihrer' Identität sprechen. Gibt es etwas im Handeln eines Unternehmens, das man mit Recht ‚Identität' nennen kann, oder ist die Firmenidentität mit dem berühmten weißen Einhorn vergleichbar, das bekanntermaßen nur in Märchen sein Unwesen treibt?

Von Menschen, die *stets* das tun, was sie sagen, und die von dem, was sie sagen, überzeugt sind, wissen wir, wo sie stehen, welche *Identität* sie haben. Menschen schreibt man dann eine bestimmte und feste Identität zu, wenn sie anstehende Handlungsprobleme, die Wahlmöglichkeiten offen lassen, in der Weise bearbeiten und ‚lösen', in der sie bereits frühere Handlungsprobleme ‚gelöst' haben. Sind die der Entscheidung zugrundegelegten Überzeugungen und Wertmaßstäbe zudem von der umgebenden Gruppe als ‚ethisch' akzeptiert oder hoch bewertet, dann *vertraut* man diesem Menschen, weshalb man auch gerne mit ihm umgeht und sich in vielfältiger Form mit ihm austauscht. „Vertrauen ist dann die generalisierte Erwartung, dass der andere seine Freiheit, das unheimliche Potential seiner Handlungsmöglichkeiten, im Sinne seiner Persönlichkeit handhaben wird – oder genauer, im Sinne der Persönlichkeit, die er als seine dargestellt und sozial sichtbar gemacht hat" (Luhmann 1973: 40).

Unternehmen sind nun – wie Geser 1991 ausgeführt hat – überindividuelle, handelnde Akteure. Lösen sie ihre Handlungsprobleme, die Wahlmöglichkeiten offen lassen, in der oben beschriebenen Weise, dann gilt (mit kleinen Ergänzungen) das oben Gesagte auch für Unternehmen – d.h. die das Unternehmen umgebende Gruppe (die Mitarbeiter, die Vertragshändler, die Kunden, die Gesellschaft etc.) schreibt ihm eine bestimmte und relativ feste Identität zu. Sind Unternehmensentscheidungen und -handlungen *nicht allein* als Resultat einer ökonomischen Zweck-Mittel-rationalen Zielerreichung ausrechenbar, dann können diese Entscheidungen und Handlungen auch als Ausdruck einer sich auf Werte beziehenden *Identität* verstanden werden. Das Unternehmen erlangt oder gewinnt in einem solchen Fall zudem *Vertrauen*.

Liegt nun die Notwendigkeit *individueller* Identität auf der Hand, so bleibt jedoch immer noch die Frage, was es bringt, wenn Unternehmen sich um eine ‚vertrauenerweckende' Identität bemühen. Das Bemühen um eine den Kunden auch emotional ansprechende Firmenidentität ist m.E. ein Reflex bzw. eine angepasste Reaktion auf die Änderung der Umwelt der Unternehmen, vor allem der Großunternehmen, die weltweit produzieren und auch weltweit vertreiben. Geändert haben sich für diese Unternehmen vor allem (1) der Markt und die Konsumenten, (2) die Mitarbeitermotivation und (3) die Komplexität der Firmen. Hierzu einige kurze Erläuterungen:

- Zu (1): Die Anzahl der Produkte und der Dienstleistungen ist durch die Internationalisierung der Märkte und der Produktion enorm angewachsen. Eine wesentliche Begleiterscheinung dieser Entwicklung war die weitgehende Angleichung der Produkte und der Preise. Die vergleichbaren Produkte und Dienstleistungen der unterschiedlichen Firmen sind bis auf wenige Ausnahmen austauschbar geworden. Sie besitzen keinen erkennbaren ‚Mehrwert' mehr gegenüber anderen Produkten der vergleichbaren Sparte. Angesichts dieser Situation fragen sich Firmen, ‚was man zusätzlich mitgeben kann', damit das Produkt beim Kunden ankommt. Das Angebot von ethischen Werten ist eine (neuerdings verstärkt genutzte) Möglichkeit, den Produkten ein ‚Sur-Plus' an Wert zu verschaffen.

- Zu (2): Mitarbeiter (künftige wie bereits beschäftigte) lassen sich nicht immer *allein* von der guten Bezahlung beeindrucken – das gilt vornehmlich für leitende Mitarbeiter. Dagegen treten vermehrt Faktoren wie das Bild der Firma in der Öffentlichkeit und die Wertorientierung des Unternehmens bei der Entscheidung in den Vordergrund, ob man bei einem Unternehmen bleiben will oder nicht und mit welchem Einsatz man und frau die Arbeit verrichtet.

- Zu (3): Konzerne stellen schon lange nicht mehr nur ein einziges Produkt her. Zunehmend streuen sie das Risiko durch Produktdiversifikation sehr breit. So produzieren viele Großunternehmen nicht nur Winter- und Geländereifen, sondern auch Kabelmaschinen, Telefonnetze, Fernsehgeräte plus Zubehör, oder sie vertreiben neben dem Fruchtsaft aus natürlichem Anbau auch den extra scharfen Toilettenreiniger, neben der sicheren Antibabypille auch die wertvolle Kindernahrung. Nicht nur die Konsumenten haben Schwierigkeiten, diese Unternehmensaktivitäten auf einen für sie *sinnvollen* Nenner zu bringen, sondern auch die Mitarbeiter und auch – und das ist von besonderer Wichtigkeit – die Unternehmensleitungen.

Eine klare, überall erkennbare, unverwechselbare und konsistente Identität, mit welcher das Unternehmen gegenüber seinen Mitarbeitern, den Vertragshändlern, dem Markt und der Öffentlichkeit auftritt, und die zudem ethisch *und* ökonomisch konsensfähig ist, schafft *Glaubwürdigkeit* und *Akzeptanz*, kurz: *eine positiv besetzte Orientierung*. Erworbene Glaubwürdigkeit und Akzeptanz fördern die Motivation der Mitarbeiter, die Zuverlässigkeit der Zulieferer, die Bonität bei Banken und die Absatzchancen am Markt. Zugleich stärken sie die Markenpersönlichkeit und steuern damit dem beobachtbaren Rückgang der Markenloyalität entgegen.

Unternehmen mit einer solchen Identität artikulieren nicht nur ausdrücklich zentrale kulturelle und moralische Werte und Normen, sondern sie nehmen auch für sich in Anspruch, sich selbst nach diesen zu richten. So finanzierte die *Deutsche Bank* eine öffentliche Auseinandersetzung über die Grundwerte der deutschen Gesellschaft und *Bertelsmann* richtete ein Projekt ‚Geistige Orientierung' ein, bei dem sich Wissenschaftler aus aller Welt Gedanken über die moralischen Grundlagen zukünftiger Gesellschaften machen (vgl. Reichertz 1995). Und der *Otto-Versand* wurde im Frühjahr 2000 vom *Deutschen Netzwerk Wirtschaftsethik* (DNWE)[74] dafür öffentlich mit einem Preis geehrt, dass er bei seinen Zulieferern den Verzicht auf Kinderarbeit und bei seinen Produzenten die Zahlung von Mindestlöhnen durchgesetzt hatte. Auch die Finanzmärkte haben den Charme wertorientierter Unternehmen erkannt. So sind 225 der Konzerne, die sich für eine ‚nachhaltige' Produktion einsetzen, von dem US-Finanzinstitut Dow Jones zu einem ‚Sustainability-Index' zusammengefasst worden. Unter diesen Firmen sind BMW, AOL, Deutsche Telekom, Intel und auch Procter & Gamble. Im Jahr 1999 ist dieser Öko-Index um 24 Punkte gestiegen (vgl. Stern 46/2000: 220).

Unternehmen mit einer positiv bewerteten Identität besitzen somit einen nicht zu unterschätzenden Marktvorteil. Gesichert wird die Identität durch feste Prinzipien, Werte, Normen, Verhaltensrichtlinien – und einen fundierenden Mythos. Dient die persönliche Kommunikation der Schaffung von *Glaubwürdigkeit*, und dient die moralische Selbstverpflichtung dem *Aufbau* von Vertrauen, so führt die die mythologische Fundierung eines Unternehmens zu der *Verankerung* von Vertrauen. Doch was bedeutet es, ein Unternehmen mythologisch fundieren zu wollen? Dazu ein kleiner Exkurs zum Mythos und dessen Leistungen.

3.6 Vertrauen schaffen durch eine mythologische Fundierung

Mythen sind Narrationen, Erzählungen aus alter Zeit also, die beanspruchen, im Kern etwas *Wahres* und *Wichtiges* überliefern zu können. Der Mythos erzählt nicht nur eine Geschichte von außerordentlichen Ereignissen, sondern in diese Geschichte, in die stets auch das Übermenschliche hineinragt, sind immer auch die Fragen nach der Herkunft und der Bedeutung des menschlichen Lebens eingewoben.

Alte Mythen sind Geschichten, die Geschichte gemacht haben. Neue Mythen sind nur solche Narrationen, die ihrerseits dazu in der Lage sind, zukünftige Geschichte mitzugestalten und nicht solche Erzählungen, die nur dazu in der Lage sind, kurzweilige und kurzlebige Geschichten in den Medien hervorzurufen.

---

74 Das Deutsche Netzwerk Wirtschaftsethik ist ein Verein, der aus 450 Mitgliedern aus Wirtschaft, Politik und Wissenschaft besteht. Ziel des Vereins ist, Privatunternehmen zu vorbildlichem Sozialverhalten gegenüber Kunden, Angestellten und Konkurrenten zu motivieren. Ein Mittel, dies zu erreichen, besteht in der Auslobung eines Preises.

Der Mythos zieht immer eine Trennungslinie zwischen einer diesseitigen Welt (der Wirklichkeit hier auf Erden) und einer jenseitigen Welt (über, neben oder unterhalb der Wirklichkeit). Die jenseitige Welt ist dabei stets von Gottheiten, Geistern, Seelen oder Wesen mit magischen Kräften bewohnt, welche mit dem Diesseits in vielfältiger Weise in Verbindung stehen. (Hierin besteht auch die ‚eigentliche' Botschaft der Mythen – nämlich der Frohen Botschaft: Die Götter existieren. Gott ist da!). Diese Wesen aus der jenseitigen Welt beobachten das Leben im Diesseits, manchmal greifen sie auch ein, bestrafen oder belohnen Menschen für ihre Taten, mal willkürlich, mal nach Verdienst.

Mythen sind also Erzählungen von der ‚transzendenten Wirklichkeit' des Menschen. Mythen kommen in die Welt, ohne dass ein konkreter Autor namhaft gemacht werden kann. Allerdings müssen sie immer wieder, idealerweise von bestimmten Funktionsträgern und zu besonderen Zeiten und an hervorgehobenen Orten erzählt werden. In und mit Mythen versucht der Mensch, sich, seine Gemeinschaft und die Welt zu deuten. Der Mythos gibt den großen Dingen im menschlichen Leben Sinn: den Natur- und Lebensvorgängen. Diesseitiges wird mit einer Erklärung aus dem Jenseits verständlich gemacht.

Mythen dürfen sich deshalb nicht restlos in den Logos überführen lassen; es muss immer noch einen letzten Vorhang geben, der sich nicht lüften lässt – es muss immer einen Punkt geben, der ungeklärt bleibt, mithin einen Anlass und einen Ausgangspunkt für Phantasien und Wünsche der Mythen-Rezipienten. Ein restlos aufgeklärter Mythos versickert, wenn man das Ungeklärte und das Unerklärbare (rational) klärt, und er verliert damit auch seine Wirkung: Wer das Unerklärbare wissenschaftlich aufklärt, zerstört den Witz, die Magie, die Aura – vom Mythos bleibt genausoviel übrig wie vom Nikolaus, wenn die leuchtenden Augen des Kindes hinter dem Rauschebart des heiligen Mannes das Gesicht des Nachbarn erkannt haben – Faszination wie Tremor verflüchtigen sich gleichzeitig, sofort, restlos und unwiderruflich.

Die Sprache der Mythen ist knapp, die Handlung einfach. Wiederholungen und rhythmische Formelhaftigkeit sind konstitutiv für diese Erzählungen. Im Mythos wird nicht differenziert. Alles Seelische liegt außen und ist dort personifiziert sichtbar. „Der Mythos ist jene Bewusstseinsform, die sich gleichzeitig einen ganzen Komplex von Ursachen und Wirkungen vergegenwärtigt" (McLuhan 1995: 328). Damit unterscheidet sich der Mythos sehr deutlich vom ‚Logos', der Vernunft (als deren Gegenbegriff der Mythos auch aufgefasst wird). Der Mythos ist gerade nicht rational, nicht linear, nicht sequentiell, nicht geordnet, nicht eindeutig, sondern vielfältig, mehrschichtig und komplex. Stattdessen spricht der Mythos die Emotionen, die Wünsche, die Hoffnungen und die Ängste an, er appelliert also nicht an den Verstand, und er wirkt auch dort, wo das Argument versagt – meist viel nachhaltiger. Der Mythos ist nicht durch ‚Lebensnähe',

‚komplizierten Handlungsaufbau' und ‚differenzierte Persönlichkeiten' gekennzeichnet, sondern durch Einfachheit, Polarisierung und Widersprüchlichkeit.

Der Ort des Mythos ist die Vergangenheit im Dunkeln, ein Grenzbezirk zwischen dokumentierter Wirklichkeit und erahnter Jenseitigkeit. Der Mythos hat damit eine lose Verbindung mit der Ersten Wirklichkeit (dem Diesseits), ragt er doch von der transzendenten Jenseitigkeit in die historische Diesseitigkeit hinein. Diese Jenseitigkeitsherkunft und -verbundenheit gibt dem Mythos bzw. den mythischen Gestalten ihre *Aura*. Und diese Aura ist der Beweis der Gottesverbundenheit, der Gottesgabe, der Jenseitigkeit. *Wegen seiner Aura besitzt ein Mythos (bzw. ein mythischer Gegenstand) Macht.* Verliert eine Erzählung ihre Aura, dann verwandelt sich der Mythos in ein Märchen.

Es gibt im groben drei Kategorien von Mythen – die Pseudo-Mythen, die klassischen, meist jenseitsbezogenen, und die neuen, meist diesseitsbezogenen Mythen.

a. *Pseudo-Mythen*, wie z.B. die Alltags- oder Großstadtmythen von noch lebenden Skorpionen in importierten Yucca-Palmen, sind Erzählungen von unglaublichen Ereignissen, die wirklich passiert sein sollen. Sie haben außer ihrer behaupteten Verbindung von Fiktionalität und Wirklichkeit nichts mit Mythen gemeinsam. Da im Alltag oft der Begriff des ‚Mythos' in dieser Weise verwendet wird, kommt es leicht zu Missverständnissen. Da dem Pseudo-Mythos der Bezug zur Transzendenz fehlt, wird er hier ausdrücklich nicht als Mythos begriffen.

b. Die *klassischen, meist jenseitsbezogenen Mythen* erzählen (im europäischen Kulturraum) von der Herkunft und Bedeutung von Objekten oder Personen, die letztlich dem *Jenseits* verpflichtet sind. Die in den Verkündigungsworten bzw. -schriften imaginierte Welt ist durchgängig zweigeteilt: hier die diesseitige Welt voller Sorgen und Leid, dort die Welt des Glücks im überirdischen Jenseits. Diese Deutung von der Welt und des darin eingelagerten individuellen Lebens verspricht dem Einzelnen eine leidfreie und glückliche (wenn auch ferne) Zukunft.

c. Die *neuen, meist diesseitsbezogenen Mythen* erzählen dagegen von der Herkunft und Bedeutung von Objekten oder Personen, die letztlich dem *Diesseits* verpflichtet sind. Die neuen Mythen, auf den kleinsten gemeinsamen Nenner gebracht, stellen der christlichen, jenseitig orientierten Botschaft eine (wenn auch meist implizite) diesseitig orientierte Frohe Botschaft entgegen. Es ist vor allem das wirtschaftlich organisierte System der Warenproduktion bzw. der Dienstleistungserbringung, welches die Gute Botschaft vom diesseitigen Glück bringt. Allerdings sind die Glücksvorstellungen nicht mehr universell, sondern partikularistisch – spezialisiert auf bestimmte Altersgruppen, Soziallagen, Geschmacksausrichtungen und Problemsituationen. So erzählen die neuen Mythen nämlich nicht nur (wenn auch sehr viel) von wundersamen Dingen, z.b. wie mit Hilfe von Meister Propper elend aussehende Fliesen sich im Nu in gut riechende Spiegelflächen verwandeln, sondern diese Erzählungen lehren auch (und das ist die entscheidende Botschaft) die prinzipielle Erreichbarkeit irdischen Glücks – und die Bedeutungslosigkeit des Jenseitigen! *Nicht mehr im Jenseits findet sich die Befreiung von Leid und Sorgen, also das Paradies bzw. der Himmel, sondern bereits im Diesseits auf Erden.* Hic Rhodos, hic salta! Paradise is here and now!

Die Gesamtheit der diesseitigen Mythen schreibt in dieser Interpretation die Gute Botschaft weiter bzw. konsequent zu Ende: Diese Frohe Botschaft imaginiert nicht mehr die erhoffte Befreiung vom Leid und die Korrektur irdischer Ungerechtigkeit in einem U-topos, also Nicht-Ort des Jenseits, sondern stellt in Aussicht, dass Glück auf Erden machbar und für jeden erreichbar ist. Diese Mythen liefern also angesichts der immer noch erlebbaren Realität des Nicht-Erlöstseins das mit Sehnsucht gewünschte Bild einer heilen Welt, die von Erfüllung, Fortschritt, Schönheit, Glück und Erfolg geprägt ist. Die Aufklärung und die alles erfassende Rationalisierung hat den Mythos nicht verdrängt oder überflüssig gemacht. Das Gegenteil ist der Fall: Je mehr die Welt rationalisiert wird, desto mehr bedarf sie des Mythos.

Soll man nun mit einem ‚Mythos' strategisch am Markt operieren? Um diese Frage zu beantworten, muss man berücksichtigen, dass der ‚Mythos' in zwei Richtungen erfolgreich (= absatzverstärkend) wirken kann – in Richtung des ‚Produkts' und in Richtung der ‚Marke bzw. des Konzerns'. Produkte können einen bedeutsamen Unique Selling Proposition (USP) erhalten, und die Marke bzw. der Konzern eine verankerte Identität, die nach innen und außen Vertrauen schafft.

a.   Bei Produkten sind zumindest folgende *Wertschichten* zu unterscheiden: der *Nutzwert* (Funktion), der *ästhetische* Wert (Aussehen), der *Sinnwert* (Welche ‚Werte' repräsentiert es?) und der *Mythenwert* (Wer bin ich?). Produkte, die in einen Mythos eingebunden sind (bzw. deren Marke), besitzen gegenüber (in Funktion, Preis und Aussehen vergleichbaren) Produkten einen verkaufsentscheidenden USP: Sie deuten nicht nur auf die im jeweiligen Mythos verkörperten *Werte*, sondern auch auf die gemeinsame Herkunft und damit auf den *Sinn* der Existenz hin. Mythologisch eingebundene Produkte erfüllen nicht nur handfeste Zwecke (Transport von A nach B), sondern sie zeigen (neben vielen anderen Dingen) an, wer ich bin und für was ich stehe. Wichtig ist hierfür auch das Äußere des Produkts, seine Gestaltung, sein Design – allerdings nur, wenn sich im Design die Symbolik des Mythos materialisiert.

b. Mythologisch eingebundene Marken oder Konzerne schaffen Vertrauen, gerade weil Mythen eine aus dem Jenseits reichende Aura vermitteln, die sowohl legitimiert als auch angibt, wer man ist – welche Identität man hat. Gerade für Großunternehmen, die nicht mehr über einen legendären Gründer personalisiert werden können, ist dies von besonderer Wichtigkeit. Mythen sagen mehr als 1000 Argumente. Sie erreichen nicht nur das Gehirn, weshalb sie auch leichter überzeugen können.

Wann verfügt eine Marke nun über einen Mythos? Eine Marke verfügt über einen Mythos, wenn eine Reihe von (in der Gesellschaft kursierenden) Erzählungen und Bildern sich zu einem ‚Kern‘ verdichtet haben, der immer wieder und immer wieder in gleicher Form in bestimmten Situationen vorgetragen wird. Personen oder Objekte können nicht ihren eigenen Mythos schreiben. Mythen werden immer von anderen geschrieben! In der Regel von einer Reihe unbekannter Autoren! Beispiele für Mythen und deren Wirkmächtigkeit sind u.a. die Unternehmen Levis und Marlboro.

Levis erzählt vom Aufbruch und dem Pioniergeist, von dem Verschieben von Grenzen, von Auflehnung und Kampf, von dem Menschen am Rande der Zivilisation mit einem neuen Traum. Diese Sinnstruktur hat dafür gesorgt, dass zuerst eine ganze *Generation* von Erneuerer in Levis nicht nur ihre angemessene Kleidung fand, sondern später generell die Jugend in ihrer Auflehnung gegen die Elterngeneration. Levis war nicht nur Beinkleid, sondern Ausdruck von persönlicher Identität und Lebenssinn.

Marlboro erzählt von der Bedeutung des Einzelnen – dem Mann in der freien Natur des amerikanischen Westens. Er ist ungebunden und frei, wenn auch in der (Männer)Gruppe geborgen. Er ist stark, auf sich gestellt und stets wachsam. Er ist bereit, gegen Sturm und Unruhe anzutreten. Er ist hilfreich, aber immer stark. Er ist der Kämpfer am Rande der Kultur – allein, aber nicht einsam – einfühlsam, aber nicht ‚sensibel‘ – naturverbunden, aber nicht ökologisch: der Held der zivilisierten Großstädter. Marlboro verzichtet darauf, einzelne Modelle ‚kultig‘ aufzuladen. Stattdessen erzählen überlebensgroße Darstellungen des Marlboro-Mannes an den Eingängen von Großstädten, dass es auch ein ‚richtiges Leben im Falschen‘ gibt.

3.7 Mythos – eine Kulisse?

Gerhard Schulze stellt in seinem Buch ‚Kulissen des Glücks' (Schulze 2000) die These auf, die objektive Sinnstruktur von Ereignissen, Institutionen und Erzählungen sei entweder gänzlich verloren gegangen oder doch zumindest im Prozess des Niedergangs begriffen. Stattdessen ginge es den jungen Erlebnissuchern einer nachmodernen Gesellschaft vor allem und ausschließlich um das Eine: das eigene Wohlbefinden – hervorgerufen durch eine unechte Welt glücksverheißender Kulissen. „Eine Als-ob-Wirklichkeit ist entstanden, abgesichert durch das unausgesprochene Einverständnis aller Beteiligten einschließlich des Publikums, das gespielte Echte als echt zu betrachten" (ebd.: 98).

So sei z.B. nicht mehr die Begegnung mit einem wie auch immer gearteten Jenseitigen das Ziel des Kirchenbesuchs, sondern die Erlangung und Wiederbelebung der angenehmen Erregung, die einen beim Kirchenbesuch ergreift. „Ein anderes Beispiel sind die Formen der Religiosität, bei denen nicht die Annäherung an das Heilige der Hauptzweck ist, nicht die Verringerung der Entfernung zwischen sich selbst und dem Unbegreiflichen, sondern allein die schöne Empfindung des Ergriffenseins" (ebd.: 99). Neuzeitliche Akteure realisierten somit nicht mehr die objektive Sinnstruktur des Kirchenbesuchs, stattdessen allein das gute Gefühl, das (ausgelöst durch die Kulissen des Kirchenraumes) von innen im Subjekt aufsteigt.

Dass diese These so nicht stimmen kann, zeigt schon ein kurzes Nachdenken: Wer die Kirche betritt und nicht weiß und glaubt, dass er (laut Selbstauslegung der westlichen Kultur) dort dem Jenseitigen im Diesseits begegnet, der wird innerlich Ähnliches erleben wie in einer Markthalle – nämlich nichts Erhabenes, das in ihm das angenehme Gefühl der Ergriffenheit auslöst.

Von innen aufsteigende angenehme Gefühle werden (laut Schulze) verursacht durch äußere Reize[75] – das tolle Gefühl nach dem Bungee-Sprung verdankt sich dem (durch das scheinbar bodenlose Herabfallen reflexhaft vom Körper ausgeschüttete) Adrenalin und das angenehme Empfinden nach dem Champagnergenuss diversen chemischen Prozessen, die im Körper durch Alkoholzufuhr ausgelöst werden. So weit, so gut – wenn auch bei näherer Betrachtung leicht zu zeigen ist, dass auch bei diesen, scheinbar rein biologisch determinierten Prozessen sich ohne Erfassung der übergreifenden, objektiven Sinnstruktur kein Genuss einstellt.

Dies gilt natürlich noch sehr viel mehr, wenn das gute, innere wie eigene Gefühl des Subjekts sich nicht aufgrund von körpergetragenen physiologischen Prozessen einstellt, sondern Ergebnis der Deutung einer objektiven (= gesellschaftlich erarbeiteten und gesellschaftlich zur Verfügung gestellten) Sinnstruktur ist,

---

75   Siehe hierzu auch meine Kritik weiter vorne.

wenn die angenehme Emotion z.B. durch Kulturgüter hervorgerufen wird bzw. hervorgerufen werden soll. Hier sind die biologischen Fundierungen eher nachgeordnet: Denn selbst bei Marginalien, also z.b. bei modischen Accessoires geht es den Benutzern nicht nur um das reine ästhetische Erleben, sondern das emotionale angenehme Erleben stellt sich erst ein, wenn das Objekt der Anschauung in einen übergreifenden Sinnhorizont eingebunden ist bzw. werden kann.

So löst, um ein anderes Beispiel zu nennen, die schönste Flanke bei dem Betrachter, der den Spielsinn des Fußballs nicht kennt, keinerlei Emotion aus, und der Zuschauer einer Love-Parade, der gekommen ist, um Luftschlangen und ‚Kamellen' zu fangen, wird trotz der Vielzahl außergewöhnlicher Kostüme enttäuscht in sein Heim zurückkehren. ‚Sinn' ist die übergeordnete Kategorie in hochindividualisierten Gesellschaften, nicht schönes Erleben (vgl. Reichertz 1995). ‚Schön' ist bereits alles oder kann doch in absehbarer Zeit gemacht werden – ‚Sinn' ist Mangelware.

Sinn stellt sich jedoch keineswegs aufgrund von Kulissen ein, Sinn bedarf der ganzen Sozialhandlung und er ergibt sich keinesfalls durch das Aufstellen und Zeigen von Bildern und das Vorsprechen von Texten. Mythos ohne Praxis ist bedeutungs- und wirkungslos. Ein kulissenhafter Mythos ist kein halbierter Mythos, sondern überhaupt keiner. Ein Kulissen-Mythos ist nicht nur völlig wirkungslos, sondern zudem gefährlich, da er den Verdacht des Betrugs nahelegt.

Pointiert: Glück lässt sich nicht durch Kulissen auslösen, also allein durch die Vorderseite von Sachverhalten, also durch das noch so gelungene Vorzeigen von (mit den Sachverhalten normalerweise einhergehenden) Bild- und Textzeichen. Kulissen des Glücks erinnern an vergangenes Glück, machen also über die Differenz den Verlust erfahrbar, bewirken jedoch kein Wohlbefinden. Dieses stellt sich erst und nur ein, wenn der glückauslösende Sachverhalt ganz präsent ist und auch ganz erfasst wird, und nicht nur seine Kulissen.

Deshalb bewirken (um ein weiteres Beispiel zu nennen) selbst die theatralsten und rituellsten Trauungen, die von Schauspielern im Rahmen einer Filmhandlung aufgeführt werden, bei den Beteiligten nichts – weder bei denen, die das Brautpaar, noch bei jenen, welche die Hochzeitsgesellschaft spielen: Erstere fühlen sich nicht verheiratet und letztere nicht ergriffen! Nicht die Zeichen lösen Reaktionen aus, sondern die Erfassung ihrer gesellschaftlichen und damit auch praktischen Bedeutung: Zwei Menschen werden nämlich in Erwartung guter wie schlechter Zeiten miteinander verbunden, was auch für die beteiligten Familien Konsequenzen hat (vgl. Reichertz 2000).

Wenn Sachverhalte wirken sollen, und das trifft für Dinge, Institutionen, Menschen und auch Mythen zu, dann muss ihre gesamte Sinnstruktur zu erkennen sein und nicht nur die sie begleitenden Bild- und Textzeichen. Kulissen als Kulissen lösen nur bei der Gruppe von Menschen ein Glücksgefühl aus, die mit einer gewissen Kennerschaft Kulissen als Kulissen erkennen und somit sich als Durchblicker stilisieren können.

3.8 Gefahren einer auf Vertrauen bauenden Unternehmenskommunikation

Soweit erst einmal die erhofften Gewinne einer Kommunikationsstrategie, die auf persönliche Kommunikation, ethisch verankerte Werte und eine mythologisch fundierte Unternehmensidentität setzt. Aber mit dieser Strategie sind auch ernstzunehmende Risiken verbunden: Denn für die Herausbildung einer erkennbaren, vertrauenserweckenden Firmenidentität müssen die Unternehmen nicht nur viel Zeit und Geld einsetzen, sondern sie gehen wegen ihrer Selbstverpflichtung auch ein beachtliches Risiko ein. Sichtbar wird dieses Risiko, wenn man die gesellschaftlichen Konsequenzen einer solchen Unternehmensstrategie betrachtet: Unternehmen mit ‚Identität' verändern nämlich nicht nur in erheblichem Maße das eigene Selbstverständnis, sondern, und das ist hier von besonderem Interesse, auch die sie umgebende Gesellschaft. Großunternehmen – und hier folge ich den Überlegungen von Geser (1991) – besitzen aufgrund der umfassenden Globalisierung in den letzten zwei Jahrzehnten einen sehr großen, auch international spürbaren *Wirkungskreis* und ein enormes, manchmal auch an den Haushalt kleinerer Staaten heranreichendes *Leistungsvermögen* (im positiven wie im negativen Sinn). Gaben sie sich früher vor allem als ‚juristische' Personen zu erkennen, wollen sie heute aufgrund ihrer Identität gerne als ‚natürliche' Personen erscheinen. Deshalb dürfen sie sich auch nicht wundern, wenn die Umwelt dieses ‚Erscheinungsbild' ernst nimmt, das Unternehmen also als natürliche Person mit einer bestimmten Identität, einem bestimmten Charakter und einer bestimmten Verantwortlichkeit behandelt.

Entsprechend der beanspruchten Identität und entsprechend ihrer gesamtgesellschaftlichen Bedeutung werden die Unternehmen nämlich immer mehr (von den Kunden, einer medial vermittelten Öffentlichkeit und der Politik) in die *persönliche Mitverantwortung* gezogen. Unternehmen stellen nämlich nicht nur wärmende und schmückende Pullover und Jeans her, sondern sie organisieren u.a. auch die Müllabfuhr, bauen lebensnotwendige und oft lebensrettende Kommunikationsnetze auf, lassen Tanker mit hochbrisanten Ladungen übers Meer fahren, entwickeln neue Medikamente oder neue Vernichtungsmittel oder sichern auch die individuelle wie gesellschaftliche Mobilität. Kurz: Unternehmen produzieren also nicht nur Waren, sondern sie sind an dem Auf- und Ausbau komplexer gesellschaftlicher Binnenstrukturen beteiligt, einige helfen bei der Verwirklichung ethischer und ökologischer Ziele (Erhaltung und Sicherung der Umwelt, der Kommunikation, der Wohlfahrt etc.) und andere unterstützen die

Herstellung von Kultur, und wieder andere betreiben aktive Gesellschafts- und Kulturpolitik. Unternehmen übernehmen also in der Gesellschaft, in der sie und ihre Kunden leben, wichtige Funktionen, und deshalb ist es für die Gesellschaft und die Kunden recht sinnvoll, sich diese Unternehmen sehr genau anzusehen und diese auf ihre Vertrauenswürdigkeit hin abzuprüfen.

Unternehmen mit einer ‚vertrauenerweckenden' Identität stehen deshalb unter öffentlicher Dauerbeobachtung und müssen sich ihre Handlungen und Entscheidungen als stets absichtsvolle und stets zu verantwortende Akte zurechnen lassen (das unterscheidet sie von den einzelnen Individuen). Können natürliche Personen, also Menschen, eigene Fehlentscheidungen mehr oder weniger leicht mit dem Hinweis auf Krankheit, Unachtsamkeit, falsche Ausbildung, fehlendes Wissen oder den besten Willen, also mit anderen Worten: auf die stets störanfällige Natur des Menschen entschul(dig)en, so *fehlt* den Unternehmen diese Möglichkeit.

Dabei stehen Unternehmen – und das verschärft ihre Situation ganz beachtlich – nicht unter einer ‚interesselosen' Dauerbeobachtung, sondern ihr gesamtes vergangene, gegenwärtige und zukünftige Handeln wird zunehmend von Personen und Gruppen mit besonderen Interessen (z.B. staatlichen Behörden, Umweltschutzorganisationen, den Medien und natürlich der Konkurrenz) genau beobachtet und seziert. Angriffsflächen bieten dabei vor allem die Unternehmen, welche sich öffentlich zu der Einhaltung besonderer Normen verpflichtet haben. So ist es durchaus denkbar, dass zukünftig bestimmte Unternehmen Detektive beschäftigen, die gezielt bei der Konkurrenz nach Dingen suchen, welche diese in Misskredit bringen, und natürlich auch den Prozeß organisieren, wie diese Dinge an die Öffentlichkeit kommen.

Für Firmen gilt im Übrigen gerade das nicht, was die Filmindustrie in den 60er Jahren einer ganzen Generation zuschrieb: ‚Denn sie wissen nicht, was sie tun'. Für Firmen trifft das genaue Gegenteil zu: *sie müssen immer wissen, was sie tun*. Die Umwelt rechnet auch aufgrund der Firmenidentität den Unternehmen ihre Handlungen zunehmend als absichtliche und voll zu verantwortende Akte zu (bei diesen Überlegungen folge ich weitgehend Geser 1991). Firmen können sich dieser Verantwortung nicht entziehen, indem sie darauf verweisen, dass sie zum Zeitpunkt einer bestimmten Handlung körperlich oder psychisch krank waren. Sie müssen stets genau wissen, welche Rechtslage jeweils in welchem Land vorliegt, sie müssen die Folgen ihrer Handlungen bis in die weite Zukunft abschätzen können und haften, wenn dennoch Schäden eintreten. Werden sie von Naturkatastrophen oder Dieben heimgesucht, dann waren eben die Sicherheitsvorkehrungen mangelhaft.

All dies führt fast zwangsläufig zu der Herausbildung von ‚übermenschlichen Unternehmenspersönlichkeiten', welche *perfekt handeln müssen* und nicht versagen dürfen, ganz einfach *weil* sie eine große gesellschaftliche Verantwortung tragen und sie aus strategischen Gründen auch tragen wollen und *weil* sie von vielen (aus unterschiedlichen Motivlagen heraus) genau und argwöhnig beobachtet werden.

Dieser Entwicklungsprozess, nämlich die Herausbildung von ‚perfekten' Unternehmensidentitäten, welche ökonomisch sinnvoll, zugleich aber auch e- thisch vertretbar und ökologisch verantwortlich handeln, ist m.E. unumkehrbar und wird langfristig die Gesellschaft tiefgreifend und strukturell verändern. In sich birgt er hohe Risiken, aber auch große Chancen – und zwar für beide Seiten: für Unternehmen und Gesellschaft.

Allerdings müssen Firmen, die auf Mythos und Glaubwürdigkeit setzen, um eine vertrauenerweckende und somit auch letztlich absatzfördernde Identität herauszubilden, beachten, dass die Kommunikation mit ‚Glaubwürdigkeit' nie allein nur ‚auf dem Papier' stehen darf. Kommunikation mit Glaubwürdigkeit muss immer das *gesamte Unternehmenshandeln* umfassen. Wer andere nämlich zur Einhaltung moralischer Werte auffordert (und zudem nicht über rechtferti- genden Mythos verfügt), der muss sich und sein Tun *legitimieren*. Erreichen kann er diese Legitimierung zum moralischen Aufruf nur, wenn er sich selbst als ein Virtuose in der Ausübung dieser Moral glaubhaft inszenieren kann. Das heißt, die Taten (und zwar alle) müssen den Worten entsprechen. Unternehmen, welche den großen Worten nur kleine Taten folgen lassen, werden erheblich an Glaubwürdigkeit verlieren. Sie tun also gut daran, nicht nur den rechten Weg zu zeigen, sondern ihn selbst auch zu beschreiten bzw. auf ihm allen anderen auch voranzugehen.

Oder wie Ulrich Beck formuliert: „Glaubwürdigkeit wird zu einem ent- scheidenden Kapital, denn die Weltmärkte setzen Vertrauen voraus – der Öffent- lichkeit und der Konsumenten. Ist deren Vertrauen erst einmal verspielt (...), kann das die Existenz der Märkte gefährden. Die Zerbrechlichkeit des Vertrau- ens globaler Absatzmärkte zeigt die Zerbrechlichkeit von Legitimation weltweit agierender Konzerne. Das ist die Achillesferse" (Beck 2001: 127). Wie unter- schiedliche Interessengruppen diese Achillesferse effektiv attackieren können, zeigt Klein (2001) an vielen Beispielen.

Fazit: Unternehmen mit einer glaubwürdigen Identität stehen unter Dauer- beobachtung und zugleich unter enormen Druck, Gutes zu tun, soll das Kommu- nikationskonzept nach innen und außen wirken. Jede Abweichung vom selbstge- predigten Pfad der Tugend führt dann umgehend nicht nur zum Verlust der Legi- timität, sondern auch zum Verlust von Glaubwürdigkeit und Vertrauen, und das verursacht kaum mehr zu reparierenden Schaden.[76] Richtig ist, dass man mit

---

76 Was in einer solchen Situation geboten ist, das erläutert der geläuterte Johanssen (2000), der zu Zeiten der Brent-Spar-Affäre für die Kommunikationspolitik von Shell verantwortlich war.

‚glaubwürdiger Kommunikation' viel gewinnen kann, aber ebenso richtig ist, dass man damit auch viel verlieren kann. Riskant oder nicht – es wird zu diesem Weg der ‚vertrauenerweckenden, mythologisch verankerten Unternehmensidentität' keine echte Alternative geben. Große Unternehmen werden es sich in Zukunft nicht leisten können, *nicht* mit ‚Glaubwürdigkeit' zu werben. Denn meine Ausgangsfrage, ob der Weg der Unternehmenskommunikation vom klassischen Marketing zur ‚Werbung' mit vertrauenserweckender Identität führt, ist ohne Rücksicht auf die Debatten universitärer Gelehrsamkeit von den Kunden längst beantwortet worden: Sie kaufen (wenn sie die Wahl haben) bei dem, dem sie vertrauen und der ihnen das gibt, was sie am meisten vermissen: Eingebundenheit und Sinn.

Literatur

Bauman, Zygmunt (1997): Schwache Staaten. Globalisierung und die Spaltung der Weltgesellschaft. S. 315-332 in: Beck, Ulrich (Hrsg.): Kinder der Freiheit. Frankfurt a.m.: Suhrkamp.

Beck, Ulrich (1986): Risikogesellschaft. Auf dem Wege in eine andere Moderne. Frankfurt a.m.: Suhrkamp.

Beck, Ulrich (1997): Was ist Globalisierung? Frankfurt a.m.: Suhrkamp.

Beck, Ulrich (2001): Die Macht der Ohnmacht. In: Stern 6: 126-127.

Bourdieu, Pierre (1998): Gegenfeuer. Wortmeldungen im Dienste des Widerstandes gegen die neoliberale Invasion. Konstanz: UVK.

Bell, Daniel (1960): The End of Ideology. Cambridge: Harvard University Press.

Coleman, James (1995): Grundlagen der Sozialtheorie. Bd. 1. München/Wien: R. Oldenbourg Verlag.

Funder, Maria (1999): Vertrauen: Die Wiederentdeckung eines soziologischen Begriffs. In: Österreichische Zeitschrift für Soziologie 3: 76-97.

Geser, Hans (1991): Interorganisationelle Normkulturen. S. 211-223 in: Max Haller, Hans-Jürgen Hoffmann-Nowotny & Zapf, Wolfgang (Hrsg.): Kultur und Gesellschaft. Frankfurt a.M.: Campus.

Giddens, Anthony (1995): Konsequenzen der Moderne. Frankfurt a.M.: Suhrkamp.

Gross, Peter (1994): Die Multioptionsgesellschaft. Frankfurt a.M.: Suhrkamp.

Hauschildt, Eberhard (1999): Kirchliche Trauungen zwischen Magiebedürfnis und Interpretationschance. In: Pastoraltheologie 1: 24-28.

Hitzler, Ronald (2000): „Ein bißchen Spaß muß sein." Zur Konstruktion kultureller Erlebniswelten. S. 401-413 in: Gebhardt, Winfried, Hitzler, Ronald & Pfadenhauer, Michaela (Hrsg.): Events. Soziologie des Außergewöhnlichen. Opladen: Leske + Budrich.

Johannssen, Klaus-Peter (2000): Vom professionellen Umgang mit Krisen. In: Public Relations Forum 2: 94-95.

Klein, Naomi (2001): No Logo! Gütersloh: Riemann.

Koselleck, Reinhart (1973): Kritik und Krise. Frankfurt a.M.: Suhrkamp.

Luhmann, Niklas (1973): Vertrauen. Ein Mechanismus der Reduktion sozialer Komplexität. Stuttgart: Enke.

McLuhan, Marshall (1995): Die Gutenberg-Galaxis: das Ende das Buchzeitalters. Köln: Addison-Wesley.

Preisendörfer, Peter (1995): Vertrauen als soziologische Kategorie. In: Zeitschrift für Soziologie 4: 263-272.

Priddat, Bernd (1996): Moralischer Konsum. In: Universitas 605: 1071-1077.

Reichertz, Jo (1995): „Wir kümmern uns um mehr als Autos" – Werbung als moralische Unternehmung. In: Soziale Welt 4: 467-490.

Reichertz, Jo (2000): Die Frohe Botschaft des Fernsehens. Kulturwissenschaftliche Untersuchung medialer Diesseitsreligion. Konstanz: UVK.

Riesman, David (1958): Die einsame Masse. Reinbek: Rowohlt.

Schulze, Gerhard (1993): Die Erlebnisgesellschaft. Kultursoziologie der Gegenwart. Frankfurt a.M.: Campus.

Schulze, Gerhard (2000): Kulissen des Glücks. Streifzüge durch die Eventkultur. Frankfurt a.M.: Campus.

Stern-Bibliothek (1995): Dialoge 4. Gesellschaft – Wirtschaft – Konsumenten. Hamburg: Gruner + Jahr.

III Medienkommunikation als Teil der Berufsarbeit

1 Zur neuen Logik der (sozial-)wissenschaftlichen Mediennutzung

„Daß Wissenschaft heute ein fachlich betriebener ‚Beruf' ist im Dienste der Selbstbesinnung und der Erkenntnis tatsächlicher Zusammenhänge, und nicht eine Heilgüter und Offenbarungen spendende Gnadengabe von Sehern und Propheten oder ein Bestandteil des Nachdenkens von Weisen und Philosophen über den Sinn der Welt, – das freilich ist eine unentrinnbare Gegebenheit unserer historischen Situation, aus der wir, wenn wir uns treu bleiben, nicht herauskommen können."
Max Weber: Wissenschaft als Beruf (1912: 609)

1.1 Zeitenwende

Ralf Dahrendorf, ohne Zweifel einer der international prominentesten und reputierlichsten zeitgenössischen Sozialwissenschaftler, widmet in seiner kürzlich erschienenen Autobiographie *Lebenserinnerungen* einem seiner akademischen Lehrer von einst ein ganzes Kapitel. Bei dem Geehrten handelt es sich um den Altphilologen Ernst Zinn, der der Nachwelt vor allem als sorgsamer Herausgeber der Werke von Rainer Maria Rilke in Erinnerung geblieben ist. Über ihn, bei dem Dahrendorf in den frühen 50er Jahren die Kunst der Philologie lernte, schreibt er, durchaus in bester Absicht, Folgendes: „Er war (...) einer jener Gelehrten, die nur schwer und selten zum Schreiben kamen, weil es immer noch etwas zu erforschen und zu bedenken gab. Er war ein Gelehrter alten Stils" (Dahrendorf 2002: 131).

Heute, also gut 50 Jahre später, löst ein solches Lob (zumindest bei den hauptberuflichen Wissenschaftlern/innen) angesichts des allgemeinen *Publish-or-Perish-Gebots* (vgl. Finetti & Himmelrath 1999) leicht ein wenig Wehmut aus. Und manche trauern den Zeiten nach, als man noch unbehelligt forschen und lehren konnte (und sollte), ohne den Zwang zu verspüren, möglichst schnell, möglichst viel, möglichst Gutes und auch noch möglichst gut Geschriebenes zu veröffentlichen. Und in der Tat: Solche Klage über die neuen Zeiten und die neuen Zwänge innerhalb des Wissenschaftsbetriebs verdankt sich nicht der Larmoyanz von Schreibgehemmten oder Zu-kurz-Gekommenen, sondern sie ist Reflex auf eine tief greifende Zeitenwende innerhalb wissenschaftlichen Arbeitens.

Kaum einer hat die Besonderheit dieser Zeitenwende so deutlich auf den Punkt gebracht wie Ernst-Ludwig Winnacker, von 1998-2006 Präsident der Deutschen Forschungsgemeinschaft (DFG), einer Institution mithin, zu deren Aufgaben unter anderem auch die Gestaltung der deutschen Wissenschaftsentwicklung gehört. In einem Interview mit zwei Redakteuren der (einst liberalen) Wochenzeitung für Politik, Wirtschaft, Wissen und Kultur ‚Die ZEIT‘ spricht er sich nicht nur für mehr Wettbewerb und eine stärkere Spezialisierung der deutschen Hochschulen aus, sondern auch für eine neue Form wissenschaftlicher Selbstanpreisung. „Der Druck", so Winnacker, „Rechenschaft abzulegen und Qualität zu messen ist in der Tat wegen der Konkurrenzsituation knapper Mittel gestiegen. Ich finde diese Entwicklung genau richtig, weil in der Forschung nichts so sehr zählt wie der Wettbewerb. Um wissenschaftliche Exzellenz zu erreichen, müssen die besten miteinander wetteifern. Die Zeiten" – und wegen dieser Diagnose lasse ich den Präsidenten der DFG so lange zu Wort kommen, also: „Die Zeiten sind vorbei, in denen man nicht mehr laut sagen durfte, dass man besser ist als andere" (Spiewack & Schnabel 2003: 25).

An diesem Befund oder genauer: an dieser Formulierung ist nun nicht nur für Hermeneuten, sondern auch für Wissenschaftssoziologen vieles bemerkenswert. So z.B. die dieser Formulierung implizite und kaum haltbare Drei-Stadien-Theorie wissenschaftlicher Werbung in eigener Sache: Ganz früher (so die Behauptung) durfte man in der Wissenschaft sich laut selbst rühmen, dann im zweiten Stadium war dies verpönt bzw. wurde unterbunden (und das wird skandalisiert) und jetzt, also heute, darf man (endlich) wieder.

Ich werde mir hier eine empirisch gesättigte Auseinandersetzung mit dieser Einschätzung der Geschichte wissenschaftlichen Publizierens verkneifen und im Weiteren nur auf einen, aus meiner Sicht besonders bemerkenswerten Punkt der Formulierung eingehen und weiter diskutieren. Gemeint ist damit die Behauptung, heute dürfe man (endlich mal wieder) *laut* über die eigenen Verdienste sprechen. Was bedeutet es nun, wenn Wissenschaftler heute *laut* sagen dürfen und (wenn es nach dem Präsidenten der DFG geht) auch sagen sollen, dass sie andere übertreffen. Überraschend ist eine solche Forderung, weil Wissenschaftler noch nie besonders zurückhaltend waren, wenn es darum ging, in Veröffentlichungen oder Vorträgen Konkurrenten zu kritisieren und die eigenen Qualitäten herauszustreichen.

Allerdings sprach man bislang *leise* darüber, die Kritik und das Lob waren den Ohren der Kollegen und Kolleginnen vorbehalten. Das Gebot des Laut-Sprechens (mittels den aktuellen Lautsprech-Medien) impliziert nicht, sondern fordert auch eine Erweiterung der Zuhörerschaft, dieses Gebot des Laut-Sprechens weitet den Kreis der vom wissenschaftlichen Wort Angesprochenen über die bisher üblichen Grenzen hinaus aus. Auch andere Hörer oder genauer: möglichst viele Hörer sollen hören, dass ein bestimmter Wissenschaftler mehr zu bieten hat als sein Konkurrent. Und am besten erreicht der das Ziel der Werbung in eigener Sache, wenn er sich dorthin begibt, wo die meisten Menschen anzutreffen sind: früher war das der Marktplatz, und heute sind es die Medien. Die Formulierung des DFG-Präsidenten erweist sich also bei näherer Betrachtung durchaus als Aufforderung an alle Wissenschaftler/innen, auch öffentlich miteinander zu konkurrieren und sich dabei auch (aber nicht nur) der laut-sprechenden Verbreitungsmedien zu bedienen. Da der DFG-Präsident mit seiner Forderung nicht alleine steht, sondern nur das pointiert formuliert, was sich seit Jahren innerhalb der scientific community beobachten lässt, erhält die wissenschaftliche Eigenwerbung ein beachtliches und auch neues Gewicht. Und die Frage stellt sich, welche Auswirkungen sich aus dieser Neugewichtung wissenschaftlichen Arbeitens ergeben.

1.2 Wissenschaft betreiben in Zeiten des Wandels

Die Zeiten haben sich gewandelt. Dieser Befund ist so trivial wie zutreffend, weil die Zeiten sich stets wandeln. Aber im Moment scheinen sie sich besonders schnell und besonders tief greifend zu wandeln: Ein Ausdruck dieser Wandlungsprozesse ist (auch das ist nicht sehr überraschend), dass sich die Organisation und die Inhalte von gesellschaftlicher Arbeit ändern. Diese Erfahrung müssen nun die Wissenschaft, die Universitäten und die, welche Wissenschaft als Beruf betreiben, nämlich die Wissenschaftler/innen, machen. Nun sind die neuen Herausforderungen, die sich der Wissenschaft (ganz allgemein, ohne Rücksicht auf die unterschiedlichen Disziplinen) stellen, andere als die, mit denen sich die deutschen Universitäten konfrontiert sehen, und deren Probleme unterscheiden sich noch einmal von denen, mit denen sich die etablierten und noch nicht etablierten Wissenschaftler/innen auseinandersetzen müssen.

Wissenschaft als Beruf zu betreiben setzt oder besser: setzte sich bislang im Wesentlichen aus den Tätigkeitsbereichen Lehren, Forschen, Prüfen, Publizieren, Verwalten, Personalführung und neuerdings auch Haushaltsführung und PC-Beherrschung zusammen. Im Vordergrund standen je nach Trägerinstitution und Position mal das Lehren oder mal das Forschen oder auch mal das Verwalten oder bei manchen auch das Publizieren, was im Wesentlichen ‚Texte-Schreiben' bedeutete. Mithin war der Beruf des Wissenschaftlers schon immer ein Beruf, bei dem die Nutzung von Medien zum Arbeitsalltag gehörte, gerade wenn man

Karrierepolitik betreiben wollte. All dies ist weder neu noch originell, weil schon oft und ausgiebig von Wissenschaftssoziologie oder Wissenssoziologie gesagt und beschrieben.

Die diversen Arbeiten aus diesen Bereichen zeigen (wenn auch in unterschiedlicher Schärfe und Ausprägung innerhalb von Natur- und Sozialwissenschaften)[77], dass Wissenschaft in vieler Hinsicht ein Beruf wie viele andere ist, der sich mit vielen offiziellen wie inoffiziellen Aufgaben hauptamtlich auseinandersetzt, aber sich auch und vornehmlich mit dem Finden und Verbreiten von Überzeugungen beschäftigt.

Aber diese Studien zeigen auch, dass die Wissenschaftler vor allem ein ganz ,eigenes Völkchen mit zahlreichen Unterstämmen' (vgl. Campbell 1985) sind, und dass dort nicht unbedingt der ein König ist, der am meisten wahre Sätze produziert hat, dass dort neben Großmut und Weitblick, auch Neid und Missgunst gedeihen, dass es in der Wissenschaft auch Stars und tragische Gestalten gibt, international agierende (manchmal schon geadelte) Persönlichkeiten, aber auch die auf immer Verstummten.

Und natürlich hört man immer wieder von denen, die gegen horrende Honorare von Tagung zu Tagung rund um den Globus jetten, und von denen, die in Volkshochschulen vor bildungsbeflissenen Studienrätinnen das Neueste über Goethes Liebesleben vortragen. Kurz: Das Berufsfeld *Wissenschaft* war und ist trotz aller lauten Dementis ein soziales Feld, in dem die *Rangunterschiede* in Bezug auf Ansehen und Einkommen bei aller auf der Vorderbühne geforderten Gleichheit enorm sind. Oder anders: Auch im Feld der Wissenschaftler und Wissenschaftlerinnen gibt es (trotz des prinzipiellen Gleichheitsgebots) eine deutliche und machtvolle vertikale Gliederung – und wer in dem Feld oben und wer unten ist, das ergibt sich nicht nur (aber auch) aus der wissenschaftlichen Qualität des wissenschaftlichen Akteurs.

Allerdings haben sich in den letzten Jahrzehnten und insbesondere im letzten die Rahmenbedingungen für die vielfältigen Karrierepolitiken von Wissenschaftlern entscheidend geändert. Im Weiteren seien in aller Kürze nur sechs wesentliche Ursachen für diese Veränderungen genannt (und hier stütze ich mich zum Teil auf die Ausführungen von Weingart 2001, siehe auch Ruhrmann 1997, Mittelstrass 1997 und Hornke 1997; ausführlicher dazu auch Reichertz 2003):

---

77 Aus der Fülle der Publikationen will ich hier nur kurz, und stellvertretend für andere, einige Arbeiten nennen, die speziell aus wissenssoziologischer, wissenschaftssoziologischer und wissenschaftsethnographischer Sicht das berufliche Feld von Wissenschaftlern ausgeleuchtet haben. Zweifellos haben in Deutschland die Arbeiten von Peter Weingart geholfen, das Feld der Wissenschaft besser abzustecken (Weingart 1974,1976, 2001 und 2003), auch die Arbeiten von und in der Tradition von Karin Knorr-Cetina (Knorr-Cetina 1984) waren hierfür wegweisend, nicht zu vergessen diverse Sammelbände zur Ortsbestimmung einer ,Entzauberten Wissenschaft' (Bonß & Hartmann 1985; Beck & Kieserling 2000).

a. die weiter fortschreitende Demokratisierung der westlichen Gesellschaften und die auch daraus folgende Vergesellschaftung von Wissenschaft,

b. die ebenfalls aus der Demokratisierung resultierende Bewertung der Leistung der Wissenschaft an wissenschaftsexternen, vornehmlich ökonomischen Standards,

c. der Wandel der Universitäten von einer umfassenden Bildung einer kleinen Elite zur Berufsqualifikation für möglichst Viele,

d. die durch Globalisierungsprozesse bedingte und zunehmend schärfer werdende weltweite Konkurrenz der Universitäten untereinander,

e. bei gleichzeitiger ebenfalls weltweiter Standardisierung des Lehrangebots durch Modularisierung und

f. das zunehmende Interesse der Medien an der Arbeit und der Person des Wissenschaftlers bzw. der Wissenschaftlerin.

Diese neuen Rahmenbedingungen haben einigen Standards der Wissenschaft und auch einigen klassischen Praktiken der Karrierepolitik ihre Kraft genommen und das Wachsen und Aufblühen neuer Standards und Karrierepolitiken gefördert. Vor allem bei den neuen Karrierepolitiken (aber nicht nur dort) spielt die Nutzung der Medien eine besondere und immer wichtigere Rolle. Dieser tief greifende Umgestaltungsprozess der deutschen und europäischen Universitäten und Wissenschaften, der erst angefangen hat und dessen Dynamik sich noch weiter beschleunigt und der die gesamte Arbeit und die Karrierepolitiken aller Wissenschaftler/innen massiv verändern wird, lässt sich m.E. durch ebenfalls sechs spezifische Entwicklungstendenzen kennzeichnen, die insbesondere bei den Sozialwissenschaften deutlich zutage treten. Die beiden ersten Tendenzen hat bereits Weingart (2001 und 2003a) ausführlich und überzeugend nachgewiesen, die dritte und vierte sind bei ihm zumindest schon angedeutet,[78] die sechste findet sich in wesentlichen Punkten bereits bei Franck (1998) ausgearbeitet, während sich für den Nachweis der letzten Tendenz zumindest ernst zu nehmende Zeichen ausmachen lassen.

---

78 Dass Weingart vor allem die beiden ersten Tendenzen sieht, hat aus meiner Sicht viel damit zu tun, dass er offensichtlich allein die Naturwissenschaftler für ernst zu nehmende Wissenschaftler hält. Obgleich selbst Soziologe tauchen die Besonderheiten der Sozialwissenschaft bei ihm kaum einmal auf.

1.3 Die weitere Vergesellschaftung von Wissenschaft bei gleichzeitiger weiterer Verwissenschaftlichung der Gesellschaft

Die Gesellschaft, oder genauer: sehr viele Bürger und ebenfalls viele gesellschaftliche Gruppen und deren Interessensvertreter sind an der Wissenschaft interessiert – sei es an ihren Ergebnissen, sei es an ihren Kosten und ihrer Nützlichkeit, sei es an ihren Angeboten oder Zugangswegen. Insbesondere die Medien, in vermeintlicher Stellvertreterschaft für die Bürger, interessieren sich zunehmend für das Leben in der Alma Mater. Ein wichtiger Grund hierfür ist, dass die Wissenschaft bedeutsam für fast jedes Gesellschaftsmitglied geworden ist: Die Wissenschaft hat nicht nur Atombomben, sondern auch Atomkraftwerke ermöglicht, sie hat in den späten 60er Jahren des 20. Jahrhunderts nicht nur Gesamtschulen herbei begutachtet, sondern auch die Pisa-Studie verantwortet, sie warnt seit langem vor Klimakatastrophen, Jugendgewalt, dem Kampf der Kulturen, der Vergreisung der Gesellschaft und dem Untergang des Sozialstaates – um nur einige wenige Beispiele zu nennen. Wissenschaft gestaltet also Gesellschaft in nicht unerheblichem Maße mit, sie ist zu einer „semantischen Produktivkraft" (Lau & Beck 1998: 314) geworden. Dass sich also auch die Betroffenen für die interessieren, die für die Deutungen verantwortlich sind, versteht sich deshalb von selbst, oder anders formuliert: „Um die vielen wackligen Annahmen über unsere Existenz zu erhärten, benötigen wir viel mehr Kommunikation untereinander, nicht allein zwischen Wissenschaftlern, Politikern und Ökonomen, sondern das Gespräch muss insbesondere diejenigen einschließen, die mit ihren Steuern die Forschung finanzieren und die Nutznießer bzw. Opfer des wissenschaftlichen Fortschritts sind: die Bürger" (Goede 2003: 4).

Und vor allem produziert die Wissenschaft eines: Eine Vielfalt von teils sich ausschließenden Deutungen und Zukunftsszenarien – die einen sind in düsteren Farben gemalt, andere in hoffnungsvollen. Und immer wieder und immer intensiver zeigt sich Begrenztheit wissenschaftlicher Arbeiten, und deshalb kann sie immer weniger Sicherheitsgefühl und Beschwichtigung geben. Diese Funktion „von Wissenschaft erschöpft sich allerdings in dem Maße, in dem der politischen Öffentlichkeit zunehmend der Konstruktcharakter wissenschaftlicher Prognosen und Ursachenanalysen bewußt wird. Die Erosion sozialwissenschaftlicher Kredibilität, wie sie sich wissenschaftsintern im erkenntnistheoretischen Relativismus äußert, zwingt möglicherweise auch den anwendungsorientierten Sozialwissenschaftlern den Anspruch der Identität von Geltung einer Aussage und ‚persönlicher Verantwortung' für diese Aussage auf, wie sie die Theorie praktischer Diskursive vorsieht". (Lau & Beck 1998: 181, vgl. dazu auch Lüders 2004). Weil und insofern die Wissenschaft sich seit der Aufklärung Schritt für Schritt einem konstruktivistischen Selbstverständnis genähert hat, spricht Luhmann vom „Autoritätsverlust, ja von einem Autoritätsverzicht der Wissenschaft" (Luhmann 1992: 627). Die Wissenschaft hat ihre Selbstverständlichkeit verloren. Angesichts der neuen außeruniversitären Konkurrenz in der Wissensproduktion und Wissensweitergabe rüstet sie massiv auf, weshalb manche auch schon von den science wars sprechen und schreiben (z.b. Stolzenberg 2001 und Bammé 2004).

Und da diese Wissenschaft (ohne Gewissheiten) immer mehr kostet und zugleich die öffentlichen Mittel knapper werden, fragt sich die Öffentlichkeit angesichts der oben beschriebenen Entwicklung immer lauter, was ihr die Wissenschaft wert ist, was sie überhaupt leistet und was sie an die Gesellschaft zurückgibt. Manche wissenschaftlichen Disziplinen verfügen in dieser Debatte über eine gute Presse (Physik, Medizin, Informatik), manche über eine schlechte (Politikwissenschaft). Beispielhaft für die schlechte Presse z.b. der Soziologie sind auch öffentliche Urteile wie diese: „Bis 2010 steigen die Absolventenzahlen der Soziologie auf knapp 2000 an. Achtzig Prozent der Studenten geben vor dem Examen auf. (…) Der Berufseinstieg ist immer öfter Quereinstieg. Zusatzqualifikationen unverzichtbar. Die Zahl der bei den Arbeitslosen unter 35jährigen hat sich weiter erhöht – viele Berufseinsteiger in ABM". Über die Studenten der Physik lautet es in dem gleichen Hochschulranking des Wochenmagazins Stern: „Gravierender Absolventenrückgang bis 2005; danach langsamer, aber kaum ausreichende Zunahme von Studenten. (…) Physiker sind in allen Boombranchen und darüber hinaus sehr gefragt. Die Zahl der arbeitslosen Physiker unter 35 Jahren bleibt auch 2003 minimal" (Stern 2004 17: 177).

Angesichts dieser durchaus bedrohlichen Lage sehen immer mehr Universitäten und Disziplinen die Notwendigkeit, der Gesellschaft die Bedeutung von Wissenschaft im Allgemeinen und der jeweiligen Disziplin im Besonderen plausibel zu machen. Wissenschaft muss sich zunehmend öffentlich legitimieren, auch weil sie erkennt, dass sie sich mit anderen Konkurrenten auf einem ‚Marktplatz' befindet (Nowotny, Scott & Gibbons 2002: 201-214). Und dafür ist es sinnvoll, mit den Medien zusammenzuarbeiten und Texte in verständlicher Sprache anzufertigen. Pointiert: Wer verständlich schreibt, der bleibt. Deshalb „stellt sich die Frage des ‚Publish or Perish' für die Wissenschaft und die Wissenschaftler auf neue Art und Weise. Den Dialog mit der breiten Öffentlichkeit zu führen, gilt plötzlich als mindestens ebenso wichtig, wie den ohnehin gepflegten Diskurs mit den wissenschaftlichen Peers" (Gaus & Wildt 2001: 45). Hochschulen haben – in dem Bestreben, sich der Öffentlichkeit gegenüber auszuweisen – nicht nur eigene Pressestellen und Stellen für Wissenstransfer geschaffen, sondern sie greifen zunehmend auch die seit 15 Jahren in England erfolgreiche Bewegung der *Public Understanding of Science'* (PUS) auf. Dies bedeutet: „Verständigung und Verständnis von und für Wissenschaft macht es erforderlich, sich auf Formate populärer Medien einzulassen und zu erlernen, wie sie zu gebrauchen sind" (vgl. ebd. 13, siehe auch: Nelkin 1995: 124-158).

Zu diesem neuen Verhältnis von Wissenschaft, Politik, Wirtschaft und Öffentlichkeit gehören neben den diversen ‚Science Centern' – meist ‚Private-Public-Partnerships', bei der (Natur-)Wissenschaftler Kindern, Jugendlichen und Erwachsenen spielerisch Einblick in die Wunder der Natur gewähren – auch solche Aktionen wie die mittlerweile an vielen Hochschulen angebotenen ‚Kinderunis'. Mit breiter Unterstützung meist lokaler Sponsoren und mit lauten Medienechos werden dann Kinder (oder manchmal auch Schüler) in die heiligen Hallen eingeladen, und ausgewählte, didaktisch besonders begabte Hochschullehrer/innen zeigen dann (oft mit Hilfe von Inszenierungsprofis) dem jungen Publikum, dass entgegen aller Erwartungen die Profs und die Wissenschaft doch ganz unterhaltsam sein können. Zu diesem neuen Verhältnis gehört aber auch, dass Standesgesellschaften wie z.B. die ehrbare Deutsche Gesellschaft für Soziologie (DGS) ernsthaft erwägt, eine eigene Publikumszeitschrift herauszugeben (kritisch hierzu: Loer 2003).

1.4 Die weitere Ökonomisierung von Wissenschaft bei gleichzeitiger weiterer Verwissenschaftlichung der Ökonomie

In alten Zeiten galten die *Neugier* (ausführlich hierzu Blumenberg 1977, auch Marquard 1995) oder die *Krise* als die zentralen Beweggründe, Natur und Gesellschaft zu erforschen. Mittlerweile scheint in den Universitäten ein weiterer Faktor hinzugekommen zu sein und an Bedeutung gewonnen zu haben: das *Geld*. Kary Mullis, seines Zeichens Biochemiker, der 1993 den Nobelpreis für seine Entdeckung der Polymerase-Kettenreaktion erhielt, formuliert es sehr drastisch: „Geld hat die Neugier als Schrittmacher der Wissenschaft ersetzt" (zitiert nach Goede 2003: 4).

So überspitzt diese Aussage auch erscheinen mag, sie trifft dennoch einen wichtigen Punkt. Denn heute, unter den Bedingungen knapper werdender öffentlicher Mittel und dem daraus sich ergebenden (lauten) ‚Kampf der Besten' untereinander, haben sich alle Wissenschaftler (so sie denn forschen wollen) auf dem freien Markt der Wissenschaftsfinanzierung zu bewerben – und dieser Markt wird immer enger. All dies führt zu einer erheblich verstärkten Konkurrenz der einzelnen Wissenschaftler untereinander: Wer kein Geld aus Drittmitteln einwirbt, erhält weniger Mittel aus dem Hochschulhaushalt, kann also auch weniger Forschung betreiben.

Auch, aber nicht allein wegen des verschärften Wettbewerbs um ökonomisches Forschungskapital geht die Frage nach den Beurteilungskriterien wissenschaftlicher Forschung in eine neue Runde (vgl. dazu den instruktiven Artikel von Lüders 2004 und auch Reichertz 2000). Ein weiterer Grund für den immens gewachsenen Druck zur ‚öffentlichen Rechnungslegung' ist, „dass das beispiellose Wachstum des Wissenschaftssystems in den letzten Jahren an eine kritische Schwelle gelangt ist. In der Forschungsfinanzierung ist in vielen Ländern ein stationärer Zustand eingetreten, der nach selektiven Allokationsmechanismen und strukturellen Umschichtungen verlangt" (Nowotny 1996: 377).

Die Forderung nach Qualitätskontrolle macht deshalb vor den Mauern der Alma Mater nicht mehr halt (Weshalb sollte sie auch?), es wird nach Möglichkeiten der Leistungskontrolle gefragt, nach einer nachvollziehbaren Forschungsevaluation, nach der Prüfung des Verhältnisses von Aufwand und Ergebnis – kurz: Für die Finanzierung des Fragwürdigen, Unplausiblen, Wenig-Überzeugenden, des Schon-immer-so-Gemachten, aber auch des Allzu-Neuen bleibt kein Geld mehr. *Profilbildung* lautet der ministeriale Euphemismus, der bei Licht in den Hochschulen einen massiven „Verdrängungswettbewerb zwischen den Fächern und in ihnen" (Langewiesche 2003: 24) in Gang gesetzt hat. Die Nischen, in denen Modelle und Experimente ihr (wenn auch kärgliches) Leben fristen konnten, schließen sich zunehmend. Bewährung im (zunehmend auch internationalen) Markt ist stattdessen das Gebot der Stunde.

1.5 Das Bedeutsamwerden der Massenmedien für die Wissenschaft bei gleichzeitigem Bedeutsamwerden der Wissenschaft für die Massenmedien[79]

Nach einem (nicht mehr auf seinen Autor zurückzuführenden) Bonmot bedeutet auch für Wissenschaftler heute *Sein* zunehmend *in den neuen Massenmedien zu sein*. Nur auf den ersten Blick ist dieses Wort übertrieben oder gar bösartig, denn der gesellschaftlich getragene Wechsel des Leitmediums, nämlich die (von den

---

[79] Hier ist allein das soziale System der Massenmedien gemeint (TV, Radio, Zeitungen und Zeitschriften – online und offline), nicht die kaum in ihrer Bedeutung zu überschätzende zunehmende Medialisierung der wissenschaftlichen Forschung, Lehre und Verbreitung, also der sich beschleunigende Prozess, der zur Folge hat, dass immer mehr Medien bei der Erarbeitung von Forschungsergebnissen (Computer und spezifische Auswertungssoftware, z.B. SPSS oder Atlas/ti) und bei deren Verbreitung auf Tagungen, in Vorlesungen (PowerPoint, Excel, Seminargestaltung) eingesetzt werden. Auch der Umstand, dass Homepages sich auch in der Wissenschaft flächendeckend ausgebreitet haben, mit der Möglichkeit, gezielt für sich zu werben und auch eigenständig Texte als Downloads allen Interessierten zur Verfügung zu stellen, hat die Öffentlichkeitsarbeit von Wissenschaftlern entscheidend verändert. Die Untersuchung der auf die wissenschaftliche Arbeit zurückwirkenden Materialität all dieser Medien steckt noch in den Kinderschuhen. Hier wird in Zukunft viel zu tun sein.

meisten Intellektuellen beklagte) Ablösung des Buches durch das Fernsehen, hat für weite Teile der Gesellschaft schon längst stattgefunden.

Lange Zeit war das maschinell hergestellte *Buch* das Leitmedium der Gesellschaft, aber auch der Wissenschaft. Mit dem Buch arbeiteten Generationen von Natur- und Geisteswissenschaftlern, sei es, dass sie daraus lernten, was Wissenschaft ausmacht und wie man sich die Welt vorzustellen hat, sei es, dass sie es nutzten, um möglichst alle relevanten Akteure ihres Handlungsfeldes mit ihren neuesten Ideen bekannt zu machen und so für die Bedeutsamkeit des Ideenerfinders zu *werben*. Für diese Art der Werbung unter Berufsangehörigen hat die Profession im Hinblick auf das Medium *Buch* Formen und Normen entwickelt, die der Novize im Zuge seiner Hochschulsozialisation eher implizit denn explizit erlernt und meist auch mehr intuitiv denn strategisch anwendet. In den Naturwissenschaften ist das Buch seit dem Aufblühen der Fachzeitschriftenkultur und verstärkt durch das Internet (spez. das Usenet) durch den kurzen Fachartikel verdrängt worden, während in den Geisteswissenschaften zwar der Aufsatz an Bedeutung gewann, das Buch aber länger (immer noch?) seine Stellung behaupten konnte. Dennoch hat sich auch hier Einiges getan.

War es also lange Zeit entscheidend (wollte man ein Geisteswissenschaftler oder eine Geisteswissenschaftlerin werden), in dem Leitmedium *Buch* seine Ansichten zu publizieren, so wird die Bedeutung von Wissenschaftlern/innen zunehmend auch (also nicht ausschließlich) durch Präsenz in den audiovisuellen Medien hergestellt und gefestigt. Und da die neuen Medien sehr stark dem Bild und weniger dem Wort verpflichtet sind, resultieren daraus vollkommen andere Darstellungslogiken und Erfolgskriterien – was manche Wissenschaftler auch dazu bewegt, sich dem Fernsehauftritt und der damit einhergehenden Dramatisierungsnotwendigkeit und dem kurzatmigen Fast-Thinking grundsätzlich zu verweigern (vgl. Bourdieu 1998)[80]. Denn die relevanten Selektionsfaktoren der Medien sind nur begrenzt mit denen der Wissenschaft kompatibel, zählt doch in den Medien vor allem das Punktuelle, Eindeutige, Sichtbare, Bedeutsame, Wünschbare, Überraschende, Bedrohliche und das Bildhafte. Darüber hinaus bevorzugen die neuen Bildmedien Personen, die über Ausstrahlung und die Kunst der prägnanten Rede verfügen, Persönlichkeiten also, deren Aura und deren Wort überzeugen.

---

80   Deutlich der Tradition der Adornoschen Kritik an der Kulturindustrie verpflichtet, begründet z.B. Oevermann seinen prinzipiellen Vorbehalt gegen die Fernsehpräsenz von Wissenschaftlern nicht nur mit der Bildgeneigtheit dieses Mediums, sondern vor allem mit dessen Hang zur Selbstinszenierung – einer Inszenierung, die nicht subversiv unterlaufen und für andere Zwecke instrumentalisiert werden kann: „Man kann nicht die Selbst-Inszenierungs-Logik [des Fernsehens – J.R.] überlisten. Sobald man im Fernsehen auftritt, ist man Teil von ihr geworden" (Oevermann 1995: 35).

In Spiegel-Interviews und Fernsehgesprächen langweilt das *Gerede* von der Begründung wissenschaftlicher Erkenntnis und der Gültigkeit von Methoden. Ernsthafte Geltungsbegründungen werden bei Medienauftritten weder abverlangt noch honoriert. Und wer den Fehler begeht, ungefragt solche zu äußern, wird in Zukunft nicht mehr gefragt. Das gilt natürlich auch für Auftritte in den zahllosen Talk-Shows und Wissenschaftsmagazinen, aber auch bei den beiden Formaten, in denen vor allem Sozialwissenschaftler spätnachts über die Vergangenheit und düstere Zukunft der Welt debattieren – also für das *philosophische Quartett* unter der Leitung von Peter Sloterdijk und das von Volker Panzer am virtuellen Lagerfeuer moderierte *Nachtstudio*.

Weil also (neben den Politikern zunehmend) auch die Wissenschaftler auf die Medien der Zeit angewiesen sind, steht zu erwarten, dass auch die Arbeit der Wissenschaftler zunehmend von den *Inhalten*, der *Materialität* (z. B. Oralität, Literalität oder Visualität) und der *sozialen Organisation* der jeweiligen Medien bzw. des jeweiligen Leitmediums (Zugang, Kosten, Verteilung etc.) beeinflusst werden wird, dass also Arbeitsschwerpunkte, Arbeitsweisen und Darstellungsformen sich den Gegebenheiten der Medien anpassen.

Aber nicht nur die Wissenschaftler bedienen sich der Medien. Auch die Medien haben erkannt, dass man mit wissenschaftlichen Themen oder Wissenschaftlern Auflage machen kann. Immer häufiger erobern Wissenschaftsthemen die Seiten der (nicht nur deutschen) Tages- und Wochenzeitungen. Und das ist (glaubt man Luhmann) nur konsequent. Denn: „Wenn und soweit funktionale Differenzierung sich durchsetzt, verlieren nicht nur autoritative Sprecherrollen ihre Position. Sie werden außerdem der Beobachtung durch jeweils andere Funktionssysteme ausgesetzt (…)" (Luhmann 1992: 631). Zu dieser Beobachtung gehört auch, dass die Medien sie in die eigenen Zonen der Macht, also die Studios, einlädt, auf dass die Wissenschaftler sich nicht nur vielen zeigen können, sondern auch von vielen beobachtet werden können. Auch deshalb sind in Magazinen, Talkshows, Hintergrundberichten und vielem anderen (manche) Wissenschaftler gern gesehene Gäste, die kommentieren, erläutern und das erklären, was manchen Zuschauern so unverständlich erscheint, und dabei zugleich auch etwas über sich selbst zeigen.

Zu dem neuen Verhältnis von Medien und Wissenschaft gehört nicht nur das gestiegene und weiter ansteigende Interesse der Medien an den Ergebnissen und Kosten von Wissenschaft, sondern auch das Interesse an der Arbeit und dem Leben der Wissenschaftler und Wissenschaftlerinnen. Beispielhaft für diese Art der medialen Thematisierung von Wissenschaft ist ein Artikel, der Anfang 2004 unter der Rubrik ‚Wirtschaft' (sic!) im Stern erschienen ist. Hier wurden unter dem Titel *‚Die Besten hauen ab'* verschiedene deutsche Wissenschaftler (mit großflächigem Bild) vorgestellt und deren Gründe diskutiert, in Deutschland weiter zu arbeiten bzw. die zumindest für Spitzenwissenschaftler gesegneten Vereinigten Staaten von Amerika aufzusuchen. So wird u.a. auch Andreas Heinrich, 34-jähriger Nanotechnologie-Forscher vorgestellt, der zur Zeit noch in einem IBM-Labor in Kalifornien arbeitet und sich mit der Frage auseinandersetzt, ob er dort bleiben soll oder an eine amerikanische Universität wechseln oder gar zurück nach Deutschland gehen soll. Für den Spitzenforscher ist beides denkbar – wenn die Bedingungen stimmen: „Für meine Forschung", so zitiert der Stern den jungen selbstbewussten Deutschen, „brauche ich mindestens eine Million Euro, um überhaupt anfangen zu können." Außerdem gute wissenschaftliche Mitarbeiter „und dann kommt's aufs Gehalt an" (Stern 18/2004: 190). Hier hilft ohne Zweifel der Stern dabei, laut zu sagen, dass man besser ist als andere.

Aber die Medien leihen den Wissenschaftlern nicht nur ihre Reichweite. Zunehmend interessieren die Medien sich, und hier vornehmlich die Boulevardpresse, auch für das private Leben und die Lieben von Wissenschaftlern und Wissenschaftlerinnen. Schon seit geraumer Zeit stehen sie unter (Dauer-)Beobachtung: Politiker, Wirtschaftsvertreter, die Öffentlichkeit und die Medien wollen (wenn auch aus unterschiedlichen Interessen) immer mehr und immer genauer wissen, was die gut besoldeten Hochschullehrer und -lehrerinnen leisten. Wissenschaftler sitzen schon lange nicht mehr in ihrem Elfenbeinturm hinter blickdichten Mauern. Stattdessen werden die Wände der Universitäten immer durchsichtiger und der einzelne Wissenschaftler immer sichtbarer – ob er das will oder nicht. Wissenschaftler haben – so die Behauptung – zunehmend immer weniger die Kontrolle über die Informationen über ihre Arbeit oder über ihre eigene Person.

Ernst zu nehmende Hinweise auf eine solche Entwicklung, die ja die Politiker seit Jahren flächendeckend erfasst hat, gibt es durchaus. Hier ein eher zurückhaltender Hinweis eines Pressevertreters: „Fachjournalisten müssen viel mehr als fachlich versiert sein. Sie sind Pfadfinder, die ihre Klienten zu den Wundern des Lebens führen. Dazu gehört auch, die menschlichen und emotionalen Aspekte der Forschung zu entblößen und Kompliziertes in einfache Bilder zu kleiden" (Goede 2003: 6). Diese journalistische Neugier für das Leben von prominenten Denkern ist mehr als der durchaus bekannte Blick von der ‚philosophischen Hintertreppe' (Weischedel 1982). Hier einige besonders markante und somit nicht verallgemeinerbare Beispiele.

Dass sich z.B. das keineswegs in den letzten Kapiteln für jeden verständliche Buch von Stephen Hawkings, ‚Eine kurze Geschichte der Zeit', weltweit gleich 12 Millionen Mal verkaufte, verdankte sich auch der Bekanntmachung dieses Werkes in der Yellow Press, die nicht nur über die außergewöhnliche Krankheit seines Autors, sondern auch über dessen Ehe, seine Scheidung und die neue Liebe in Text und Bild berichtete. Als die deutsche medizinische Forschungsszene durch die Fälschungsvorwürfe gegen Friedhelm Herrmann und

Marion Brach erschüttert wurde, brachte z.B. der Focus in der Zeit vom 17.05.1997 und 20.12.1997 insgesamt 12 Artikel zu diesem Thema, in denen immer wieder die privaten Verstrickungen der beiden Wissenschaftler thematisiert und aufgearbeitet wurden (vgl. Focus Online Archiv). Und als Werner Habermehl, Soziologe und Sexualwissenschaftler aus Hamburg, seine Liebe zu einer jüngeren Frau entdeckte, war dies für das RTL-Boulevardmagazin *Explosiv* so interessant, dass dort gleich mehrfach darüber berichtet und sogar ein Filmbeitrag gezeigt wurde, wie Habermehl seine Geliebte in einer Hamburger Edelboutique mit angemessener Garderobe ausstattete.

Manchmal können die Medien aber auch ganz anders: Dann rügen sie in selbst verordneter Stellvertreterschaft für den die Wissenschaft alimentierenden Steuerzahler (auch hier als Dritte Gewalt) nicht nur gerne und ausführlich arbeitsscheue Wissenschaftler, sondern skandalisieren immer öfter gerne und ausführlich in der Öffentlichkeit die großen und kleinen Fälschungen innerhalb des wissenschaftlichen Betriebs, die der Karriere dienlich sein sollten, letztlich jedoch (weil aufgedeckt) zum unwiderruflichen Ausschluss führen. Dies ist für Weingart Grund genug für folgenden Befund: Die Medien „haben die Funktion der öffentlichen Kontrolle betrügerischen Verhaltens in der Wissenschaft schon längst übernommen" (Weingart 2003b: 39).

Zu der neueren Geschichte der Wissenschaft und der Medien gehört aber auch, dass lange Zeit vor der DFG es die (Print-)Medien waren, welche ausführliche Ranglisten der deutschen Universitäten nicht nur erstellten, sondern auch publizierten und gut verkauften. So erstellten und veröffentlichten der Focus, der Spiegel und der Stern (gegen den anfänglichen und natürlich vergeblichen Widerstand vieler Hochschullehrer/innen) ausführliche Rankings, die vor allem den Studierenden bei der Auswahl ihres Studienortes behilflich sein sollten. Die Ergebnisse dieser Ranglisten brachten manche Hochschulleitung und auch einige Fachvertretungen in arge Bedrängnis, und es wurde trotz aller Rechtfertigungsversuche deutlich, dass weder die Lehre noch die Forschung an den deutschen Hochschulen gleich gut sind. Damit war auch öffentlich der (Verdrängungs-)Wettbewerb eröffnet.

Mittlerweile begleiten die Medien die Erneuerungswellen an den deutschen Hochschulen bereitwillig und ausgiebig: Vor allem in den Printmedien und hier vor allem in den Magazinen und Zeitschriften mit gehobenem Anspruch finden sich regelmäßig ausführliche Artikel zu den aktuellen Problemen der Wissenschaft, der Universitäten und auch der einzelnen Wissenschaftler bzw. Wissenschaftlerinnen. Der Spiegel, der Focus, der Stern und natürlich auch Die Zeit beteiligen sich sehr engagiert an der Debatte um die Vergangenheit, die Gegenwart und vor allem die (von diesen Medien meist düster gezeichnete) Zukunft deutscher Wissenschaft, deutscher Universitäten und deutscher Wissenschaftler/innen und gestalten auf diese Weise diese Zukunft mit (z.B. Die Zeit 28/2004: 32 oder Stern 17/2004: 164-180).

1.6 Die zunehmende Bewertung wissenschaftlichen Arbeitens nach den Grundsätzen und Belohnungsstrategien des Quality-Managements

Aber nicht nur die universitäre Forschung wird (wie oben beschrieben) zunehmend von der Suche nach Geld (Drittmittel) angetrieben, sondern auch die anderen Aufgaben von Wissenschaftlern und der Universität werden immer mehr unter dem Aspekt der Wirtschaftlichkeit, also auch der Kosten-Nutzen-Relation betrachtet. Dass auch diese Bereiche der Arbeit an der Hochschule ins Visier der Kostenminimierer geraten ist, hat sehr viel mit der Öffnung der Universitäten für den internationalen Markt zu tun – also vor allem:

- mit der *Konkurrenz* der Universitäten um die besten Studenten/innen,
- der *Internationalisierung*, mit der damit einhergehenden *Modularisierung* und durch Akkreditierungsanstalten gesicherten *Standardisierung* gestufter Studiengänge (BA/MA)
- mit der flächendeckenden Einführung eines international verbindlichen *Creditsystems* (ECTS) für Studienleistungen,
- mit der neuen Haushaltsführung an den einzelnen Hochschulen,
- mit den zur paradoxen Kommunikation einladenden Zielvereinbarungen zwischen Hochschule und Hochschullehrern,
- mit den diversen, auf einzelne Personen zurechenbaren Effektivitätsberechnungen von Forschung, Lehre, Prüfung und Verwaltung, dem neuen Wissenschaftsmanagement und der damit einhergehenden Wiedereinführung hierarchischer Strukturen (nach dem Vorbild von Unternehmen) und
- mit der (um es mit einer Formulierung von Peter Weingart auf einen Begriff zu bringen) weitgehenden *Externalisierung* der Validierung wissenschaftlicher Arbeit (Weingart 2001).

Vor allem die zuletzt genannten Maßnahmen – die ‚in the long run' zu einer Ökonomisierung der Wissenschaft führen (sollen), also dazu, dass die aus der Privatwirtschaft bekannten Quality-Management-Praktiken und die darauf aufsitzenden Zertifizierungen (= Akkreditierung) und Rankings auch in den Hochschulen Platz greifen und das berufliche Tun der Beteiligten bestimmen – werden einen Kreativitätsschub im Hinblick auf neue Strategien auslösen, wie an der eigenen Karriere zu basteln ist bzw. wie die anderer ein wenig erschwert werden kann. Man wird bald ziemlich genau angeben können, wie teuer die Gesellschaft ein Studienabschluss bei einem bestimmten Hochschullehrer kommt, wenn der auch noch forscht, publiziert und regelmäßig auf Tagungen vorträgt. Und man wird fragen, ob es sich die Gesellschaft noch leisten kann, dass *alle* Wissenschaftler neben ihren Lehr-, Prüfungs- und Verwaltungsaufgaben auch noch forschen und publizieren – wenn letzteres doch vor allem dem einzelnen Wissenschaftler dient und nicht der Hochschule oder gar der Gesellschaft. Und alle Betroffene werden sich (in und mit den Medien) an dieser Debatte beteiligen: die Wirtschaft, die Politik, die Bürger, die Studenten, die Medien und natürlich auch die Wissenschaftler. All dies wird emsige und vor allem: *laute* Darstellungsarbeit bei allen Beteiligten auslösen.

1.7 Das allmähliche Reputierlichwerden von Prominenz in der Wissenschaft

Die Aufmerksamkeit ist zu Beginn des 3. Jahrtausends in den westlichen Gesellschaften ein knappes Gut geworden – und sie wird auch im wissenschaftlichen Feld jeden Tag knapper. Das hat (nicht nur) Georg Franck in seiner *Ökonomie der Aufmerksamkeit* hinreichend belegt (Franck 1998: 113-158 und 181-212, aber auch Bourdieu 1998, kritisch hierzu: Hickethier & Bleicher 2002 und Schmidt 2000: 261 ff.). Immer mehr Wissenschaftler produzieren (dieser Logik folgend) immer mehr Texte, mit denen sie die Aufmerksamkeit anderer erringen wollen (vgl. Weingart 2001: 99 ff.). Die Zahl der wissenschaftlichen Schreiber und auch die Zahl der Publikationen haben immens zugenommen, während die Zeit der wissenschaftlichen Leser immer knapper wird (auch weil andere Aufgaben (z.B. das permanente Schreiben) für das Lesen von Texten immer weniger Zeit belassen).

Um im großen Strom der alten und neuen Publikationen wahrgenommen zu werden, gar die Aufmerksamkeit größerer Publika zu erringen, muss man sich schon viel und ständig etwas Neues einfallen lassen. Denn wo möglichst viele darum wetteifern, von möglichst vielen beachtet zu werden, findet leicht niemand mehr Beachtung. Viele lesen deshalb nur noch das, was viele lesen, bzw. nur noch das, über das in den Fach- bzw. Massenmedien geurteilt wird, dass es Aufmerksamkeit verdient. Die öffentliche Kommunikation über das Feld der Wissenschaft (von der Gesamtheit der Stakeholder) lenkt die Aufmerksamkeit auf einige wenige Wissenschaftler/innen. Diese werden dann verstärkt wahrgenommen und rezipiert. Die Medien werden auf diese Weise zunehmend zu dem Filter, durch den nicht nur die interessierte Öffentlichkeit, sondern auch Wissenschaftler ihre (wissenschaftliche) Umwelt präsentiert bekommen, um sich auch mit Hilfe der Mediendarstellung ein Urteil über Theorien und Kollegen/innen zu bilden. Welche Konsequenzen diese verstärkte Bedeutung der Medien hat, zeigt sich, wenn man das *alte* Belohnungssystem der Wissenschaft betrachtet. Auf den ersten Blick genügt es der Wissenschaft, wenn Wissenschaftler gute Ideen haben bzw. überzeugende Überzeugungen festigen oder stiften – und diese, professionseigenen Standards entsprechend, anderen zur Verfügung stellen. Der zweite Blick zeigt jedoch, dass ohne rechtes Motiv auch der Wissenschaftler nicht arbeitet. Weshalb sollte er gute Ideen haben? Die gängige Antwort auf diese Frage besteht (intern) in der Regel in dem Verweis auf eine inkorporierte und auf Dauer gestellte Neugier des Wissenschaftlers, welchen diesen von innen her unablässig nötigt, Neues in wissenschaftlich ver- und geordneten Bahnen zu produzieren.

Bekanntermaßen (wenn auch nicht immer in aller Deutlichkeit gesehen) gesellt diesem intrinsischen Beweggrund das wissenschaftsinterne Belohnungssystem einen weiteren (eher extrinsisch zu nennenden) Grund bei. Denn der, von dem *bekannt* ist, dass er gute Ideen hat, erlangt das Ansehen seiner Berufsgruppe (Reputation), aber auch vermehrt Drittmittel und gute Plätze auf Berufungslisten – und damit auch mehr Einkommen. Weil das so ist, haben Wissenschaftler ein großes Interesse daran, mit den bekannt machenden *Medien* ihrer Zeit möglichst viele der Akteure zu erreichen, die Ansehen verleihen, Drittmittel und Listenplätze vergeben, um diese davon zu überzeugen, dass sie nicht nur immer wieder neue, sondern auch *gute* Ideen haben, also in der Lage sind, Überzeugungen zu festigen oder zu stiften (vgl. auch Georg Franck 1998). Die (Produktions-) Logik hilft letztlich auch der Wissenschaft, weil wegen ihr viele Wissenschaftler bestrebt sind, neue und auch nach wissenschaftlichen Standards gute Ideen und Überzeugungen zu entwickeln.

Mit dem Aufkommen der *audiovisuellen* und *elektronischen Medien* (Radio, Fernsehen, Internet) haben sich die Möglichkeiten, aber auch die Notwendigkeiten der wissenschaftlichen Werbung in eigener Sache entscheidend geändert. Zwar ist das Buch als *Publikationsmedium* für neue Ideen und Überzeugungen (in den Geisteswissenshaften) auch heute noch das wissenschaftliche Medium erster Wahl, doch scheint sich langsam sowohl das Feld der relevanten Akteure als auch das *prominenzerzeugende* und möglicherweise auch *reputationsgebende* Medium gewandelt zu haben. Das Fernsehen und das Internet werden immer gewichtiger.

Prominenz ist das Eine, Reputation das Andere, an dem Wissenschaftler immer mehr interessiert sind. *Reputation* ist dabei immer noch ein wichtiges Mittel und zugleich Ausdruck der Positionierung im Feld der Wissenschaftler. Wer viel Reputation besitzt, ist im Feld meist weiter oben angesiedelt, wer wenig Reputation besitzt, der befindet sich eher unten. Wissenschaft betreiben heißt also auch (in Ergänzung des bereits Gesagten), sich an dem allgemeinen Kampf um Reputation zu beteiligen. Schlechte Zeiten also für die Unsichtbaren, die in Laboratorien oder stillen Zimmern viel forschen und denken, aber wenig von dem Gewonnenen nach außen tragen. Heute scheint der wissenschaftliche Erfolg auch davon abzuhängen, ob man Willens und in der Lage ist, sich für die relevanten Anderen gut sichtbar zu machen.

Reputation ist nun eine seltsame Eigenschaft von Wissenschaftlern: Man erwirbt sie nicht mit seiner Geburt, sondern sie muss erarbeitet werden; und das Ausmaß an Reputation, das einem zugesprochen wird, kennzeichnet einen Wissenschaftler in wesentlicher Hinsicht – für sein Feld. Reputation kann man nicht sein Eigen nennen, wie man andere Dinge sein Eigen nennen kann, und darüber nach Gutdünken verfügen, sondern man ‚besitzt' Reputation nur in den Augen der anderen Angehörigen des wissenschaftlichen Feldes. Reputation hat einer, *wenn* die anderen sie einem zuschreiben und *solange* sie es tun. Reputation kann man mehren, aber auch verlieren. Weil dies so ist, kann und muss der einzelne Wissenschaftler immer und immer wieder daran arbeiten, dass die relevanten Anderen ihm Reputation zuschreiben.

Reputation gilt innerhalb der Wissenschaft mittlerweile als das zentrale Qualitätsmerkmal von Wissenschaftlern. Reputation konstituierte bislang die soziale Ordnung im Feld der Wissenschaft, weil sie jedem seinen Platz zuwies. Das Verlangen nach Reputation treibt Wissenschaft hervor und treibt sie an. Hört Reputation auf, im Felde etwas zu zählen, dann hört Wissenschaft gewiss nicht auf, aber sie hat sich deutlich gewandelt. Dass Reputation durchaus nicht unproblematisch ist, darauf hat Weingart bereits 1970 zu Recht hingewiesen. Der ‚gute Ruf' eines Wissenschaftlers verhindere möglicherweise kollegiale Kritik, und auf diese Weise verlagere sich die Güte wissenschaftlicher Forschung tendenziell auf die Person des Wissenschaftlers (Weingart 1970: 577 ff.). Statt rücksichtsloser Kritik an der Forschungsarbeit steht im wissenschaftlichen Begutachtungsverfahren seitdem oft die Rücksicht vor der Reputation des Kollegen bzw. der Kollegin. Oder anders: Mit dem Aufstieg der ‚Reputation' im wissenschaftlichen Feld begann der Aufstieg der Personalisierung (eine Entwicklung im Übrigen, die zurzeit mit dem Bedeutsamwerden von ‚Prominenz' ihre Fortsetzung findet). Der Forscher selbst begann also zu zählen (und nicht ein Text, ein Werk, eine Entdeckung). Nunmehr wird das Systemgedächtnis „mehr über Namen als über Sachinhalte organisiert" (Luhmann 1992: 354).

Reputation wird nämlich dem Mitglied des Feldes zugeschrieben, von dem andere glauben, dass es in der Lage ist und auch weiterhin sein wird, überzeugende Sätze zu produzieren oder genauer: Überzeugungen zu schaffen – sei es dadurch, das man Bekanntes als weiterhin überzeugend deklarieren kann, sei es, dass man alte Überzeugungen durch neue, überzeugendere Überzeugungen zu ersetzen vermag.[81]

Überzeugungen zu festigen oder neue Überzeugungen zu schaffen, ist nun keinesfalls identisch mit der Fähigkeit, *wahre Aussagen* machen zu können (wie dies z.B. Weingart 2001: 234 meint). *Wahre Aussagen* machen zu können, also ein besonders guter Erkenner zu sein, adressiert nämlich eine erkenntnistheoretische Kompetenz. Überzeugungen zu festigen bzw. neu schaffen zu können, resultiert dagegen aus einer sozialen Kompetenz, die auch, aber nicht nur gute *Erkenntnisarbeit* meint. Für die Fähigkeit, Überzeugungen zu festigen oder neue zu schaffen, schadet es allerdings nicht, auch ein guter Erkenner zu sein, hinzukommen muss jedoch noch ein ordentliches Maß an sozialem Kapital und auch an Darstellungskompetenz.

Und da Reputation die Fähigkeit bezeichnet, Überzeugungen zu schaffen und zu bestätigen, insbesondere dann, wenn Probleme auf eine Lösung drängen, kurz: wenn es eine Krise im jeweiligen Fachgebiet gibt, hat Reputation auch etwas mit persönlichem *Charisma* zu tun. Reputation kann also auch als Gewichtsangabe verstanden werden, – sie sagt, welches Gewicht das Wort, die Schrift, die Intervention eines Wissenschaftlers in der Gemeinschaft hat: Und somit hat Reputation auch etwas mit dem Netzwerk zu tun, in das der Wissenschaftler eingebunden ist, mit seiner Macht also, andere Wissenschaftler zu fördern bzw. zu behindern.

Reputation und Prominenz werden in der Literatur oft entlang zweier Merkmalsausprägungen getrennt: Einmal entlang der sozialen *Gruppe*, die Aufmerksamkeit gibt, und zum anderen entlang des *Kriteriums* der Aufmerksamkeitszuwendung. Bei Reputation – so die übliche Grenzziehung – schenken Personen, die bereits über Beachtung verfügen, also Ansehen haben oder Respekt genießen, anderen für eine bestimmte Leistung Aufmerksamkeit (vgl. auch Wenzel 2000: 461). Bei Prominenz, der ungeliebten, weil für die kulturellen Eliten nicht standesgemäßen, kleineren Schwester der Reputation, gibt ein Massenpublikum, also Menschen ohne Ansehen und Beachtung, anderen Menschen seine Aufmerksamkeit, ohne dass auf den ersten Blick erkennbar ist, welche (beachtenswerte) Leistung eigentlich von ihnen erbracht wurde. Weil Prominente dazu in der Lage sind, erbringen sie zumindest für die Medien eine dort hoch gehandelte, nicht einfach zu erbringende Leistung: Nämlich die Fähigkeit, die Auf-

---

81   Die Fähigkeit eines Menschen, in einer bestimmten Zeit und für einen bestimmten Zeitraum Überzeugungen festigen und stiften zu können, sieht man ihm zu Beginn seiner Karriere erst einmal nicht an. Dies wandelt sich im Laufe des wissenschaftlichen Lebens merklich, nämlich dann, wenn der Wissenschaftler mit sehr viel Reputation irgendwann beginnt, die Reaktionen der anderen relevanten Kollegen in sein Auftreten aufzunehmen und sodann Schritt für Schritt habitualisiert. Hat er einmal die Reputation nach innen genommen, verkörpert er sie auch: Und dann sieht man ihm seine Reputation auch an.

merksamkeit sehr vieler auf sich zu ziehen – was sich in den Medien in Cent und Euro rechnet – treibt doch die registrierte Aufmerksamkeit (der Tausenderkontaktpreis) die Preise für die Werbung in die Höhe.

Obwohl diese Umgrenzung eindeutig zu sein scheint, sind dennoch Prominenz und Reputation nicht so leicht von einander zu unterscheiden. In erster Annäherung könnte man meinen, Reputation sei das, was einem die relevanten Anderen unter Zugrundelegung der Gruppenstandards zuweisen, und Prominenz sei das, was die Medien und hier insbesondere die Massenmedien und hier insbesondere das Fernsehen einem Akteur ebenfalls unter Zugrundelegung der eigenen Standards geben. Aber diese Trennung vermag auf den zweiten Blick nicht ganz zu überzeugen, denn immer öfter sind auch Nichtwissenschaftler (Politiker, Zuschauer, Betroffene etc.) für das Ansehen eines Wissenschaftlers verantwortlich, und immer mehr speist sich das Ansehen (und das Einkommen) eines Wissenschaftlers nicht nur aus der Anzahl der von ihm veröffentlichten Bücher und Artikel. Gerade auch Naturwissenschaftler, und hier gerne die Nobelpreisträger, werden als regelrechte Stars dargestellt und gefeiert – und sie scheinen auch gerne an diesem Bild mitzuarbeiten (vgl. Nelkin 1995: 14 ff., auch: Finetti & Himmelrath 1999: 170 ff.). So erzählten z.B. Jürgen Falter, Gertrud Höhler und Bassam Tibi bereitwillig der Zeit, „wie sie zu Medienprofis wurden" (Die Zeit 50/2001: 93).

Für die Berechnung dieses klassischen symbolischen Einkommens von Wissenschaftlern/innen, also der Reputation oder des Renommees, ist für die Naturwissenschaften zunehmend der internationale Scientific Citation Index (SCI) und für die Sozialwissenschaften der Social Science Citation Index (SSCI) maßgeblich. Vor allem, wenn in Berufungskommissionen oder in Senatssitzungen das ‚internationale Gewicht' oder die ‚Exzellenz' beurteilt werden soll, spielt der Citation Index eine immer wichtigere Rolle. Der Social Science Citation Index, der das Ergebnis der systematischen Auswertung von über 1.725 Journals aus 50 Disziplinen durch das amerikanische Institute for Scientific Information (ISI) ist, weist aus, wie oft die Arbeiten eines bestimmten Autors von wem in welchen Medien (mit welchem Impact-Faktor) zitiert wurden (vgl. Bammé 2004: 46 ff.).

Weil SCI und SSCI bei Berufungsverfahren so wichtig geworden sind (vor allem dann, wenn Fachfremde an dem Verfahren beteiligt sind), versuchen viele Wissenschaftler/innen, möglichst viel und möglichst oft in den ISI-gerankten Journals zu publizieren. Manches Forschungsergebnis wird zu diesem Zwecke aufgebauscht, manches gestückelt, vieles in Variationen angeboten (ausführlich dazu: Finetti & Himmelrath 1999: 159-165). Alfred Kieser, ein angesehener Organisationstheoretiker, sieht deswegen sogar die Profession in Gefahr: „Nicht mehr die Aufhellung ungeklärter Phänomene und erst recht nicht die Lösung praktischer Probleme ist das zentrale Anliegen, im Vordergrund steht vielmehr die Herstellung von Aufsätzen, deren Chancen, in Zeitschriften mit hohem *impact factor* veröffentlicht zu werden, sehr gut sind. Forschungseinrichtungen degenerieren zu Fabriken zur Produktion hoch standardisierter Aufsätze" (Kieser 2003: 31).

Aber auch die Berufsverbände der einzelnen Wissenschaftsdisziplinen möchten mitspielen und nehmen Einfluss darauf, dass die ihnen nahe stehenden nationalen Zeitschriften ebenfalls in das Ranking des ISI miteinbezogen werden. So nahm z.B. der Vorsitzende der Deutsche Gesellschaft für Publizistik und Kommunikationswissenschaft (DGPuK), Hans-Bernd Brosius, offensichtlich die Untersuchung *Lauf* (Lauf 2001) zum Anlass für einen offenen Brief an die Herausgeber der deutschen Zeitschriften ‚Publizistik' und ‚Medien und Kommunikationswissenschaft'. Da Lauf bei der Auswertung des SSCI festgestellt hatte, dass in der Kommunikationswissenschaft nur englischsprachige Journals von dem ISI berücksichtigt werden und dass (deshalb) nur 13 % aller Beiträge von wenigen deutschen Wissenschaftlern/innen stammen, forderte Brosius im Juli 2002 die Herausgeber dieser Zeitschriften ‚nachdrücklich' auf, „alles zu unternehmen, dass die Zeitschriften internationale Standards einführen und so in den Social Science Citation Index aufgenommen werden" (Brosius 2002).[82]

Übrigens (und das sei nur am Rande erwähnt) ist zu erwarten, dass die standardisierten Bewertungskriterien der ISI-gerankten Journals die (schon jetzt zu beobachtende) *Formatierung* der Beiträge für wissenschaftliche Zeitschriften weiter vorantreiben und beschleunigen wird. Alle Beiträge werden dann – in Erfüllung vermeintlich einheitlicher Standards – in ähnlicher Weise verfasst werden, was zur Folge hat, dass originelle und innovative Beiträge seltener eingereicht werden. Und selbst gering abweichende Beiträge werden weniger Chancen haben, die trotz aller Standardisierung oft völlig unberechenbaren Peer Reviews unbeschadet zu überstehen (aus der umfangreichen Literatur zu der ‚Qualität' der Peer Reviews siehe beispielhaft Fröhlich 2002). Und dies wird vor allem die etablierten Wissenschaftler dazu bewegen, ihre Forschungsergebnisse andernorts zu publizieren (vgl. Klüver 2003).

Manche Arbeiten werden nun (und das ist für den Erfolg wissenschaftlichen Publizierens von erheblicher Bedeutung) in der scientific community häufig zitiert, andere sehr selten und einige bzw. viele werden vollkommen von den Kollegen übersehen. Will man die Wahrnehmungsintensität der wissenschaftlichen Kollegen einschätzen, ist es auch hier recht hilfreich, zum Vergleich das Verhalten innerhalb der Gemeinde der Naturwissenschaftler zu betrachten. Wie uns der Anonymus Siegfried Bär (dem ersten Anschein nach ein erfolgreicher

---

82   Auch in der Betriebswirtschaft ist man mit dem SSCI nicht so recht zufrieden, wird dort nur eine deutsche BWL-Zeitschrift berücksichtigt. Also diskutiert man dort heftig andere Formen des Zeitschriftenrankings (vgl. Henning-Thurau, Walsh & Schrader 2003).

Naturwissenschaftler) berichtet, vereinigt in den Biowissenschaften ein gut zitiertes Papier innerhalb von mehreren Jahren zwischen 40 und achtzig Zitaten auf sich, klassische Texte werden oft Hunderte von Malen von den Kollegen erwähnt, manchmal geht die Menge der Zitate in die Zehntausende (vgl. Bär 1993: 31). Relativ selten, nämlich nur in 20 % der Fälle, kommt es nun innerhalb der biochemischen scientific community vor, dass bestimmte Aufsätze weder von Kollegen noch von den eigenen Autoren zitiert werden. Innerhalb der Sozial- und Politikwissenschaften ist der Prozentsatz der völlig übersehenen Beiträge erheblich höher: Glaubt man erneut dem anonymen Gewährsmann Bär aus den Naturwissenschaften, dann werden innerhalb der Sozialwissenschaften 75 % und innerhalb der Politikwissenschaften 90 % aller veröffentlichten Beiträge völlig ignoriert (vgl. Bär 2003: 33). Vielleicht werden diese Artikel dennoch gelesen (obwohl man auch daran zweifeln kann), aber niemand scheint sie auch für Wert zu halten, zitiert zu werden. Kurz: ¾ aller sozialwissenschaftlichen Artikel bringen den Autoren nicht die kleinste Einheit symbolischen Kapitals ein. Die Zeit, die sie in die Forschung und in die oft mühevolle Darstellungsarbeit investiert haben, scheint zumindest bis zu diesem Zeitpunkt verloren zu sein. Die Investition von Arbeit und Zeit hat sich also für den Wissenschaftler nicht gelohnt. Er konnte keine Aufmerksamkeit innerhalb der scientific community erreichen, sei es, weil die Ergebnisse zwar neu, aber nicht interessant, oder interessant, aber nicht neu waren. Oder aber man hat es durch den Darstellungsstil nicht geschafft, die Kollegen zum Weiterlesen zu bewegen und damit zu der Einsicht, dass durchaus auch interessantes Neues in der Forschung des Autors zu Tage gekommen ist. Alles in allem: Grund genug, sich darüber Gedanken zu machen, wie man durch ‚bessere' Publikationsstrategien mehr Gewinn erzielen kann.

Umso wichtiger ist dann oft (als Ausgleich oder Ersatz) die *Medienpräsenz* (Auftauchen des Wissenschaftlers) und *Medienresonanz* (Diskussion seiner Aussagen) in Presse und Fernsehen. Wer oft in den richtigen Medien (Wissenschaftsformate im Fernsehen, Spiegel, Zeit, FAZ etc.) und den *richtigen* Formaten erscheint, der erlangt nicht nur Medienprominenz, sondern diese kann durchaus eine Vermehrung der Reputation im wissenschaftlichen Feld zur Folge haben. Noch sehr viel mehr gilt das für den, der große Resonanz in den Medien findet, über dessen Überzeugungen in den richtigen Medien auf die *richtige* Art und Weise häufig berichtet wird. „Die Entwicklung in bestimmten Wissenschaftsfeldern allerdings hat in den letzten Jahren dazu geführt, dass hier der Kontakt mit Medien und der Öffentlichkeit sogar weit mehr als eine Reputationschance, nämlich ein konstitutives Element der Arbeit geworden ist" (Streier 2001: 58). Medienprominenz kann also durchaus in Reputationsgewinne umgemünzt werden – und das zunehmend leichter. Wer allerdings in den *falschen* Medien (Bunte, Talkshows, Persönlichkeitsmagazine etc.) auf *falsche* Weise prominent wird, der muss mit massiven Reputationsverlusten rechnen. Weil Medienprominenz also Folgen im wissenschaftlichen Feld zeitigen kann, ist die Mediennutzung durch Wissenschaftler ein riskantes Geschäft.

Deshalb ist es bereits zur Zeit, aber erst recht in Zukunft, für jeden Wissenschaftler mit Karriereambitionen wesentlich, wenn er nicht nur gute Überzeugungen produziert, sondern mit den neuen Medien dafür sorgt bzw. sorgen kann, dass möglichst alle relevanten Akteure von den guten Überzeugungen bzw. von der Brillanz ihres Schöpfers erfahren. Deshalb sollte der Wissenschaftler der heutigen Tage mit den neuen Medien umgehen lernen, will er sich denn ihrer zielgerichtet bedienen.

1.8 Das allmähliche Umstellen von wissenschaftlicher Methode auf Charisma und Populismus (zumindest in den sich immer internationaler gebenden Sozialwissenschaften)

Aber nicht nur die Medien interessieren sich für schnelle, kurze, neue Deutungen dieser Welt. Vor allem die Wirtschaft, die Politik und die interessierte Öffentlichkeit suchen nach eingängigen, klar formulierten und Orientierung bietenden Deutungen der Welt, nach den sozialwissenschaftlich fundierten Befunden zum Zustand der Gesellschaft im Speziellen und der Welt im Allgemeinen, nach dem Neuen im Alten und nach dem Alten im Neuen.

Wissenschaftler/innen äußern sich immer öfter in Ausübung ihres Berufs und mit der Autorität der Wissenschaft zu dem allgemeinen Zustand der Gesellschaft als Ganzes, deuten Einzelphänomene als Zeichen der Zeit und wagen sogar gelegentlich einen Blick in die Zukunft der Gesellschaft. Und: Sie geben aufgrund ihrer Zeitdiagnose sogar gelegentlich Ratschläge an Politik, Unternehmen und Bürger oder erheben mahnend ihre Stimme. „Zeitdiagnosen streben über den Bereich wissenschaftlicher Zirkel hinaus, und die meisten von ihnen lösen damit jene Forderung ein, die in zunehmendem Maße an die Wissenschaft insgesamt gerichtet wird: sie habe sich selbst attraktiv darzustellen. Sie habe ihre Erkenntnisse der wissenschaftsfinanzierenden Öffentlichkeit zu ‚verkaufen‘. Zeitdiagnosen richten sich in der Tat meist an eine breitere Öffentlichkeit, nicht nur an die peer groups aus der wissenschaftlich Disziplin, und ihr Erfolg auf dem Publikationsmarkt ist nicht zuletzt auf ihre Verständlichkeit zurückzuführen. Sie sind lesbar. Ihre Autoren sind üblicherweise sprachgewaltig. Sie bringen die Dinge auf den Punkt. Sie verirren sich nicht in einem semantischen Dschungel, durch den kein Sonnenlicht mehr dringt" (Prisching 2003a: 18). Autoren/innen von Zeitdiagnosen sprechen viel und gern in den Medien; und was sie dort äußern, zeichnet sich oft durch empirische Enthaltsamkeit aus, die oft mit persönlicher Selbstauratisierung verbunden wird.

Diese Art sozialwissenschaftlicher Arbeit (und auch ihr Darstellungsstil) haben sich in den letzten Jahren als so erfolgreich erwiesen, dass es mittlerweile eine wahre Flut von Zeitbefunden gibt. Wohl deshalb gibt es mittlerweile in der Welt schon so viele Zeitdiagnosen, dass Bücher und Artikel auf dem Markt sehr erfolgreich sind, die leicht verständliche Sammlungen solcher Zeitbefunde bieten und versuchen, Ordnung in deren Dickicht zu bringen (Ederer & Prisching 2003, Pongs 1999 und 2000, Prisching 2003a und 2003b, Lange 2002). Pointiert formuliert: Ein Zeichen unserer Zeit ist, dass es die Zeit der Zeitdiagnosen ist. Weshalb das so ist, dürfte eine soziologisch nicht uninteressante Frage sein, mit der ich mich allerdings hier nicht auseinandersetzen werde.

Aber was hier speziell nur für Zeitdiagnosen gesagt wurde, kann (wenn auch mit Abstrichen) auch in anderen Bereichen der Sozialwissenschaft angetroffen werden. So haben selbst auf innerwissenschaftlichen Fachtagungen z.B. allgemeine Methodendebatten an Bedeutung verloren (um es einmal vorsichtig zu sagen). Beiträge über methodische Probleme werden selten nachgefragt, wohl auch, weil immer weniger Fachkollegen dazu neigen, nach den Methoden zu fragen – lösen sie doch damit möglicherweise eine dieser wenig gewinnbringenden und schon so oft erlebten Schulendiskussionen aus. Legten noch vor etwa einem Jahrzehnt sozialwissenschaftliche Forscher schwer lesbare Transkriptionen vor und zwangen so die Zuhörer dazu, ihre Interpretation Schritt für Schritt zu überprüfen, so löst ein solches Unterfangen mittlerweile Desinteresse bis Vermeidung aus. Honoriert werden zunehmend exotische Themen, verblüffende Erkenntnisse und ein (auch ästhetisch) ansprechender Stil und: *Persönlichkeit* und *Ausstrahlung*. Honoriert vom großen Publikum (und auf dieses schauen immer mehr) werden weniger die Vorträge, welche eine Askese des aufmerksamen Zuhörens erforderlich machen, sondern solche, welche es ermöglichen, den Ausführungen gerne zu folgen – und da liegen z.B. Geltungsdebatten weit hinten.[83] Stattdessen gilt die Devise: Lieber einen (teuren) Prominenten als einen (kostengünstigen) Unbekannten als Vortragenden und lieber einen Vortrag in

---

83   Dies gilt durchaus nicht nur für die Sozialwissenschaften. Für die Literaturwissenschaft hat Schulz-Buschhaus den Druck zur Dramatisierung und Theatralisierung wissenschaftlicher Publikationen in folgende Worte gefasst: „Je mehr den Literaturwissenschaftlern bewusst wird, sich auf einem Markt statt vor den Ansprüchen eines disziplinären Kanons behaupten zu müssen, um so mehr dringt auch die Reklame in ihre Schriften und Auftritte ein. (...) Zu den Attitüden, die eine solche Einstellung manifestieren, gehören auf einer grundsätzlichen Ebene der imponierende Gestus von ‚apodiktischen statements' und die Tendenz zur ‚Verallgemeinerung' eines jeden, auch des partikularen Befundes" (Schulz-Buschhaus 1996: 327 f.). Weitere Mittel sind: Übertreibung, überoptimale Attrappen, catch-words und Erzeugung von Neuartigkeitsfiktionen (vgl. ebenda und auch Hahn 2001: 43).

schönen, denn in sperrigen Worten. Denn wo die Prominenz ist, da ist die Aufmerksamkeit vieler und da sind meist auch die Medien. Wohl auch deshalb wurde der Schriftsteller Günther Grass als Hauptredner zur Eröffnung des Soziologiekongresses 2004 angefragt.

Dass Methoden- und Methodologiedebatten und langwierige theoretische Begründungen heute im wissenschaftlichen Diskurs selbst auf Tagungen eher selten anzutreffen sind, hat seine Ursache nicht nur darin, dass solche Debatten spröde und sperrig und wenig unterhaltend sind und deshalb nur wenige Interessierte finden, sondern vor allem darin, dass Wissenschaftler zwar immer noch für die Kollegen, aber zunehmend auch für andere Publika schreiben. Innerwissenschaftliche Hermetik, Askese und Exklusivität sind immer weniger Orientierungsstandards wissenschaftlichen Arbeitens und Darstellens, sondern stattdessen punkten leichte Zugänglichkeit, ansprechender Stil und Relevanz. Dieser neue wissenschaftliche Stil, der nicht mehr die Unterwerfung des Lesers unter den Text und seinen Autor fordert, kommuniziert in seinem Werben um den Leser unüberhörbar (und das ist der entscheidende Punkt), dass er den Leser und seine Relevanzen ernst nimmt. Diese *Aufwertung des Lesers* ist m.E. der Entwicklung geschuldet, dass Wissenschaftler sich zunehmend (und völlig zu Recht) der Gesellschaft zuwenden (müssen), für die und in deren Auftrag sie arbeiten. Mit diesem neuen Verhältnis von Öffentlichkeit und Wissenschaft ist allerdings auch ein relativer Niedergang der Wissenschaft und der wissenschaftlichen Eliten verbunden bzw. dieses neue Verhältnis ist Ausdruck eben diesen Niedergangs (vgl. auch Notwotny 1996: 376).

1.9 Vom Monotheismus zum Polytheismus?

Weil es also in Zukunft für jeden Wissenschaftler mit Karriereambitionen wesentlich sein wird, nicht nur gute Überzeugungen zu produzieren, sondern mit den neuen Medien dafür zu sorgen, dass möglichst alle relevanten Akteure von den guten Überzeugungen bzw. von der Brillanz ihres Schöpfers erfahren, wird er genötigt sein, sich zu einem strategischen Darstellungsarbeiter in eigener Sache auszubilden, und diese Arbeit wird immer mehr Bedeutung gewinnen. Deshalb werden sie Verfahren und Standards entwickeln, mit dieser Dauerbeobachtung umzugehen.

Wissenschaftler haben (wie uns z. B. Goffman 1983 gelehrt hat) wie die Menschen im normalen Alltag, also zuhause, auf der Straße und im Beruf, unentwegt Darstellungsarbeit zu leisten: also *face-work* und *impression management*. Denn ein Jenseits der Darstellung gibt es in einem sozialen Feld nicht. Das ist jedoch nicht das Neue. Neu sind das *Ausmaß* und die *Qualität*, also die Komplexität und die Bedeutung der Darstellungsarbeit. Deshalb werden auch immer mehr Wissenschaftler/innen (viele tun es heute schon mit großem Erfolg, aber das ist noch die Minderheit) immer öfter auf der Straße und im Beruf, auf Kongressen und Arbeitssitzungen aller Art und in aller Art Medien- und Öffentlichkeitsarbeit betreiben müssen – die einen mehr, die anderen weniger, die einen eher urwüchsig, die anderen in Kenntnis der Logik der öffentlichen Darstellung in den Medien. Und da die Wissenschaft sich bisher als ein Geschäftsbereich erwiesen hat, der rationalitätssteigernd angelegt ist, steht zu erwarten, dass die Wissenschaftler ähnlich schnell wie die Politiker zuvor den Umgang mit den Medien lernen und auch in ihrem Interesse optimieren lernen.

Das wissen auch schon private Agenturen, die Wissenschaftlern mit folgenden Worten ihre Dienste anbieten: „Forschen alleine reicht heute nicht aus. Wenn man durch öffentliche Gelder finanziert wird, dann hat die Öffentlichkeit auch ein Recht darauf zu erfahren, was mit ihrem Geld gemacht wird. Doch das ist nicht der einzige Grund, der die Presse- und Öffentlichkeitsarbeit eines Instituts so wichtig macht. Das Sich-Darstellen vor dem Publikum ,da draußen' birgt auch Chancen, die nicht ungenutzt bleiben sollten."

Diese Kompetenz, die bislang innerhalb der Wissenschaft als eher überflüssig und ehrenrührig galt, wird bei dem *Kampf um Anerkennung* in Zukunft eine Schlüsselstellung einnehmen – also die Kompetenz, dafür zu sorgen, dass möglichst viele davon erfahren, dass man viel Gutes getan hat. Da auch in der Wissenschaft eine *Ausweitung der Kampfzone* (Houellebecq – um einen weiteren Buchtitel zu verwenden) zu verzeichnen ist, wird es immer wichtiger werden, die Informationen über die eigene Arbeit und ihre Ergebnisse gezielt zu verteilen, oder anders: Es wird immer mehr darauf ankommen, die Kontrolle über die Informationen zu behalten bzw. nur solche Informationen in Umlauf zu bringen, die den eigenen positiven Ruf festigen bzw. mehren.

Das Fachgebiet, das für eine systematische Informationskontrolle zuständig ist, heißt Public Relations; und die Fachleute, die dafür sorgen sollen, dass bestimmte Personen oder Institutionen in ein gutes oder besseres Licht gerückt werden, werden seit etwa Mitte der 90er Jahre Spin Doctors genannt. Der Begriff, aufgekommen 1984 während des amerikanischen Wahlkampfes, kam anfangs in einer Aura des Geheimnisvollen und Allmächtigen daher (vgl. Simon 2002). Mittlerweile weist er jedoch eine eindeutig negative Konnotation auf (was in Maßen Tony Blair und sein Spin Doctor Alistair Campbell zu verantworten haben), setzt er sich doch aus zwei Bedeutungseinheiten zusammen, die (nicht nur) im Rahmen der Wissenschaft eher wenig schmeichelhaft sind: So taucht *to spin* z.B. in der Redewendung *to spin a yarn* auf und bedeutet dann Seemannsgarn spinnen. Noch ärger steht es mit dem *doctor. To doctor something* bedeutet nämlich *etwas schönfärben* oder *etwas manipulieren* oder noch schlimmer: *eine Bilanz fälschen* (vgl. Mavridis 1999: 11, auch Esser 2000 und Kocks 2001).

In der PR-Fachliteratur sieht man die Arbeit der Spin Doctors dagegen nicht zutreffend durch die Formulierung charakterisiert, dass möglichst geschickt gelogen und getäuscht wird. Stattdessen sieht man die genuine Aufgabe des Spin Doctors darin, Informationen über Personen und Institutionen so aufzubereiten und zu verbreiten, dass sie das Ansehen dieser Personen und Institutionen mehren. Kurz: Der Spin Doctor soll Kommunikationsstrategien entwickeln und umsetzen, welche in der Lage sind, die jeweils angesprochenen Öffentlichkeiten bzw. Adressaten zugunsten seines Auftraggebers mit dem Ziel einzunehmen, von der Öffentlichkeit bzw. dem Adressaten erhöhte Aufmerksamkeit, Anerkennung, Zustimmung und letztlich auch Ressourcen zu erhalten.

Nimmt man diese Begriffsumgrenzung ernst und beim Wort, dann waren Wissenschaftler schon immer auch Spin Doctors in eigener Sache – manche gute und manche schlechte. Was die Situation maßgeblich verändert hat, ist also nicht der Umstand, dass Wissenschaftler strategische PR betreiben. Was die Sache komplizierter macht und die Aufgabe völlig verändert, ist der Sachverhalt, dass Wissenschaftler, wollen sie heute Aufmerksamkeit, Anerkennung, Zustimmung und letztlich auch Ressourcen erhalten, (a) mit sehr viel mehr Öffentlichkeiten, (b) in den Medien und (c) strategisch kommunizieren müssen. Genügte es noch vor zwei Jahrzehnten, vor allem und fast ausschließlich die Fachkollegen im In- und Ausland von der eigenen Bedeutung zu überzeugen, so ist man zunehmend dazu genötigt, auch die Wirtschaft, die Politik, die Bürger, die Kollegen im Hause und die eigene Hochschulleitung, die Studenten/innen sowie deren Eltern und natürlich auch die Medien glauben zu lassen, man sei es wert, viel Aufmerksamkeit, Anerkennung und natürlich auch Drittmittel zu erhalten.

Allerdings ist für die Aufmerksamkeit (in den Medien) auch ein Preis zu zahlen. Denn wer in den Medien seine Kompetenz zeigen oder dort gar Prominenz erwerben will, muss dies nach den Regeln und den Geboten der Medien tun (vgl. auch Schmidt 2000: 261 ff.). Und da die wesentlichen Leitmedien dieser Zeit nur das erfassen und übermitteln können, was zu *sehen*, zu *hören* und zu *beschreiben* ist, wird Kompetenz schnell zu dem, was von *Medienkäufern* gesehen, gehört und gelesen werden kann. In den Medien übermittelte wissenschaftliche Kompetenz muss am Äußeren erkennbar sein bzw. sichtbar gemacht werden. Das Ergebnis wissenschaftlichen Arbeitens und der Auftritt von Wissenschaftlern sollen vor allem „*flashy*" sein. Denn es „gilt zuallererst, flanierende Aufmerksamkeit zu fesseln: Passanten zum Stehenbleiben zu veranlassen" (Prisching 2003a: 20).

Dann muss der Auftritt so gestaltet sein, dass man davon Bilder zeigen und darüber Geschichten erzählen kann. Für lange Texte oder mathematische Formeln haben die Medien in der Regel kein Organ. Kompetenz muss in den Medien zur Erscheinung gebracht werden – sie muss dargestellt, also für die Zuschauer aufgeführt werden. Eine glaubhafte Darstellung gelingt jedoch nur mit Hilfe bestimmter typischer Zeichen und bestimmter Formen: Dazu gehören Körperausdruck, Gestik, Mimik und Stimmführung genauso wie die Gestaltung von Kleidung und Körper und spezifische Handlungen und Praktiken. Medien promoten ohne Zweifel theatrale Kompetenz – einfach deshalb, weil sie zu den Medien passt.

Einen deutlichen Zuwachs an Komplexität erhält dieser Prozess noch dadurch, dass nicht nur die Wissenschaftler auf diese (in ihren Interessen sehr unterschiedlichen) Bezugsgruppen aktiv zugehen (müssen), sondern dass diese Gruppen, allen voran die Medien, die Politik und die Wirtschaft ihrerseits die Wissenschaftler vor dem Hintergrund der eigenen Relevanzen beobachten und manchmal auch ausspähen: Wer liefert mit seinen Forschungen Stoff, der sich mittels Massenmedien gut vermarkten lässt? Wer vergeudet Steuergelder, wer betreibt nützliche Grundlagenforschung, wo lässt sich etwas einsparen und wo sollte man investieren? Wer ist ein guter Lehrer und wo ist das Studium effektiv? Gegen diese und eine Fülle weiterer Frage können sich Wissenschaftler immer weniger abschotten – auch wenn sie es wollen.

Folgt man dieser Einschätzung der Lage, dann ist jeder Wissenschaftler bzw. jede Wissenschaftlerin gefordert, darüber nachzudenken, wie man dieser Entwicklung begegnen kann oder wie man sie nutzen will, ob man sich gegen sie stemmen oder sich von ihr tragen lassen will (anregend für ein solches Rethinking von Wissenschaft: Nowotny, Scott & Gibbons 2001 und Rößler 2002). Aber wie auch immer die Entscheidung ausfällt, in jedem Fall ist es auch für Wissenschaftler nützlich zu wissen, über welches Medienwissen und welche Fertigkeiten und Fähigkeiten man als Spin Doctor in eigener Sache verfügen muss und auf welche Schwierigkeiten der Wissenschaftler bei seinem Bemühen Ziel gerichteter Medienarbeit stößt. So mussten bereits die Politiker in einem langen und mühseligen Interaktionsprozess lernen, dass die Medien sich (wegen ihrer Eigenlogik und der spezifischen sozialen Verfasstheit) weder beliebig noch kostenfrei benutzen lassen, sondern nur den wiederholt auftreten lassen, der sich der Logik der Medien unterwirft bzw. diese bedient. Wissenschaftler, die sich auf die neuen Medien einlassen, sie also in ihre Arbeit einbeziehen, müssen deshalb über besondere Bereitschaften und Kompetenzen verfügen, wollen sie nicht nur *einmal* in den Medien auftauchen, sondern in ihnen verbleiben.

Und natürlich werden Wissenschafts- und Wissenssoziologen beobachten und auch ausspähen müssen, was es mittel- und langfristig für die Leistung und Leistungsfähigkeit der Wissenschaft, der Universitäten und der Wissenschaftler/innen bedeutet, wenn die (neuen) Medien und die alte Ökonomie bei dem

Kampf um Reputation und die Ressourcen eine so gewichtige Rolle spielen. Und sie werden untersuchen müssen, welche Konsequenzen der zunehmende Einfluss nichtwissenschaftlicher Akteure mit unterschiedlichen Interessen für das wissenschaftliche Feld hat – für ein Handlungsfeld also, das bislang auf die Entwicklung, Bewertung und Verbreitung neuer Ideen allein nach professions*eigenen* Standards spezialisiert war und dessen zentrale und einzige Bezugsgröße der Erkenntnisforschritt, also letztlich der Zuwachs an ‚Wahrheit' darstellte. Dass eine solche Orientierung an der Erkenntnis allein nicht die ganze Wahrheit war, das wusste man in der scientific community durchaus schon einige Zeit. Es war bekannt, dass bei der täglichen Arbeit neben dem offiziellen Wahrheitscode auch andere Werte eine Rolle spielten. Doch alle diese anderen Werte und Orientierungen waren nicht gesellschaftsfähig, sie mussten auf der Hinterbühne aufgeführt werden, und man bestand füreinander vehement darauf, „dass das, was dort geschieht, sich stets in das auf der Vorderbühne gespielte Stück einfügen muß" (Schimank 1995: 49). Auch dies scheint sich geändert zu haben.

Vieles scheint mir schon jetzt für den Befund zu sprechen, dass innerhalb des wissenschaftlichen Feldes der von Max Weber festgestellte, aber auch geforderte Monotheismus, nämlich nur dem Gott *Klarheit* verpflichtet zu sein (vgl. Weber 1973: 608), von einem Polytheismus mit einer Zentralgottheit abgelöst wurde (oder doch bald werden wird). Neben dem alten Gott ‚Wahrheit', vor dem sich jeder Wissenschaftler und jede Wissenschaftlerin zu verneigen hatte, und dessen Gebot allein die Auswahl des Forschungsgegenstandes, die Legitimation der Methoden und die Form der Darstellung rechtfertigte, haben sich andere Gottheiten (aus anderen Feldern) gesellt, die (wie einst im Olymp) in wechselnden Koalitionen auch gegen den Zentralgott antreten können und dabei mal gewinnen und ein anderes Mal den Kürzeren ziehen. Fast uneingeschränkt herrscht die Orientierung an der Wahrheit anscheinend nur noch dort, wo es um die öffentliche *Legitimation* von Forschung geht. Ökonomische Erwägungen (was ist gerade förderwürdig, was bringt Gewinn?) spielen jedoch seit einiger Zeit bei der *Auswahl des Untersuchungsgegenstandes* eine nicht zu unterschätzende Rolle, und die *Logik der wirkungsvollen Präsentation* greift immer öfter dann, wenn die neuen Medien bedient werden sollen.

Diese Entwicklung wird auch Auswirkungen auf den personalen Typus von Wissenschaftlern/innen haben – zugespitzt: Es wird abzuwarten sein, ob man die Gelehrten alten Stils, von denen Dahrendorf noch voller Bewunderung spricht, auch in Zukunft in den Universitäten antreffen wird oder ob nur noch die dort ihrem Beruf nachgehen, die dem Rat des DFG-Präsidenten Winnacker gefolgt sind und immer wieder laut gesagt haben, dass sie besser sind als andere.

Literatur

Bär, Siegfried (1993): Forschen auf Deutsch: der Machiavelli für Forscher und solche, die es noch werden wollen. Frankfurt a.m.: Harri Deutsch Verlag.

Bammé, Arno (2004): Science Wars. Von der akademischen zur postakademischen Wissenschaft. Frankfurt a.m.: Campus Verlag.

Beckert, Jens & Rössel, Jörg (2004): Kunst und Preise. Reputation als Mechanismus der Reduktion von Ungewissheit am Kunstmarkt. In: Kölner Zeitschrift für Soziologie und Sozialpsychologie 1: 32-50.

Blumenberg, Hans (1977): Der Prozeß der theoretischen Neugierde. Frankfurt a.m.: Suhrkamp.

Bonß, Wolfgang & Hartmann, Heinz (Hrsg.) (1985): Entzauberte Wissenschaft. Göttingen: Otto Schwartz.

Bourdieu, Pierre (1975): The specificity of a scientific field and the social conditions of the progress of reason. In: Social Science Information 14 (6): 19-47.

Bourdieu, Pierre (1988): Homo Academicus. Frankfurt a.m.: Suhrkamp.

Bourdieu, Pierre (1992): Rede und Antwort. Frankfurt a.m.: Suhrkamp.

Bourdieu, Pierre (1997): Vom Gebrauch der Wissenschaft. Konstanz: UVK.

Bourdieu, Pierre (1998): Über das Fernsehen. Frankfurt a.m.: Suhrkamp.

Brosius, Hans-Bernd (2002): Offener Brief an die Herausgeber vom 17.07.2002. München.

Burkart, Günter (2002): Die Faszination der Popsoziologie. In: Soziologie 3: 47-52.

Campbell, Donald (1985): Das Sozialsystem der Wissenschaft als Stammesorganisation. S. 257-274 in: Bonß, Wolfgang & Hartmann, Heinz (Hrsg.): Entzauberte Wissenschaft. Göttingen: Otto Schwartz.

Dahrendorf, Ralf (2002): Über Grenzen. München: Beck.

Ederer, Othmar & Prisching, Manfred (Hrsg.) (2003): Die unsichere Gesellschaft. Graz: Arbeitsgemeinschaft für Wirtschafts- und Sozialgeschichte.

Esser, Frank (2000): Spin doctoring. In: Forschungsjournal Neue Soziale Bewegungen 3: 17-24.

Finetti, Marco & Himmelrath, Armin (1999): Der Sündenfall. Stuttgart: Raabe.

Foucault, Michel (1977): Die Ordnung des Diskurses. München: Carl Hanser.

Franck, Georg (1998): Ökonomie der Aufmerksamkeit. München: Carl Hanser.

Gaus, Olaf & Wildt, Johannes (2001): In populären Medien kommunizieren. Über ein erweitertes Berufsbild von Wissenschaftlern. S. 13.46 in: Wildt, Johannes & Gaus, Olaf (Hrsg.): Journalistisches Schreiben für Wissenschaftler. Neuwied: Luchterhand.

Gerhards, Jürgen (2002): Reputation in der deutschen Soziologie – zwei getrennte Welten. In: Soziologie 2: 19-33.

Goede, Wolfgang (2003): Fachjournalismus von den Menschen, mit dem Menschen und für die Menschen. In: Fachjournalismus 3 (7): 3-6.

Goffman, Erving (1983): Wir alle spielen Theater. München: Piper.

Goodell, Rae (1977): The Visible Scientist. Boston: Brown and Company.

Hall, George M. (Hrsg.) (1998): Publish or Perish. Wie man einen wissenschaftlichen Beitrag schreibt, ohne die Leser zu langweilen oder die Daten zu verfälschen. Bern: Huber.

Henning-Thurau, Thorsten, Walsh, Gianfranco & Schrader, Ulf (2003): VHB-Jourqual: Ein Ranking von betriebswirtschaftlichen Zeitschriften auf der Grundlage von Expertenurteilen. MS. Weimar.

Hickethier, Knut & Bleicher, Joan Kristin (Hrsg.) (2002): Aufmerksamkeit, Medien und Ökonomie. Münster: Lit Verlag.

Honneth, Axel (1992): Kampf um Anerkennung. Frankfurt a.M.: Suhrkamp

Hornke, Lutz (1997): Personalprofil Professor. S. 111-124 in: Hoebink, Hein (Hrsg.): Perspektiven für die Universität 2000. Neuwied: Luchterhand.

Houellebecq, Michel (2000): Ausweitung der Kampfzone. Reinbek: Rowohlt.

Kieser, Alfred (2003): Forschung vom Fließband. In: Die Zeit 30: S. 31.

Kocks, Klaus (2001): Was oder worüber spricht der Spin Doctor? S. 137-148 in: ders.: Glanz und Elend der PR. Opladen: Westdeutscher Verlag.

Kohli, Martin (1981): „Von uns selber schweigen wir." Wissenschaftsgeschichte aus Lebensgeschichten. S. 428-465 in: Lepenies, Wolf (Hrsg.): Geschichte der Soziologie. Bd. 1. Frankfurt a.M.: Suhrkamp.

Klüver, Jürgen (2003): Gutachter hier, Gutachter da. In: Soziologie 1: 112-117.

Lange, Stefan (2002): Diagnosen der Entstaatlichung. In: Leviathan 4: 455-481.

Langewiesche, Dieter (2003): Lehren muss sich wieder lohnen. In: Die Zeit 32: 24.

Lau, Christoph & Beck, Ulrich (1998): Definitionsmacht und Grenzen angewandter Sozialwissenschaft. Opladen: Westdeutscher Verlag.

Lauf, Edmund (2001): „Publish or Perish?" Deutsche Kommunikationsforschung in internationalen Fachzeitschriften In: Publizistik 4: 369-382.

Lepenies, Wolf (1978): Der Wissenschaftler als Autor. In: Akzente 2: 129-147.

Loer, Thomas (2003): Zur Möglichkeit einer soziologischen Publikumszeitschrift. In: Soziologie 1: 106-110.

Lüders, Christian (2004): Qualitative Daten als Grundlage der Politikberatung. MS. München.

Luhmann, Niklas (1992): Die Wissenschaft der Gesellschaft. Frankfurt a.M.: Suhrkamp.

Marquard, Odo (1995): Neugier als Wissenschaftsantrieb oder die Entlastung von der Unfehlbarkeitspflicht. S. 75-91 in: ders. (Hrsg.): Glück im Unglück. München: Fink.

Mavridis, Thomas (1999): Spin Doctor: PR-Wort des Jahres 1998? In: PR-Forum 5 (1): 10-11.

Merton, Robert (1985): Entwicklung und Wandel von Forschungsinteressen. Aufsätze zur Wissenschaftssoziologie. Frankfurt a.M.: Suhrkamp.

Meutsch, Dietrich et al. (1990): Informieren mit Fernsehen. Arbeitshefte Bildschirmmedien. Nr. 5 DFG-Sonderforschungsbereich 240. Siegen.

Meyer, Hans Joachim (2002): Humboldt, Pisa und was nun ...? S. 79-87 in: Gauger, Jörg-Dieter (Hrsg.): Bildung, Kultur, Wissenschaft. St. Augustin: Konrad Adenauer Stiftung.

Mittelstraß, Jürgen (1997): Universität und Effizienz? S. 47-62 in: Hoebink, Hein (Hrsg.): Perspektiven für die Universität 2000. Neuwied: Luchterhand.

Nelkin, Dorothy (1995): Selling Science. How the Press covers Science and Technology. New York: WH Freeman and Company.

Nowotny, Helga (1996): Zur gegenwärtigen Umstrukturierung des Wissenschaftssystems: Mögliche Beiträge der Wissenschaftsforschung. S. 359-380 in: Honneger, Claudia et al. (Hrsg.): Gesellschaften im Umbau. Bern: Seismo.

Nowotny, Helga, Scott, Peter & Gibbons, Michael (2002): Re-Thinking Science. Cambridge: Polity Press.

Oevermann, Ulrich (1995): Der Strukturwandel der Öffentlichkeit durch die Selbstinszenierungslogik des Fernsehens. MS. Frankfurt a.M.Pongs, Armin (1999): In welcher Gesellschaft leben wir eigentlich? Bd. 1. München: Dilemma.

Pongs, Armin (2000): In welcher Gesellschaft leben wir eigentlich? Bd. 2. München: Dilemma.

Prisching, Manfred (2003a): Die Etikettengesellschaft. S. 13-32 in: Prisching, Manfred (Hrsg.): Modelle der Gegenwartsgesellschaft. Wien: Passagen Verlag.

Prisching, Manfred (2003b): Zeitdiagnostik als humanwissenschaftliche Aufgabe. S. 153-195 in: ders. (Hrsg.): Modelle der Gegenwartsgesellschaft. Wien: Passagen Verlag.

Reichertz, Jo (1991): Der Hermeneut als Autor – Das Problem der Darstellbarkeit hermeneutischer Fallrekonstruktionen. In: Österreichische Zeitschrift für Soziologie 4: 3-16.

Reichertz, Jo (1992): Beschreiben oder Zeigen. Über das Verfassen ethnographischer Berichte. In: Soziale Welt 3: 331-350.

Reichertz, Jo (2000): Zur Gültigkeit qualitativer Sozialforschung. In: Forum Qualitative Sozialforschung 1 (2). Online Journal. http://qualitative-research.net/fqs/fqs-d/2-00inhalt.htm.

Reichertz, Jo (2003): Erfolgreich Sozialwissenschaft betreiben. S. 355-370 in: Hitzler, Ronald & Pfadenhauer, Michaela (Hrsg.): Karrierepolitik. Opladen: Leske + Budrich.

Reichertz, Jo (2004): An die Spitze. Neue Mikropolitiken der universitären Karriereplanung von Sozialwissenschaftlern/innen. http://www.qualitative-research.net/fqs-texte/2-04/2-04reichertz-d.htm.

Rößler, Ernst (2002): Das Ende der letzten Großen Erzählung. S. 93-106 in: Fischbeck, Hans-Jürgen & Schmidt, Jan C. (Hrsg.): Wertorientierte Wissenschaft. Berlin: edition sigma.

Ruhrmann, Georg (1997): Wissenschaft, Medien und öffentliche Meinung. S. 145-158 in: Hoebink, Hein (Hrsg.): Perspektiven für die Universität 2000. Neuwied: Luchterhand.

Schimank, Uwe (1995): Für eine Erneuerung der institutionellen Wissenschaftssoziologie. In: Zeitschrift für Soziologie 1: 42-57.

Schmidt, Siegfried J. (2000): Kalte Faszination. Medien, Kultur, Wissenschaft in der Mediengesellschaft. Weilerswist: Velbrück Wissenschaft Verlag.

Schulz-Buschhaus, Ulrich (1996): Die problematische Internationalität der Literaturwissenschaft. In: Sprachkunst 27: 315-334.

Simon, Jenny (2002): Und ewig lockt der Spin Doctor. In: vorgänge 2: 48-54.

Spiewak, Martin (2003): Humboldts Totengräber. In: Die Zeit 19: 1.

Spiewak, Martin & Schnabel, Ulrich (2003): „Wer hat, dem wird gegeben". Interview mit Ernst-Ludwig Winnacker. In: Die Zeit 28: 25.

Stolzenberg, Gabriel (2001): Reading and relativism. An introduction to the science wars. S. 33-65 in: Ashman, Keith M. & Baringer, Philip S. (Hrsg.): After the Science Wars. London/New York: Routledge.

Streier, Eva-Maria, (2001): Reputationsrisiko und -chance der Präsentation wissenschaftlichen Wissens in populären Medien. S. 56-62 in: Wildt, Johannes & Gaus, Olaf (Hrsg.): Journalistisches Schreiben für Wissenschaftler. Neuwied: Luchterhand.

Weber, Max (1973): Wissenschaft als Beruf. S. 582-613 in: ders.: Gesammelte Aufsätze zur Wissenschaftslehre. Tübingen: Mohr.

Weingart, Peter (1970): Selbststeuerung der Wissenschaft und stattliche Wissenschaftspolitik. In: Kölner Zeitschrift für Soziologie und Sozialpsychologie 3: 567-591.

Weingart, Peter (Hrsg.) (1974): Wissenschaftssoziologie. 2 Bde. Frankfurt a.M.: Suhrkamp.

Weingart, Peter (1976): Wissensproduktion und soziale Struktur. Frankfurt a.M.: Suhrkamp.

Weingart, Peter (2001): Die Stunde der Wahrheit. Weilerswist: Velbrück.

Weingart, Peter (2003a): Wissenschaftssoziologie. Bielefeld: Transcript.

Weingart, Peter (2003b): Der alltägliche Betrug. In: Die Zeit 21: 39.

Weischedel, Wilhelm (1982): Die philosophische Hintertreppe. München: dtv.

Wenzel, Harald (2000): Obertanen. Zur soziologischen Bedeutung von Prominenz. In: Leviathan 4: 452-476.

2 Abschied vom Glauben an die Allmacht der Rationalität? oder: Der Unternehmensberater als Charismatiker

Jo Reichertz & Nadine Marth

Im Folgenden wollen wir versuchen, die erste Seite der Homepage einer österreichischen Firma für Unternehmensberatung mit dem Verfahren der hermeneutischen Wissenssoziologie zu interpretieren. Dies kann und will nur ein erster Versuch sein, dem weitere folgen müssen.

Die Rekonstruktion der Bedeutung einer so komplexen Sinnstruktur, wie sie einer Homepage zueigen ist, stellt die Sozialforschung vor eine Reihe neuer Probleme. Denn ohne Zweifel kann die Auslegung einer Homepage sich nicht darin erschöpfen, mehr oder weniger erprobte und bewährte Verfahren der Text- und Bildinterpretation und deren Methodologie auf die neue Datensorte (und Homepages sind eine neue Datensorte) bruchlos anzuwenden. Zu unklar ist nämlich, mit welcher Art von Daten man es überhaupt zu tun hat, wo ihre Ränder sind, wer als Autor in Frage kommt und was mit ‚Sinn' oder ‚Bedeutung' solcher Artefakte überhaupt adressiert ist.

Diese Fragen stellten sich vor einigen Jahrzehnten auch bei der Interpretation von Texten (und etwas später für die Deutung von audiovisuellen Daten). Mittlerweile sind innerhalb der wichtigsten Verfahren qualitativer Sozialforschung für die Interpretation von Texten (und in einigen Fällen auch für die Deutung von Bildern)[84] methodologisch fundierte und (mal mehr, mal weniger) überzeugende Antworten erarbeitet worden. Auf diese Antworten können sich heute alle Anwender der jeweiligen Methoden bei jeder weiteren Interpretation stützen, ohne sie jeweils zu problematisieren und/oder kritisch zu hinterfragen, so dass oft auch die Probleme nicht mehr ins Bewusstsein kommen. Eine solche komfortable Situation findet der Interpret von Homepages allerdings nicht vor:

---

84 Ausgearbeitete qualitative und sozialwissenschaftliche Methoden und Methodologien zur Bild- bzw. Filminterpretation sind meines Wissens nur von der rekonstruktiven Sozialforschung (Bohnsack 2001, 2003a und 2003b), der objektiven Hermeneutik (Oevermann 1979, 1983, 1996, 2000, Englisch 1991, Haupert 1992, Löer 1992, Kemmerzell et al. 2003, Kemmerzell & Saalow 2003) und der hermeneutischen Wissenssoziologie (Soeffner 2000, Reichertz 1992, 1994, 2000; Iványi & Reichertz 2002) vorgelegt worden. Allgemein zur Fotoanalyse in den Sozialwissenschaften Harper (2003). Zur Theorie der Fotografie siehe Kemp & von Amelungen (2000). Zur Film- und Fernsehanalyse siehe Hickethier (1993) und Mikos (2003).

Alle die oben genannten Fragen sind im Hinblick auf diese Datensorte noch völlig ungeklärt, weshalb es nötig ist, hier zumindest zu versuchen, erste Antworten vorzuschlagen.[85] Dieser methodologischen Reflexion des eigenen interpretatorischen Tuns dient der erste Teil des Aufsatzes. Im zweiten Teil sollen dann die Hauptlinien der Deutung eines Teils der Homepages, nämlich des Fotos als zentrales Bedeutungselement, vorgestellt werden, um dann schlussendlich die Analyseergebnisse in eine skizzenhafte Zeitdiagnostik einzurücken und zu diskutieren.

2.1 Methodologische Vorüberlegungen zur Interpretation von Homepages

Akteure greifen bei der Gestaltung ihres Handelns unentwegt und notwendigerweise auf Handlungstypen, Kommunikationsgattungen, Formate, Rahmen etc. zurück, um sich und andere zu orientieren – darüber, wo man ist, wie man etwas meint und wie man etwas versteht. Diese Nutzung gesellschaftlicher Typisierungen von Situationen hilft dabei, Handlungen anderer, und auch die eigenen, zu identifizieren oder sie auch anderen verständlich zu machen – also sich selbst, aber auch den sozialen Ort des anderen zu finden. Dieser gesellschaftliche Bestand an Situations- und Handlungstypisierungen (Rahmen) ist Ergebnis der Geschichte einer Interaktionsgemeinschaft oder besser: er besteht aus – im Laufe der Geschichte absedimentierten – Handlungsmustern und -abfolgen, die sich in dieser Gemeinschaft bis zu diesem Zeitpunkt als ‚erfolgreich' (the fittest) bewährt haben.

Diese Rahmen organisieren einerseits die Erfahrung mit dem anderen und der Welt und natürlich auch mit Kommunikation (Goffman 1977: 19), sie finden andererseits aber auch Anwendung bei jeder Art symbolischer wie nichtsymbolischer Interaktion. Dabei wirken sie nicht handlungsnormierend (erst recht nicht handlungsdeterminierend) über eine ihnen eigene strukturelle Kraft, sondern sie geben bewährte Interpretations- und Handlungsmuster vor, an die man sich (wenn auch mit für den einzelnen Akteur typischen Abschattierungen) anschließt, will man in der jeweiligen Interaktiongemeinschaft verstanden werden und verstanden bleiben. Dabei steht es jedem Akteur frei, neue, an das gesellschaftliche Leben anschlussfähige Typen zu (er)finden. Deshalb sind sie „prinzipiell mehrdeutige und deshalb für die beteiligten Subjekte interpretationsbedürftige Regeln (...). Ihr Situations- und Ereignisbezug verleiht ihnen eine gewisse Flüchtigkeit" (Lüders 1992: 16).

---

85   Anregend für eine solche Auseinandersetzung sind u.a.: Bucher (1998), Bucher & Jäckel (2002), Jacobs (1998), Sandbothe (1997), Wirth (1999).

Rahmen müssen also, gerade wegen ihrer Veränderbarkeit im Laufe jeder Interaktion, immer wieder neu bekräftigt und ratifiziert werden. In welchem Rahmen man sich gerade befindet, darüber gibt die Geschichte der Interaktion, also der Kontext, Auskunft. Wenn man nicht weiß, in welchem Kontext man sich befindet, kann man über die Bedeutung von Interaktionszügen nichts sagen.

Diese Rahmen tönen die Bedeutung des Gerahmten nicht nur graduell ab, sondern sie bestimmen es entscheidend. Sie grenzen das Innere gegen das Äußere ab, heben es heraus und betten es zugleich ein (vgl. Goffman 1977). Erst durch diese Beigabe erlangt der ‚Inhalt' seine Bedeutung oder anders: „Die Rahmung macht die Botschaft" (Soeffner 1992: 166).

Was ist nun der Rahmen einer Homepage oder genauer: der ersten *offiziellen* Seite einer Homepage, also (in terms der Interpretation) der ersten Sequenzstelle? Erst einmal: *Die Homepage ist (wie natürlich auch deren erste Sequenzstelle) ein historisch neuer Rahmen, die ihren Ort und ihre genaue Bedeutung noch sucht.* Im Weiteren werden wir uns, einfach weil wir uns dafür interessieren, allein auf die Betrachtung der ersten offiziellen[86] Sequenzstelle einer Homepage beschränken.

Für welche Handlungen die erste Sequenzstelle einer Homepage gut ist und was sie bedeutet, wird zur Zeit noch weltweit ausgehandelt, und das Ergebnis dieses Prozesses steht noch lange nicht fest – auch weil es noch nicht die *eine* Form der ersten Seite einer Homepage gibt. Anschluss sucht die erste Sequenzstelle einer Homepage allerdings (das kann aus unserer Sicht schon jetzt gesagt werden) zu vier bekannten Rahmen, von denen sie sich Teile ihrer Bedeutung ausleiht:

Bezogen auf ihre *Funktion* siedelt die Homepage gleich in der Nähe von zwei vertrauten Rahmen: So liegt sie zum einen (mal mehr, mal weniger) in der Nähe der *Werbeanzeige*, da sie nicht allein den Eigennamen von etwas nennt, sondern versucht, für das hinter ihr Stehende, also den beworbenen Gegenstand, einzunehmen. Zum anderen berührt die Homepage in gewisser Weise auch das *Inhaltsverzeichnis*: Sie nennt die einzelnen Kapitel und zeigt den Weg dorthin.

Im Hinblick auf ihre *Topologie* ist die Homepage mit dem *Buchcover* verwandt. Sie ist die oberste und öffentliche Frontseite eines tief, wenn auch nicht unbedingt linear gestaffelten und strategisch gestalteten Bedeutungsgefüges.

Betrachtet man die *Gestalt* der Homepage, dann sind Parallelen zu einer *Grafik* gegeben. Sie verbindet diverse Bild-, Text- und Formelemente zu einem neuen Ganzen, wobei die einzelnen Elemente in unterschiedlicher Weise aufein-

---

86 Oft bieten Homepages auch die Möglichkeit für Quereinstiege, so dass eine beliebige Seite aus Sicht eines bestimmten Benutzers die erste Sequenzstelle sein könnte. Auf diese Besonderheit werden wir hier keine Rücksicht nehmen.

ander bezogen sein können: Sie können einander bekräftigen, ironisieren, dementieren oder widersprechen.

Weil also Homepages solch komplexe Bedeutungsgefüge sind und zudem der Prozess der Bedeutungszuschreibung noch nicht abgeschlossen ist, ist es schwierig, ihre Bedeutung zu verstehen oder genauer: zu rekonstruieren. Die Frage „Was hat man eigentlich erreicht, wenn man die erste Seite einer Homepage interpretiert hat?" gliedert sich selbst wieder in eine Reihe weiterer Fragen.

Einerseits sind damit all die Fragen adressiert, die sich auf die Reichweite und Angemessenheit der Interpretation der ersten Seite oder der Oberfläche beziehen, die wir hier unter der amerikanischen Lebensweisheit: „You can't judge a book by looking at its cover" zusammenfassen wollen.

Zum Zweiten stellt sich die Frage, welches Element sinnvollerweise die erste Sequenzstelle der ersten Sequenzstellen genannt werden kann: Womit soll die Interpretation beginnen? Mit dem ersten Zeichen rechts oben, wie bei einem Buch, oder bei dem hervorgehobensten oder bei dem zentralen Element der Gesamtgrafik?

Und zum Dritten fragt sich, welche Bedeutung hier gedeutet werden soll. Geht es um die Rekonstruktion der *Intention* des oder der Produzenten der Homepage oder der Auftraggeber, also um das, was einzelne Macher bewusst mit der Gestaltung der Homepage erreichen wollen? Oder soll angezielt werden, die notwendigerweise singuläre und *subjektive Zuschreibung von Bedeutung* im Moment der Rezeption zu ermitteln, also das zu bestimmen, was im Augenblick der Aneignung im Bewusstsein des Rezipienten geschieht? Oder will man gar (dem Programm der *cultural studies* folgend – vgl. hierzu Bromley, Göttlich & Winter 1999; eine interessante, nicht nur von den cultural studies inspirierte Einführung in die Filmanalyse liegt mit Mikos 2003 vor) den kommunikativen und interaktiven Umgang mit der Homepage, also deren Aneignung und weitere Verwendung bestimmen, somit klären, ob das ‚Blättern' in der Homepage irgendwelche Folgen hatte und wenn ja, welche, und durch welche Faktoren diese bedingt waren?

Die ersten beiden, im Kern subjektiven und von der individuellen und sozialen Biographie geformten Bedeutungsvorstellungen, sind soziologisch von geringem Belang und zudem nicht zugänglich. Deshalb fallen sie hier als Zielpunkte der Analyse aus. Auch soll hier nicht die Suche nach der dritten Bedeutung aufgenommen werden, nämlich dem sozialen Umgang mit einer Homepage und der in der kommunikativen Aneignung erschaffenen Bedeutung, die durchaus soziologisch relevant und mittels Ethnographien prinzipiell ermittelbar ist.

Hier soll die ‚Abnehmerseite' einer Homepage, also die Ermittlung der Aneignung von Bedeutung in konkreten Kommunikationssituationen, außen vor bleiben – wohl wissend, dass vor allem die im Aneignungsprozess geschaffene

Gebrauchsbedeutung (siehe hierzu Hall 1999, aber auch Iser 1972 und Eco 1987), die sowohl soziologisch wie medienpolitisch relevante Bedeutung ist. Dennoch: Hier steht erst einmal allein das Produkt, das Artefakt der Homepage und die in ihm eingelassene gesellschaftliche Bedeutung im Zentrum des Interesses. Gefragt werden soll also nach der *gesellschaftlichen Bedeutung* des Produkts gestalterischen Handelns: der Homepage. Von Nutzen ist eine Bedeutungsrekonstruktion dann, wenn man ermitteln will, ob ein Artefakt die Botschaft in sich trägt, die es tragen soll, ob also ein Kommunikationsauftrag sachgerecht ausgeführt wurde.

2.1.1 Exkurs zum Bedeutungsbegriff

Eine Interpretation von audiovisuellen Daten aller Art mithilfe der hermeneutischen Wissenssoziologie zielt auf die Findung der gesellschaftlichen Bedeutung von Handlungen. Der Ausdruck ‚gesellschaftlich' ergibt sich nun daraus, dass es allein um die Bedeutung geht, welche durch eine Handlung innerhalb einer bestimmten Interaktionsgemeinschaft, betrachtet man sie aus der Perspektive des generalisierten Anderen der jeweiligen Interaktionsgemeinschaft (also nicht aus der Perspektive des konkreten Akteurs), erzeugt wird (vgl. Mead 1973). Ein solcher Bedeutungsbegriff löst sich völlig von der Akteursintention, also dem vom Akteur subjektiv oder ‚innen' Gemeinten.

Alle Sozialwissenschaftler gehen unseres Wissens nach davon aus, dass alles Handeln von Menschen, das symbolfreie wie das symbolgebundene, Interaktion und Kommunikation, (für andere Menschen) Bedeutung besitzt. Diese Bedeutung wird (und auch da sind sich wohl die meisten Sozialwissenschaftler einig) in der Regel konstituiert durch spezifische Verfahren und Regeln, die Ausdruck der Grammatik, Semantik und vor allem der Pragmatik einer Sprach- und Interaktionsgemeinschaft sind. *Grammatik* meint hier die mehr oder weniger kodifizierten Regeln der Verknüpfung von Zeichen, die auf Bedeutungseinheiten verweisen, *Semantik* die Verweisungen auf den gesellschaftlich geschaffenen Raum von Bedeutungseinheiten und den dadurch eröffneten Raum logischer (Sellars 1999), legaler und legitimer Gründe. *Pragmatik* meint dagegen (durchaus im Sinne Brandoms) das Geflecht von Unterstellungen, Erwartungen und Verpflichtungen, das sich in einer spezifischen Gesellschaft aus Handlungen mehr oder weniger verbindlich ergibt (Brandom 2001, auch Habermas 1999: 138 ff.).

Die Bedeutung einer gestalterischen Handlung ist somit nicht über eine irgendwie geartete Semantik bestimmbar, sondern konstituiert sich wesentlich über die (vom Sprecher aufgrund seiner Erfahrung mit der Interaktionsgemeinschaft erwartbaren) sozialen Folgen, also über die Pragmatik.[87] Zwar greift der Sprecher bei der ‚Planung' seiner Sprechhandlung auf frühere Erfahrungen zurück, also auf Formen, die früher einmal erfolgreich waren, realisiert und ratifiziert wird jede sprachliche Bedeutung aber erst durch die Antwort-Handlung: Eine (sprachliche) bestimmte Handlung bedeutet in einer bestimmten Interaktionsgemeinschaft, dass einerseits der Sprecher andere Erwartungen anträgt, aber auch, dass andere berechtigt sind, an den Handelnden bestimmte Ansprüche zu stellen. Oder anders: Weil man weiß oder doch zu wissen glaubt, was eine Sprechhandlung in einer bestimmten Interaktionsgemeinschaft nach sich zieht, handelt man so, wie man handelt. Man schaut also, um eine Formulierung von Brandom zu benutzen, sowohl ‚flussaufwärts' als auch ‚flussabwärts'.[88]

Die Grammatik, Semantik und Pragmatik einer Gruppe sind sozial erarbeitet und sozial verbürgt bzw. werden sozial sanktioniert und bilden einen gewichtigen Teil der Kultur einer Gruppe. Diese Kultur wird durch die Gruppe und speziell dafür eingerichtete Institutionen an neue Mitglieder weitergegeben. Durch jede Handlung, also durch jeden Gebrauch, wird die Grammatik, Semantik und Pragmatik einer Gruppe nicht nur aufgerufen, sondern auch bestätigt und fortgeschrieben.

Wissenschaftliches Deuten beruht auf der Prämisse, dass eine Bedeutungs*rekonstruktion* nur dann gelingen kann, wenn der Interpret hinreichend an der Kultur der Bedeutungs*produktion* teilhat, also auf der Unterstellung von der teilweisen oder vollständigen Einheit der Kultur von Interpreten und Interpretierten.[89] Damit ist auch, aber nicht nur (noch nicht einmal hauptsächlich) die Unterstellung

---

87 Vgl. hierzu auch die Formulierung von Peirce aus dem Jahr 1902: „Eine Behauptung ist eine Handlung, durch die eine Person sich für die Wahrheit einer Proposition verantwortlich erklärt" (Peirce 1986: 411) und eine weitere aus dem Jahr 1903: „Denn ein Akt der Behauptung setzt voraus, dass, wenn eine Proposition ausgesprochen wird, eine Person eine Handlung vollzieht, die sie den Sanktionen des sozialen Gesetzes (oder jedenfalls des moralischen Gesetzes) unterwirft, sollte sich diese nicht als wahr erweisen, es sei denn, diese Person hat eine bestimmte und ausreichende Entschuldigung" (Peirce 1983: 75).

88 „Die klassischen Pragmatisten (…) machen den Fehler, daß sie propositionale Gehalte ausschließlich mit den Konsequenzen des Vertretens einer Behauptung (claim) gleichsetzen: sie blicken flußabwärts auf die Rolle, die einer Behauptung als Prämisse des praktischen Schlussfolgerns spielt, und ignorieren dabei ihrer eigentlichen Antezedenzien flußaufwärts" (Brandom 2000, zitiert nach Pape 2002: 132). Ich habe für diese Textstelle die Übersetzung von Pape gewählt, da sie mir angemessener erscheint als die Übersetzung in Brandom (2000: 196).

89 Eine besonders scharfe, hinsichtlich ihres Geltungsanspruches allerdings völlig überzogene Formulierung dieser Unterstellung findet sich bei einem jüngeren Vertreter der objektiven Hermeneutik: „Die *Verbindlichkeit* der Textinterpretation gründet sich auf die *Regelgeleitetheit* sozialen Handelns. Der Geltungsanspruch, den die objektiv hermeneutische Bedeutungsexplikation erhebt, stützt sich auf die Inanspruchnahme geltender Regeln. *Soziales Handeln konstituiert sich entlang dieser Regeln und die Interpretation der Protokolle dieses Handelns erfolgt unter Rückgriff auf unser Regelwissen*" (Wernet 2000: 13).

gemeint, dass der Interpret die Kultur des Interpretierten teilt (dass sie eine gemeinsame Kultur haben), sondern vor allem die meist (wider besseres Wissen) gehegte Hoffnung, die Bedeutungsgrenzen sprachlicher Handlungen mit den Sprachgrenzen gleichzusetzen: die Hoffnung, dass der Mythos von der kulturellen Identität mehr als ein Mythos ist, dass sprachliche und nichtsprachliche Handlungen in der gesamten Sprach- und Interaktionsgemeinschaft (an jedem Ort, in jeder Schicht, in jedem Alter) das Gleiche bedeuten. Die implizite These von der Einheit der Kultur ist das Fundament, auf dem jede Interpretation ruht. Gerät sie ins Wanken, verlieren auch wissenschaftliche Interpretationen ihren Halt.

Nur weil der Interpret selbst über diese Verfahren und Regeln verfügt, sie in sich aufrufen und auch die Angemessenheit von Bedeutungsproduktionen beurteilen kann, kann er auch deren gesellschaftliche Bedeutung erkennen, festhalten und niederschreiben. Fraglos kann dies nur im Hinblick auf die *soziale* Grammatik, Semantik und Pragmatik von (Sprach-)Handlungen gelingen. Nie kann man und (so weit wir das sehen) will auch niemand ernsthaft die *individuelle* Grammatik, Semantik und Pragmatik (sofern es sie überhaupt gibt bzw. geben kann), erfassen – sie wären auch für das soziale Handeln ohne Belang.

Die Interpretationskompetenz resultiert in dieser Sicht aus der hinreichenden Einheit der Kultur von Forscher und Beforschtem – eine Einheit, die durchaus fraglich ist, wie uns – um nur ein paar zu nennen – die Historiker, die Ethnologen, die Kulturwissenschaftler und nicht zuletzt auch die Wissenssoziologen lehren. Es ist weder überraschend noch besonders neu, dass sich Sozialwissenschaftler, wenn sie die Arbeit des Deutens beginnen, auf die Kultur einer Sprach- und Interaktionsgemeinschaft aus der Sicht des ‚man', des ‚Dritten', oder in den Worten von Mead, aus der Sicht des ‚generalisierten Anderen' beziehen (müssen): Was bedeutet es, welche Folgen hat es (so die typischen Interpretenfragen), wenn ‚man' in einer bestimmten Gesellschaft, in einer bestimmten Situation, in einer bestimmten Weise sprachlich oder nichtsprachlich in der gegebenen Weise handelt, und was versteht ‚man' darunter bzw. wie würde jedes *sprachbegabte* und *vernünftige* Mitglied dieser Gesellschaft darauf reagieren?

Oft übersieht der Forscher dabei allerdings, dass die Rede von der Deutung aus der Perspektive des generalisierten Anderen eine euphemistische und unsoziologische Formulierung dafür ist, dass etwas eine vorherrschende bzw. eine herrschende Lesart von (Sprach-)Handlungen ist, zu der es in bestimmten Untergruppen der Gesellschaft eine Fülle (so würde Stuart Hall es ausdrücken) subversiver und gleich wirkmächtiger Lesarten gibt (Hall 1999). Kultur bildet in dieser Sicht der Dinge keine Einheit (z.B. Burke 1998: 247 ff. und Geertz 2000: 218 ff.), an der ein Wissenschaftler teilhaben kann, sondern stattdessen eine Vielfalt, die lediglich wegen diverser ‚Familienähnlichkeiten' (Wittgenstein 1971) für einheitlich gehalten wird.

Um nicht missverstanden zu werden: Keineswegs soll hier behauptet werden, sozialwissenschaftliches Deuten sei unmöglich, wir wollen nur sagen, dass man beim Interpretieren wie beim Auspacken von altem, wertvollem Porzellan vorgehen sollte: mit großer Vorsicht und noch größerem Feingefühl.

2.2 Zur Methode einer hermeneutischen Wissenssoziologie

Das hier verwendete Datenanalyseverfahren ist die hermeneutische Wissenssoziologie (allgemein hierzu Hitzler, Reichertz & Schröer 1999, Soeffner 1989 und Schröer 1994). Die hermeneutische Wissenssoziologie soll sinnstrukturierte Produkte menschlichen Handelns auf ihre Handlungsbedeutung hin auslegen und ist als solche in der Lage, sowohl Texte als auch Bilder, Grafiken und Fotos jeder Art auszulegen.

Die hermeneutische Wissenssoziologie interpretiert dabei ausschließlich Handlungen, also auch Sprech- und *Darstellungshandlungen*. Bei der Analyse von Bildern, Fotos, Filmen und Grafiken ergibt sich allerdings die Frage, welches Handeln überhaupt Gegenstand der Untersuchung sein soll. Hier gilt ganz allgemein, und dies im Anschluss an Peters 1980 und Opl 1990, zwischen der gezeigten Handlung (also der im Bild gezeigten Handlung) und der Handlung des Zeigens (also der, mit dem Bild etwas zu zeigen) zu unterscheiden.[90] Mit Ersterem wird das Geschehen bezeichnet, das mit Hilfe des Bildes aufgezeichnet und somit gezeigt wird, mit letzterem der Akt der Aufzeichnung, des Zeigens durch die Gestaltung des Bildes (plus die Gestaltung des von dem Bild Aufgezeichneten). ‚Bild' meint hier nicht nur ein Foto, sondern ganz allgemein einen ‚Apparat' des Aufzeichnens, Fixierens (eines Bildes oder sehr vieler Bilder) mit einer darin eingelassenen spezifischen Selektivität.

Zur Handlung des mit der Bildgestaltung Zeigens gehört also vor allem (a) die Wahl des Ortes zur Inszenierung einer Handlung vor der Kamera, (b) die Wahl der Kulissen und des sozialen Settings, (c) die Auswahl und Gestaltung des Bildausschnitts, (d) die Art und das Tempo der Schnittfolge, (e) die Kommentierung des Abgebildeten durch Filter, eingeblendete Grafiken, Texte, Töne oder Musik, (f) die Auswahl und Ausrüstung des Aufzeichnungsgeräts (Kamera) und (g) die Gestaltung der Filmkopie (Format, Qualität). Alle diese Handlungen

---

90 Durchaus vergleichbar mit dieser wichtigen Unterscheidung ist der Vorschlag Bohnsacks, bei der Interpretation von Bildern zu unterscheiden zwischen dem, *was* dargestellt wird, und der Art und Weise, *wie* etwas dargestellt wird (vgl. Bohnsack 2003a: 155-172 und 2003b). Die Ausführungen von Bohnsack sind für jede Bildinterpretation auch insofern hilfreich, als sie explizit und theoretisch unterfüttert auf die Bedeutung der Ikonographie eingeht. Allein die Bemerkungen zur Ikonik scheinen uns vor allem bei der Analyse von Gemälden nützlich zu sein.

greifen in der Regel auf kulturell erarbeitete Muster und Rahmen (ikonographische topoi) zurück, weshalb die Handlung des Zeigens sich immer auch auf andere, zeitlich frühere Handlungen des Zeigens bezieht (Inferenz statt Referenz – vgl. auch Sellars 1999 und Brandom 2000). Da die (impliziten oder expliziten) Entscheidungen über die wesentlichen Elemente der Bildgestaltung zeitlich der Handlung im Bild meist vorangehen bzw. diese dominieren, bildet die Bildgestaltungshandlung den für die (alltägliche und wissenschaftliche) Interpretation dominanten Handlungsrahmen, in dem die Handlung im Bild unauflöslich eingebunden ist.

Allerdings findet sich oft für die Bildgestaltungshandlung bei näherer Betrachtung kein personaler Akteur, da z.B. im Falle eines Filmes der Regisseur in der Regel nicht für alle Kamerahandlungen zuständig ist. Meist sind an der Kamerahandlung auch Kameraleute, Maskenbildner, Tontechniker, Kulissenschieber, Ausleuchter, Kabelträger, Kreative, Text- und Songschreiber, betriebseigene Medienforscher u.v.a.m. beteiligt. Das (durch Professionsstandards angeleitete) ‚Zusammenspiel' all dieser Funktionen bringt schlussendlich das zustande, was als ‚Film', ‚Show' etc. gesendet wird oder als Bild, Grafik, Werbeanzeige oder Homepage veröffentlicht wird. Wird im Weiteren von dem Akteur der Bildgestaltung gesprochen, dann ist immer ein ‚*korporierter Akteur*' (= Summe aller Handlungslogiken, die an der Aufnahme einer Fernsehshow mitwirken) gemeint.

Stets kommentiert der ‚korporierte Akteur' durch die Handlung der Bildgestaltung die Handlung im Bild. Jede Auswahlhandlung von ihm kommentiert und interpretiert das Abgebildete. Auch der Versuch, mit der audiovisuellen Darstellung nur das wiederzugeben, was den abgebildeten Dingen (scheinbar von Natur aus) anhaftet, ist ein Kommentar, allerdings ein anderer als der, wenn die Kamera z.B. durch Schärfentiefe, Verzerrungen etc. auf sich selbst weist. Im ersten Fall versucht der ‚korporierte Akteur' sein Tun und die Bedeutung seiner Handlungslogik zu leugnen bzw. zu vertuschen, im zweiten Fall schiebt er sich zwischen Abgebildetes und Betrachter und bringt sich damit selbst ins Gespräch.

Aus diesem Grund geht es bei der Analyse audiovisuellen Materials um die Auffindung der objektiven Bedeutung der Handlung der Bildgestaltung *plus* der durch sie eingefangenen Handlung im Bild – und nicht allein um die Rekonstruktion der Bedeutung des gezeigten Geschehens. Bildanalyse kann und darf sich nie auf die Bildinhaltsanalyse bzw. auf die Analyse der vor der Kamera gesprochenen Worte beschränken, da die Kamerahandlung stets konstitutiver Bestandteil des Films ist. Sie hat sich durch eine Fülle nonverbaler Zeichen in den Film bzw. in dessen Kopie eingeschrieben, sie hat im Film einen bedeutsamen Abdruck hinterlassen. In jeder audiovisuellen Darstellung von Handlungen finden sich also immer zwei Komplexe von Zeichen: zum einen die Zeichen, welche auf die *Regeln der abgebildeten Handlungen*, zum anderen die, welche auf die *Regeln der Handlung der Abbildung* verweisen.

Methodisch verfolgt eine hermeneutische Wissenssoziologie bei der Interpretation von Bildern folgenden Weg: Die Daten werden entlang der vorgeschlagenen Differenzierung möglichst genau deskribiert. Der so entstandene Text enthält dann eine fixierte und nach wissenschaftlichen Standards codierte Version des beobachteten Bildes, er ist ein formalisiertes *Protokoll dieser Beobachtung*.

Das vom Betrachter erstellte Protokoll enthält nur zum Teil das Protokoll einer Bildbeobachtung, er dokumentiert auch den Akt des wissenschaftlichen Sehens, also die Handlung des Deutens und Sequenzierens. Der Deutungsakt gerinnt zu geregelten Wörtern und Sätzen, die in dieser Form bereit werden für die Analyse und den Diskurs und in dieser Form auch immer wieder für andere bereit stehen. Insofern muss die Deutung von audiovisuellen Daten – ganz im Sinne einer wissenssoziologischen Hermeneutik – immer auch die Deutung der Akte des Deutens beinhalten (siehe vor allem Soeffner 1989).

Eine hermeneutische Wissenssoziologie schlägt vor, den vom Betrachter erstellten Bildtext als Feldprotokoll zu betrachten und in der von Strauss 1991 beschriebenen Weise zu behandeln, also entlang verschiedener Relevanzpunkte zu interpretieren (siehe auch Reichertz 2000). Dazu gehört, dass während der Interpretation, wenn etwas unklar ist, immer wieder neu das Bild unter einer bestimmten Aufgabenstellung ‚befragt' und neu verschriftet wird (theoretical sampling). Demnach werden Beobachtungsprotokolle in einem gerichteten hermeneutischen (und selbstreflexiven) Deutungsprozess in mehreren Phasen so lange kodiert, bis am Ende eine Deutungsfigur ermittelt wird, die alle Elemente der Beobachtung und der Beobachtungstexte zu einem bedeutungsvollen Ganzen integriert.

2.3 Interpretation der Homepage der Beratergruppe Neuwaldegg

2.3.1 *Auswahl der Daten*

Für die Auswahl der Homepage der Beratergruppe Neuwaldegg gibt es keinen sachlichen, fachlichen oder finanziellen Grund, sondern sie verdankt sich dem Zufall. Einer der Autoren nahm im Sommersemester 2003 eine Gastprofessur an der Universität Wien wahr und eine Studentin schlug vor, die Methode der hermeneutischen Wissenssoziologie am Beispiel eben dieser Homepage zu erproben. Diese Interpretation wurde dann im Wintersemester 2003/04 im Rahmen eines Doktorandenkolloquiums an der Universität Duisburg-Essen, Campus Essen, weitergeführt, als die Verfasser dort die Möglichkeiten der Deutung von

Homepages diskutierten. Dem Umstand, dass die Homepage an zwei, etwa acht Monate auseinander liegenden Zeitpunkten interpretiert wurde, ist es zu verdanken, dass auch vorgenommene Änderungen der Homepage in den Blick geraten konnten. Doch dazu später mehr.[91]

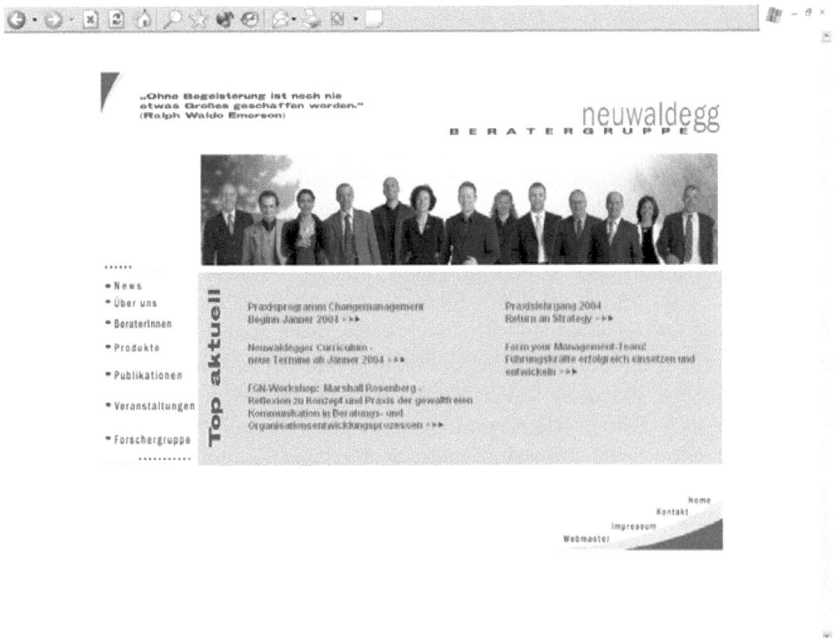

Abbildung 1

2.3.2 Aufbau der Homepage

Ganz im Sinne der Vorüberlegungen ist die Homepage der Beratergruppe Neuwaldegg eine Grafik. Sie setzt sich aus einer Reihe von verschiedenen Gestaltungselementen zusammen (siehe Abb.1). Innerhalb eines durch kleine Dreiecke links oben und rechts unten nur angedeuteten Rahmens lassen sich insgesamt sechs verschiedene Elemente ausmachen: (a) Das Zitat von Emerson links oben

---

91   All denen, die in Wien und Essen mitdiskutierten und auf diese Weise die Interpretation anreicherten, sei an dieser Stelle gedankt. Zusätzlich geht Dank an Gerd Bender und Sylvia Wilz. Die beiden erinnerten hartnäckig daran, dass Organisationen differenzierter arbeiten als mancher Interpret es wahrhaben will.

(„Ohne Begeisterung ist noch nie etwas Großes entstanden."), (b) der typografisch gestaltete Name ‚neuwaldegg BERATERGRUPPE' rechts oben, (c) ein Foto, auf dem 13 Personen frontal abgebildet sind, unter dem Namen, (d) ein farblich abge-hobenes Menü an der linken unteren Seite, das auf tiefer liegende Sites verweist, (e) ein von unten nach oben verlaufender und bunt unterlegter Schriftzug: ‚Top aktuell' und (f) daneben fünf Hinweise, die mit einem Link verknüpft sind.

Diese 6 Elemente fügen sich zu drei Gruppen zusammen: Die ersten drei entsprechen der Emblematik von Werbung (Claim, Name, Produkt), der senk-recht verlaufende Schriftzug und die diversen Ankündigungen erfüllen die Be-dingungen an eine aktuelle Pinwand, während das seitliche Menü den Wegwei-ser zu den wichtigsten Wegen und damit den als sehr relevant erachteten Inhalten darstellt. Die Homepage ist im Wesentlichen *geschlossen*, das heißt, sie ist nur intern verlinkt und öffnet sich nicht immer wieder zum WWW hin. Folgt man den einzelnen Links, dann ergibt sich folgende Verlinkungsstruktur (siehe Abb. 2):

Angesichts der Fülle und tiefen Strukturiertheit haben wir uns entschlossen, unsere Deutung an irgendeinem Punkt zu beginnen. Ausschlaggebend für die Auswahl war allein die durchaus begründbare Annahme, dass die auf der Vorder-seite der Homepage präsentierte Fotografie von zentraler Bedeutung sei. Anhand der Deutung dieses Fotos sollten erste Lesarten zur gesellschaftlichen Bedeutung der gesamten Homepage erarbeitet und anschließend an den weiteren Bedeu-tungselementen überprüft werden. Dieser Auslegungsprozess ist in der hier vorge-legten Arbeit noch nicht an sein Ende gekommen. Wenn wir doch schon ein erstes Zwischenergebnis vorlegen, dann vor allem deshalb, weil wir uns durch den Schreibprozess und auch durch die Kritik weiterhelfen lassen wollen.

Noch eine letzte Bemerkung vorweg: Die hier vorgestellte Interpretation gibt in keiner Weise den wirklichen, äußerst langwierigen und mühseligen Inter-pretationsprozess wieder. Der besseren Lesbarkeit wegen, aber auch in der Ab-sicht, Leser von unserer Auslegung zu überzeugen, haben wir oft schon sehr früh verdichtet, zugespitzt und pointiert. Dennoch bleibt der alleinige Bezugspunkt für die Angemessenheit der Interpretation das Bild und nicht der von uns ver-fasste Text. Dieser geht entsprechend der oben vorgestellten Differenzierung anfangs auf die im Bild gezeigte Handlung ein, später dann auf die Handlung des Mit-der-Bildgestaltung-Zeigens.

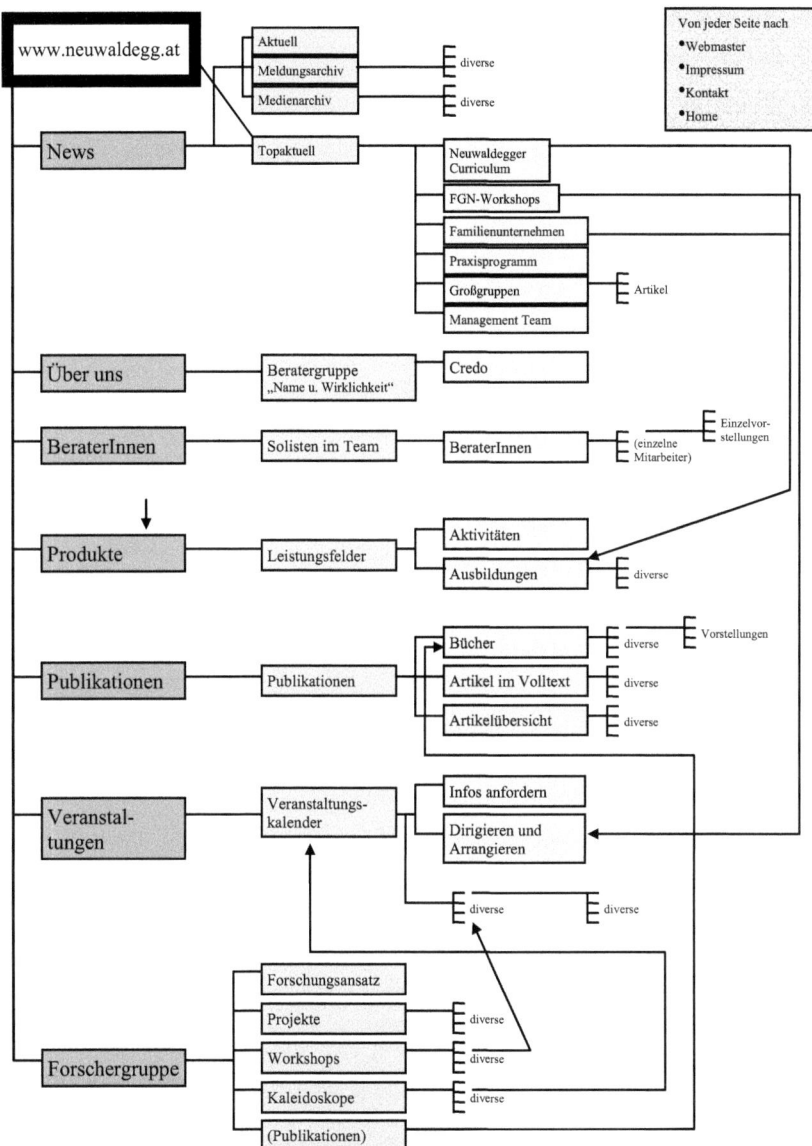

Abbildung 2

2.3.3 Die im Bild gezeigte Handlung

Das Bild, das auch im Original auf der Homepage in schwarz-weiß erscheint, zerfällt deutlich in einen Vorder- und Hintergrund: Letzterer besteht aus gebüsch- oder baumartigen Strukturen an beiden Seitenrändern und einer hellen, fast weiß strahlenden Fläche, die etwa zwei Drittel des verbleibenden oberen Hintergrunds ausfüllt. Im Vordergrund befindet sich am unteren Bildrand eine Gruppe von dreizehn Menschen zwischen 30 und 50 Jahren (9 Männer und 4 Frauen).

Die Personen, die leicht gestaffelt nebeneinander stehen und von denen jeweils nur der Oberkörper (etwa bis zur Hüfte) sichtbar ist, sind etwa gleich groß, schlank und weisen keine sichtbaren körperlichen Mängel auf. Alle abgebildeten Personen wirken gepflegt und weisen Zeichen des beruflichen Erfolgs auf: Sieben Männer tragen zum dezenten Anzug einen Schlips und eine Kurzhaarfrisur (zwei haben auf den Schlips verzichtet und tragen ihr gebügeltes Hemd offen), die Frauen tragen zum Kostüm Halskette und sichtbar vom Friseur gestaltete Haare. Obwohl die 13 Menschen teilweise eng nebeneinander stehen, berührt niemand den anderen. Jeder steht alleine und für sich und doch in einer Gruppe.

Abbildung 3

Alle Gesichter sind nach vorne gewandt. Mit hochgezogenen Augenbrauen schauen sie lächelnd und optimistisch nach vorne, ohne dass sich die Blicke aller auf ein einziges, vor ihnen gemeinsam liegendes Ziel richten würde. Die ganze Gruppe scheint sich in einer Bewegung nach vorne zu befinden, die vor einiger Zeit inmitten des leuchtend hellen Hintergrunds begonnen hat, jedoch noch andauert und nur im Moment des Fotografierens und durch das Fotografieren kurz angehalten und eingefroren wurde. Insbesondere die bewegten Arme und die angedeutete Drehung aus der Körpermitte heraus unterstützen den Eindruck fortdauernder Dynamik. Durch diese Bewegung nach vorne erhält das eingefrorene Geschehen eine Zeitstruktur: Es gab ein Vorher im Bildhintergrund (in der

Helligkeit), es gibt eine Gegenwart (die Gruppe ist am vorderen Bildrand angekommen), und es wird eine Zukunft geben (dort, wo der Betrachter ist).[92]

Auf diese Weise vermittelt sich dem Betrachter folgende Gesamthandlung: Eine Gruppe von gut situierten und beruflich erfolgreichen und somit machtvollen Männern und Frauen kommt zusammen (als Gruppe, nicht einzeln oder in kleinen Grüppchen) aus der Helligkeit (evtl. Waldlichtung). Jetzt strebt allerdings jeder Einzelne (zwar noch in der Gruppe, aber doch schon jeder für sich) voller Tatendrang nach vorne auf jemanden, den Betrachter, zu. Ihn lächelt man freundlich an, und ihm bietet man sich (aber nicht als Gruppe, sondern als Einzelner) an, um (mit ihm) das vor ihnen Liegende voller Optimismus anzugehen.[93] Alle kommen sie aus dem Licht. Das Licht hat etwas mit ihnen gemacht, hat sie verändert. Jeder einzelne von ihnen ist erleuchtet worden. Das unterscheidet sie von anderen.

2.3.4 Die Handlung des mit der Bildgestaltung Zeigens

Schon auf den ersten nur flüchtigen Blick erkennt der Betrachter, dass es sich bei dem oben abgedruckten Bild auf keinen Fall um ein *Privatfoto* handelt, das hergestellt wurde, um einen besonders denkwürdigen Augenblick im Leben der Abgebildeten für sie selbst oder ihre Freunde festzuhalten. Bildgestaltung und Bildqualität zeigen, dass ein Profi mit Verwertungsinteressen und kein Amateur am Werk war. Das Foto ist also ein *öffentliches Foto*, kein privates, produziert, um (möglicherweise kommerziell) genutzt zu werden und in der Öffentlichkeit zu zirkulieren. Bei dem Bild handelt es sich ebenfalls nicht um einen *Schnapp-*

---

92 Diese Zeitstruktur des Bildes wird noch deutlicher sichtbar, wenn man es mit anderen, auf den ersten Blick ähnlichen vergleicht: Einerseits mit dem gemeinsamen Auftritt des Theateremsembles nach der Vorstellung. Das Theaterensemble hält sich dann (Gemeinsamkeit anzeigend) an den Händen, verbeugt sich gemeinsam und einzeln vor dem Publikum, verharrt aber auf der Bühne: Es bewegt sich gerade nicht nach vorne auf den Zuschauer zu, sondern bleibt in seiner Wirklichkeit. Andererseits mit dem ‚Familienfoto' der Staatsoberhäupter bei internationalen Treffen: Hier steht jeder allein, wenn auch neben den anderen, hier ruht jeder und jede mit der Macht des Amtes in sich selbst. Allerdings stehen die Wichtigen vorne und in der Mitte, die weniger Wichtigen außen und hinten. Das, wenn auch nur für eine kurze Zeit, zur Ruhe Gekommene wird auch bei den Gruppenfotos von Fußballmannschaften gezeigt. In einer oder in zwei Reihen stehen die, die bald zusammen gegen andere kämpfen werden. Man ist in sich gekehrt, konzentriert sich und bereitet sich auf das Kommende vor.

93 Personen, die in größerer Anzahl in einer Front auf einen zukommen, wirken in der Regel aggressiv und gefährlich (vgl. die ungezählten Varianten der *Glorreichen Sieben* oder die preußische Schlachtreihe). Es bedarf schon einer beachtlichen Ikonografie der Friedlichkeit, um diesen Eindruck zu vermeiden.

schuss, also nicht um die fotografische Aufzeichnung einer sich unbeobachtet wähnenden Handlungswirklichkeit (siehe hierzu Reichertz 1992 und 1994a).

Geradezu augenfällig ist, dass die Abgebildeten von dem Akt des Abbildens Kenntnis haben, mit ihrer ganzen Erscheinung darauf reagieren, sich sogar zum Zweck der Abbildung in besonderer Weise aufgestellt und mittels Gesichtsaudruck, Körperhaltung, Körperspannung und Kleidung entweder selbst typisiert haben oder von anderen so hingestellt und gestaltet wurden. Das Arrangement der Einzelnen fügt sich zu einem eigenen Ornament, zu einem Symbol für einen Bund egalitärer Gleichgesinnter und Gleichkompetenter. Insofern handelt es sich bei dem Bild um eine hochgradig *typisierte Inszenierung*.

Erst auf den zweiten Blick kann man erkennen, dass es sich bei den Abgebildeten nicht um Models, also typisierte Modelle von Körper und Persönlichkeitstypen, handelt, sondern um ‚wirkliche' Personen mit individuellen Besonderheiten und Eigentümlichkeiten, die sich selbst ‚nur' entlang gesellschaftlicher Modelle modelliert haben. Es liegt also keine *Hyperritualisierung* vor (zu den hier verwendeten Begriffen siehe Goffmann 1981: 45-103, Bourdieu et al. 1983: 25-110 und 137-202 sowie Berger et al. 1983).

Erst auf den dritten Blick erkennt man, dass es sich bei dem ‚Gruppenbild nach der Erleuchtung' um eine mit den Mitteln der Computer gestützten Bildverarbeitung erzeugte echte *Simulation* handelt, also um die Montage verschiedener disparater Elemente zu einem neuen, scheinbar einheitlichen Bild – wenn auch mit wirklichen Personen und nicht mit Models. Die hier vorliegende Simulation ist insofern eine besondere, da sie sich zwar ein wenig tarnt, aber nicht wirklich viel Mühe gibt, als solche nicht erkannt zu werden. Im Gegenteil: Schaut man genauer hin, dann entdeckt man an vielen Stellen die massiv gestaltende Hand des (korporierten) Fotografen.

Hier ein paar der markantesten Eingriffe in das Geschehen (vor dem Bild): (a) Dreizehn Personen in Reihe und aus einer solchen Nähe wären nur mit einem starken Weitwinkelobjektiv zu erfassen gewesen, was aber zu erheblichen Verzeichnungen der Gesichter und Personen geführt hätte; (b) trotz der weißen, sehr hellen Strahlung von hinten und oben sind die Gesichter gut durchgezeichnet, was bei Gegenlichtaufnahmen ohne Aufhellungsblitz unmöglich wäre; (c) die Gesichter sind, wie der Schlagschatten zeigt, nicht von einer und zentralen, sondern von unterschiedlichen und unterschiedlich positionierten Lichtquellen beleuchtet worden und (d) die Schärfentiefe der 13 Gesichterabbildungen variiert (das Bild hat keinen einheitlichen Raum).

Zu diesen eher fototechnisch bedingten Eingriffen, die Sinn machen, wenn man viele Personen möglichst deutlich und unverzeichnet abbilden will, die also im Dienste der ‚*Wirklichkeitsabbildung*' stehen, finden sich andere Eingriffshandlungen, die Sinn machen, wenn der Fotograf eine bestimmte Deutung er-

zeugen bzw. nahe legen will und die so weder fototechnisch noch durch die
‚Wirklichkeit' bedingt sind, die also der strategischen *‚Wirklichkeitsverände-*
rung' dienen. Hier zeigt sich die ‚erzählerische' Aktivität des Fotografen besonders deutlich, und deshalb ist deren Ermittlung und Deutung für jede Bildausle-
gung unabdingbar.

Abbildung 4

Der auffälligste Eingriff des fotografischen Autors ist vielleicht die teilweise
Umrahmung einiger Personen mit einer diffusen weißen Linie, die aus den
Lichtverhältnissen (Lichtbrechung am Rand) so nicht erklärbar ist und die auch
nicht als moderne Form des christlichen Nimbus angesehen werden kann (siehe
Abb. 4). Auch fällt auf, dass die Personen, verlängert man ihren Körper, nicht
auf demselben Boden stehen (besonders deutlich bei Person 3 und 4): Manche
scheinen auf Fußbänken zu stehen. Offensichtlich wurden zu große Unterschiede
der Körperlänge so ausgeglichen, dass eine dynamische *‚Gipfellinie'* der Köpfe
entstehen konnte. Auffällig an dieser Gipfellinie ist nicht nur das stetige Auf und
Ab, sondern die Randpositionen (Person 1 und 13): Sie bilden die äußeren hoch
aufragenden Gipfel, die sich als einzige von der Gruppe weg, nach außen neigen,
was auf deren besondere Stellung hinweist. Drittens zeigen die abgebildeten
Körper trotz ihrer Nähe zueinander keinerlei Koorientierung. Die Körper reagieren nicht aufeinander, sondern stehen wie Puppen nebeneinander. Man könnte
das Abbild einer Person wegnehmen und ein anderes Abbild einfügen, ohne dass
dies auffallen würde.

Nimmt man all diese Hinweise zusammen, so muss man davon ausgehen, dass es niemals ein Gruppenfoto der abgebildeten Personen gab, sondern dass alle Personen erst einzeln digital fotografiert wurden und später dann der Fotograf oder ein Designer die Einzelfotos mit Hilfe von Photoshop oder einer vergleichbaren Software vor einem ebenfalls gesondert erstellten Hintergrund montierte. Das Bild besteht somit aus mindestens 14, eher 15 Einzelbildern ohne inneren Zusammenhalt oder eine verbindende Handlung. Eine solche gemeinsame Handlung, nämlich die Vorwärtsbewegung, wird allein durch die Handlung des korporierten Fotografen nahe gelegt. Er hat nach seinen Vorstellungen und Darstellungsabsichten (und so kann man vermuten: im Auftrag seiner Geldgeber) aus unverbundenen Teilen eine neue Gestalt geschaffen und damit auch eine neue, strategisch geplante Bedeutungsstruktur.

Das für die Interpretation Wichtige dabei ist, dass der Fotograf bei der Gesamtkomposition des neuen Bildes fast unabhängig von den ‚Zwängen der Natur' (Größe der Personen, Lichtverhältnisse, Besonderheiten des Hintergrunds etc.) nur seinen Darstellungsabsichten folgen konnte. Deshalb gilt für dieses Artefakt in gesteigertem Maße, was auch für andere Produkte menschlicher Praxis gilt: *Order at all points*.

Objektiv bedeutet das gewählte Verfahren der Bildkomposition (und das ist eine erste Annäherung an die Bedeutung) vor allem die *Austauschbarkeit aller Elemente*, also auch der abgebildeten Personen. Jeder und jedes kann leicht und schnell ausgewechselt werden – und das nicht nur auf dem Bild. Die ‚Gruppe' ist allein eine Fotografenfiktion – eine Simulation eines faktisch nie Realisierten (gemeinsamer Fototermin).

Wie sehr mit diesem Verfahren des Computer gestützten Bilddesigns die Austauschbarkeit der einzelnen Personen sichtbar wird, zeigt eine gedankenexperimentelle Rekonstruktion der (auch ökonomischen) Gründe für ein solches Vorgehen. Gäbe es in der Tat eine auf längere Zeit stabile Gruppe von Menschen, die miteinander etwas bewegen, dann wäre es ein Leichtes, diese Gruppe einmal abzulichten und das so entstandene Bild ins Netz zu stellen. Dieses Foto könnte in dieser Form lange genutzt werden. Wenn aber die Gruppe nicht stabil ist, sondern einzelne Mitglieder, aus welchen Gründen auch immer, die Gruppe verlassen (müssen), dann macht es (auch ökonomisch) Sinn, das Gruppenbild aus den jeweils alten und neuen Versatzstücken montieren zu lassen. So zeigt denn auch ein Vergleich der auf der Homepage platzierten Bilder vom Frühjahr und Herbst 2003 einen solchen Austausch von Personen und die Veränderung ‚Gipfellinie' und Bildausschnitt (siehe Abb. 5).

Abbildung 5

Doch zurück zur Betrachtung und Beschreibung der Handlung der Bildgestaltung: Die vom Fotografen benutzte Bildsprache arbeitet, um einen Eindruck von ‚Gruppenhaftigkeit' zu erzeugen, auf mehreren Ebenen: Zum Ersten wird durch die einheitliche Bekleidung und Gesichtsausdrücke der Personen eine ‚Uniformität ohne Uniform' hergestellt. Die Individualität spiegelt sich eher in Details und Varianten der Kleidung, etwa der Entscheidung für oder gegen eine Krawatte, wider, als in wesentlichen Unterschieden. Die Beschränkung auf Grauwerte in der Darstellung vereinheitlicht das Bild weiter.

Zum Zweiten wird durch die nachträglich vereinheitliche Körpergröße, die Nähe und Verschränkung der Körper zueinander und die mittels geringer Schärfentiefe zurückgenommene soziale Staffelung eine ‚Gruppe der Gleichen' geschaffen. Durch die Ausrichtung aller Personen nach vorn und die Reduktion der Abbildung auf die obere Körperhälfte verlieren die Personen zudem einen großen Teil an Geschlechtlichkeit und Körperlichkeit, was sie vor allem zu personalen Typen, zu Personen (also nicht konkreten Individuen) mit Herz und Kopf macht.

Zum Dritten wird diese Gruppe durch die Nutzung eines im christlichen Abendland weit verbreiteten und sehr bekannten ikonographischen Topos in besonderer Weise gedeutet und überhöht. Denn mittels Bildsprache ruft die Art der Darstellung der dreizehn Personen Assoziationen an Leonardos Abendmahl[94] hervor. Auf diesem Bild, das immer wieder neu interpretiert und als Topos auch

---

94   Leonardo da Vinci: Abendmahl (1495-1498), Santa Maria delle Grazie, Mailand. Zur Nutzung dieses und anderer religiöser Motive in der Werbung siehe Reichertz (1994b).

in nicht-christlichen Kontexten genutzt wurde, ist eine Gruppe von 13 Personen zu sehen, die vom Maler links und rechts von Jesus von Nazareth, dem Gottessohn, platziert wurden, von denen 11 in der christlichen Glaubensgemeinschaft seither als Heilige verehrt, deren Beziehung zueinander allerdings auf dem Gemälde Leonardos nicht ganz ungetrübt ist.[95]

Der Vergleich mit dem Abendmahl des Leonardo macht jedoch auf eine Spezifik des Bildes der Beratergruppe aufmerksam, die bedeutsam ist: Dem Bild der Wiener Unternehmensberater fehlt das Zentrum. Die charismatische Gestalt befindet sich nicht in der Mitte. Auch nicht an einem anderen Platz. Niemand der 13 Menschen ragt sichtbar über die anderen hinaus oder ist herausragend markiert, z.B. durch einen Nimbus. Allein die Außenpositionen nehmen eine Sonderstellung ein, da sie die Gruppe (auch durch ihre nach außen geneigte Körperhaltung) einfassen und zusammenhalten. Sie eröffnen den Rahmen, in den sich die übrigen einfügen. Sie geben Stabilität und Zusammenhalt. Aber auch sie sind austauschbar.

Aber nicht nur die Anklänge an das Abendmahl arbeiten mit der christlichen Ikonografie: Auch der Einsatz des Lichtes im Bildhintergrund entspringt religiöser Bildsprache. Das von oben kommende und nach unten abstrahlende helle Licht (besonders oft bei dem Motiv ‚Johannes tauft Jesus‘ eingesetzt) steht für die göttliche Eingebung von oben – zugespitzt: Der heilige Geist kommt über einen Menschen und erfüllt ihn (mit Einsicht). Die Quelle des strahlenden Lichtes liegt bei dem Bild der Beratergruppe oberhalb der Gruppe, also im Himmel. Diese ‚himmlische Erleuchtung‘ ist über die Gruppe (über das Unternehmen?) gekommen und hat den Erleuchteten mehr gegeben als sie vorher hatten. Das

---

95 An dieser Stelle gerät die Interpretation in eine schwierige Situation: Kennt man nämlich ein wenig die christliche Überlieferung und deren Verbildlichung durch die Malerei, dann weiß man, dass an der Tafel des Abendmahls auch Judas saß, der später die zentrale Person des Bildes verraten und damit dem Tode ausliefern wird. Das Bild Leonardos zeigt die Reaktion der Jünger, nachdem Jesus auf die Anwesenheit eines Verräters hingewiesen hatte. Hier stellt sich für den Interpreten der Homepage der Beratergruppe Neuwaldegg die Frage, ob auf dem Bild (wie oben behauptet) in der Tat ‚order at all points‘ ist. Liegt in der Nutzung des Abendmahlmotivs ein handwerklicher Fehler vor (wie z.B. bei der Abbildung des rechten Arms der Person 7) oder ‚zeigt‘ sich auf diese Weise objektiv und latent (und gegen die Absicht des Fotografen) die Brüchigkeit der Gruppe? In diesen Zusammenhang gehört auch die Frage, weshalb man nicht die Zahl 13, *die* Chiffre für Unglück, die man sowohl im Alltag als auch in Hotels und Flugzeugen auf vielfältige Weise verschwinden lassen will, vermieden hat. Da man mit den Diagnosen ‚handwerklicher Fehler‘ oder ‚latente Bedeutung, die sich auch gegen die Absicht des Autors durchsetzt‘ sehr sparsam umgehen sollte (abweichend hierzu: Kemmerzell & Saalow 2003), haben wir uns entschlossen, bis auf Weiteres davon auszugehen, dass der Fotograf das Abendmahl als Topos für ‚Gemeinschaft‘ verstanden hat und auch verstanden haben wollte. Dennoch: Die Konnotation ‚Verrat‘ und ‚Unglück‘, die in unserer Kultur von dem Bild auch aufgerufen wird, hinterlässt (nicht nur) bei den Interpreten ein ungutes Gefühl.

empfangene Wissen ist nicht von dieser Welt, es transzendiert diese Welt und das bislang erworbene Wissen.

Fasst man all diese Beobachtungen zusammen, dann fügt es sich zu einer Sinnfigur – nämlich der Inszenierung von Charisma. Jedoch geht es hier nicht um die Darstellung von Einzelcharismatikern, sondern um Gruppencharisma.[96] Nicht der Einzelne ist vom Licht umgeben, auch ist nicht ein Einzelner ausgezeichnet worden: Alle kommen sie aus dem Licht.

2.4 Abschied von der Rationalität oder Ergänzung?

Nicht nur auf den ersten Blick verblüfft es, wenn eine Beratungsfirma, die ihr Geld damit verdienen will, dass sie andere Wirtschaftsunternehmen mit dem Ziel der Erhaltung oder Steigerung wirtschaftlicher Rationalität berät, ihre Mitarbeiter in der öffentlich zugänglichen Unternehmensvorstellung als ‚Erleuchtete' inszeniert. Das scheint ein Widerspruch in sich selbst zu sein, da die Logik der Erleuchtung, die Logik des Charisma auf Hingabe, Intuition, und Nichtberechenbarkeit setzt, während die Logik wirtschaftlicher Rationalität der Macht, dem Kalkül und der Vorhersehbarkeit verpflichtet ist. Einer solchen Firma die Geschicke des eigenen Unternehmens anzuvertrauen (zumindest auf dem Papier), wäre dann vergleichbar mit dem Versuch, bei der Lösung eines mathematischen Problems ein Stoßgebet gen Himmel zu schicken. Schaden kann es nicht, aber kann es nützen? Die Diagnose eines solchen Falles wäre knapp und bündig: ein großer Abschied von der Rationalität des Wirtschaftens oder der Sieg postmoderner Beliebigkeit auf dem Feld des Wirtschaftens: ein Abschied vom Projekt der Moderne mithin.

Insofern könnte man (wieder) einwenden, eine solche Strategie sei ein eklatanter Fehler – entweder ein handwerklicher Fehler der Agentur, die für die Konzeption der Homepage verantwortlich war, oder ein strategischer Fehler der Neuwaldegger, sich so stark ‚in der Nähe des Himmels' zu platzieren. Günstiger wäre es doch, so könnte man einwenden, sich zukünftigen Kunden entweder als Firma zu präsentieren, die bereits viele große Firmen *erfolgreich* (big success) beraten hat oder aber als Unternehmen, das bei seiner Arbeit auf die Kompetenz angesehener *Wissenschaftler* (big science) zurückgreifen kann. Auf eines dieser Verfahren greifen fast alle Unternehmensberaterfirmen zurück, weil sie in be-

---

96 Zum Charismabegriff siehe natürlich die klassischen Stellen in Max Webers *Wirtschaft und Gesellschaft* (Weber 1976) und Gebhardt, Zingerle & Ebertz (1993). Zur Inszenierung von Charisma siehe Soeffner & Tänzler (2002) und Raab & Tänzler (1999). Postmoderne Formen des Charismas auch in der Unternehmensberatung werden in Lenze (2002) diskutiert.

sonderer Weise das Legitimitätsproblem (Wer oder was legitimiert die Unternehmensberater eigentlich?) zu lösen vorgeben.

Das erste Verfahren („Unser Erfolg spricht für sich selbst.") versucht im Kern, das Legitimitätsproblem zu umgehen, da die eigene Kompetenz nicht über einen besonders hohen Stand wirtschaftlichen Wissens (Diplome etc.) nachgewiesen wird, sondern im Gegenteil: Die Quelle des Erfolgs wird verdunkelt, was allein zählen soll, ist der Erfolg: Denn wer erfolgreich ist, hat Recht. Das zweite Verfahren begibt sich unter den Baldachin der Wissenschaft. Hier wird reklamiert, dass die besten lebenden Köpfe oder einige der zweitbesten oder zumindest deren Wissen, dass also das ganze System der Wissenschaft bei der Beratung zum Einsatz kommt, somit mit dem Segen des Systems ausgestattet ist, das als der Hort allen irdischen Wissens gilt.

Beide Verfahren legitimieren somit ‚irdisch' und ‚menschlich'. Denn der Erfolg ist von dieser Welt, und er ist von normalen Menschen erarbeitet: Einmal verdankt er sich einer pragmatischen und Praxis erprobten Verpflichtung auf den Erfolg, im zweiten Fall der konsequenten Anwendung systematischen und explizierbaren Wissens.

Schaut man sich die gesamte Homepage der Neuwaldegger an, dann kann man, wenn man den in der Gesamthomepage angelegten Pfaden folgt, nicht nur auf das Cover schaut, leicht feststellen, dass sie (wie andere Beraterfirmen auch) ebenfalls auf diese beiden Verfahren der Eigenlegitimation zurückgreifen: Buchpublikationen sowohl der Beratergruppe als auch einzelner Mitglieder werden ausführlich dargestellt, die wissenschaftlichen Titel einiger Mitarbeiter tauchen in ihrer Individualbeschreibung auf. Auf frühere Beratungserfolge wird hingewiesen – quasi objektiviert durch wörtliche Zitate von (natürlich zufriedenen) Kunden. Beratungserfolge werden somit genannt, wenn auch ohne Trommelwirbel, wissenschaftliche Ausbildungen und wissenschaftliche Publikationen der Berater ebenfalls. Man ist in der Praxis erfolgreich und zugleich in der wissenschaftlichen Forschung tätig. All das steht geschrieben und findet sich im Inneren der Homepage. Es ist wichtig und deshalb erwähnenswert – aber es steht hinten im normalen Text – wie alles Selbstverständliche. Auf der Vorderseite wird aber das Nichtselbstverständliche, das Besondere gezeigt: Erleuchtung nämlich. Das hat man ‚mehr', das unterscheidet einen von den anderen.

Allerdings ist diese Erleuchtung ‚klein' gehalten, sie bleibt noch im Rahmen: Die Berater sind weder als kreative Freaks noch als vergeistigte Gurus inszeniert, sondern sie weisen alle die Zeichen und Symbole wirtschaftlichen Erfolgs auf. Sie haben nicht mit der Logik des Wirtschaftens gebrochen, sondern sich beim erfolgreichen Wirtschaften der Logik der Erleuchtung erfolgreich bedient. Wirtschaftliche Rationalität ist also nicht verabschiedet, sondern ergänzt worden. Der Rahmen ist geblieben. Die Mittel sind erweitert worden.

Allerdings fragt sich auch, was sich Unternehmen in der Krise von einer solchen ‚erleuchteten' Unternehmensberatung versprechen. Haben vielleicht sie den Glauben an die Allmacht wirtschaftlicher Rationalität verloren oder wissen sie, dass in der Krise der Praxis nur das Aufbrechen bewährter Handlungslogiken und die Nutzung anderer Erkenntnisquellen Raum für neue Lösungen schaffen kann? Dann hätten die Neuwaldegger das meiste richtig gemacht, dann müsste aber so manches Bewährtes zur Theorie der Rationalität des Wirtschaftens überdacht und neu geschrieben werden.

2.5 Postskriptum 2006

Die Verfasser hatten ihre Studie zur Homepage der Neuwaldegger auch der Firma selbst zugesandt. Diese überwies zwar nachträglich kein Honorar, war aber beeindruckt. Im Frühjahr 2006 zeigte sich die Homepage nämlich mit folgendem Bild (Abb. 6): Fast alles Charismatische war gelöscht. Übrig blieben dynamische Berater/innen. Aber auch das ist ein interessanter Befund.

Abbildung 6

Dass aber auch in diesem Foto noch ein Rest ‚Charisma', enthalten ist, zeigt sich, wenn man ein weiteres Bild (Abb. 7) damit vergleicht, das man erst nach einigem Suchen auf der Homepage findet. Hier ist jedes Charsima ausgetrieben, hier werden ganze Menschen gezeigt, die (mal mit, mal ohne Erdung) fröhlich auf dem Weg sind. Wohin der Weg sie führen wird, weiß mal allerdings nicht so recht.

Abbildung 7

Literatur

Berger, John et al. (1983): Sehen. Das Bild der Welt in der Bilderwelt. Reinbek: Rowohlt.

Bohnsack, Ralf (2001): „Heidi". Eine exemplarische Bildinterpretation auf der Basis der dokumentarischen Methode. S. 323-338 in: Ralf Bohnsack et al. (Hrsg.): Die dokumentarische Methode und ihre Forschungspraxis. Opladen: Leske + Budrich.

Bohnsack, Ralf (2003a): Rekonstruktive Sozialforschung. Opladen: Leske + Budrich.

Bohnsack, Ralf (2003b): Qualitative Methoden der Bildinterpretation. In: Zeitschrift für Erziehungswissenschaft 6 (2): 239-256.

Bourdieu, Pierre et al. (Hrsg.) (1983): Eine illegitime Kunst. Frankfurt a.M.: Suhrkamp.

Brandom, Robert (2001): Begründen und Begreifen. Frankfurt a.M.: Suhrkamp.

Bromley, Roger, Göttlich, Udo & Winter, Carsten (Hrsg.) (1999): Cultural Studies. Grundlagentexte zur Einführung. Lüneburg: zu Klampen.

Bucher, Hans-Jürgen (1998): Vom Textdesign zum Hypertext. S. 63-102 in: Holly, Werner & Biere, Bernd Ulrich (Hrsg.): Medien im Wandel. Opladen/Wiesbaden: Westdeutscher Verlag.

Bucher, Hans-Jürgen & Jäckel, Michael (2002): E-Business-Plattformen im Usability-Test. S. 67-82 in: Roters, Gunnar et al. (Hrsg.): Content im Internet. Berlin: Verlag Vistas.

Burke, Peter (1998): Eleganz und Haltung. Berlin: Wagenbach.

Eco, Umberto (1987): Lector in fabula. München/Wien: Carl Hanser.

Englisch, Felicitas (1991): Bildanalyse in strukturalhermeneutischer Einstellung. S. 133-177 in: Garz, Detlef & Kraimer, Klaus (Hrsg.): Qualitativ-empirische Sozialforschung. Opladen: Westdeutscher Verlag.

Gebhardt, Winfried, Zingerle, Arnold & Ebertz, Michael (Hrsg.) (1993): Charisma. Theorie. Religion. Politik. Berlin/New York: de Gruyter.

Geertz, Clifford (2000): Available Light. Princeton/New Jersey: Princeton University Press.

Goffman, Erving (1977): Rahmen-Analyse. Frankfurt a.m.: Suhrkamp.

Goffman, Erving (1981): Geschlecht und Werbung. Frankfurt a.m.: Suhrkamp.

Goffman, Erving (1994): Interaktion und Geschlecht. Frankfurt a.m.: Campus Verlag.

Habermas, Jürgen (1999): Wahrheit und Rechtfertigung. Frankfurt a.m.: Suhrkamp.

Hall, Stuart (1999): Kodieren/Dekodieren. S. 92-112 in: Bromley, Roger et al. (Hrsg.): Cultural Studies. Grundlagentexte zur Einführung. Lüneburg: zu Klampen.

Harper, Douglas (2003): Fotografien als sozialwissenschaftliche Daten. S. 402-416 in: Flick, Uwe et al. (Hrsg.): Qualitative Forschung. Reinbek: Rowohlt.

Haupert, Bernhard (1992): Objektiv-hermeneutische Fotoanalyse am Beispiel von Soldatenfotos aus dem zweiten Weltkrieg. S. 281-314 in: Garz, Detlef & Kraimer, Klaus (Hrsg.): Die Welt als Text. Frankfurt a.m.: Suhrkamp.

Hickethier, Knut (1993): Film- und Fernsehanalyse. Stuttgart/Weimar: Metzler.

Hitzler, Ronald, Reichertz, Jo & Schröer, Norbert (Hrsg.) (1999): Hermeneutische Wissenssoziologie. Konstanz: UVK.

Iser, Wolfgang (1972): Der implizite Leser. München: UTB.

Iványi, Nathalie & Reichertz, Jo (2002): Liebe (wie) im Fernsehen. Eine wissenssoziologische Studie. Opladen: Leske + Budrich.

Jakobs, Eva-Maria (1998): Mediale Wechsel und Sprache. S. 187-210 in: Holly, Werner & Biere, Bernd Ulrich (Hrsg.): Medien im Wandel. Opladen/Wiesbaden: Westdeutscher Verlag.

Kemmerzell, Petra et al. (2003): „Betrachten Sie Ihr Leben als Unternehmen in eigner Sache". Protokoll der Analyse unter Anwendung der Methode der objektiven Hermeneutik. MS. Frankfurt a.M.

Kemmerzell, Petra & Saalow, Ulf (2003): Versicherungswerbung: Kommunikation mit dem Kunden. In: planung & analyse 3: 14-19.

Kemp, Wolfgang & von Amelungen, Hubertus (Hrsg.) (2000): Theorie der Fotographie. 4 Bde. München: Schirmer.

Lenze, Malte (2002): Postmodernes Charisma. Wiesbaden: Deutscher Universitäts-Verlag.

Löer, Thomas (1992): Werkgestalt und Erfahrungskonstitution. S. 341-382 in: Garz, Detlef & Kraimer, Klaus (Hrsg.): Die Welt als Text. Frankfurt a.m.: Suhrkamp.

Lüders, Christian (1992): Pädagogisches Wissen im Alltag. MS. München.Mead, George Herbert (1973): Geist, Identität und Gesellschaft. Frankfurt a.m.: Suhrkamp.

Mikos, Lothar (2003): Film- und Fernsehanalyse. Konstanz: UVK.

Opl, Eberhard (1990): Zur Frage der Audiovisuellen „Codeebenen". In: Kodicas/Code 13 (3/4): 277-306.

Oevermann, Ulrich (1979): Impressionistische und vor-impressionistische Malerei: Eine kunstsoziologische Betrachtung zur Einführung in die Ausstellung. In: Ausstellungskatalog zu Bildern des Impressionismus, Galerie Oevermann. Frankfurt a.M.

Oevermann, Ulrich (1983): Zur Einführung in die Ausstellung: Ölbilder und Gouachen von Pierre Montheillet. In: Ausstellungskatalog der Galerie Oevermann zu Ölbildern und Gouachen von Pierre Montheillet. Frankfurt a.M.

Oevermann, Ulrich (1996): Krise und Muse. Struktureigenschaften ästhetischer Erfahrung. MS. Frankfurt a.M.

Oevermann, Ulrich (2000): Die Farbe – Sinnliche Qualität, Unmittelbarkeit und Krisenkonstellation. S. 426-474 in: Fehr, Michael (Hrsg.): Die Farbe hat ich. Essen: Klartext Verlag.

Pape, Helmut (2002): Der dramatische Reichtum der konkreten Welt – Der Ursprung des Pragmatismus im Denken von Charles S. Peirce und William James. Weilerswist: Velbrück.

Peirce, Charles Sanders (1983): Phänomen und Logik der Zeichen. Herausgegeben und übersetzt von Helmut Pape. Frankfurt a.M.: Suhrkamp.

Peirce, Charles Sanders (1986): Semiotische Schriften Bd. 1. Herausgegeben und übersetzt von Christian Kloesel und Helmut Pape. Frankfurt a.M.: Suhrkamp.

Peters, Jan Marie (1980): Bild und Bedeutung. Zur Semiologie des Films. S. 178-188 in: Brauneck, Manfred (Hrsg.): Film und Fernsehen. Bamberg.

Raab, Jürgen & Tänzler, Dirk (1999): Charisma der Macht und charismatische Herrschaft. S. 59-78 in: Honer, Anne, Kurt, Ronald & Reichertz, Jo (Hrsg.): Diesseitsreligion. Konstanz: UVK.

Reichertz, Jo (1992): Der Morgen danach. Hermeneutische Auslegung einer Werbefotographie. S. 141-164 in: Hartmann, Hans A. & Haubl, Rolf (Hrsg.): Bilderflut und Sprachmagie. Opladen: Westdeutscher Verlag.

Reichertz, Jo (1994a): Selbstgefälliges zum Anziehen. Benetton äußert sich zu Zeichen der Zeit. S. 253-280 in: Schröer, Norbert (Hrsg.): Interpretative Sozialforschung. Opladen: Westdeutscher Verlag.

Reichertz, Jo (1994b): Religiöse (Vor-)Bilder in der Werbung. In: medien praktisch 2: 18-23.

Reichertz, Jo (2000): Die Frohe Botschaft des Fernsehens. Kultursoziologische Untersuchung medialer Diesseitsreligion. Konstanz: UVK.

Sandbothe, Mike (1997): Interaktivität – Hypertextualität – Transversalität. Eine medienphilosophische Analyse des Internet. S. 56-82 in: Münker, Stefan & Roesler, Alexander (Hrsg.): Mythos Internet. Frankfurt a.M.: Suhrkamp.

Sellars, Wilfrid (1999): Der Empirismus und die Philosophie des Geistes. Paderborn: mentis.

Soeffner, Hans-Georg (1989): Auslegung des Alltags – Der Alltag der Auslegung. Frankfurt a.M.: Suhrkamp.

Soeffner, Hans-Georg (1992): Die Ordnung der Rituale. Frankfurt a.M.: Suhrkamp.

Soeffner, Hans-Georg (2000): Gesellschaft ohne Baldachin. Weilerswist: Velbrück.

Soeffner, Hans-Georg & Tänzler, Dirk (Hrsg.) (2002): Figurative Politik. Zur Performanz der Macht in der modernen Gesellschaft. Opladen: Leske + Budrich.

Schröer, Norbert (Hrsg.) (1994): Interpretative Sozialforschung. Auf dem Weg zu einer hermeneutischen Wissenssoziologie. Opladen: Leske + Budrich.

Strauss, Anselm (1991): Grundlagen qualitativer Sozialforschung. München: Fink Verlag.

Weber, Max (1976): Wirtschaft und Gesellschaft. Tübingen: Mohr.

Wernet, Andreas (2000): Einführung in die Interpretationstechnik der Objektiven Hermeneutik. Opladen: Leske + Budrich.

Wirth, Uwe (1999): Wen kümmert's, wer spinnt? Gedanken zum Lesen und Schreiben im Internet. S. 29-42 in: Suter, Beat & Böhler, Michael (Hrsg.): Hyperfiction. Frankfurt a.M.: Stroemfeld/Nexus.

Wittgenstein, Ludwig (1971): Philosophische Untersuchungen. Frankfurt a.M.: Suhrkamp.

3 Spaß für Millionen. Harald Schmidt und Co. als moderne Hofnarren?

3.1 Freddie Mercury und die Queen

„Und Joschka Fischer?" so fragte die Zeit, Deutschlands führende Wochenzeitung für Politik, Wirtschaft, Wissen und Kultur, in ihrer Ausgabe vom 24. Februar 2005 den Late Night Talker Harald Schmidt: „Und Joschka Fischer, übersteht er die Visa-Affäre?" „Nicht nur das.", so die Antwort von Schmidt, der seit Dezember 2004 bei der ARD unter Vertrag steht, „Er wird stärker sein als vorher. Ohne ihn sind die Grünen wie Queen ohne Freddie Mercury" (vgl. Zeit vom 24.02.05: 61 f.). Diese Bemerkung, die den (in den letzten Jahren) immer elegant, aber eher konservativ gekleideten, weltmännisch auftretenden Außenminister Deutschlands mit dem extrovertierten und extravaganten Sänger von Queen, der am 24. November 1991 an Aids starb, parallelisiert, ist sicherlich nicht ohne Witz. Fraglich ist aber, ob die Bemerkung Schmidts für jeden verständlich ist.

So berichten die Massenmedien fast zeitgleich mit den Äußerungen von Schmidt landauf landab von einem denkwürdigen Ereignis im Buckingham Palace. Dort hatte die Queen Elisabeth II. hervorgehobene und verdiente Persönlichkeiten zu einem Empfang geladen. Unter ihnen auch Eric Clapton, Jimmy Page und Brian May. Eric Clapton, der schon einige Male die Ehre hatte, der Queen die Hand küssen zu dürfen, kannte wohl aus eigener Erfahrung die Bildungslücken der englischen Königin hinsichtlich englischsprachiger Popmusik und stellte ganz charmant seine musikalischen Mitstreiter vor, also auch Brian May, den Gitarristen von *Queen*, der nach dem Tod von Freddy Mercury lange Zeit versuchte, die Musik und das Erbe von *Queen* zu verwalten und weiterzuführen. Als die Queen auf diese Weise erfuhr, dass es in ihrem Reich eine Popgruppe (immer noch) gibt, die sich mit ihrem Titel schmückte, lächelte sie auf eine Weise, die nur dem gelingt, der von etwas völlig Neuem überrascht wird.

Weshalb erzähle ich hier von der Königin von England, die ganz offensichtlich die Bemerkung von Harald Schmidt nicht witzig gefunden hätte, allein schon deshalb, weil sie wohl schon einiges von Joschka Fischer, aber noch nichts von *Queen* und Freddy Mercury gehört hat. Wenn man so will: Der englische Hof versteht den deutschen Narren nicht. Auch das wäre nicht besonders erwähnenswert, hätte nicht der Soziologe Wolf Lepenies vor gut dreißig Jahren in seinem Buch *Melancholie und Gesellschaft* die These aufgestellt, der ,Entertainer' der Neuzeit sei durchaus mit dem Hofnarren des Mittelalters zu vergleichen (Lepenies 1969: 94). Auch wenn Lepenies mit seiner Bemerkung nicht unbedingt die Entertainer des deutschen Fernsehens meinte, möchte ich seine Überlegungen zum Anlass nehmen, etwas systematischer darüber nachzudenken, ob die Entertainer des Fernsehens, also Personen (= personae[97]) wie Harald Schmidt, Thomas Gottschalk, Günter Jauch, Jürgen von der Lippe, Anke Engelke, Gaby Köster, Stefan Raab, Oliver Pocher, Atze Schröder, Elton und viele andere mehr das Erbe der Hofnarren angetreten haben oder soziologischer: ob die Entertainer der heutigen Tage ein funktionales Äquivalent zu den Narren der alten Tage darstellen. Um dies zu leisten, soll erst einmal der Argumentationsgang von Lepenies dargestellt werden.

3.2 Der Narr am Hofe (nach Lepenies)

Zum mittelalterlichen Hof gehörte ein allgemeines *Freudegebot* und damit verbunden auch ein allgemeines *Melancholieverbot* – so die zentrale Aussage von Wolf Lepenies. „Vom Hofe muß die Melancholie verbannt bleiben; Herrschaft kann Traurigkeit nicht dulden – gesteht sie allenfalls dem Herrscher als Privileg zu" (Lepenies 1969: 90). „Die zu verwirklichende Totalität des verplanten, in Gesellschaft fugenlos aufgehenden Lebens kennt keine Trauer", so Lepenies weiter, „weil sie ja gerade das Glück fabrizieren will" (ebd.: 91). *Glück* will das Leben am Hof des Mittelalters also in dieser Sicht der Dinge produzieren, und der Hofnarr soll durch sein Tun, seine Kapriolen, seine Späße, seine Narreteien maßgeblich an dieser Fabrikation des Glücks mitarbeiten: Der Hofnarr erscheint hier als ein „Entlastungsfunktionär" (ebd.), der die Melancholie und Langeweile des Herrschers und der Herrschenden zu vertreiben hatte. Er darf und soll Dinge sagen, die vom Konsens der Herrschenden abweichen, und so lange die Kritik in wohlgesetzten Worten daherkommt und im Rahmen der Narretei verbleibt, kritisieren die Narren, ohne wirklich kritisch zu sein.

Der Todeskampf der Hofnarren begann, als die Literaten aufkamen und am Hofe begannen, folgenlos die Herrscher zu loben und zu kritisieren und so in Konkurrenz zu den Narren gingen. Die Literaten waren die ersten, die den Narren das Terrain streitig machten. Endgültig starb der Narr, so Lepenies, aber erst mit dem Niedergang der Königshäuser – also etwa gegen Ende des 18. Jahrhunderts. Er wird arbeitslos, weil das aufsteigende Bürgertum keine Melancholieaustreiber mehr benötigt. Die Narren dieser Zeit, die Dandys und Flaneure, legen sich die Attitüde des Adels zu, aber sie vertreiben nicht mehr die Langeweile

---

97   Zum Konzept der 'persone' innerhalb parasozialer Interaktion siehe Horton & Wohl (2001) und Vorderer (1996).

eines Publikums, sondern vor allem die eigene (ebd.: 93). Der Dandy erscheint als ‚Hofnarr ohne Publikum'. „Seines Publikums beraubt, spielt er für sich. (…) Der Flaneur und der Dandy stabilisieren mit ihren Attitüden der Exzentrizität kein System, sondern nur sich selbst: wie der Flaneur gegen den Produktionsprozess, so protestiert der Flaneur gegen die Alltagsnorm. Flaneur und Dandy schnurren ein Programm ab, das nicht mehr der Gesellschaft dient, die es aus Distanz genießt, sondern nur mehr dem, der es produziert" (ebd.: 94).

Nach den Literaten, den Flaneuren und den Dandys waren es, so eine Vermutung Lepenies, die Wissenschaftler, und hier vor allem Wissenschaftler, die sich als Teil einer frei schwebenden Intelligenz begriffen und immer noch begreifen, die sich der verwaisten Hofnarrenrolle bemächtigten. „Von der Funktion des Narren haben alle Wissenschaften etwas, die in Gefahr kommen, ihr Erkenntnisinteresse nicht emanzipatorisch zu nutzen, sondern den herrschenden Mächten zur Verfügung zu stellen. In dieser Rolle gefällt sich Soziologie als eine bürgerliche Wissenschaft, die nichts sein will als Soziologie – so wie der Narr einst nichts sein durfte als Narr, um vom Herrscher goutiert zu werden. (…) Der Hofsoziologe", so der abschließende Befund Lepenies, „ist Nachfahr des Hofnarren geworden" (ebd.: 96). Nun ist diese Vermutung nicht ohne Charme, doch soll ihr hier nicht weiter nachgegangen werden. Das sollen andere tun. Mir geht es hier vor allem um andere Institutionen und andere Akteure, die für Lepenies ebenfalls als neuzeitliche Erben der Narren gelten: Oper und Operette, aber auch der Film und die Entertainer sind für ihn „Melancholie und Langeweile bannende Institutionen" (ebd.: 277), während der Film erstmalig die Chance der Entlastung der Massen brachte. Auch dies dient letztendlich den Herrschenden, werden doch die Beherrschten in der Freizeit unterhalten, auf dass sie in der unfreien Zeit umso widerstandsloser arbeiten. Für Lepenies ist der neue Narr, egal welche Form er sich gibt, eingebunden in den Prozess des Herrschens: Er unterstützt die Unterdrückung, indem er den Unterdrückten die Zeit vertreibt, in der sie auf ‚dumme' Gedanken kommen könnten.

3.3 Der Hofnarr und seine Funktion im Wandel der Zeiten

Diese Deutung des Hofnarren, die in der Tradition kritischer Sozialforschung Frankfurter Prägung steht, ist in der Fachliteratur nicht unstrittig. Viele andere Autoren haben sich an der Deutung des Hofnarren versucht, und die Befunde variieren teils erheblich. Bis heute, so resümiert Werner Mezger, „gibt es noch keine zufrieden stellende Erklärung dafür, warum ausgerechnet an den Höfen, wo die streng geordnete Welt des Mittelalters ihre feierlichsten und vollkommensten Lebensformen entwickelte, stets eine Gestalt auftauchte, die nicht nur außerhalb aller Ordnung stand, sondern die obendrein auch noch das krasse Gegenteil des idealen Menschenbildes jener Zeit verkörperte: der Narr" (Mezger 1981: 7).

Auch wenn vieles noch ungeklärt ist, will ich im Weiteren versuchen, kurz zusammen zu tragen, was in der Fachliteratur zum Hofnarren als relativ sicher gilt – auch wenn man vor wissenschaftlichen Verklärungen und Mythenbildungen nie ganz sicher sein kann. Hier eine kurze Skizze: Hofnarren gab es über einen sehr langen Zeitraum: etwa sechs bis sieben Jahrhunderte, was eine beachtliche Zeit ist. Während dieser Zeit wandelte sich die Funktion des Hofnarren wenigstens dreimal. Deshalb ist es auch nur bedingt richtig, von *dem* Hofnarren und seiner Funktion zu sprechen. Auch hier wird man (wie überall) unterscheiden und auseinander halten müssen. Aber nacheinander.

Das historische Ursprungsland der Hofnarren war (wohl) das Frankreich des 11. Jahrhunderts. Manche Quellen wollen den Narren schon im 10. Jahrhundert gesichtet haben, doch hier ist die Literatur uneinheitlich. Möglicherweise kamen die Narren über die Kreuzzüge nach Frankreich, denn an arabischen Höfen waren Zwerge und Narren bekannt. Unklarheit herrscht auch über die Etymologie des Begriffes. Laut Wikipedia ist der „Narr zurückzuführen auf das mittelhochdeutsche *narre* oder das althochdeutsche *narr*. Man vermutet eine Ableitung aus spätlat. *nario* Nasenrümpfer, Spötter. Um den mittelalterlichen Narren zu verstehen, ist ebenso eine andere Bedeutung von *Narr* elementar. Als *Narren* werden in manchen Dialekten noch heute verkümmerte Früchte benannt. Da Gott laut der Bibel den Menschen nach seinem Ebenbild erschaffen hatte, wurden verkrüppelte Menschen als Narren bezeichnet, da sie nicht dem Normbild Gottes entsprachen, worunter auch die geistig Zurückgebliebenen zählten. Menschen, die Gott verleugneten, wurden als ‚natürliche Narren' spezifiziert, da sie dem damaligen Glauben nach ‚innen hohl' waren, also keine eigene Seele hatten, ebenso wie eine verkümmerte Frucht" (wikipedia.org/wiki/hofnarr 10/2004).

Anfangs, also etwa die ersten zwei-, dreihundert Jahre, verkörperte der Hofnarr die *Insipiens*, die Dummheit, das Unvernünftige, das im Unglauben seine Ursache hatte, im Gegensatz zum *Sapiens*, den weisen Berater oder dem König selbst, der im rechten Glauben ruhte. Der Hofnarr war in dieser Zeit nicht nur die Verkörperung des Ungläubigen und damit machtlos und lächerlich zugleich, er hatte auch etwas Beunruhigendes, etwas Abgründiges: „Die Narren waren dem ursprünglichen Verständnis nach weit weniger Spaßmacher und Unterhalter ihrer Herren, als vielmehr ernste Mahnung und gewissermaßen lebender Hinweis darauf, dass es vom gefeierten Herrscher zu verachteten Toren nur eines kleinen Schrittes bedurfte" (Mezger 1981: 17).

Der Narr hatte also ursprünglich die Aufgabe, den König an die Vergänglichkeit des Lebens und des irdischen Glücks zu erinnern. Denn niemand, auch nicht der mächtigste Herrscher, konnte sich seines Glückes und seiner Macht gewiss sein. So stammt aus dieser Zeit die Geschichte von König Robert von Sizilien, der für seine Überheblichkeit bekannt war. Seinen Mangel an Demut bestrafte Gott dadurch, dass er ihn über Nacht in einen Narren verwandelte. Schlussendlich musste er an seinem eigenen Hofe den Hofnarren geben (vgl. Mezger 1981: 17).

Nicht zufällig erinnert diese Geschichte an antike, nicht-christliche Glücksvorstellungen, und da diese für unser Thema von Bedeutung sind, sei kurz daran erinnert (ausführlich dazu Reichertz 2002): Geht man nicht zu sehr ins Detail, dann lässt sich das Deutungsmuster ‚Glück‘ des alten Hellas in etwa so beschreiben: Tyche, eine der vielen Töchter des Zeus, hatte die Macht, über das Schicksal der Menschen nach eigenem Gutdünken zu entscheiden. Manchen gab sie viel Glück, anderen nahm sie selbst das Notwendigste. Tyches Tun war völlig unberechenbar: weder mit Gebet, noch Versprechen, noch Opfergaben konnte man sie ‚zwingen‘, einem selbst oder anderen Glück zuzuweisen. Kurz: Tyche war besonders launig und eigensinnig.

Wesentlich bei dieser Deutung von Glück ist nun, dass der Mensch nicht aktiv an seinem Glück arbeiten konnte, sondern einem ‚blinden‘, Verdienste und Opfer ignorierenden ‚Schicksal‘ unterworfen war, das schnell und viel geben, aber genauso schnell viel nehmen konnte: Wie gewonnen, so zerronnen.

Aber ganz bedeutungslos war der Mensch in der Welt des alten Hellas denn doch nicht bei der Gestaltung seiner Glückskarriere: Er konnte nämlich zumindest in Maßen versuchen, den Entzug des Glücks zu beeinflussen. Denn Menschen, die Tyche mit den unterschiedlichen Gaben aus ihrem Füllhorn überschüttet hatte, taten gut daran, einen Teil der Gaben den Göttern als Opfer wiederzugeben und auch die ärmeren Mitbürger an dem Wohlstand teilhaben zu lassen – natürlich in Maßen. Und was der glückliche Mensch auf gar keinen Fall tun durfte, war die öffentliche Zurschaustellung des Glücks oder gar die Behauptung, das Glück verdanke sich eigener Leistung. Ein solcher Übermut (Hybris) löste fast zwangsläufig erst den Neid und dann die Rache der Götter aus. Und Nemesis, die Tochter des Okeanos, sorgte dann dafür, dass der Übermütige massiv und sichtbar erniedrigt wurde – was bei manchen eine Katharsis bewirkte, die dann in weise Bescheidenheit mündete.

Die Lehre aus diesem Deutungsmuster ist leicht zu erkennen: Wenn Dir Glück gegeben wird, posaune es nicht laut hinaus, und behaupte nie, das Glück allein eigener Leistung zu verdanken. Sei Gott dankbar und sei demütig.

Der Narr am Hofe, der im Übrigen meist nicht seinen eigenen Namen trug und der über keine ‚wirkliche‘ eigene Identität verfügte, erinnerte im 12. und 13. Jahrhundert an diese Zerbrechlichkeit des irdischen Glücks. Aber er war nicht einer der normalen Angehörigen des Hofes, so wie der Mundschenk, der Kammerdiener und der Ratgeber. Der Narr war sehr viel enger mit dem König verbunden, wenn auch auf eine verrückte Weise. König und Narr bildeten die zwei äußersten Pole einer Qualität: der Ordnung. König und Narr waren zu einer eigenen Einheit, einer für die Welt gut sichtbaren Einheit zusammengebunden. Die Einheit mahnte die Welt, stellte die Mahnung gut sichtbar aus, und sie stellte die Mahnung auf Dauer. Der Narr verkörperte nämlich das Gegenbild des Königs, genauer: das spiegelverkehrte Bild des Königs. Erkennbar ist dies besonders gut an der typischen Ikonographie des Narren und des Königs zu der damaligen Zeit: „Die Krone hatte ihr lächerliches Gegenstück in der Eselsohrenkappe. Das feierliche Herrschergewand kontrastierte zu dem grellbunten und auch einfach nur eselsgrauen Narrenkleid. Dem positiven Symbol des Szepters entsprach das negative Zeichen der Marotte. Den sogenannten ‚tintinnabula', feierlichen Glöckchen am Saum kaiserlichen Gewänder, traten die ordinäre Narrenschellen gegenüber. Die traditionsreichen Schmuck- und Ordensketten der Herrscher wurden durch allerlei groteske Narrenorden parodiert. Dem wallenden Haar und der gepflegten Barttracht gekrönter Häupter stand die Kahlheit der Narren gegenüber, die aus unterschiedlichen Gründen häufig geschoren wurden, und zum Schluß vielleicht der deutlichste Bezug: dem Reichsapfel in der Hand des Kaisers, dem von Kreuz gekrönten Sinnbild der Welt, entsprach in der Hand des Narren oftmals die gläserne Kugel der Vanitas, das Symbol der Leerheit und Nichtigkeit irdischen Existenz" (Mezger 1981: 19).

Die Funktion des Narren veränderte sich im Laufe der Jahrhunderte – zwar allmählich, aber tief greifend: Im 14. und 15. Jahrhundert, am Vorabend der Neuzeit, verkörperte und symbolisierte der Narr in dem von der Pest und dem Krieg gezeichneten Europa nicht mehr nur Dummheit, Sündhaftigkeit, Verblendung, sondern zunehmend Hinfälligkeit und Vergänglichkeit – also auch den Tod. Memento mori. Bedenke, dass Du sterblich bist. Der Narr (und auch der Wahnsinnige) wurden so in einer Zeit des gewaltvollen Umbruchs zum ernsthaften Zeichen der Zeit. Der Narr verband sich mit dem Tod und überwand ihn dadurch, dass er in düsteren Zeiten seinen Spaß mit ihm machte.

Denn, so eine Deutung von Foucault, die Aufgabe der Narren bestand darin, dass sie den Tod und die Angst vor ihm durch ihr Auftreten und ihr Gehabe sinnlos machten: „Der Spott des Wahnsinns tritt an die Stelle des Todes und seine Feierlichkeit. (…) Die Angst vor dieser absoluten Grenze des Todes wird in einer fortgesetzten Ironie verinnerlicht. Man entwaffnet diese Angst im voraus, macht sie zum Objekt des Gespötts, indem man ihr eine alltägliche und beherrschte Form gibt, indem man sie in jedem Augenblick während des Schauspiels des Lebens erneuert, indem man sie in den Lastern, den Verschrobenheiten und Schrullen eines jeden zerstreut. Die Zerstörung durch den Tod deutet nichts mehr, weil sie bereits alles bedeutet, denn das Leben selbst besteht nun aus Abgedroschenheit, hohlen Worten, leerem Geklingel und Narrenschellen. Der Kopf, der zum Schädel werden soll, ist bereits leer" (Foucault 1977: 34).

Der Narr, der angesichts des Todes spottete und zugleich Prahlerei, Einbildung und Eitelkeit dementierte, indem er all dies aufwendig zelebrierte, avancierte in dieser Zeit, im 14. und 15. Jahrhundert, auch zum Inhaber höherer Weisheiten, zum weisen Narren, zum Künder verborgener Wahrheiten – von dunklen Ahnungen getrieben. Der Narr wandelte sich vom Insipiens zum Sapiens. Seine Aufgabe bestand nun darin, seinen höher geborenen Herrn zu warnen, ihm mit seinen Ahnungen einen verborgenen Weg zu weisen.

Die Hofnarrenidee, entstanden etwa im 11. Jahrhundert, erlebte im 14. und 15. Jahrhundert ihren Höhepunkt und veränderte sich mit der Renaissance erneut gravierend. In der Renaissance übernimmt der Narr die Funktion, von der Lepenies berichtet, und die auch heute meist noch aufscheint, wenn man von Hofnarren spricht: Es ist die Idee vom Narren, der seine Herren mit Witzen und Narreteien unterhält, ihnen die Langeweile vertreibt und dabei in Maßen über die Strenge schlagen darf bzw. soll. Der Hofnarr der frühen Jahrhunderte mahnte zur Demut, der Hofnarr der Renaissance wurde am Hof gehalten, um die Lebensfreude am Hofe zu steigern und „sich an ihrem absonderlichen Benehmen zu belustigen" (Mezger 1981: 76).

So wurden die Hofnarren schrittweise zu *Komödianten,* die ihre Herren schmückten. Dies führte dazu, dass hoher und niedriger Adel, aber auch hoher und niedriger Klerus miteinander darum konkurrierten, die lustigsten oder absonderlichsten Narren zu besitzen. „Es gab keinen Herrscher in Europa, der nicht Zwerge und Debile für sein Kuriositätenkabinett suchte: es wurde darum gewettet, wer den winzigsten Zwerg oder den blödesten Tölpel besaß; es kam sogar vor, daß sie gegeneinander ausgeliehen, getauscht oder verkauft wurden" (Lever 1983: 86). Einen oder gar viele Narren sein Eigen zu nennen war erst Privileg, dann Aufgabe und dann Standesabzeichen, Teil eines demonstrativen Luxus der herrschenden und besitzenden Klassen. Der Umstand, dass niemand, von dem man etwas halten sollte, auf seine Hofnarren verzichten durfte und wollte, führte dazu, dass das Hofnarrentum zu Beginn des 16. Jahrhunderts enorm expandierte. Diese Hochkonjunktur des Hofnarren „erklärt sich als eine Mode- und Auflösungserscheinung zugleich" (Mezger 1981: 76).

Die langsame, aber unaufhaltsame Erosion der Institution ‚Hofnarren' begann Ende des 17. Jahrhundert und dauerte ein Jahrhundert. So war es Ludwig XIV. (1643-1715), der als erster in Frankreich die ‚Planstellen' der Hofnarren strich. In Preußen war es Friedrich II. (1740-1786), der vehement dem Hofnarrentum entgegentrat. Über die Gründe für den Niedergang des Hofnarren, der in wandelnden Gestalten und Funktionen etwa sechs Jahrhunderte vom europäischen Hof nicht wegzudenken war, wird in der Literatur spekuliert. Eine Deutung ist, dass die am Hof stärker werdenden Mätressen, beliebte Objekte des Spottes und der Häme aller Narren, ihren Einfluss dazu nutzten, die Narren vom Hof zu entfernen (vgl. Petrat 1998: 103). Andere Deutungen gehen davon aus, dass die Narren sukzessive von den ‚harmloseren' Spaßmachern und dem Schauspiel bzw. den Schauspielern verdrängt wurden. Sie boten Spaß und Unterhaltung pur, hier musste niemand mit Kritik rechnen, die sich als Witz tarnte.

Eine dritte Deutung ist, dass die Könige selbst es waren, die durch ihr ausschweifendes Verhalten die Polarität ‚König/Narr', also ‚Sapiens/Insipiens', ‚vernünftig/verrückt' auflösten, indem sie auch (und manche nur noch) die Rolle des Narren für sich reklamierten. Es schien so, schreibt z.B. Gerhardt Petrat, „als trügen diese Monarchen selbst mit Eifer dazu bei, gerade erst durch überzogene Prachtentfaltung den ursprünglichen Denkansatz zu korrumpieren, zugleich aber durch ihr persönliches Verhalten auch die Position des Narren demonstrativ zu besetzen, um sie so überflüssig zu machen. Fast scheint es, als wollten diese Vorsteher der Höfe freiwillig auf ihre ursprünglichen, ihnen zugedachte Mission verzichten, um mit vollen Zügen jene Welt auszukosten, für die symbolisch der Hofnarr zuständig gewesen war" (Petrat 1998: 113).

Die Aufgabe der Narren im späten Mittelalter war die Unterhaltung und Zerstreuung der Herrscher. Dies taten sie auf vielerlei Weise: „Ein ‚gut abgerichteter' Narr muß also eine Unmenge von Geschichten, Reimen, Fabeln und Anekdoten auswendig wissen; er muss es auch verstehen, selbst Verse und Liedchen zu verfassen und Spiele, Rätsel, Rebusse und Wortspiele zu erfinden. Wenn er nicht schon von Haus aus schlagfertig ist, muss er sich bemühen, es zu werden, muss in jedem Fall dieses Talent vervollkommnen, muss die Kunstfertigkeit erlangen, jeweils im richtigen Moment das passende Wort zu sagen, eine überraschende Wendung zu finden, muss lernen, Sarkasmen geistreich anzubringen, Ehrerbietung und Respektlosigkeit richtig zu dosieren und sich böse zu stellen, ohne je aufzuhören, dabei witzig zu sein. (…) Und da es des Herrn Vergnügen zu variieren gilt, fungiert er bei Gelegenheit auch als Tänzer oder Sänger, spielt die Drehleier oder den Dudelsack, trainiert seinen Körper mit anstrengenden akrobatischen Übungen, allerhand tausenderlei Verrenkungen und spaziert auf den Händen; allein vor seinem Spiegel, studiert er sein Gesicht, an dem er wie an einem weichen Masse herumzieht, um damit die groteskesten Grimassen zu schneiden; er arbeitet an seiner Stimme, um den Tonfall seines Souveräns oder der eines Höflings, den er verspotten will, nachzuahmen und Tierlaute und allerlei Arten von Geräuschen imitieren zu können" (Lever 1983: 110).

Narren waren im frühen wie im späten Mittelalter Menschen außerhalb der ordentlichen Gesellschaft. Aber auch wenn ihr Platz draußen war, gehörten sie dazu. Sie waren Außenseiter, weil sie grundlegend anders waren als die Übrigen: Sie hatten entweder gravierende körperliche oder geistige Defekte. Im Einzelnen waren das z.B. Zwerge, Krummwüchsige, Krüppel, Wirrköpfe, Phantasten und Verrückte – skurrile Personen, denen oft jede Eingebundenheit in eine Gemeinschaft fehlte, die auf der Straße oder in speziellen Hospitälern oder Narrenhäusern lebten. Viele dieser entbetteten Menschen wurden zum Narren berufen, weil sie auf der Straße einem Adligen auffielen oder weil ihnen der Ruf besonderer Ungewöhnlichkeit vorauseilte.

Neben diesen *,natürlichen Narren'*, also den Narren, die ihre Skurrilität der Natur bzw. körperlichen irreparablen Verunstaltungen und Defekten zu ,verdanken' hatten, gab es auch die *,künstlichen Narren'*. Der Anteil der letzteren steigerte sich im Laufe der Jahrhunderte erheblich, weil sie sich sehr viel besser für die geistreiche Unterhaltung eigneten. Gerade der Typus ,künstliche Narren' „wurde in der Renaissance mehr und mehr bevorzugt, weil er im Gegensatz zu den oft nur dumpf dahindämmernden und manchmal regelrecht furchteinflößenden natürlichen Narren für geistvolle Unterhaltung sorgte und zum Lachen reizte" (Mezger 1981: 60).

Weil die Narren außerhalb der höfischen Ordnung standen, standen auch ihr Benehmen und ihre Worte außerhalb dieser Ordnung, was hieß: Sie hatten einen beachtlichen Handlungsspielraum und konnten (fast) alles sagen und tun, was sie wollten, ohne dass unbotmäßiges Verhalten üble Konsequenzen nach sich zog. Die Redebeiträge der Narren waren von Sarkasmus, Hohn, Zoten, Obszönitäten, und platten Unflätigkeiten gekennzeichnet. Sie waren an keine Norm gebunden, weil alles, was sie taten und sagten, im wahrsten Sinne des Wortes für den Hof bedeutungslos war – gerade auch dann, wenn es sich auf den Hof bezog. Oder wie Ronald Hitzler dies auf seine unnachahmliche Art einmal formuliert hat: „Die Regel, dass der Ernst kein Spiel sei, wird vom Narren gebrochen, doch der Regelverstoß selber erfolgt im Sinne der Spielregeln der Narretei, bleibt im Spiel-Raum seiner sozialen Sonderrolle und somit im Rahmen normaler Sinn-Kriterien als Un-Sinn begreiflich" (Hitzler 1988: 124). Das ist gemeint, wenn man heute noch von der Narrenfreiheit spricht. Es ist die Freiheit des Narren, aus der Kritik einen Witz zu machen. Mit Narrenfreiheit ist dagegen nicht gemeint, einen kritischen Witz zu erzählen. Das ist für manche schon Subversion, für andere noch Kabarett. Insofern machte Dieter Hildebrandt auf der Münchner Bühne etwas anderes, als seine heutigen Kollegen im Fernsehen, so lange er noch kritische Witze machte.

3.4 Alte Narren am neuen Hof?

Folgt man einmal dieser sehr knappen Skizze der Institution ,Hofnarren', die im Wandel der etwa sechs Jahrhunderte, als es sie gab, viele Formen annahm und

Funktionen innehatte, dann wird es schwer, die Frage von Lepenies zu beantworten, ob die modernen Entertainer die Hofnarren der Neuzeit wären. Nimmt man das Narrenverständnis von Lepenies, so handelt es sich offensichtlich um die Beschreibung des Narrentums zu Zeiten des Niedergangs, als die Hofnarren vor allem ‚künstliche Narren' waren, die Herrschenden darum wetteiferten, den besten Narren ihr Eigen zu nennen und sie die Funktion hatten, im Schutze der Narrenfreiheit die Herrschaften am Hofe zu unterhalten, deren Langeweile zu vertreiben. Verfolgt man jetzt die Frage von Lepenies weiter, muss man (nachdem man nun etwas Aufschluss über das Narrentum erhalten hat) sich der neuen Zeit und den Entertainern zuwenden und sie, ihr Aussehen, ihr Verhalten, ihre Orte und natürlich den ‚Hof' ansehen, also den Ort und den Rahmen, an und in dem sie ihrer Belustigung nachgehen.

Und die Antwort auf diese Frage ist einfach und eindeutig: Die Entertainer tummeln sich auf der Bühne, in der Öffentlichkeit oder genauer: Sie betreiben vor allem ihr Geschäft in den Bildmedien und hier vor allem im Fernsehen. Das neue Leitmedium der Gesellschaft, das Fernsehen, ist also der Hof, an dem die Narretei stattfindet. Und auch hier, was durchaus eine Parallele zum Mittelalter darstellt, konkurrieren die Herrschenden im Fernsehen mit ihren Mitteln (den Gagen) darum, nicht nur einen, sondern viele Narren und nicht nur die mittelmäßigen, sondern die oder gar den besten ihr Eigen zu nennen. Und wenn man den modernen Kampf um die Narren bzw. die Entertainer betrachtet, dann scheint es A-Narren, B-Narren, C-Narren und noch jede Menge Fußvolk zu geben. Zu den A-Narren gehören ganz offensichtlich zu Beginn des dritten Jahrtausends Harald Schmidt, für den die ARD acht Millionen Euro per annum Gage zahlt, Thomas Gottschalk und Günter Jauch, vielleicht noch Anke Engelke.

Der ‚Beste' ist nun nicht der, der am besten unterhält (was immer das auch heißen mag), sondern der, den die Zielgruppe am liebsten sehen will, der die Gewähr dafür bietet, dass er den Werbekunden die meisten zu ihm ‚passenden' Zuschauer vor dem Bildschirm versammelt. Je nach Zielgruppe, können deshalb unterschiedliche Entertainer die besten sein: Stefan Raab lockt andere Zuschauer vor das Gerät als Harald Schmidt und Gottschalk andere als Anke Engelke und Atze Schröder andere als Helge Schneider.

Alle diese Akteure sind, gemessen an der bundesdeutschen Einkommensverteilung, Großverdiener, eingebunden in einen Rahmen, der ihrem Handeln mal weite und mal engere Grenzen setzt, aber der das Handeln auch sinnvoll macht: das Fernsehen. Sie sind Teil dieses Rahmens, und man kann ihr Tun nur innerhalb dieses Rahmens verstehen. Deshalb muss man sich zu Beginn den Rahmen ‚Fernsehen' ansehen und fragen, was das Fernsehen zu leisten gewillt ist. Dann kann man leichter die Aufgabe der Narren darin erkennen.

Die Entertainer sind über das Fernsehen eingebunden in das große vielfältige Glücksprogramm der Gesellschaft, das vieles für Viele bietet, und innerhalb dieses Programms sind sie, wie das Fernsehen selbst, für das mediale oder das medial vermittelte Glück zuständig bzw. für spezifische Formen des Glücks. Sie liefern keine Information, sie produzieren keine Spannung, keinen Schauer und helfen auch nicht, das Leben in eine neue Bahn zu bringen. Das Glücksprogramm der Medien ist nun recht vielfältig: Es liefert großes und kleines Glück und darunter große und kleine Fluchten. Die Entertainer sind für das kleine Glück und die kleinen Fluchten zuständig.

Allerdings hat sich in den letzten Jahrzehnten die Bedeutung der Medien verändert – und dies gilt vor allem in Bezug auf die wichtigsten, vom Massenverkauf lebenden Medien wie Zeitung, Radio und Fernsehen. Die Medien, die ihr eigenes Überleben nur dem Massengebrauch gegen Geld verdanken – allen voran das Fernsehen –, sind zu *modernen Lieferanten des Glücks* geworden – und das auf vielfältige Weise:

So beraten sie in zahllosen Ratgebersendungen oder entsprechenden Seiten ausführlich darüber, was wahres Glück ist und wie es erlangt werden kann.

Auch stellen sie in Reportagen und Talkshows gerne und großzügig Bühnen zur Darstellung und Ausstellung individuellen Glücks zur Verfügung.

Sie helfen in einer Fülle von Formaten ganz normalen Menschen dabei, ihr Glück zu finden – sei es, dass Reporter oder Moderatoren Streit schlichten, Liebesbotschaften überbringen oder Trauungen organisieren.

Sie schaffen oft Gelegenheiten, bei denen medienöffentlich das Glück den Einzelnen treffen kann – entweder bei Lotterien, Quizshows, Überraschungssendungen oder Schönheitswettbewerben.

Darüber hinaus, und das interessiert hier, liefern sie oft das kleine Glück des Alltags für Jedermann, indem sie Langeweile, Frustration oder Einsamkeit mit ausgestrahlter Heiterkeit vertreiben oder überdecken. Die Medien, und hier vor allem das Fernsehen, organisieren für die Menschen auf der Couch die kleinen Fluchten in das Land des Unsinns und der Narretei, in der nichts mehr zählt außer dem Stakkato der Pointen, die so dicht kommen müssen, dass dazwischen kein Gedanke an Anderes mehr Platz hat. Entertainment nennen die Verantwortlichen das.

Es sind also nicht die großen Fluchten ins mediale Glück, welche die Narren ermöglichen. Die großen Fluchten, die ein, zwei und manchmal drei Stunden dauernden medialen Fluchten, werden immer noch vom Kino und den großen Hollywoodfilmen im Fernsehen ermöglicht. Sie sind die „Tagträume der Gesellschaft", wie es schon Krakauer 1927 schrieb (Krakauer 1977: 280), von denen sich die kleinen Ladenmädchen in eine bessere Welt entführen lassen. Und Tagträume markieren nach Mead, der die Bildmedien vor allem als stundenweise organisierte Fluchthilfe oder genauer: als Freigang aus dem ungeliebten und beschwerlichen Alltag versteht, „die Isolation des Menschen inmitten der Gesellschaft" (Mead 1983: 359).

Die Entertainer sind auch nicht dort, wo die Macht ist. Weder halten sich Politiker, noch Wirtschaftsbosse, noch hohe Gewerkschaftsfunktionäre einen Narren. Im Gegenteil: In diesen Machtzentren geht es bierernst zu. Und wenn ein Politiker, ein Unternehmer oder gar ein Gewerkschafter mal einen Witz machen sollte, ist der massenverständlich und natürlich absolut politisch korrekt. Die modernen Entertainer sind also nicht da, wo die Macht ist, sind aber dort, wo die Macht sich zeigt: im Fernsehen. Die Fernsehsender sind ihre Arbeitgeber, die viel Geld für sie bezahlen und die sich gerne damit brüsten, den besten Unterhalter zu haben, und es sind die Fernsehsender, die sich die besten Entertainer gerne einander abjagen.

Das Medium der aktuellen Narretei ist das Fernsehen, nicht die Zeitung und nicht der Hörfunk, was ein wenig verwundert, ist doch die heutige Narretei im Fernsehen sehr wortlastig. Der gespielte Sketch, der in szenisches Erleben umgesetzte Witz, hat seine besten Zeiten schon hinter sich. Peter Frankenfeld, Didi Hallervorden und Harald Juhnke waren die alten Großmeister des Sketches. Heute erinnert noch Anke Engelke an dieses Erbe, das mit der Einstellung der Sendung *RTL-Samstagnacht* lange Zeit eine wesentlich institutionelle Verankerung verlor.

Die aktuellen Narren frönen dem Wortwitz. Allen voran und beispielgebend für viele Nachahmer die Sendung *Sieben Tage, sieben Köpfe*. Das ist eine Ansammlung von den üblichen Verdächtigen aus der Branche, Comedians, die abwechselnd über Abwesende, Anwesende und sich selber Witze jeder Art und jeder Güte reißen. Jeder Witz ein schneller Schuss ins Gehirn, der Lachen ausbrechen lässt. Und die Kunst der Entertainer ist es, mit der jeweils nächsten Pointe aufzuwarten, wenn die Lachwoge auf den gebotenen Witz langsam verebbt. Auf diese Weise folgt Witz auf Witz in so dichtem Abstand, dass kein Gedanke mehr dazwischen passt. Ein solches Witzstakkato vertreibt jede Laune, gute wie schlechte, weil es die Zeit vergessen lässt. Es hat in gewisser Hinsicht die Wirkung von Alkohol: Für eine gewisse Zeit hört die Welt auf, sich zu drehen. Sie ist einfach verschwunden und mit ihr die Notwendigkeit, sich in irgendeiner Weise zu ihr zu verhalten.

Die Entertainer bieten, jeder auf seine Weise und jeder für sein Publikum, kleine Fluchten an. Es sind solche, welche die Zeit vergessen lassen. Der im Medium gezündete Witz verglüht im Medium. Er hat weder ein Nachspiel noch Nachwirkungen. Er ist nicht Stein des Anstoßes und kein Anstoß für Widerstand oder Reflexion nach dem Mediengebrauch, es sind keine Spitzen, die erst sitzen und dann nachhaltig wirken, sondern Spitzen, die sitzen und sofort wieder vergessen werden.

Die Fernsehmoderatoren bieten fernsehöffentlich eine Übersteigerung des Klatsches, sie verteidigen gerade die Normen, wenn sie über den angeblich erhöhten Alkoholkonsum von Mayer-Vorfelder witzeln oder die Homosexualität von Westerwelle. Aber in keinerlei Weise erinnern die Entertainer mehr an die Vergänglichkeit des Glücks und des Lebens. Sie betreiben gerade die gegenteilige Arbeit des Überdeckens, des Sedierens, des Nicht-zu-Wort- und Nicht-zu-Gedanken-Kommens.

Die neuen Entertainer verstehen sich explizit nicht als Narren. Sie bezeichnen sich als Moderatoren,[98] Unterhalter, Comedians oder in einem Anflug von Zynismus ‚Quotennutte' (Gottschalk) oder ‚Mediennutte' (Schmidt). Niemand dieser Unterhalter ist wirklich körperlich entstellt (einer ist vielleicht etwas klein, ein anderer vielleicht ein wenig dürr, andere verfügen über eine beachtliche Nase), keiner präsentiert sich in Narrenkleidung (selbst die eigenwillige Kleiderwahl von Wigald Boning und Thomas Gottschalk können nicht ernsthaft als Narrenkleidung durchgehen), und keiner von ihnen ist körperlich entstellt, verrückt oder schwachsinnig. Im Gegenteil: Alle geben sich entsetzliche Mühe, immer durchscheinen zu lassen, dass alles nur ein Spiel ist und sie im Spiel eine Maske (persona) tragen. Heute würde auch niemand, das sei ganz nebenbei über die aktuelle Gesellschaft gesagt, über einen Schwachsinnigen, einen Verrückten oder einen Entstellten lachen – auch nicht hinter verschlossenen Türen. Über Krüppel lacht man nicht und über Schwachsinnige auch nicht – mag das Gesagte noch so verrückt klingen.

Ist der moderne Entertainer, da er öffentlich auf dem neuen medialen Markt auftritt, vielleicht der Nachfahre des *Stadtnarren*, der ebenfalls im Mittelalter seine Hochzeit hatte? Die Stadtnarren waren besonders in Frankreich und in Deutschland verbreitet. Sie unterhielten auf Jahrmärkten das umherstehende Publikum, führten aber oft auch die Fronleichnamprozession an (vgl. Lever 1983: 61 ff.). Sie ‚gehörten' entweder den Städten oder einzelnen Zünften, die sie für solche Feiern zur Verfügung stellten. Das Spezifische der Stadtnarren, die in Deutschland meist ‚Possenreißer' hießen, war nun, dass sie gerade nicht die öffentlich Ordnung durch ihre Narreteien verdrehten oder umstießen, sondern dass ihre Witze ohne ‚Verrücktheiten' auskamen, dafür von viel Grimassenschneiden und Lärm begleitet wurden. Stadtnarren betrieben gerade keine Umkehrung der Normen, sie vertrieben vor allem die Zeit der Umstehenden.

---

98 Nicht nur die Hofnarren differenzieren sich im Laufe der Jahrhunderte in viele Typen, sondern auch die Moderatoren – nur dass sie dazu keine Jahrhunderte benötigten. Einen sehr guten Überblick über die Typologie der deutschen Moderatoren bieten Strobel & Faulstich (1998).

Die Hofnarren dagegen unterhielten (glaubt man den gängigen Rekonstruktionen der Sozialgeschichte der Hofnarren) mit der Umkehrung von Werten und Normen, sie verrückten in Worten die Ordnung der Dinge. Sie waren Boten einer nicht nur um ein paar Meter Normalität ver-rückten Ordnung, wenn auch ihre Verrücktheit eine unernste war.

Ohne Zweifel sind die Entertainer Spaßmacher. Ihr Tun zielt auf den Zuschauer. Er soll Spaß haben. Er soll sich nicht auf sich selbst besinnen, er soll sich nicht konzentrieren, er soll sich im Spaß selbst weder finden noch in ihm wieder finden. Der Spaß zentriert den Zuschauer nicht, er wirft ihn nicht auf sich selbst zurück, sondern er dezentriert ihn: Der Spaß entfernt den Zuschauer von sich selbst, er lässt ihn sich selbst vergessen. Das ist wohl so, und daran ist erst einmal nichts Anstößiges. Kurz: Sie sind Spaßmacher. Keine Hofnarren. Gleiches gilt für Harald Schmidt, auch wenn er ein besonderer Spaßmacher ist.

3.5 Harald Schmidt – ein Hofnarr?

Und Schmidt ist ein Großmeister des Entertainment, genauer: dieser Art des Entertainment – zurzeit wohl der größte und ein besonderer. Acht Millionen Euro zahlt die ARD dem ehemaligen Frontmann von SAT 1. Dafür witzelt er zweimal die Woche zu später Stunde vor 1,5 bis 2 Millionen Zuschauern über das, was die Medien bewegte. Weil das Publikum ihn auf dem Bildschirm wünscht, wird er ab 2006 dreimal die Woche zu sehen und zu hören sein. Die Entscheidung, bei der ARD, seiner alten Heimat, sein Werk fortzusetzen, ist ihm offensichtlich nicht leicht gefallen. So antwortete er noch im Sommer 2003, als sein Vertrag mit der ARD noch in weiter Ferne war, auf die Frage, ob er sich vorstellen könne, noch einmal für die ARD zu arbeiten, mit folgenden Worten: „Wenn Sie mal Claudia Schiffer gebumst haben, ziehen Sie auch nicht mehr zu Ihrer Mutter" (Spiegel 52/2004: 92)[99].

Harald Schmidt arbeitet in seinen Shows durchgängig mit der Zweit- und Drittverwertung von bereits durch die Medien Bekanntgewordenem. Das bereits Bekannte wird in Anlehnung an Elemente der Klatschkommunikation neu aufbereitet, kommentiert und bewertet. Aber Schmidt kommentiert nicht nur in Medien bereits Dargestelltes oder auch schon Kommentiertes. Die Besonderheit von Harald Schmidt besteht darin, dass er stets auf einer zweiten Kommunikations-

---

99 Diese Äußerung Schmidts ist in einem Spiegel-Interview gefallen, und in eben diesem Spiegel findet sich die Großschreibung von ‚Ihrer'. Da davon auszugehen ist, dass Spiegelredakteure der Rechtschreibung mächtig sind, habe ich diese Schreibweise übernommen, was der Äußerung Schmidt noch eine besondere Note gibt. Fraglich ist nur, wie die Redakteure die Großschreibung heraus gehört haben.

ebene sich selbst kommentiert. Diese Kommentierung der Kommentare inszeniert Schmidt mit den unterschiedlichsten Mitteln: oft mit Hilfe einer ausgeprägten und das Gesagte konterkarierenden Gestik, Mimik und/oder Stimmführung, oft mit Hilfe sprachlichen Irrwitzes und/oder haarsträubenden Unsinns unterschiedlichen Niveaus. Heraus kommt (zumindest für Medientheoretiker) eine Satire zu gängigen Gattungskonventionen und Präsentationsklischees im Fernsehen, die im Übrigen all jene erfreut, die sich in ihrer Verachtung des (fernseh-) politisch Korrekten einig glauben.

In den Medien greift man gern zum Begriff des Hofnarren, wenn von Schmidt die Rede ist, so auch Lars von Gönna in der WAZ: „Der eingekaufte Hofnarr jenes Senders, der fleißig daran arbeitet, die Stadl-Strohballen noch weiter aufzutürmen und Ideen hinterher zu watscheln (Quiz, Retro-Show) die längst die Privaten hatten, lächelt wissend. Und er lächelt satt. (…) Die Tatsache, dass ein begrenzter Schauspieler und ein guter Kabarettist gefeiert wird wie ein Messias, zeigt erst, wie tragisch es um sein neues Zuhause bestellt ist" (Gönna 2005).

Narrenfreiheit besitzt Schmidt durchaus. Er darf vieles von dem, das andere nicht dürfen: So nimmt er sich bewusst das Recht heraus, die Grenzen des guten Geschmacks, des Anstandes und der Höflichkeit großzügig zu überschreiten – gegenüber fast jedem. Er scheint niemanden von seinem Biss auszusparen: weder den amerikanischen Präsidenten, noch den Bundeskanzler, weder den Bundestrainer noch den Bundesadler, weder die Zuschauer noch seinen Arbeitgeber, weder seine Kollegen noch sich selbst. Er erkämpft sich diese Narrenfreiheit mit einer Ernsthaftigkeit, die beachtlich ist.

Beispielhaft für sein stetes Bemühen ist sein Umgang mit der medialen Kritik an seiner Beleidigung einer Kollegin. So hatte Schmidt Anfang Februar 2005 gegen Ende seiner Sendung das nachfolgende Berlin-Magazin *Polylux* mit den Worten angekündigt, die ARD räume mit dieser Sendung der Moderatorin Tita von Hardenberg etwas Zeit zum „Üben" ein. Nicht nur die so geschmähte Moderatorin war beleidigt, auch einige Medien fanden, dass dies zu weit ginge und forderten Schmidt öffentlich auf, sich zu entschuldigen – was dieser auch tat, wenn auch mit doppelbödigen Worten, die den politisch Korrekten Genüge taten und sie zugleich lächerlich machten. So gab er in einer der folgenden Sendungen zu Protokoll, dass er sich missverstanden fühle. Natürlich sei Polylux „eine der ganz großen Sendungen im deutschen Fernsehen" und die Moderatorin sei „eine großartige Frau". Und: Polylux sei sein „persönlicher Programmtipp" Und: „Bleiben Sie dran!" (vgl. Berliner Zeitung vom 19.02.2005: 30). Spöttischer geht's nimmer.

Schmidt ‚bedient' mit seiner Haltung, seinem Humor und seiner Weise, mit Kultur zu spielen, sie zu drehen und zu verdrehen, sich selbst im Spiegelkabinett von ernst gemeintem Spiel und spielerischem Ernst zu zeigen und zu verhüllen,

im Wesentlichen ein Publikum, das sich auf der sicheren Seite wähnt, das ge-
wohnt ist, sich im Feld des Kulturellen geschmeidig und halbwegs gekonnt zu
bewegen.[100] Schmidt witzelt für die Mittelschicht und hier vor allem für die mittlerweile weitgehend verstummten Künder und die immer noch nach Erfolg stre-
benden Kinder der Spätmoderne. Diese sich als individualisiert verstehenden
Akteure glauben (dem verinnerlichten Credo der Spätmoderne folgend) immer
noch, dass ihre Entscheidungen solche Unterschiede produzieren, die wirkliche
Unterschiede machen, dass es also im Wesentlichen von ihnen selbst abhängt,
welche Bahn ihr Leben ziehen wird: Über alles darf, kann, muss deshalb entschieden und gewitzelt werden – auch über die Sinnhaftigkeit des (eigenen)
Lebens. Der rechte Lebens-Sinn ist nicht länger eine gesellschaftlich erarbeitete
und verbürgte *Vorgabe*, sondern vor allem individuelle *Aufgabe*, die das Risiko
des Misslingens in sich trägt. Allerdings gibt es einige, die für diese Aufgabe gut
gerüstet sind, und andere, die es nicht sind.

Eine solche Aufgabe mag nämlich erfahrenen und mit ökonomischen Ressourcen gut ausgestatteten *Lebensstil-Surfern* ein gewisses Wohlgefallen bereiten, auch den hoch gebildeten kreativen *Weltenerschaffern*, die mit einer gewissen Leichtigkeit immer wieder neue Versionen von sich und der Welt entwerfen
und in Spiel und Witz erproben können, aber diese Aufgabe ist all denen eine
gefährliche Last, deren kulturelles wie ökonomisches Kapital gering ausgefallen
ist. Vor allem die zuletzt Genannten, die man immer noch und verstärkt vornehmlich in der Unterschicht findet, brauchen und suchen Hilfe bei dem Prozess
der Selbstfeststellung. Diese Gruppe sucht Halt im Wort und keinen Dreh-
schwindel. Und sie glauben, in diesem Prozess auch mal eine Pause verdient zu
haben. Atze Schröder ist hier die Unterhaltung der Wahl.

Schmidt strengt dagegen an. Er ist gewiss der einzige Entertainer, der für
die geistige Elite Deutschlands, also die herrschende Meinung in Spiegel, Zeit,
Focus, Frankfurter Allgemeine etc. halbwegs satisfaktionsfähig ist. Er macht
zwar den Spaß der anderen Leute zu seinem Geschäft (und das reicht normalerweise aus, von den ernsten Medien ignoriert zu werden), aber sein Geschäft hat
einen Stil, der den an postmoderner Literatur und deren Intertextualität geschul-
ten Verstand der Intellektuellen, Lehrer und Feuilletonisten anspricht und für sie
sogar verständlich ist (vgl. Friske 1998). Deshalb wird er so oft und so gerne im
Feuilleton besprochen, mal gut, mal schlecht. Schmidt bedient das Niveau der
herrschenden Mittelschicht in den Medien. Er hat den intelligenten Witz, der sich
zynisch gibt, salonfähig gemacht. Schmidt macht Witze für die, die sich für
Durchblicker halten, die glauben oder besser: mit aller Inbrunst glauben *wollen*,

---

100   „Aus dieser Gelassenheit erwuchs eine Narrenfreiheit, die es dem 47-jährigen erlaubte, eine
         bissige Show mit Talkgästen in ein spaßiges Telekolleg zu verwandeln: Amüsantes Bildungs-
         fernsehen für Menschen, die gern geistreich plaudern" (Howahl 2005).

dass Hartz IV für sie nie in Frage kommt. Und sollten einige von ihnen doch von Hartz IV ereilt werden, dann werden sie gewiss der Ansicht sein, das Schicksal müsse sich in ihrem Fall geirrt haben.

An Schmidt scheiden sich nicht Qualität und Nichtqualität, sondern an Schmidt scheiden sich die Zielgruppen, die Schichten oder anders: die Klassen. Schmidt betreibt durchaus Kulturkampf. Über ihn lacht die Mittelschicht, also auch der Hauptschullehrer, während seine Schüler sich über Stefan Raab amüsieren und Schmidt doof finden. Schmidt hat sich auch öffentlich mit den Herrschenden verbündet, erkennbar daran, dass er in der ARD ständig über die vermeintlich Doofen witzelt, die bei SAT 1 oder RTL in der ersten Reihe des Unterschichtfernsehens sitzen.[101]

Schmidt erzählt in der Attitüde des Narren keine Wahrheiten (welche sollten das auch sein), er erinnert nicht an die Fragilität des Bodens, auf dem alle tanzen, er klatscht zur Musik und beschleunigt auf seine Weise noch das Tempo. Seine Kunst ist kein Abgesang, sondern sie ist ein Symptom. Er spielt nicht für die Herren, sondern für die Öffentlichkeit. Sein Hof ist der mediale Marktplatz, seine Aufgabe: Passanten mit Hilfe seiner Narretei dazu zu bewegen, ein wenig zu verweilen und die in seinem Umfeld präsentierten Warenangebote wohlwollend zur Kenntnis zu nehmen. Insofern tut er das, was auch die anderen Entertainer betreiben.

3.6 Von Spaßmachern und der Spaßgesellschaft

Analysen, die angesichts der Vielzahl von Entertainern von den ‚Spaßmedien‘ oder gar von einer ‚Spaßgesellschaft‘ sprechen (wie dies z.B. Dieter Stolte, langjähriger Intendant des ZDF in seinem kritischen Spätwerk in Buchform tut), scheinen mir nun aber viel zu kurz zu greifen (Stolte 2004: 32 ff.). Niemand wundert sich, wenn er (erlauben Sie mir diese grobe Metapher) in einer Metzgerei an jeder Ecke auf die appetitlich verpackten Überreste von getöteten Rindern und Schweinen stößt. Im Gegenteil: Jeder wäre sehr verwundert, wenn er das nicht täte. Und niemand, der bei Verstand ist, würde von der Metzgerei auf das gesamte Land schließen und jedes Gebäude für ein Schlachthaus halten, weiß er doch, dass es außer Metzgereien auch noch Bäckereien und Naturkostläden gibt, dass Finanzämter und Bauernhöfe ihren Aufgaben nachgehen und dass Tier-

---

101 Symptomatisch für die deutsche Kulturdebatte ist vielleicht (und das zeigt, dass ein Narrenwort zumindest mal einen Sturm im Wasserglas auslösen kann), dass es Schmidts Running Gag vom Unterschichtfernsehen war, der den deutschen leitenden Printmedien ein paar Artikel wert war. Ähnliche Befunde von Medienwissenschaftlern, Soziologen und Politikwissenschaftlern riefen dagegen nur geringes Medienecho hervor (Nolte 2005, Reichertz 2000).

schutzvereine und auch die Kirchen sich um die Moral der Menschen Sorgen machen. Kurz: Spaß hat *eine* Funktion, und zu fordern, Spaß solle den Menschen aufrütteln und kritischer machen, gleicht dem Begehren, in einer Metzgerei sollten in Zukunft nur noch Backwaren verkauft werden.

Unterkomplex sind auch solche Analysen, die durchaus in kritischer Tradition und Pose das Treiben der Spaßmacher als Teil einer groß angelegten Doppelstrategie ansehen, wobei der Staat für das ‚Brot' und die Medien für die ‚Spiele' zuständig wären. Bei den Spielen ginge es vor allem darum, das Volk mit Hilfe lustiger Narren abzulenken, einzulullen, einzuschläfern, bei Laune zu halten, kurz; zu entpolitisieren (vgl. Stolte 2004: 26 ff.). Zyniker könnten zuspitzen und vortragen, in den Hartz-IV-Zeiten verschiebe sich das Verhältnis von panem et circenses: Jetzt, da der Staat immer weniger Unterhalt zahlen wolle und könne, erhöhe man im Fernsehen halt den Anteil der Unterhaltung. Das ist vielleicht eine gute Pointe, aber keine gute Diagnose.

Hilfreich zum besseren Verständnis der Mediennarren und derer, die sich von ihnen vergnügen lassen, ist vielleicht ein Brechtwort, das zwar alt, aber aus meiner Sicht keineswegs überholt ist. Er schrieb: „Seit jeher ist es das Geschäft des Theaters, wie aller anderen Künste auch, die Leute zu unterhalten. Dieses Geschäft verleiht ihm überall seine besonderen Würde; es benötigt keinen andern Ausweis als den Spaß, diesen freilich unbedingt. (…) Weniger als alles andere brauchen Vergnügungen eine Verteidigung" (Brecht 1977: 131).

Ist nun Schmidt ein Hofnarr? Einmal nein, weil er nicht die neuen Herren unterhält, sondern die alte Mittelschicht. Zweimal nein, weil er auch dann, wenn er kritisiert, seinem Publikum nach dem Munde spricht. Manche verstehen seinen Spaß nicht immer, aber das hat damit zu tun, dass die Unverständigen zu wenig die Medien benutzen. Und damit verbindet die Unverständigen einiges mit der amtierenden englischen Königin, der Queen, und das ist doch ganz tröstlich, wenn man einen Spaß von Schmidt nicht verstanden hat.

Literatur

Barloewen, Constantin von (1981): Clown: Zur Phänomenologie des Stolpern. Königstein/Ts: Athenäum.
Foucault, Michel (1977): Wahnsinn und Gesellschaft. Frankfurt a.M.: Suhrkamp.
Frieske, Michael (1998): Selbstreferentielles Entertainment. Wiesbaden: DUV.
Gönna, Lars von der (2005): Contra Harald Schmidt. In: Waz vom 19. Januar 2005.
Hitzler, Ronald (1988): Sinnwelten. Opladen: Westdeutscher Verlag.
Hohwal, Georg (2005): Pro Harald Schmidt. In: WAZ vom 19. Januar 2005.

Horton, Donald & Wohl, Richard (2001, 1956): Parasoziale Interaktion. S. 74-104 in: Adelmann, Ralf et al.(Hrsg.): Grundlagentexte zur Fernsehwissenschaft. Konstanz: UVK.

Jörg, Sabine (Hrsg.) (1982): Spass für Milllionen. Berlin: Volker Spiess.

Krakauer, Siegfried (1977): Das Ornament der Masse. Frankfurt a.M.: Suhrkamp.

Lepenies, Wolf (1969): Melancholie und Gesellschaft. Frankfurt a.M.: Suhrkamp.

Lever, Maurice (1983): Zepter und Narrenkappe. München: Trikont Buchverlag.

Mead, George Herbert (1983): Das Wesen der ästhetischen Erfahrung. S. 347-362 in: ders.: Gesammelte Schriften. Bd. 2. Frankfurt a.M.: Suhrkamp.

Mezger, Werner (1981): Hofnarren im Mittelalter. Konstanz: UVK.

Nolte, Paul (2005): Generation Reform. München: Beck.

Petrat, Gerhardt (1998): Die letzten Narren und Zwerge bei Hofe. Bochum: DR. Winkler.

Postman, Neil (1988): Wir amüsieren uns zu Tode. Frankfurt a.M.: Fischer.

Reichertz, Jo (1998): Harald Schmidt oder: Der Spaß am Doppelspiel. S. II-III, Vorwort zu: Frieske, Michael: Selbstreferentielles Entertainment. Wiesbaden: DUV.

Reichertz, Jo (2000): Die Frohe Botschaft des Fernsehens. Konstanz: UVK.

Reichertz, Jo (2002): „Ich könnte schreien vor Glück", oder: Formen des Glücks in den Massenmedien. S. 227-244 in: Bellebaum, Alfred (Hrsg.): Glücksforschung. Eine Bestandsaufnahme. Konstanz: UVK.

Stolte, Dieter (2004): Wie das Fernsehen das Menschenbild verändert. München: Beck.

Strobel, Ricarda & Faulstich, Werner (1989): Von Peter Frankenfeld bis Thomas Gottschalk. Historiographische Typologie der deutschen Fernsehstars. S. 441-457 in: Klingler, Walter et al. (Hrsg.): Fernsehforschung in Deutschland. Baden-Baden: Nomos.

Vorderer, Peter (Hrsg.) (1996): Fernsehen als Beziehungskiste. Opladen: Westdeutscher Verlag.

IV Die Macht des Wortes

1 Verstehen ist nicht das Problem – oder: Über die Macht der Worte[102]

> Daß Worte etwas bewirken, daß sie je-
> manden in Bewegung setzen oder aufhal-
> ten, zum Lachen oder Weinen bringen
> konnten: Schon als Kind hatte er es rätsel-
> haft gefunden, und das hatte nie aufgehört,
> ihn zu beeindrucken. Wie machten die
> Worte das? War es nicht wie Magie?
> *Pascal Mercier: Nachtzug nach Lissabon*

1.1 Sprechen, Ausdruck und Kommunikation

Der Sinn des Gesprochenen und der Sinn von Handlungen sind grundsätzlich ver-
stehbar – sowohl für die Menschen im Alltag als auch für die Wissenschaftler und
Wissenschaftlerinnen, die sich berufsmäßig (zum Beispiel als Sozial- oder Kommunikationswissenschaftler) mit dem Sprechen und dem Handeln beschäftigen.

Diese Aussage ist ein augenfälliges und durchgängiges, aber keineswegs ü-
berraschendes Ergebnis der Forschungsprojekte, die ich im Laufe meiner Arbeit
als Hochschullehrer an der Universität Duisburg-Essen durchgeführt habe. Ge-
forscht habe ich über Formen polizeilichen Vernehmens, Strategien der werbli-
chen Kommunikation und der Public Relations, Formen der Liebeserklärung und
der Heiratsanfrage, aber vor allem über die Grundlagen des alltäglichen und wissenschaftlichen Verstehens, also der Hermeneutik (Reichertz 1986, 1991, 2000,
Reichertz & Iványi 2002, Hitzler, Reichertz & Schröer 1999 und Reichertz &
Zaboura 2006). Bei all diesen Projekten ging es, neben den recht unterschiedlichen Aufhellungen des jeweiligen Gegenstandes, stets auch um das wirkungsvolle
Sprechen einerseits und das Verstehen der Wirkung des Sprechens andererseits.

Verstehen ist nicht das Problem – so die These –, wenn und so lange es um
Sprechen (Kommunikation)[103] und Handeln (Interaktion) mit Anwesenden in

---

102 Da dieser Artikel Ergebnis vieler Diskussionen mit Kollegen und Kolleginnen, Studenten und
     Studentinnen der Universität Duisburg-Essen ist, kann ich hier nicht alle anführen, die mir
     durch ihre Kritik oder Anregung bei der Abfassung geholfen haben. Genannt werden müssen
     allerdings die, deren Argumente deutliche Spuren im Text hinterlassen haben. Dies sind vor al-
     lem: Andreas Bornhäußer, Thomas Eberle, Joachim Renn und Sylvia Wilz.

bestimmten sozialen Situationen geht.[104] ‚Sprechen' meint hier dabei nicht nur das Regel geleitete Intonieren von Wörtern und Sätzen, sondern auch den gesamten (strategisch eingesetzten, kulturell eingeschliffenen und biologisch verankerten) Körperausdruck beim Sprechen, der die Worte kommentiert, erläutert, dementiert, ironisiert, verstärkt durch Gestik, Mimik, Körperhaltung, Stimmführung, Körperabstand, Körperspannung, Augenkontakt, Pupillenweite, Bewegung im Raum (siehe hierzu auch Argyle 1972: 90 ff., auch Argyle 1985), aber auch durch Kleidung[105] und Frisur (siehe hierzu Sahlins 1994, ausführlich Hitzler 2002).[106]

Wenn Menschen sprechen, drücken sie für den Angesprochenen immer mehr aus als sie denken, dass sie ausdrücken.[107] Denn wenn der Mensch spricht,

---

103   Siehe hier die klassische Definition von Kommunikation durch Cooley: „By communication is here meant the mechanism through wich human relations exist and develop – all the symbols of the mind, together with the means of conveying them through space and preserving them in time. It includes the expression of the face, attitude and gesture, the tones of the voice, words, writing, printing, railways, telegraphs, and whatever else may be the latest achievement in the conquest of space and time." (Cooley 1909: 61)

104   Siehe hierzu unter anderem die Positionen von Juchem, der im Anschluss an Überlegungen von Gerold Ungeheuer zu dem Ergebnis kommt, „daß ein Verstehen des anderen in letzter Konsequenz nicht möglich ist, wenn man darunter die eindeutige und übereinstimmende Koordinierung der inneren Handlungen der Kommunikationspartner faßt" (Juchem 1987: 11). Ähnlich auch Ungeheuer: „Hinsichtlich des Kommunikationserfolgs sind kommunikative Sozialhandlungen fallibel, d.h. es gibt im Prinzip kein gesichertes Wissen über täuschungsfreies Verstehen des Gesagten" (Ungeheuer 1987: 320). Der Grund für die prinzipielle Fallibilität der Kommunikation ist bei diesem Ansatz, der sich stark an den Überlegungen des frühen Schütz (Schütz 2004) orientiert, die ‚individuelle Welttheorie'. Zur Position von Schütz allgemein siehe Endreß & Renn 2004, speziell zur Kommunikationstheorie siehe Bongaerts & Ziemann 2000. Bei Georg Büchner findet sich auch eine literarisch verdichtete Beschreibung des Unvermögens, einander zu verstehen: „Einander kennen? Wir müßten uns die Schädeldecken aufbrechen und die Gedanken einander aus dem Hirn zerren." (Büchner 1965: 6)

105   „Die ‚bloße Erscheinung' muß eine der wichtigsten Formen der symbolischen Aussage in der westlichen Zivilisation sein. Denn es sind die Erscheinungen, durch die die Zivilisation den Grundwiderspruch ihrer Konstruktion in ein Wunder der Existenz verwandelt: eine zusammenhängende Gesellschaft aus vollkommen Fremden. Ihr Zusammenhalt hängt jedoch von einer Kohärenz spezifischer Art ab: von der Möglichkeit, andere Menschen, ihre soziale Stellung und damit ihr Verhältnis zu einem selbst auf ‚den ersten Blick' zu erfassen." (Sahlins 1994: 286)

106   Allgemein zur Bedeutung nonverbaler Kommunikation siehe Birdwhistell (1970), Ekman & Friesen (1978), Sager (2004) und Scherer & Wallbott (1979).

107   Erinnert sei hier an die alte, oft kritisierte, aber im Grundsatz mehrfach bestätigte These von Albert Mehrabian (1968), nach der bei Kommunikation unter Anwesenden nur etwa 7% der Botschaft an den anderen über das Verbale läuft, weitere 38% werden paralinguistisch weiter gegeben und 55% über den Körperausdruck. Der Angesprochene nimmt den Anderen über seine Sinnesorgane wahr: Das Auge liefert Informationen über Mimik, Gestik und Körperhaltung, aber auch über Bewegungsmuster, Nähe und Distanz, die Pupillengröße des Gegenübers, vegetative Symptome und anderes. Die *Haut* gibt Empfindungen weiter (Widerstand, Temperatur, Schmerz). Der *Geruch* bestimmt z.B., ob wir „jemanden riechen können" (siehe hierzu Watson 2001). Darüber hinaus übermitteln die *nonverbalen* Elemente (Stimmfärbung, Tonhöhe etc.)

spricht zugleich sein ganzer Körper mit. Kann er die Lautspur seines Sprechens selbst hören und sie somit kontrollieren, so ist dem Sprechenden dies mit seinem übrigen Körperausdruck nicht oder nur begrenzt möglich. Der Sprechende (und der Angesprochene) haben also nie die absolute Kontrolle über ihren Ausdruck. Mit Goffman kann man zu Recht unterscheiden zwischen dem Ausdruck, den jemand bewusst und willentlich gibt, und dem Ausdruck, den jemand, ohne es zu wissen und zu wollen, ausstrahlt (Goffman 1991 und 2005). Der Angesprochene sieht und hört am Ausdruck des Gegenübers anderes und mehr als der Sprecher glaubt auszudrücken. Und zugleich sieht der Sprecher am Angesprochenen mehr und anderes, als dieser glaubt, beim Zuhören auszudrücken.[108] Deshalb ist jede Kommunikation grundsätzlich asymmetrisch: Sprecher und Angesprochener nehmen am jeweils Anderen mehr wahr als dieser ausdrücken will. Welche Konsequenzen dieser Umstand für die Kommunikation und deren Erfolg hat, ist bislang weitgehend unbekannt.

,Handeln' meint hier die Gesamtheit aller (vom Handelnden und/oder vom Beobachter bzw. Teilnehmer) mit Sinn versehenen Körperaktivitäten. Wenn ein Mensch sich im Wahrnehmungsbereich eines anderen befindet, muss er damit rechnen, dass alles, was er tut oder auch nicht tut, vom Gegenüber als auf ihn bezogen interpretiert wird. Gleiches gilt für das Gegenüber: Auch er muss sich all sein Tun als absichts- bzw. als sinnvoll von seinem Gegenüber zurechnen lassen (unabhängig davon, ob Absicht und Sinn tatsächlich vorlagen). Beide wissen davon, und das schafft sofort eine spezielle Situation, wenn man einander begegnet. Ein Aussetzen ist nicht möglich – sobald und solange man als kompetentes Mitglied einer Interaktionsgemeinschaft gelten will.

Alltägliche Interaktion folgt nur sehr selten einem Skript, das den Namen ,Plan' oder gar ,Strategie' verdienen würde. Vielleicht gibt es einen (vagen) Entwurf. Wahrscheinlicher ist aber, dass es im Alltag nur einen ,Beginn' gibt, einen Start, auf den der Sprechende und der Zuhörende dann ,antworten'. Viel wichtiger für Ablauf und Form des Handelns sind also die jeweilige Situation und das antwortende Handeln des Gegenübers. Eine Handlung, einmal begonnen, entfaltet eine Dynamik, die selbst den Handelnden mitreißt zu Punkten, an denen er nicht landen wollte. Handeln reagiert aber auch auf Antworten, entwickelt sich deshalb aus der Dynamik der Interaktion und ist somit fluide; Handeln

---

bestimmte emotionale Stimmungen. Der größte Teil dieser Hinweise wird unbewusst aufgenommen und bewertet.

108   „Meine leibhaftige Körperlichkeit ist dergestalt, ob ich es will oder nicht, ein – von mir nur beschränkt kontrollierbares – Anzeichenfeld für den im Gegenüber fokussierten öffentlichen ,Blick' (...). D.h., auch all die Aktivitäten, die nicht kommunikativ intendiert sind, geben Auskunft über mich, über meine Stimmung(en), eventuell auch über meine Bedürfnisse, vielleicht sogar über meinen Charakter" (Hitzler 2002: 78).

reagiert permanent auf den eigenen Verlauf, entwickelt immer wieder ad-hoc-Strategien und ist somit für alle Beteiligten nur begrenzt steuerbar.

Die *Interaktionsdynamik* ist die eine Größe: Sie entreißt dem Einzelnen in Teilen die Gestaltung von Handeln und Kommunikation; sie ist das Unberechenbare. Die anderen Größen, die Kommunikation und Interaktion jenseits der bewussten Planung der Akteure mitgestalten, sind die kommunikativen (Luckmann 2002, Goffman 1977b) und symbolischen *Ordnungen* (Soeffner 2000) einer Sprach- und Interaktionsgemeinschaft, die in kommunikativen Praktiken und Argumenten wirksam werden. Sie gestalten hinter dem Rücken oder besser: im Schatten des Halbbewusstseins der Beteiligten Interaktion und Kommunikation mit. Sie unterstützen den Prozess der Verständigung, da sie helfen festzustellen, was gerade los ist und was man gemeinsam tut. Meist ohne es (explizit) zu wollen, arbeitet man in Kommunikation und Interaktion neben der Darstellung der Absicht an der Aushandlung und Darstellung der Beziehung und der eigenen Identität und der des Anderen. Darüber hinaus stellt man sein Geschlecht dar (doing gender), sein Alter (doing age etc.), seinen Sozial- und Redestatus, zeigt, welcher Sprach-, Kultur- und Dialektgemeinschaft man angehört, welche Stile man bevorzugt, man arbeitet an dem Fortgang der Konversation, kommentiert ständig das eigene Sprechen und das Verhalten des Gegenübers und noch sehr viel mehr.[109] All dies funktioniert, wenn und weil sich Sprecher bestimmter gesellschaftlicher Rahmen und Formen bedienen, ohne dass die Beteiligten es ausdrücklich beabsichtigen, wissen oder wissen wollen. Aber alles kann auch in den Fokus des Miteinander Sprechens gelangen – so dies die Beteiligten wollen.

Denn: Akteure sind grundsätzlich dazu in der Lage, sich entweder *in* der laufenden Situation oder aber *nach* ihr reflexiv dem Prozess des Handelns oder des Verständigens zuzuwenden und den Handlungs- und/oder Verstehensprozess dann durch weitere Handlungs- oder Kommunikationszüge zu ergänzen, abzuschwächen, zurückzunehmen (Versehen, Irrtum, Lüge, Ironie, Scherz). Akteure sind nicht hilflose Opfer einer sich über sie hinwegsetzenden Interaktionsdynamik, sondern auch deren Gestalter. Auf diese Weise entstehen Ordnung und Sinn *auch ohne Plan und Strategie* – nur sind diese Ordnung und dieser Sinn

---

109   Weil alles dies (wenn auch nicht immer und an jeder Stelle und nicht mit gleicher Intensität) auch passiert, wenn Menschen miteinander kommunizieren, ist es nicht zutreffend anzunehmen, Kommunikation sei nur für die symbolisch vermittelte Verhaltenskoorientierung zuständig. Kommunikation schafft und festigt eigene und fremde Identität, konstituiert und verändert Gemeinschaften und Gesellschaften, legitimiert und unterhöhlt Kultur. Kurz: Kommunikation hat in Gesellschaften vielfältige Funktionen, und die unterschiedlichen Wissenschaftsdisziplinen wie die Soziologie, die Psychologie, die Erziehungswissenschaft, die Informationstheorie richten ihr Augenmerk auf besondere Aspekte der Kommunikation. Deshalb ergänzen sich die jeweiligen fachdisziplinären Zugänge zur Kommunikation. Sie schließen also nicht einander aus. Interdisziplinäre Kommunikationsforschung integriert die verschiedenen Perspektiven.

nicht mehr dem sinnhaften Tun eines der Akteure (oder beiden) zuzurechnen, sondern es emergiert eine gemeinsam geschaffene Ordnung und ein gemeinsam geschaffener Sinn, der mehr ist als die Summe seiner Teile.

1.2 Die Kommunikationswissenschaft(en) – ein Vorschlag

‚Kommunikation' ist keine (dem normalen Menschen verborgene) Daseinseinheit – wie z.B. das Atom –, das die Wissenschaft erst aufspüren und dann vermessen muss, sondern ‚Kommunikation' ist der Name für ein durch und durch soziales Phänomen, über das in dieser ausgearbeiteten Form nur die Gattung Mensch verfügt und das seit gut einem Jahrhundert immer mehr Wissenschaftler/innen interessiert. Dies vor allem,

- weil das individuelle Leben immer stärker und immer häufiger durch die Notwendigkeit kommunikativen (Aus-)Handelns gekennzeichnet ist,
- weil staatliche, wirtschaftliche und private Organisationen aller Art Kommunikation als ein Steuerungsmittel erster Güte ansehen und zur Erreichung ihrer Ziele einsetzen,
- weil die lokale, nationale wie internationale Öffentlichkeit sich im Wesentlichen mit Hilfe der Massenmedien informiert und durch sie auch irritieren bzw. animieren lässt und
- weil Probleme des Wissens und der Kommunikation von immer leistungsstärkeren Kommunikationstechnologien übernommen werden und diese Medien deshalb als Bedingung und Mittel erfolgreichen Wirtschaftens nicht mehr wegzudenken sind.

Doch kann man ‚Kommunikation' wirklich begrifflich klar fassen? Hérault de Sechelles, ein Gefährte Dantons, mit dem er auch gemeinsam den Weg unter die Guillotine antrat, schrieb im vorrevolutionären Frankreich einmal treffend über das wissenschaftliche Begriffe-Festlegen: „Wer gut definiert und einteilt, gleicht Gott" (Séchelles 1997: 10). Den Begriff ‚Kommunikation' zu bestimmen, heißt (folgt man einmal Séchelles) also nicht, zu dieser Bezeichnung das von ihm Bezeichnete zu *suchen*, sondern heißt, zu *bestimmen*, was von dieser Bezeichnung in einem bestimmen Kontext bezeichnet werden soll. Definieren bedeutet immer, das anzugeben, was für einen von Interesse ist, also das Interessierende von dem abzugrenzen, was nicht von Interesse ist – wenn man so will: eine Unterscheidung einzuführen, die einen Unterschied macht.

Zu versuchen, eine solche (möglicherweise vorschnelle) Begriffsumgrenzung zu vermeiden, ist aus erkenntnistheoretischer, arbeitsökonomischer und alltagspraktischer Sicht weder sinnvoll noch möglich. Ohne eine zumindest heuristisch entworfene Begriffsbestimmung ist keine Aussage zur ‚Kommunikation' möglich, auch nicht die, dass etwas ‚Nicht-Kommunikation' sei oder dass eine Stimulus-Response-Sequenz eben keine sei. Jede Aussage zur ‚Kommunikation' setzt implizit voraus, dass ein Vorverständnis darüber existiert, was ‚Kommunikation' ‚ist' bzw. sein soll. Auch wenn sich dieses Vorverständnis später als unpraktisch, als nicht passend herausstellt, war dieser anfängliche ‚Irrtum' die Brücke, die zum Erkenntnisfortschritt führte.

Deshalb werde ich, auch auf die Gefahr hin, ‚Kommunikation' unpraktisch zu bestimmen, im Weiteren versuchen, das zu bezeichnen, das von dieser Bezeichnung (vorerst) bezeichnet werden soll: ‚Kommunikation' ist in meinem Verständnis symbolisch vermittelte Interaktion. Kommunikation ist also stets eine Form sozialen *Handelns*, ihr Ausgangspunkt ist ein Handlungsproblem. Kommunikation ist der gesamte Prozess der Bearbeitung dieses Handlungsproblems. Der Begriff ‚kommunikatives Handeln' bezeichnet also (um zwei weit verbreitete Missverständnisse zurückzuweisen) weder allein den Vorgang der *Informationsübertragung* von einem Sender zu einem Empfänger, noch allein den Vorgang, durch einen spezifischen Symbolgebrauch beim zuhörenden Gegenüber eine bestimmte *innere Erfahrung* hervorzurufen bzw. aufgrund von Deutungsprozessen aus dem Gehörten die spezifische innere Erfahrung des Sprechers festzustellen.

Kommunikatives Handeln ist notwendigerweise stets mehr als Informationsübertragung und/oder Verstehen. Kommunikatives Handeln ist stattdessen der gesamte Prozess der Verständigung, der Verstehen zur Voraussetzung hat, sich jedoch nicht in ihm erschöpft. „Dahinter steht die Einsicht, dass es für die Kommunikationstheorie kaum etwas Sinnloseres gibt, als ein situationsloses Kommunikationsmodell oder die wissenschaftliche Konstruktion einer ‚idealen Sprechsituation'. Beiden fehlt, was für die Kommunikation essentiell ist: die Einbettung der Kommunikation in konkrete Situationen und die praktische Konkretion kommunikativen Handelns" (Soeffner & Luckmann 1999: 176).

Kommunikation findet in vielfältigen Formen und Kontexten statt. Die *Konversation*, also das gesittete Gespräch, in dem zwei Menschen abwechselnd über ein Thema mit dem Ziel der Verständigung über dieses Thema miteinander kommunizieren, ist eine besondere Form des Kommunizierens in Dyaden, die sich im Übrigen historisch erst recht spät entfaltet hat (siehe hierzu Schmölders 1986). Das Gespräch unter vier Augen ist somit *nicht* die Urform oder der Prototyp des Miteinander-Kommunizierens von Angesicht zu Angesicht, sondern ein spezialisierter Unterfall, mit eigenen Regeln und Aufgaben. Lange vor dem Gespräch und der Unterhaltung bediente sich die Gattung Mensch der Kommunikation unter mehreren Anwesenden zur Abstimmung von Identität, Rang und Verhalten. Von den Besonderheiten des Gesprächs darf mithin nicht auf die Besonderheiten von Kommunikation geschlossen werden – und vice versa (auch wenn es noch so verlockend ist und so oft getan wird). Kommunikation ist immer vielfältiger als das Gespräch, weshalb die Gesprächsanalyse und die Konversationsanalyse keine Methoden der Kommunikationsanalyse sind (auch wenn sie dazu etwas beitragen können).

Kommunikation ist also symbolvermitteltes Handeln von konkreten Menschen für konkrete Menschen,[110] in bestimmten Situationen und bestimmten Soziallagen und: mit bestimmten Absichten. Deshalb ist jede Sprechhandlung eine soziale Handlung, d.h. sie ist an eine soziale Identität gerichtet und erwartet eine Antwort-Handlung. Kommunikation zu verstehen bedeutet dann immer, den in einen bestimmten Kontext eingebetteten Handlungsprozess zu verstehen. Die wissenschaftliche Analyse und das wissenschaftliche Verstehen von Kommunikation können sich deshalb aus meiner Sicht nicht auf das Erfassen von Intentionen von Sprechern begrenzen.

> „Sinnverstehen ist (...) eine solipsistisch undurchführbare, weil kommunikative Erfahrung. Das *Verstehen* einer symbolischen Äußerung erfordert grundsätzlich die Teilnahme an einem Prozess der *Verständigung*. Bedeutungen, ob sie nun in Handlungen, Institutionen, Arbeitsprodukten, Worten, Kooperationszusammenhängen oder Dokumenten verkörpert sind, können nur *von innen* erschlossen werden. Die symbolisch vorstrukturierte Wirklichkeit bildet ein Universum, das gegenüber den Blicken eines kommunikationsunfähigen Beobachters hermetisch verschlossen, eben unverständlich bleiben müßte. Die Lebenswelt öffnet sich nur einem Subjekt, das von seiner Sprach- und Handlungskompetenz Gebrauch macht. Es verschafft sich dadurch Zugang, daß es an den Kommunikationen der Angehörigen mindestens virtuell teilnimmt und so selber zu einem mindestens potentiellen Angehörigen wird." (Habermas: 1981: 164 f)

Das Handeln mit Hilfe von Zeichen setzt Gesellschaft voraus, da die Umgangsweisen auf Zeichen nicht in den Zeichen selbst verankert, sondern vor allem gesellschaftlich verbürgt sind. Deshalb sind die Ergebnisse der Sozialwissenschaften, und hier insbesondere der Soziologie, für die Kommunikationswissenschaft von kaum zu unterschätzender Bedeutung. Eine Allgemeine Kommunikationswissenschaft, die sich mit der Rekonstruktion der strukturellen Merkmale von Sprecher und Hörer, des Zeichens und der Zeichenbildung zufrieden gibt,

---

110 Ohne Zweifel kann man in der Kommunikationsanalyse auch die Begriffe ‚Sprecher' und 'Hörer' sinnvoll verwenden – solange man dabei nicht vergisst, dass diese Begriffe voraussetzen, „dass wir es mit Akustischem zu tun haben, obwohl ganz offenkundig das Visuelle, manchmal auch das Taktile eine organisatorisch hochgradige Bedeutung hat" (Goffman 2005: 43). Wer allerdings nur etwas über Hörer und Sprecher sagt, läuft Gefahr, dass ihm das Besondere von Kommunikation systematisch nicht in den Blick gerät.

also auf die Untersuchung der Situiertheit und sozialen Fundierung von Kommunikation verzichtet, ist eine Kommunikationswissenschaft ohne Herz und Hirn: Sie ist ohne Leben und ohne Verstand, kann sie doch nicht verstehen, weshalb z.b. die 53-jährige Helga Peters die Wortfolge ihres Mannes „Kannst Du mal das Fenster schließen?" als Bitte (und nicht als Frage) auffasst und noch weniger, weshalb sie der Bitte folgt – so sie es dann tut. Eine solche Kommunikationswissenschaft kann also nicht erklären, wann, wie und weshalb ein bestimmtes kommunikatives Handeln sein Ziel und seinen Zweck erreicht.

Aber kommunikatives Handeln schafft immer wieder aufs Neue Gesellschaft, da jede kommunikative Handlung Gesellschaft gestaltet und formt. Deshalb ist es sinnvoll, den allgemeinen Begriff der ‚Kommunikation' zu vermeiden und stattdessen von ‚kommunikativen Ereignissen' oder ‚kommunikativen Handlungen' zu sprechen. ‚Kommunikatives Handeln' liegt demnach dann vor, wenn zumindest zwei konkrete Menschen (= sinnstrukturiert und entscheidungsoffen) versuchen, ihr Handeln mit Hilfe von Symbolen zu *koorientieren*. (Eine Koorientierung liegt auch dann vor, wenn man beschließt, nichts miteinander zu tun.).

Kommunikatives Handeln wird also hier verstanden als der sozial verankerte Prozess, in dem entscheidungsoffene, personale oder institutionelle Akteure versuchen, mittels habitualisiertem oder reflexivem, von der jeweiligen Interaktionsgemeinschaft erarbeitetem und verbürgtem Symbolgebrauch und habitualisierter oder reflexiver (ebenfalls gesellschaftlicher erarbeiteter und verbürgter) Symboldeutung, in direktem oder (medial) vermitteltem Kontakt, eingebettet in konkrete Situationen, ihr Handeln zu koordinieren.

Kommunikationswissenschaft beschäftigt sich interdisziplinär als empirische Wissenschaft mit allen *Formen* dieses Prozesses, seinen *Abläufen*, seinen *Bestandteilen*, seinen *Bedingungen*, seinen *Folgen* und seinen *Funktionen* sowie den alltäglichen und wissenschaftlichen (aktuellen wie historischen) *Deutungsversuchen* von Kommunikation und den *Methoden* zur Erforschung von Kommunikation.

1.3 Verstehen und Medien

Verstehen wird allerdings (das muss zu dem oben Gesagten hinzugefügt werden) dann leicht ein Problem, wenn Sprechen und Handeln nicht von Angesicht zu Angesicht stattfinden, wenn der Körperausdruck nicht wahrgenommen werden kann, wenn also *Medien* Sprechen und Handeln vermitteln – so z.B. zu Texten transformiert werden. Dann fehlt die permanente und direkte Abstimmung von Sprecher und Angesprochenem. Das Medium hilft nicht nur, sondern es verändert auch aufgrund seiner Materialität. Kommunikation und Handeln wandeln sich. Deshalb müssen auch andere Mittel der Verstehenssicherung zum Einsatz kommen.

Sprechen ist *kategorial* verschieden vom Schreiben. Schreiben braucht einen Plan, einen impliziten Leser, eine Schreibstrategie. Schreiben heißt, das gewünschte Handlungsziel als erreicht zu imaginieren und mit jedem Schreibakt auf dieses Ziel hinzusteuern (Alfred Schütz hat das trefflich in seinem Frühwerk im Hinblick auf ‚Handeln' beschrieben, jedoch den Geltungsbereich dieser Beschreibung überschätzt – vgl. Schütz 2004, aber auch Luckmann 1992: 48 ff.). Schreiben heißt also: einen vorher entwickelten Plan Schritt für Schritt umzusetzen, um das vorher imaginierte Ziel zu erreichen. Einem solchen Plan folgen heißt auch: *Kontrolle zu haben*.[111]

Alltägliches Sprechen, und hier gilt das Gleiche wie für das Handeln im Allgemeinen (und auch hier Schütz und Luckmann ergänzend), hat dagegen nur selten einen vorher entwickelten Plan, dafür einen expliziten Zuhörer, jedoch fast nie (Ausnahme: Vorträge oder Schauspiel) eine vorher entworfene Sprechstrategie[112] – schon allein deshalb nicht, weil die miteinander Sprechenden meist nicht wissen, wie sich das Ganze entwickeln wird. Sprechen reagiert in der Regel immer auch auf Antworten, entwickelt sich aus der Dynamik der Interaktion und ist somit fluide; Sprechen reagiert permanent auf den eigenen Verlauf, entwickelt immer wieder ad-hoc-Strategien und ist somit nur begrenzt vorhersehbar und steuerbar. Entsprechend ‚funktioniert'das Verstehen nicht so, dass der Zuhörende aufgrund bewusster Analyse den Plan des Sprechenden Schritt für Schritt rekonstruiert, sondern alltägliches Verstehen stellt sich *schlagartig* ein: Man versteht den anderen, meist ohne angeben zu können, weshalb man ihn verstanden hat – nicht nur, weil wir uns dabei erworbener und nicht mehr bewusster Deutungsroutinen bedienen, sondern vor allem, weil die Körper sich als Teil und Ausdruck einer bestimmten sozialen Praxis verstehen. Insofern hat Kommunizieren etwas mit dem gemeinsamen Tanzen oder gemeinsamen Musizieren gemein – vor allem dann (aber nicht nur), wenn man beim Tanzen und Musizieren nicht der festen Form folgt, sondern miteinander improvisiert (siehe Figueroa 2003 und 2006).

Es gibt gute Gründe dafür anzunehmen, das es *zwei* Klassen sozialen Handelns und Kommunizierens gibt, die sich im Hinblick auf die *bewusste* Steuerung durch ein sinnhaft handelndes Subjekt strukturell voneinander unterschei-

---

111 Gewiss gibt es auch ein Schreiben ohne Plan, wie z.B. das von der Dada-Bewegung ins Spiel gebrachte 'automatische Schreiben'. Und gewiss gibt es auch ein Sprechen mit ausdrücklichem Plan. Aber beides sind Sonderfälle, die anstreben, dass aus Schreiben Sprechen und aus Sprechen Schreiben wird. Sie widerlegen also nicht meine Annahme, sondern bekräftigen sie.

112 Die Grade der Planung von Kommunikation und Interaktion können offensichtlich erheblich variieren. Der öffentlichen Rede, dem Schauspiel und dem Verfassen eines Buches liegt erheblich mehr bewusste Konstruktionsarbeit zu Grunde als zum Beispiel dem improvisierten Miteinander-Musizieren und Tanzen (vgl. Figueroa 2003 und 2006).

den: die eine Klasse von Handlungen und Kommunikation, die durch (Mit-)Handeln erworben wird und nur begrenzt bewusstseinsfähig ist und die andere Klasse des bewussten, abwägenden und zielgerichteten Handelns.[113] Auch wenn viele der nicht bewusst erworbenen Handlungen und Kommunikationen durch Reflexion ins Bewusstsein gehoben werden können und damit einer begrenzten Kontrolle und Steuerung zugänglich sind, können diese nicht als arbeitsökonomische Ablagerungen ehemals bewussten Handelns begriffen werden, gehen sie doch entwicklungsgeschichtlich (ontogenetisch wie phylogenetisch) in der Regel der bewussten sozialen Praxis voran. Nicht jedes Handeln ist aus dieser Sicht „eine Bewußtseinsleistung" – wie Luckmann (1992: 38) dies behauptet.

Die Besonderheiten schriftlicher Kommunikation (oder rhetorischer Kommunikation) auf mündliche Kommunikation unter Anwesenden zu übertragen, ist vergleichbar damit, Äpfel für Birnen zu halten und entsprechend zu behandeln. Alltägliche Kommunikation unter Anwesenden (Sprechen wie Verstehen) ist jedoch kein Sonderfall des Schreibens oder rhetorischen Sprechens, sondern etwas gänzlich anderes. Und deshalb kann sich auch nicht das wissenschaftliche Verstehen (und schon gar nicht das Erklären) von Kommunikation damit begnügen, nur das Ausgesprochene und später Niedergeschriebene (Transkribierte) zu verstehen.

Da Kommunikation unter Anwesenden (von den Beteiligten) nicht unter *verschiedenen* Perspektiven *gleichzeitig* betrachtet werden kann, ist sie prinzipiell *nicht* doppeldeutig. Erst die spätere reflexive Zuwendung zur eigenen oder fremden kommunikativen Handlung erlaubt das. Wer es sich während der Kommunikation dennoch erlaubt (was Psychologen, Soziologen und Kommunikationswissenschaftler in den ersten Semestern gerne tun), erntet schnell und durchgängig Missbilligung. Scheinbare externe Deutung der Kommunikation als Teil der Kommunikation wird nämlich meist *nicht* als Bereicherung und als Klärung verstanden, sondern als Destruktion. Wer nicht davon ablässt, ist bald allein.

Verstehen und auch das Ausdrücken von Absichten sind also in *unvermittelter* Kommunikation nicht das zentrale Problem – auch wenn das Ausdrücken und das Verstehen die unabdingbaren Voraussetzungen für Wirkung sind: Ohne Verstehen gibt es keine Verständigung. Denn nur wer die Absichten verstanden hat, kann ihnen entsprechen. Und sind Ausdruck und Verstehen fehlerhaft, dann kann man den Zweck der Kommunikation nicht erreichen. Deshalb zielt alltägliche Kommunikation (mit allen Mitteln) auf hinreichend eindeutiges Verstehen, während wissenschaftliches Verstehen systematisch Perspektivenerweiterung

---

113 Eine vergleichbare Unterscheidung hat Bateson eingeführt: Er unterscheidet zwischen dem gezielten und mental gesteuerten Abschießen eines Gewehrs über Kimme und Korn und dem Abfeuern einer Schrotflinte, die sich für den Schützen verborgen unter einer Tischplatte befindet (vgl. Bateson 1987: 247 ff.).

anstrebt (Soeffner 2004: 15 ff. und Kurt 2004: 38 ff.). Alltag und Wissenschaft haben hinsichtlich des Verstehens also unterschiedliche Ziele und unterschiedliche Mittel.

Im Alltag ist Ausdrücken und Verstehen in der Regel kein Problem: Ein (deutscher) Sprecher z.b. weiß (so er erwachsen und nicht verwirrt ist), wie er etwas (auf Deutsch) sagen muss, wenn er dem Gegenüber die Liebe gestehen will oder dem Arzt mitteilen muss, wo und wie es in seinem Bauch schmerzt. Und die so Angesprochenen wissen in der Regel hinreichend genau, was der Sprecher gemeint hat. *Hinreichend* ist ein sprachlicher Ausdruck, wenn er verstanden wird, und hinreichend ist ein Verstehen, wenn der Ausdruck sein Handlungsziel, seinen Zweck erreicht.

Man könnte nun (eingedenk eigener schmerzlicher Erfahrungen) meinen, das Ausdrücken des eigenen ‚Inneren‘ und auch das Verstehen des fremden ‚Inneren‘ sei prinzipiell nicht *wirklich* möglich. Wenn damit gesagt werden soll, dass Sinneswahrnehmungen und innere Empfindungen nicht wirklich *genau, also nicht identisch* mit Sprechen, einem anderen vermittelt werden können, dann ist das einerseits selbstverständlich, andererseits übersieht diese Ansicht etwas Grundsätzliches. Selbstverständlich ist es, weil jedes Wissen und jedes Empfinden an die Materialität des Wahrnehmungs- und Fixierungsmediums gebunden ist. Wechselt man das Medium, also vom Empfinden zum Sprechen, dann bedingt die Materialität des Sprechens schon eine Veränderung. Grundsätzliches wird bei dieser Position übersehen, weil (wie schon Bateson gezeigt hat, vgl. 1987: 40 ff.) es identische Repräsentationen nicht geben kann. Die Karte ist immer eine Karte und nicht die von ihr dargestellte Landschaft. Entscheidend ist (und hier hilft erneut Bateson weiter – ebd.: 87 f. und 123 f.), dass man den Unterschied, der einen Unterschied macht, zum Ausdruck bringen und verstehen kann. Wenn das gelingt, waren Ausdruck und Verstehen hinreichend. Denn wenn etwas ungenau ist, bedeutet das nicht, dass man damit sein Ziel verfehlt. Bekanntlich ist jede Axt prinzipiell nicht an jeder Stelle der Schneide gleich scharf. Dennoch kann man damit einen Baum fällen.

1.4 Eindrucks- oder Ausdruckskommunikation

Nun hängt die Antwort auf die Frage, ob etwas *Eindrucks-* oder *Ausdrucks*kommunikation zu nennen ist oder ob hier das Eindrucks- oder das Ausdrucksmodell der Kommunikation favorisiert wird (was die gleiche Frage ist), natürlich davon ab, wie man diese Begriffe umgrenzen will. Hier gibt es eine Reihe von Möglichkeiten, die mal mehr, mal weniger Sinn machen – je nach Fragestellung.

Erst einmal ist fraglich, ob es sich bei der o.a. Unterscheidung wirklich um eine grundlegende Unterscheidung handelt, die geeignet ist, die guten Kommunikationstheorien von den schlechten zu trennen. Grundsätzlich gilt nämlich, dass (a) alle Kommunikationstheorien (manchmal explizit, oft implizit) davon ausgehen, dass kommunikatives Handeln immer beides ist: nämlich Ausdruck von Eigenem und Eindruck beim Anderen. Und es gilt, dass (b) der Ausdruck nur das Mittel zum Zweck ist: Im Kern geht es bei Kommunikation immer um Handlungsbeeinflussung. Kommunikation ist also immer am Eindruck interessiert, und der Ausdruck resultiert aus dem gewünschten Eindruck. Oder wie Goffman es formuliert: Unser Ausdruck ist das wesentliche Mittel, den Anderen zu kontrollieren (vgl. Goffman 1991). Der Ausdruck ist immer der Versuch, eine bestimmte Wirkung zu erzielen.

Allerdings fokussieren die unterschiedlichen mit Kommunikation beschäftigten Theorien nicht immer den gleichen Gegenstandsbereich. Einige untersuchen mehr den Akt des Ausdrückens, manche mehr den Akt des Eindruck-machen-Wollens, andere wieder mehr den Prozess der Handlungsbeeinflussung. Praktisch, also im Vollzug kommunikativer Handlungen, sind diese Aspekte sicherlich nicht voneinander zu trennen, analytisch selbstverständlich schon. Es wird nur dann heikel, wenn man Kommunikation auf einen Aspekt reduziert.

Sinnvoll war die o.a. Unterscheidung zu Zeiten, als sprachphilosophische, sprachwissenschaftliche und linguistische Vorstellungen bei der Beschreibung kommunikativer Handlungen den Ton angaben und die Ansicht vorherrschte, die konkrete sprachliche, kommunikative Form ergäbe sich vollständig aus den gesellschaftlichen Erfordernissen des korrekten Ausdrucks. Doch heute glauben selbst traditionell ausgebildete Deutschlehrer (Funkkolleg Sprache) nicht mehr daran, dass es zur Verbesserung gelingender *sprachlicher* Kommunikation beiträgt, allein den (grammatikalisch korrekten) Ausdruck zu schulen. Alle sozialwissenschaftlich inspirierten Kommunikationstheorien erachten es dagegen als selbstverständlich, dass Kommunikation ihren Ursprung in der Absicht hat, einen Eindruck (also eine Wirkung) beim Anderen herbeizuführen und dass dieser gewünschte Eindruck die Handlung des Sprechens maßgeblich beeinflusst.

Wenn man dennoch heute noch das Begriffspaar ,Eindrucks- und Ausdruckskommunikation' benutzen will, dann stellt sich die Frage, was denn als das zentrale Unterscheidungsmerkmal dienen soll. So könnte man zum einen sagen, die *Absicht* des Kommunizierenden sei für die Kategorisierung entscheidend. So gäbe es bestimmte Anlässe und Formen, bei denen es vor allem um den Ausdruck ginge, wie z.B. bei der Beichte, der Therapie, der Offenbarung, dem Geständnis etc. Und es gäbe Anlässe und Formen, bei denen es vornehmlich um den Eindruck bei dem konkreten Gegenüber ginge, wie z.B. bei der Anpreisung, der Werbung, der Beeinflussung. Auch fiele dann die ausgefeilte öffentliche Rede gewiss unter das Rubrum ‚Eindruckskommunikation'.

Man könnte aber auch meinen, entscheidend sei die *Arbeit* des Kommunizierenden. Arbeitet der Kommunizierende vor allem an seinem sprachlichen Ausdruck, indem er bestimmte Formen und Figuren des öffentlichen Sprechens erlernt und mit Hilfe einer bestimmten ‚Technik' kombiniert, oder arbeitet er vor allem am Eindruck, indem er über seinen Hörer, seine Hörer/innen möglichst viel in Erfahrung bringt und seinen Ausdruck auf diese konkreten Hörer abstimmt? Legt man diesen Aspekt von Kommunikation zugrunde, dann handelt es sich bei der Rhetorik offensichtlich um Ausdruckskommunikation, geht sie doch bei der Planung der Rede gerade nicht von konkreten Hörern/innen, sondern von einem anonymen Publikum aus, das von der Wirkmächtigkeit bestimmter sprachlicher Formen und Figuren beeindruckt werden soll und kann (vgl. Knoblauch & Reichertz 2005). Insofern arbeitet die Rhetorik (wie viele andere one-to-many Medien) vor allem am Ausdruck. Diese Form der Rhetorik gehört dann ausdrücklich der Ausdruckskommunikation an.

Man könnte zum Dritten meinen, das *Verhältnis* von innerer Meinung des Kommunizierenden zu dem von ihm Gesagten sei entscheidend: Drückt der Sprechende das aus, was er ‚wirklich' meint (Ausdruckskommunikation) oder zielt seine Rede auf die bewusst gestaltete Erreichung eines Eindrucks und deckt sich nicht (oder nur zum Teil) mit seiner wirklichen Meinung. Die Rhetorik gehörte dann ohne Zweifel der Eindruckskommunikation an, die Lüge auch – die Bitte, die Drohung, die Liebeserklärung und die Erpressung, so sie denn ernst gemeint sind, jedoch nicht. Eine solche Entscheidung erscheint mir, nicht nur wegen der Schwierigkeit, das ‚wirkliche' innere Meinen festzustellen, jedoch wenig sinnvoll zu sein.

1.5 Intersubjektivität

Verstehen ist auch deshalb nicht das Problem, weil die mit Sprechen und Verstehen befassten Wissenschaften, also auch die Kommunikationswissenschaft, viel darüber wissen, wie sich die Fähigkeiten des Ausdrückens und Verstehens im Menschen bilden. Ausdrücken wie Verstehen wird nämlich (folgt man z.B. Mead 1973, Gehlen 1972, Plessner 1975 und auch Tomasello 2002 und 2005) auf dem Boden biologischer und (gehirn-)physiologischer Ausstattung innerhalb von Interaktions- und Sprachgemeinschaften über Erziehung herbeigeführt und verbürgt: Das ist das Eine. Aber Sprechen und Verstehen, und das ist der einfache, aber wesentliche Punkt, werden andererseits durch die grundsätzliche Handlungsorientierung der Kommunikation gesichert und weiterentwickelt (vgl. hierzu Peirce 1976, James 2006, Dewey 2003, Cooley 1909): Kommunikation will ein Handlungsziel, einen Zweck erreichen und dies führt durch Korrekturprozesse zum schrittweisen Aufbau einer gemeinsamen Welt, in der man sich versteht. Die ‚Intention' von Kommunikation verweist also auf den Willen des Sprechers, er kommuniziert im Streben nach dem noch nicht Erfüllten, aber (vom anderen) Erfüllbaren.

Wer sich nicht richtig ausdrückt und deshalb missverstanden wird, erreicht sein Handlungsziel nicht. Verbessert er seinen Ausdruck oder wird er von anderen verbessert, erreicht er sein Ziel. Danach weiß er besser, wie man richtig spricht – fast immer ohne eine eigene Kommunikationstheorie zu entwickeln. Er hat einfach eine andere Sprech-Praxis erworben. Seine Welt ist ein kleines Stück mehr die Welt der Anderen geworden. Auf diese Weise wächst und entwickelt sich *Intersubjektivität*.[114]

Dieser gesellschaftliche Aufbau oder (wie Berger & Luckmann sagen würden) diese ‚gesellschaftliche Konstruktion' von Intersubjektivität verdankt sich im Übrigen nicht der Magie, sondern der alltäglichen Interaktion. Auch überrascht das Zustandekommen von Intersubjektivität nicht, im Gegenteil: Es ist leicht verständlich. An der grundsätzlichen Möglichkeit des Verstehens kann man deshalb nicht ernsthaft zweifeln, schon gar nicht in der Wissenschaft. Oder um Luckmann zu zitieren: „Es ist widersinnig, oder nicht mehr als intellektuelle Koketterie, daran grundsätzlich zu zweifeln und dennoch Wissenschaft zu betreiben" (Luckmann 2004: 40). Kommunikation ist also, wenn es um das Verstehen von Handlungsabsichten geht, keineswegs grundsätzlich mit Fehlern behaftet, sondern ein ausgesprochen *gutes* Mittel der Handlungskoordination: Kommunikation ist weder ein fehlerhaftes Mittel der Verständigung noch ein Mittel fehlerhafter Verständigung (was immer das auch heißen soll). Wenn

---

114 In diesem Zusammenhang sei eine Bemerkung zum Begriff der ‚individuellen Welttheorie' von Gerold Ungeheuer (Ungeheuer 1987) gestattet: Ohne Zweifel besitzt nicht jedes Mitglied einer Interaktions- und Sprachgemeinschaft das gleiche Wissen über die gemeinsame Welt: Abhängig von z.B. Alter, Ort, Soziallage, Geschlecht, Ausbildung, Gesundheit, Beruf, Hobbys, guten wie schlechten Erfahrungen wissen einige mehr, andere weniger. Das ist weder überraschend noch neu (die Wissenssoziologie untersucht das seit gut hundert Jahren): Wissen ist unterschiedlich verteilt, wenn auch nicht zufällig, sondern in Abhängigkeit von der jeweiligen sozialen Lage. Auch das Wissen um das richtige Sprechen und Antworten. *Individuell* ist dieses Wissen nur insofern, als dass dessen Ausmaß und dessen Spezifik sich bei jedem von uns unterscheiden, *sozial* ist all dies Wissen hingegen, weil es sozialen Ursprungs ist und sozial geteilt ist. Jeder hat an der sozialen Welt also einen einzigartigen, seinen individuellen Anteil, einfach deshalb, weil sein sozialer Ort einzigartig ist. Dennoch ist dieses (wenn man so will) individuelle Wissen um die Welt genau das, was ihn mit der Welt der anderen verbindet, weil es auch das Weltwissen der anderen ist. In diesem Verständnis ist eine individuelle Welttheorie (sieht man von dem etwas forschen Gebrauch des Begriffs ‚Theorie' einmal ab), gerade nicht das, was mich von den anderen trennt (was Ungeheuer behauptet), sondern was mich mit ihnen *verbindet*. Deshalb sichert dieses Wissen Kommunikation, es macht sie also nicht fehlerhaft.

Kommunikation heikel ist, und oft ist sie das, hängt dies vor allem damit zusammen, dass der Angesprochene nicht weiß, welche Taten der Sprecher seinen Worten folgen lässt.

Für die Kommunikationswissenschaft ist deshalb das Problem des Verstehens m.E. nicht zentral[115] – also das Verstehen dessen, was der andere mitteilen will, letztlich das Verstehen dessen, wozu mich der andere bewegen will. Verstehen ist nicht das Problem, es ist (zurzeit) hinreichend gesichert. Das mag sich ändern, wenn die Gesellschaft ernsthaft interkulturell wird, aber selbst dann, denke ich, wird das Problem des Verstehens nicht das wichtigste Problem sein.

1.6 Die Macht der Worte

Das zentrale Problem der Kommunikationswissenschaft und jeder Wissenschaft, die sich mit dem Zusammenleben von Menschen beschäftigt, ist die Frage nach der *Macht der Worte*, also die Frage danach, weshalb wir, wenn wir verstanden haben, wozu der andere uns bewegen will, uns (allein) durch die Worte bewegen lassen, es auch zu tun. Weshalb bewirken Worte etwas oder genauer: Wann können Worte, wann kann Sprechen (aber auch Singen) bei denen, die das Sprechen (oder Singen) hören, die vom Sprecher erhofften, erbetenen oder befohlenen Handlungen auch tatsächlich auslösen?

Meines Erachtens verdankt die Kommunikationswissenschaft ihre Existenz dieser Frage und natürlich uralten Menschheitsträumen, nicht ganz so alten Begehrlichkeiten und moderner Hoffnung und moderner Utopie, die alle in dem Wissen gründen, dass gesprochene Wörter Kraft und manchmal sogar Macht besitzen können. Denn nicht nur der Wille, sondern auch Worte (und der sie begleitende Körperausdruck) können, so sie unter den ,richtigen' Bedingungen im ,richtigen' Augenblick von den ,richtigen' Menschen gesprochen oder geschrieben werden, Berge versetzen. Allerdings gibt es nicht die Bedingungen, die Zeit und die Menschen, die immer ,richtig' sind, sondern was jeweils ,richtig' ist, hängt von der Zeit, dem Ort, der Situation und vor allem von den Menschen ab, für die es ,richtig' sein soll.

Mit dem ersten Reflexivwerden des Wissens von der Macht der Worte begann fast mit dem Beginn der Menschheitsgeschichte auch schon die Suche nach der Nutzung dieser Macht bzw. deren Steigerung. Zauber und Wortmagie bedienten zum einen die Träume, die klassische Rhetorik zum anderen später (neben dem Wunsch, die Welt mittels Worten zu erkennen) den Wunsch, andere

---

115 Interessiert man sich jedoch nur für das Problem des Verstehens, so kann man viel von der Psychologie, der Sprachwissenschaft und auch von der Informationstheorie und der Biologie lernen. Aber nicht nur von diesen: Auch die Soziologie hat hierzu viel zu sagen.

Menschen mit der Hilfe gesetzter Rede für sich und die eigenen Interessen zu
gewinnen. Jahrhunderte später, im Nachhall auf die Aufklärung, entstand in
demokratischen Gesellschaften die hoffnungsvolle Utopie, mit der Macht der
Worte die Macht der Gewalt zu überwinden und eine Herrschaft des guten Arguments zu etablieren (Habermas 1981).

Und es ist nicht übertrieben, wenn man die moderne Kommunikationswis-
senschaft als den gesellschaftlich organisierten und gesellschaftlich finanzierten
Versuch begreift, die Macht der Worte zu erforschen – ihre Bedingungen, ihre
Formen, ihre Voraussetzungen und ihre Strategien. Dies alles, um die Macht der
Worte zu kanalisieren, zu formen und natürlich: um sie zu steigern und dieses
Wissen interessierten Abnehmern zur Verfügung zu stellen. Dabei waren im
Laufe der Jahrhunderte unterschiedliche Gruppen an dem Wissen um die Steige-
rung der Macht der Wörter interessiert: Anfangs und vor allem waren es die
Herrschenden, die mittels Worten ihre bereits vorhandene Macht weiter ausbau-
en bzw. legitimieren wollten. Aber es waren immer auch die Beherrschten daran
interessiert, entweder (da ihnen keine andere Macht zur Verfügung stand) mittels
Worten eine Gegenmacht zu entfalten bzw. Strategien zu entwickeln, sich der
Macht der Worte zu entziehen oder die Worte ihrer Macht zu berauben.

Heute oder genauer seit etwa 20 Jahren sind fast alle an der Wortmacht interessiert: Große wie Kleine, Alte wie Junge, Männer wie Frauen, Vorgesetzte wie
Untergebene. Alle wollen wissen, was man wie mit Worten erreichen kann und:
Alle wollen besser werden in dieser Kunst. Zu diesem Zweck lassen sie sich
schulen, besuchen Seminare, Wochenendkurse und oft auch wochenlange Trai-
ningslager, und natürlich kaufen sie Bücher, in denen nicht nur die Macht der
Worte immer wieder gepriesen wird, sondern auch die Autoren von sich behaupten, beim Leser eine Steigerung der kommunikativen Kompetenz und eine Steigerung der Sprachgewalt bzw. der Wortmacht bewirken zu können.

Eine einfache und verbindliche Antwort auf die Frage, weshalb die Worte
Macht haben können, lässt sich vorerst nicht geben. Gewiss ist lediglich, dass
weder das *Wort* aus sich selbst heraus diese (Zauber-)Kraft besitzt, noch der
illokutionäre Akt (wie Habermas 1981 meint), noch die sprachlich ausgefeilte
Ausdrucksweise (wie die Rhetorik verspricht), noch das *gute Argument,* noch die
Aura oder das *Charisma* des Sprechers. Ohne Zweifel können wohl geformte
Ausdrucksweise (dazu zählt auch die Lautstärke und die Intensität des Sprechens), gutes Argument und vor allem Charisma (und Zuneigung und Liebe) in
bestimmten Situationen eine beachtliche Wirkung erzielen, aber das ist nicht die
Regel, sondern die Ausnahme. Im Alltag der Kommunikation spielen wohlge-
formte Ausdrucksweise, gutes Argument und Charisma eine marginale Rolle.
Gewiss ist zudem, dass die Macht des Wortes sich nicht (nur und nicht immer)
der sozialen oder brachialen *Macht* des Sprechers verdankt – wie Bourdieu nicht

müde wird zu betonen (Bourdieu 1980) – oder der Verfolgung und Optimierung des eigenen Nutzens, was Vertreter des *Rational-Choice*-Ansatzes gerne behaupten (z.B. Esser 1999 und 2000).

Gewiss ist aus meiner Sicht aber auch, dass sich die Macht der Worte nicht nur, aber *auch* aus gesellschaftlichen Erziehungs- und Sanktionspraktiken ergibt, und dass der ‚Zwang der Worte' nur zu verstehen ist, wenn man ihn (wie Norbert Elias (1977), aber auch Rudolf zur Lippe (1988) das beschrieben haben) als einen nach innen genommenen Zwang begreift, den alle Mitglieder einer Sprachgemeinschaft nicht nur als selbstverständlich empfinden, sondern dem sie, da er Teil ihrer selbst ist, freiwillig folgen wollen und von dem sie erwarten, dass auch andere ihm folgen. Von dieser Art ist auch der Zwang, seinen Worten Taten folgen zu lassen. Fremdzwänge wandeln sich in *Selbstzwänge* (Elias 1977: 312 ff.), zu nach innen genommenen Werten, die man mit allen Fasern seiner Persönlichkeit anstrebt, an denen man den eigenen Wert und den der anderen misst. Sie werden, nachdem ihnen der jeweils legitime Diskurs die höheren Weihen des kollektiv Heiligen übertragen hat (Bourdieu 1987: 257), Teil des persönlichen und sozialen Habitus, der nicht nur das gesamte Handeln, also auch das kommunikative, gestaltet, sondern sich, die anderen und die Welt vor dem Hintergrund dieser Werte wahrnimmt und bewertet (siehe auch Bourdieu 1990).

Ähnliches adressiert Michel Foucault mit dem von ihm geprägten Konzept der *Gouvernementalität*, das allerdings auf einen weitaus umfänglicheren Anwendungsbereich bezogen ist. Der Begriff ‚Gouvernementalität' nimmt nämlich die Gesamtheit der Praktiken des Führens und des Regierens in den Blick und zwar sowohl die Praktiken des Führens anderer Menschen als auch der eigenen Person. Den französischen Ausdruck ‚gouverner' bezieht Foucault auf die Übernahme von Verantwortung für Dinge und Menschen, die Anleitung der Geführten, ihre systematische Beobachtung und ihrer Umwelten, und zwar vor dem Hintergrund der Frage, wie die Geführten am besten von einem bestimmbaren Ausgangspunkt zu einem bestimmten Ziel gebracht werden können. Dies gilt gleichermaßen für die Führung einer Familie, eines Landes und natürlich auch für die Führung seiner selbst.[116]

---

116 Zum Konzept der Gouvernementalität siehe vor allem Foucault 1994 und 2004. Die Vorzüge des Gouvernementalitätskonzepts liegen darin, dass die Betrachtung sozialer Selbstregulierungsvorgänge keine idealisierten Akteure voraussetzt, sondern mit einer Interdependenz von sozialer Regulation und individueller Habitusbildung rechnet (vgl. Bourdieu 2000). Die Verhaltensdispositionen und Optionsspielräume der sozialen Akteure werden dabei vom Ansatz her nicht als Eigenschaften vorsozialer Handlungssubjekte konzeptualisiert. Vielmehr werden sie von den Regeln und Zwängen des soziokulturellen Raums überhaupt erst konstituiert, ohne dass ein Verhältnis vollständiger Determination vorläge. Foucaults Einsicht zufolge wirken die gegebenen sozialen Machtverhältnisse auf die Akteure niemals nur einschränkend, sondern immer auch befähigend (vgl. Foucault 1987).

Gesichert wird dieser Zwang durch soziale Anerkennung. Denen, die ihren Worten die dazu passenden Taten folgen lassen, spricht man Identität, Verlässlichkeit und soziale Kompetenz zu. Man weiß, mit wem man es zu tun hat, man teilt mit ihm die gleiche Welt, man vertraut ihm. Man hat ihn gern um sich, macht mit ihm Geschäfte und baut vielleicht sogar mit ihm ein gemeinsames Leben auf. Die jedoch, deren Worte nichts bedeuten, da ihnen nichts folgt, ermahnt und warnt man erst. Bleibt das folgenlos, meidet man sie bald, spricht ihnen Identität ab, macht sie für andere kenntlich, schließt sie aus. All diese Praktiken sind z.B. von Berger & Luckmann (1994), Mead (1973), Strauss (1974), Goffman (1991) und vielen anderen beschrieben worden.

Möglicherweise, und hier kann man spekulieren, waren die ersten Laute unserer Vorfahren (wie dies Mead 1973 oder Eibl-Eibesfeld 1997 und Tomasello behaupten) der direkte Ausdruck von Handlungen: deren Anfang, deren Teile oder deren Folgen. Aber ganz offensichtlich lernte der Mensch sehr schnell, Wort und Handlung voneinander abzukoppeln, also mit Hilfe des Sprechens zu täuschen, zu lügen (siehe hierzu Ekman 1989). Diese Fähigkeit hat für die Entwicklung der Menschheit beachtliche Gewinne erbracht (Rollendistanz, Spiel und Freiheit), aber auch beachtliche Gefahren für die Bewahrung und Koordination von Gesellschaft.

Sprechen war von Beginn der Menschengeschichte an ein Mittel der Kommunikation, der menschlichen Verhaltsabstimmung. Nie war in der Geschichte der Gattung ‚Mensch' Sprechen wirklich ein Mittel des Ausdrucks innerer und privater Erfahrung. Der Gedanke, die Aufgabe des Sprechens bestünde im Ausdruck dessen, was ein Mensch fühlt und verspürt, und die Erfahrung, dass dies nicht gelingen kann, sind beide Produkte der neueren europäischen Kultur. Geboren in der Mystik angesichts des verzweifelten Versuchs, die Erfahrung der Gottesbegegnung anderen zu übermitteln, profanisiert von einer handvoll empfindsamer Männer und Frauen in der Romantik angesichts des Versuchs, die Eigenwilligkeit des Liebens dem Gegenüber mitzuteilen, später intellektualisiert vom europäischen Existentialismus angesichts des Versuchs, das eigene Ich und seine Besonderheit dem anderen und auch den Worten zu entziehen (Sartre 1962, Ziemann 1997). Nur weil ich völlig anderes erfahren habe als der andere oder völlig anders bin als er, also weil ich mehr und anderes bin als der andere und nicht im Allgemeinen aufgehe, an dem auch der andere Anteil hat, entsteht aus dieser Sicht das Problem des ‚wirklichen' Verstehens. Der durch seine Erfahrung oder durch seine Persönlichkeit Hervorgehobene ist so einzigartig, dass er in der Sprache des Allgemeinen nicht mehr erfassbar ist.[117]

---

117 Jauß hat zurecht auf die Aporie aufmerksam gemacht, die mit einer solchen Vorstellung einhergeht: „Wäre das absolut gesetzte Kontingente, das schlechthin fremde Individuum, nicht

Verbreitet wurde beides, der Glaube, Sprechen diene dem Ausdruck des Inneren und die Erfahrung des Scheiterns jedes Versuchs, dies ernsthaft zu betreiben, anfangs durch die Liebes- und Empfindsamkeitspoesie, später durch Journale (aller Art – auch wissenschaftlicher) und die vor allem durch die Sprachdidaktik. Am Sprechen und seiner Funktion hat das nichts geändert: Beim Sprechen geht es immer noch und vor allem um Verständigung, nicht um Versprachlichung des Innersten. Der Kommunikation vorzuhalten, sie sei in Bezug auf den Ausdruck des Innersten ein fehlerhaftes Werkzeug, ist vergleichbar dem Vorwurf an den Hammer, man könne mit ihm ja nicht sägen.

1.7 Exkurs: Die europäische Idee des singulären Subjekts

Das hier angesprochene Problem, nämlich dass das Verstehen des Innersten eines einzigartigen Subjekts Ergebnis der europäischen Geistesgeschichte ist (siehe hierzu auch Jauß 1999), soll hier kurz erläutert werden: Eine der ganz wenigen basalen Unterscheidungen im Wissensbestand der Gattung Mensch, die man fast überall antreffen kann, ist die Unterscheidung zwischen der ,*sozialen* Welt' und der ,*natürlichen* Welt'. Zur ersten Welt zählen die Menschen all jene, von denen sie glauben, dass sie in wesentlichen Punkten so sind wie sie selbst (andere Menschen und solche Wesen, von denen sie glauben, dass sie im Kern wie Menschen agieren, also Götter, Geister und manchmal Tiere oder Pflanzen), zur anderen Welt gehören all jene, von denen sie glauben, dass sie in wesentlichen Punkten *nicht* so sind wie sie selbst, also Berge, Meere und das Wetter, meist Pflanzen und Tiere.

Was auf dieser Welt der einen Gruppe oder der anderen Gruppe angehört, das ist jeweils das Ergebnis historischer Verständigungsprozesse – genauer: solcher Prozesse, die sich in historisch gewachsenen Formen, mit historisch relevanten Argumenten, validiert und gestützt von gesellschaftlicher Macht und immer mittels Kommunikation vollziehen Aushandlungsprozesse (allgemein hierzu Berger und Luckmann 1969 und Soeffner 2000).

Über das wesentliche Merkmal, aufgrund dessen etwas der einen oder der anderen Gruppe zugeordnet werden kann oder werden soll, wurde zu allen Zeiten verhandelt. Einig war und ist man sich lediglich darüber, dass die Möglichkeit und der Wille, den Lauf der Welt durch eigene Entscheidung und/oder bewusstes Handeln zu ändern oder doch zumindest zu dem Lauf der sozialen und natürlichen Welt Stellung zu nehmen, ein zentrales Kriterium sein soll. Die Entscheidung oder (wenn man nur ganz defensiv argumentieren will) die Stellungnahme

doch ein mystischer Nullwert, eine Nacht, in der alle Kühe schwarz – um nicht zu sagen: dekonstruiert – sind." (Jauß 1999: 140)

selbst kann in dieser Weltsicht auf verschiedene mentale Operationen zurückgehen, (die natürlich alle auf erworbenem Wissen basieren): entweder auf ‚rationales' Denken, bewährte Routinen, nicht-rationales Fühlen oder intuitive ‚Körperprozesse'.

Das ‚rationale' Denken gilt meist als der Paradefall der Sozialwissenschaften: Hier fühlt sich ein Subjekt, ein Ich, als Entscheider, weil es selbst entscheidet, weil es *will* und sich in diesem Wollen sicher verspürt. Routinen werden gern als unproblematische Varianten des ‚rationalen' Denkens angesehen: ‚Rationales' Denken, das sich bewährt hat, wird demnach aus arbeitsökonomischen Gründen ins Unterbewusstsein verlagert und bei Bedarf immer wieder (bewusstseinslos) hervorgerufen, könnte aber jeder Zeit gestoppt und revidiert werden – im Übrigen eine Einschätzung, die übersieht, dass ein Großteil der Routinen nicht den Weg vom Bewussten zum Unterbewussten gegangen sind. Emotionen nehmen ohne Zweifel Stellung zu dem Lauf der Welt, indem sie vor allem Bewerten und auf Handeln drängen. Aber für die Sozialwissenschaften sind sie weitgehend terra incognita, was dazu geführt hat, dass ihre Bedeutung massiv unterschätzt wird. Noch schwieriger ist der Begriff der ‚intuitiven Körperprozesse' zu fassen. Also solche Prozesse des Handelns, Kommunizierens und Deutens (besonders gut sichtbar bei weiten Teilen der nonverbalen Kommunikation), die völlig ohne unser Wissen stattfinden und somit nicht unter unserer Kontrolle sind. Auch sind hier die oft und verlässlich beschriebenen Prozesse gemeint, die spontan und ebenfalls ohne bewusste Kontrolle zur Findung neuer Erkenntnisse führen (z.B. bei der Abduktion, siehe hierzu Reichertz 2006b).

Sehr gebräuchliche Begriffe für diese Instanz der aufgrund von Kognition, Routinen, Emotionen und Körperprozessen *‚handelnden Stellungnahme'* (= Entscheidung) sind ‚Seele' (auch ‚Psyche') oder auch ‚Ich' (auch: das Selbst, das Ego oder die Identität). Über die Substantialität und die Qualitäten dieser Instanz rätselt man (trotz alltagsweltlicher Gewissheit, dass sie existiert und was sie ist) schon seit Jahrhunderten[118] – nicht nur in den durch die europäische Philosophie beeinflussten Regionen, aber hier besonders intensiv. Das hat gewiss auch mit der westlichen Wissens- und Wissenschaftsgeschichte, und hier vor allem mit der Religions- und Philosophiegeschichte zu tun, ist doch diese Instanz der *handelnden Stellungnahme* Gegenstand und Zielpunkt all dieser Wissensgebiete.

Georg Büchner, der 1836 über die Hirnnerven von Fischen und Menschen in Zürich promovierte und dann als Erstes ‚Über Schädelnerven' las, fragte auch in seinen literarischen Arbeiten immer wieder nach der Natur des Inneren: „Was ist das, was in uns lügt, hurt, stiehlt und mordet? (Büchner 1965: 33 – Dantons

---

118 Auf den Umstand, dass die Debatte um die Materialisierung des Ich schon weit zurückreicht und dass sie sich verschlungen entwickelt hat, weist Olaf Breidbach in seiner schönen Studie hin (Breidbach 1997).

Tod). Und: „Ich weiß nicht, was in mir das andere belügt" (ebd.: 22). Oder anders: Wer oder was ist das, das denkt, das fühlt, das Entscheidungen trifft? Wer spricht, wer kommuniziert? Was ist das, was einen anderen liebt und noch ärger die Frage: Was ist das eigentlich, das vom anderen geliebt wird?

Zurzeit ist die Diskussion über diese Instanz, deren Sitz im Laufe der Geschichte im Inneren des menschlichen Körpers, wenn auch in unterschiedlichen Regionen (Gehirn, Herz, Magen etc.) vermutet wurde und wird, mal wieder in einer heißen Phase. Einig ist man sich – zumindest in der wissenssoziologisch informierten Diskussion –, dass die Vorstellungen über diese Instanz selbst sozialen Ursprungs sind und damit abhängig von Zeit und Kultur variieren. Dies zeigt auch eine kurze Skizze der Historie dieser Vorstellung.

Homer sang fast ein Jahrtausend vor der christlichen Zeitenwende zwei berühmte Lieder: das erste über den *Abstieg* einer seinen Gefühlen vertrauenden, jähzornigen und ehrlichen männlichen Identität (Achill) und das zweite über den *Aufstieg* der kalkulierenden, kühl denkenden, lügenden und gezügelten Identität (Odysseus), und manche sehen in der Figur des Odysseus bereits die Aufklärung (und deren Dialektik) grundgelegt (Horkheimer und Adorno 1971, kritisch dazu: Oevermann 1998). Im klassischen Griechenland entsteht die Vorstellung eines geistigen rationalen Selbst, das in der Lage ist, den unwilligen Körper zu binden und zu bändigen (Beispiel: Odysseus, der sich an den Mast seines Schiffes binden lässt, um einerseits den Gesang der Sirenen zu hören, ihm aber nicht zu verfallen).

Das Christentum brachte (durchaus von der platonischen Philosophie inspiriert) mit der Zeitenwende auch den Glauben in die Welt, dass das Besondere des Menschen seine Seele ist, die wiederum göttliches Geschenk und somit ein Teil Gottes im Menschen sei, den er jedem Menschen eingehaucht habe. Noch im Mittelalter stritt man über die Frage, wann genau und auf welchem Wege die göttliche Seele in den Körper des Menschen findet und wann und wie sie den Körper wieder verlässt. Und so kam es über hunderte von Generationen zu dem Kampf zwischen der guten Seele und dem sündigen, weil menschlichem Fleisch. Gerade wenn das Fleisch schwach war, war es stark, da es den Geist besiegen konnte. Jener konnte allerdings durch besondere asketische Übungen gestärkt werden, was dazu führte, dass die Seele den Körper nicht nur zügeln, sondern auch veredeln konnte. Nicht jeder konnte diesen Kampf gewinnen. Und die o.a. Frage Dantons, von Büchner ihm in den Mund gelegt, was in uns stiehlt, hurt und mordet, ist noch später Ausdruck dieser inneren Selbstaufklärung (welche die Psychoanalyse später aufgreifen und systematisieren wird), und sie zeigt, wie langlebig das christliche Muster der Selbstdeutung war.

Das Zerbrechen einer festen Gesellschaftsordnung und die Erfahrungen mit der Macht des Einzelnen in der abwechslungsreichen Geschichte der italienischen Städte des 15. Jahrhunderts, die Wiederentdeckung der alten Schriften und

Kulturen durch Kaufleute und die europäischen Humanisten, die Aufklärung und der proklamierte Tod Gottes führten dann im Europa des 18. Jahrhunderts zur Geburt einer Vorstellung, die, nachdem sie etwa drei Jahrhunderte dominant war, heute noch, wenn auch nicht mehr konkurrenzlos, die sozial- und kommunikationswissenschaftlichen Ideen von der Besonderheit der Instanz der handelnden Stellungnahme beeinflusst. Gemeint ist die wesentlich von Descartes in die Welt gebrachte Vorstellung eines im Inneren des Menschen (vornehmlich im Kopf oder Gehirn) platzierten ‚Ich', das als einheitliche, unteilbare, lebendige, geistige Substanz den Kern des Menschen bildet. Dieser Kern ist (so die heute noch gängige Vorstellung) bereits mit der Geburt vorhanden, entfaltet sich im Laufe der Ontogenese (bei manchen Theoretikern nach einem biologisch vorgegebenen Reifungsprogramm), bleibt aber im Kern mit sich selbst identisch. Diese geistige Substanz ist der wirkliche Herr über den Körper, sie ist sogar in der Lage, gegen den Körper und seine Gefühle zu entscheiden. Dieses Ich ist das Zentrum des Menschen, sein eigentliches ‚Wesen', es trägt die Verantwortung für das Tun seines Körpers.

Mit dem Aufkommen der Sozialwissenschaften zum Ende des 19. Jahrhunderts erodierte allerdings die Vorstellung vom zentrierten Subjekt als geistige Substanz allmählich. Insbesondere anthropologische und soziologische Theorien wiesen die dualistische Vorstellung eines geistigen Ich, das sich substantiell vom Körper unterscheidet, zurück, kritisierten sie als im Kern religiös und machten das Argument stark, dass ein menschliches Ich keineswegs eine eigene Substanz ist, sondern ‚natürliches' Ergebnis gesellschaftlicher Interaktion. Marx und Durkheim und natürlich die amerikanischen Pragmatisten, und hier vor allem George Herbert Mead, betonten immer wieder die monistische Sicht (Mead 1973), nach der die Identität des einzelnen Menschen ein Interaktionsprodukt ist, das im Laufe der Ontogenese erst entsteht und auch durch Interaktionsprozesse dort erst seine konkrete Form annimmt. Dennoch herrscht auch hier die Idee einer *einheitlichen*, wenn auch prekären Identität vor (siehe auch Hall 1994). Prekär ist diese Identität, weil sie durch Interaktion gefährdet werden kann, sie kann sich entwickeln, sich aber auch sprunghaft verändern oder massiv geschädigt werden. Dennoch bleibt in dieser Sicht die Identität der Mittelpunkt des Menschen, seine verantwortliche Instanz (siehe hierzu z.B. die Arbeiten Strauss 1974 und Goffman 1977a und 2005).

Schon in diesen interaktionistischen Theorien wird gelegentlich davon gesprochen, dass Menschen je nach Situation und Sozialisation mehrere Identitäten ‚besitzen' können. In neueren, durch den Poststrukturalismus beeinflussten Ansätzen spricht man gar von Identitäten ohne echten Kern (Laclau 1990). Hier ist die Identität nicht mehr um einen Kern zentriert, sondern in mehrere Teile ‚zerstreut'. Diese Flexibilisierung und *Dezentrierung* der Instanz handelnder Stel-

lungnahme (Castells 2002) beschleunigt sich einerseits durch die rasante Bedeu-
tungszunahme neuer Medien (insbesondere des Internets) erheblich und andererseits durch die von allgemeinen Globalisierungsprozessen in Gang gebrachte
Erosion von Landes-, Sprach- und Kulturgrenzen. Wenn es nämlich die Einheit
kulturell gebundener Interaktion ist, die eine einheitliche Identität schafft, so das
Argument, dann fragt sich, was passiert, wenn in globalisierten Gesellschaften
die Einheit von Kultur de facto nicht mehr oder nur noch sehr begrenzt gegeben
ist. Sind dann individuelle Identitäten nur noch (wie Flusser formuliert) „Ver-
knotungen im energetischen Raum" (Flusser 1993: 77)? Müssen wir also davon
ausgehen, dass „wir nicht etwas sind, sondern ein Wie-sich-in-Beziehungen-
verknoten" (ebd.: 76)?

Eine Vielzahl von Neurowissenschaftlern/innen geht seit gut einem Jahrzehnt noch weiter: Sie verkünden in und mit den Medien lautstark das endgültige
Ende des Subjekts (Prinz 2004a/b; Roth 1998 und 2004; Singer 2002, 2003,
2004a/b). Sie stellen dabei das Gehirn bzw. die Gehirnschaltungen als Urgrund
und Ursprung menschlichen Tuns vor. Die Vorstellung eines ‚Ich' ist demnach
eine vom Gehirn selbst geschaffene Illusion, die dem Organismus lediglich die
falsche Gewissheit liefert, er selbst bzw. eine besondere Inneninstanz sei der
Urheber und Autor jeglichen bewussten sinnhaften Handelns und Kommunizierens. Pikanterweise stammt eine der schärfsten Formulierungen hierzu nicht von
einem Neurobiologen, sondern von einem Philosophen:

> „Die naturalistische Antwort auf das Problem der *individuellen* Subjektivität lautet:
> Die ‚Perspektive der ersten Person' ist ausschließlich ein Darstellungsphänomen,
> dem nichts in der objektiven Struktur der Welt entspricht. Wir sind nicht auf myste-
> riöse Weise mit einer besonderen innerweltlichen Person und ihrem Standpunkt i-
> dentisch, sondern wir besitzen in diesem Sinne *überhaupt keine Identität*: Wir sind
> eine intern mehr oder weniger stark korrelierte Menge aus physischen und psycho-
> logischen Eigenschaften, die sich durch die Zeit bewegt. Die *Einheit* des Selbstbe-
> wußtseins ist eine repräsentationale Fiktion" (Metzinger 1996: 151, auch: Metzinger
> 2005 – ähnlich scharf aus Sicht der Gehirnforschung Roth 1998 und 2004).

Da die Zeichen für die Gehirnforschung gut stehen, weil die Neurowissenschaften
(in Politik, Medien und Öffentlichkeit) oft als abschließende naturwissenschaft-
lich gesicherte Beseitigung des Subjektivitätsproblems gehandelt werden, sind sie
nach dem Poststrukturalismus eine ernstzunehmende Herausforderung für jede
Soziologie und Kommunikationsforschung, die nicht in der Systemtheorie aufgeht, sondern weiter darauf besteht, dass Konstitution, Bestand und Entwicklung
von Gesellschaft an sinnhaftes Handeln und Kommunizieren gebunden ist.

1.8 Die vier Disziplinierungen des Kommunizierens

Verständigung ist nur dann möglich, wenn Worte und Taten miteinander korrespondieren, wenn Worte ‚wahr' sind. Wäre nämlich jedes Sprechen unwahr, dann wäre es bedeutungs- und wirkungslos. Sprechen muss zumindest in gewissem Maße und für bestimmte Gruppen eine bestimmte Form von Verbindlichkeit haben, sonst könnte und müsste man es lassen. Verbindliches und somit folgenreiches Sprechen bildet also eine wesentliche Grundlage menschlicher Gemeinschaft und menschlicher Handlungskoordination. Wohl deshalb findet man in allen Gesellschaften ein Lügenverbot – wenn auch nicht gegenüber jedem und in jeder Situation die Wahrheit gesagt werden muss. Worte sind (so die gesellschaftliche Norm) gerade nicht wie der Wind, der verweht, sondern gesprochene Worte sind Handlungen, die bleiben. Oder besser: Sie sollen Handlungen sein und können aber nur dann wirkende Handlungen sein, wenn Handlung und Wort (normativ) *aneinander gekoppelt* werden. Aus dieser Sicht kann man die Geschichte der Menschheit lesen als einen permanenten Versuch, das Verhältnis von Wort und Handlung zu regulieren und stabil zu halten[119].

Die Macht der Worte (im Übrigen auch der Erfolg der Hermeneutik, die immer versucht, nicht nur die Worte, sondern auch deren Wirkweise zu verstehen) verdankt sich in dieser Sicht der Dinge der machtvollen Durchsetzung bestimmter Formen der Vergesellschaftung oder anders (in Anlehnung an die Ausdrucksweise von Foucault): bestimmter *Disziplinierungen.*[120] Die Macht der Worte (also auch die Überzeugungskraft einer solchen Hermeneutik, die versteht, weshalb die Akteure handeln, wie sie handeln) beruht – so die hier vertretene Behauptung – auf einer vierfachen Disziplinierung des Menschen, die keinesfalls in allen Kulturen in gleicher Weise stattfindet. Die Kulturwissenschaften haben diese Disziplinierungen nicht nur nachgewiesen, sie haben gerade in den modernen Zeiten einen wesentlichen Anteil daran. Sie haben deshalb eine beachtlichen Anteil, weil die Begriffe, Einsichten, Ratschläge und die Politiken z.B. der Linguistik, der Sprachphilosophie, der Soziologie, der Psychologie, der Pädagogik und der Kommunikationswissenschaft (um nur die wichtigsten zu nennen) ihren Gegenstand immer wieder durchdrungen und somit verändert, an

---

119 Aus dieser Sicht kann man Teile der Kommunikation im Internet (Chats, Rollenspiele etc.) als gesellschaftlichen Großversuch werten, zu ermitteln, was möglich und was nicht mehr möglich ist, wenn Worte und Handlungen systematisch entkoppelt werden. Wer neue Seiten von sich selbst erproben und ausleben will, findet im Chat gute Möglichkeiten, wer jedoch Geschäfte machen will, muss sich überlegen, wie sich auch im Netz Wort und Handlung fest aneinander binden lassen.

120 Berger & Luckmann (1994: 58 f.) würden hier von *Institutionalierung* sprechen. Auch für die Wissenssoziologie kommt es demnach bei der Schaffung von Institutionalisierungen auf Macht an.

die wissenschaftliche Deutung angepasst haben. Und manchmal oder besser: oft waren diese Veränderungen keine Kollateralschäden, also nicht eine unbeabsichtigte und unvorhersehbare Folge wissenschaftlichen Tuns, sondern ausdrücklich intendiert. Gemeint sind mit den vier Disziplinierungen:

- die *Disziplinierung des Sprechens,*
- die *Disziplinierung der Verantwortungsübernahme,*
- die *Disziplinierung des Zuhörens* und schlussendlich auch
- die *Disziplinierung des Antwortens.*[121]

Diese vier Disziplinierungen des Menschen haben sich historisch entfaltet und wurden jeweils in historisch spezifischen Formen eingeübt und sanktioniert. Ort der Disziplinierungen war weniger das Bewusstsein der Akteure, sondern deren Praxis von Kommunikation und Interaktion. Ziel der Disziplinierungen war das Führen durch Selbstführung aufgrund von Normen, die sich in die Körper eingeschrieben haben. Manche Zeiten und manche Gesellschaften legten mehr Gewicht auf die Disziplinierung des Sprechens, andere auf die Disziplinierung des Antwortens. Immer jedoch waren die Disziplinierungen schichtspezifisch in der Gesellschaft verteilt und meist nur gruppenspezifisch wirksam. Für die Kommunikation innerhalb der eigenen Gruppe (Schicht, Klasse) galten und gelten andere Rechte und Pflichten wie für die Kommunikation mit anderen Gruppen (Schichten, Klassen).

Entscheidend für die Kopplung von Wort und Tat (wahre Aussage) ist die jeweilige *Beziehung* von Sprecher und Angesprochenem (siehe hierzu Reichertz 2006a). Sie bestimmt, was wie mit welchen Folgen gesagt und verstanden wird. Denn in fast allen Gesellschaften gibt es neben dem generellen Wahrheitsgebot auch ein weites Feld von Ausnahmen – dieses reicht von der Notlüge über die barmherzige Lüge bis hin zum Lügengebot. So ist es z.B. oft erlaubt und manchmal geboten, gegenüber Fremden oder Feinden keine wahrhaftigen Angaben über das Eigene zu machen (Lügengebot); oft herrscht in denselben Gesellschaften aber zugleich ein striktes Wahrheitsgebot gegenüber Verwandten, Priestern oder Lehrern. Das gleiche Sprechen hat völlig unterschiedliche Bedeutungen, je nachdem, ob es gegenüber einem Feind, einem Polizisten oder einem Freund vorgetragen wurde. Mit der kommunikativen Etablierung einer bestimmten Beziehung werden nämlich immer auch bestimmte Wahrheitsverpflichtungen in Geltung gesetzt.

Nicht nur die *Beziehung* zwischen Sprechendem und Zuhörendem ist wesentlich für die Bedeutung des Gesagten – auch der in dem kommunikativen

---

121 Da das Antworten seinerseits Sprechen ist, gilt hierfür das Gleiche wie für die Disziplinierung des Sprechens.

Miteinander angezeigte oder zugewiesene *Redestatus* (Goffman 2005: 37 ff.) und der *Rahmen* (Goffman 1977b) oder (in anderen terms) die gewählte *kommunikative Gattung* (Luckmann 2002) geben starke Anhaltspunkte dafür, welche Folgen das Sprechen und das Antworten haben: Geständnisse pflegen eine andere Wort-Handlungs-Kopplung als Werbung, Predigt oder Drohung und gesellige Small Talks andere als Vorträge, Ermahnungen und Versprechungen. Wenn ich weiß, in welchem Rahmen ich mich bewege und wer ich für den anderen bin, weiß ich auch, was mein eigenes Sprechen und das Sprechen des Anderen bedeuten, also was sie jeweils an Erwartungen und Verpflichtungen, aber auch, was sie an Möglichkeiten und Rechten mit sich bringen.

Trennen lassen sich die o.a. vier Disziplinierungen allenfalls analytisch. Empirisch bedingen sie einander, da sich jede der vier aus den jeweils anderen ergibt. Zwei der genannten Disziplinierungen richten sich auf den Menschen als *Sprecher* und als *Agierenden* und zwei auf den Menschen als *Zuhörenden/Antwortenden* und *Reagierenden*.

Mit der *Disziplinierung des Sprechens* ist gemeint, dass sich die Sprecher erst dem oder den Angesprochenen zuwenden, sich auf ihn einstellen müssen und sich dann bei der Auswahl, Aussprache und Kombination ihrer Wörter nach den Regeln der Phonetik, Semantik und Grammatik ihrer Sprach- und Interaktionsgemeinschaft richten. Weil das so ist, sind die Zuhörer bereits ‚Teil' jeder Äußerung. Disziplinierte Sprecher wissen, dass man zum Tisch nicht ‚Stuhl' sagt, dass ‚reden', ‚sprechen', und ‚sagen' nicht das Gleiche bedeutet, dass in der indirekten Rede der Konjunktiv verwendet wird, dass man alles, was man sagen will, klar sagt, dass man informativ und wahr spricht und nur Relevantes sagt (Grice 1989: 168 f.) und dass man immer nach dem treffenden Ausdruck sucht. Bei dieser Erziehung zum guten Sprechen haben über Jahrhunderte die Rhetorik, später dann der Deutschunterricht und auch die deutsche Sprachwissenschaft und hier insbesondere die Wortfeldforschung (Trier 1931, Weisgerber 1931) bedeutende Rollen gespielt. Für alles sollte (gerade zu Beginn der deutschen Bundesrepublik) das richtige Wort gefunden werden, denn kein Wort besitzt die gleiche Bedeutung wie ein anderes – so ein basaler Lehrsatz der Sprachwissenschaft dieser Zeit[122]. In der Wissenschaft wurde diese ‚Erkenntnis' in den Satz gegossen, dass kein Satz paraphrasiert werden kann, da nämlich bei jeder Neuformulierung einiges verloren geht bzw. anderes hinzugefügt wird.

Ein in der deutschen Sprach- und Sprechgeschichte besonders relevanter Höhepunkt der Disziplinierung des Sprechens fand im Deutschland der 1960er und 1970er Jahre statt. Gerade in der Auseinandersetzung mit der These vom restringierten Code der Unterschicht legte man den deutschen Schülern und

---

122 Ein Lehrsatz im Übrigen, der für jede Art der sozialwissenschaftlich orientierten Hermeneutik (also auch für die objektive und wissenssoziologische) eine unhinterfragte Prämisse darstellt.

Schülerinnen (bei allem Respekt vor der Sprechweise der Unterschichten) doch die elaborierte Form des Sprechens der Mittelschicht nahe. Erinnert sei hier nur an die zu dieser Zeit die Deutschdidaktik maßgeblich beeinflussende Weltsicht des ‚Bremer Kollektivs' (Bremer Kollektiv 1974, aber auch Kochan & Wallrabenstein 1974). Diese im Kern kommunikationstheoretische Neuausrichtung des Deutschunterrichts berief sich nicht nur auf die Sprechakttheorie, sondern auch sehr stark auf die vor allem in Deutschland aufkommende Sprachpragmatik (Maas & Wunderlich 1972; Wunderlich 1972). Auch hier beschrieb die Wissenschaft nicht nur das Sprechverhalten, sondern gab im Namen der Emanzipation und der Vernunft Normen vor, die von den Schülern und Schülerinnen übernommen werden sollten.[123]

Mit der *Disziplinierung der Verantwortungsübernahme* ist gemeint, dass ein Sprecher durch das Aussprechen eines Satzes immer auch die Verantwortung für seinen Satz übernimmt oder genauer: übernehmen soll – was heißt, dass der, der etwas verspricht, damit zugleich erklärt, dass er etwas in Zukunft tun bzw. nicht tun wird. Die Bedeutung einer (sprachlichen) Handlung ist somit nicht über eine irgendwie geartete Semantik bestimmbar, sondern konstituiert sich wesentlich über die (vom Sprecher aufgrund seiner Erfahrung mit der Interaktionsgemeinschaft erwartbaren) sozialen Folgen.[124] Zwar greift der Sprecher beim Sprechen auf frühere Erfahrungen mit seiner Praxis des Sprechens zurück, also auf Formen, die früher einmal erfolgreich waren, aber realisiert und ratifiziert wird jede sprachliche Bedeutung erst durch die Antwort-Handlung: Eine (sprachliche) bestimmte Handlung bedeutet in einer bestimmten Interaktionsgemeinschaft also, dass einerseits der Sprecher anderen Erwartungen anträgt, aber auch, dass andere

---

123 Besonders deutlich wird der Sachverhalt, dass Wissenschaftler, wenn sie beschreiben, auch vorschreiben, bei den schon weiter oben erwähnten Gesprächsmaximen von Grice (1996). Die Maximen: ‚Sei informativ, sei wahr, sei relevant und sei klar!' ergäben sich, so der Befund von Grice, nicht aus Macht und Vertrag, sondern allein aus der Vernunft. Deshalb sei deren Befolgung rational (ebd.: 171). Das kann aus meiner Sicht mit guten Gründen bestritten werden, formuliert doch Grice vor allem die Normen der englischen Mittelschicht, wenn es ihr darum geht, ein gesittetes Gespräch zum führen: Wer dagegen jemals Transkripte von natürlicher Interaktion (und nicht nur ausgedachte Beispielsätze) untersucht hat, weiß, dass diese Maximen nicht nur systematisch mit der Sozialschicht und den Gesprächsrahmen variieren, sondern selbst bei Angehörigen der Mittelschicht nur als grobe Orientierungslinien dienen. Die Unterschicht hat eigene Formen gefunden, ohne die Geltung dieser Maximen erfolgreich zu kommunizieren.

124 Vgl. hierzu auch die Formulierung von Peirce aus dem Jahr 1902: „Eine Behauptung ist eine Handlung, durch die eine Person sich für die Wahrheit einer Proposition verantwortlich erklärt" (Peirce 1986: 411) und eine weitere aus dem Jahr 1903: „Denn ein Akt der Behauptung setzt voraus, dass, wenn eine Proposition ausgesprochen wird, eine Person eine Handlung vollzieht, die sie den Sanktionen des sozialen Gesetzes (oder jedenfalls des moralischen Gesetzes) unterwirft, sollte sich diese nicht als wahr erweisen, es sei denn, diese Person hat eine bestimmte und ausreichende Entschuldigung." (Peirce 1983: 75)

berechtigt sind, an den Handelnden bestimmte Ansprüche zu stellen. Oder anders: Weil man weiß oder doch zu wissen glaubt, was eine Sprechhandlung in einer bestimmten Interaktionsgemeinschaft nach sich zieht, handelt man so wie man handelt.

Die Grammatik, Semantik und Pragmatik von Sprechhandlungen einer Gruppe sind sozial erarbeitet und sozial verbürgt bzw. werden sozial sanktioniert und bilden einen gewichtigen Teil der Kultur einer Gruppe. Diese Kultur wird durch die Gruppe und speziell dafür eingerichtete Institutionen an neue Mitglieder weitergegeben bzw. verinnerlicht. Durch jede Handlung wird die Grammatik, Semantik und Pragmatik einer Gruppe nicht nur aufgerufen, sondern auch bestätigt und fortgeschrieben.

Wer z.B. seiner Liebsten einen Heiratsantrag macht, kann kaum mehr dem Ansinnen der Frau widersprechen, nun endlich die Eltern kennen zu lernen. Denn etwas zu sagen, hat Folgen: für den, der etwas in einer bestimmten Situation äußert ebenso wie für den, der es zur Kenntnis nimmt![125] Nur die Übernahme der Verantwortung für das eigene Sprechen macht aus einer ansonsten bedeutungslosen Äußerung von Wörtern und Sätzen eine kommunikative Handlung (Ausnahmen sind bei spezifischen Formen des Sprechens gegeben wie Schauspielern, Poesie vortragen, aber auch Werbung etc.).

Wer zu dem, was er sagt, nicht steht, dem hören wir nicht lange zu; und er spricht bald zu uns vergeblich. Bei *Kleinkindern* und *Dementen* (und manchmal bei Betrunkenen) machen wir eine Ausnahme – mit ihnen sprechen und kommunizieren wir weiter: Bei den Kleinkindern, weil (aber nur so lange) sie noch nicht wissen können, was sie mit ihrem Sprechen tun, und weil wir erwarten, dass sie die Kommunikation auf diese Weise erlernen; bei Dementen, nicht nur weil sie vergessen haben, *was* sie gesagt haben, sondern auch, weil sie vergessen haben, *dass* und wie sie mit Worten etwas tun. Beide Bereiche, die Kommunikation mit Kleinkindern und mit Dementen, sind im Übrigen gute Felder für kommunikationswissenschaftliche Forschung.

Mit der *Disziplinierung des Zuhörens* ist gemeint, dass man sich zuerst einmal dem anderen zuwendet und aktiv zuhört[126], wenn er das Wort an einen richtet, dass man sich bemüht, das vom Sprecher Gemeinte auch (richtig) zu verstehen, dass man kleine Verständnislücken stillschweigend auffüllt, dass man

---

125   Die Sprechakttheorie und auch die linguistische Pragmatik, das sei hier nur nebenbei erwähnt, glaubten lange Zeit, sie hätten mit dieser oder ähnlichen Formulierungen nur eine wirksame gesellschaftliche Norm rekonstruiert. Aus meiner Sicht haben sie mit dem *Modell* von der Wirklichkeit des Sprechaktes gleichzeitig auch die *Norm* für eine neue Wirklichkeit in die Welt gesetzt.

126   Weil ,Hören' in der Kommunikation immer ein zugewandtes ,Zuhören' ist, macht es Sinn, die Begriffe ,Hören' oder ,Hörer' zu vermeiden. Sie betonen nämlich das Passive, das Akustische und verleiten leicht dazu, das Wesentliche kommunikativen Handelns außer Acht zu lassen.

darauf hofft, dass sich der Sinn und die Bedeutung des Gesagten im weiteren Verlauf des Sprechens weiter erschließt und dass man den Anderen ernst nimmt mit dem, was er sagt.

Durchaus bemerkenswert ist, dass sowohl die westliche Wissenschaft als auch die klassischen (westlichen) Sozialisationsagenturen (Kindergarten, Schule, Universität) zwar von der Bedeutung des Zuhörens wissen, es jedoch deutlich weniger untersuchen und/oder schulen wie das Sprechen selbst: Im Vordergrund steht stets der sprechende Akteur, dessen Absichten und dessen Äußerungen. Der Begriff der *kommunikativen Kompetenz* (in den frühen 70er Jahren erst an den Universitäten, dann an den Schulen in Mode gekommen und heute noch den Unterricht aller Fächer berührend) hatte eher ein Sprechertraining zur Folge als eine Übung des Zuhörens. Der Begriff der *Medienkompetenz* nimmt zwar durchaus die Rezeption, also die Aneignung in den Blick, konzentriert sich dabei allerdings auf das Medium, nicht auf den Vorgang des Zuhörens.

Aber mit der Disziplinierung des Zuhörens ist auch gemeint (obwohl man es als eigenständige Fähigkeit betrachten kann), *dass man sich selbst während des eigenen Sprechens aufmerksam zuhört*, dass man erfasst, welche Verpflichtungen mit der eigenen Rede einhergehen, dass man sich an sein eigenes Sprechen (in der aktuellen Situation und in vergangenen) erinnert und beim Weitersprechen berücksichtigt.

Mit der *Disziplinierung des Antwortens* ist gemeint, dass die, an die das Wort gerichtet ist, wissen, was sie tun, wenn sie in einer bestimmten Form antworten. Denn da auch Antworten Sprechen ist, ist auch Antworten die Übernahme von Verantwortung und somit folgenreiches Handeln. Wenn man weiß, was sich gehört (und das weiß man, wenn man einer bestimmten Sprach- und Interaktionsgemeinschaft angehört), dann kann man nicht Beliebiges antworten (ohne dass man sanktioniert wird). Antworten will gelernt sein, soll Kommunikation gelingen und sollen Gesellschaft und Geselligkeit geschaffen werden.

Die Macht der Worte ergibt sich aus dieser Sicht aus dem nach innen genommenen gesellschaftlichen ‚Zwang‘, Wort und Handlung beim Sprechen und beim Antworten aneinander zu koppeln. Erodiert die Verbundenheit von Wort und Tat, weil z.B. die Disziplinierungen weniger gelingen und so der innere Zwang erodiert oder weil man auf andere trifft, die Wort und Tat anders aneinander binden, dann verlieren Worte ihre Kraft. Dann wird Verständigung schwieriger.[127]

---

127 Alfred Schütz und Thomas Luckmann sehen das noch pessimistischer. Sie befürchten: „Wenn, im Grenzfall, der Bereich des gemeinsamen Wissens und der gemeinsamen Relevanzen unter einen kritischen Punkt zusammenschrumpft, ist Kommunikation innerhalb der Gesellschaft kaum noch möglich. Es bilden sich ‚Gesellschaften innerhalb der Gesellschaft‘ heraus. Ob man dann noch von einer Gesamtgesellschaft sprechen kann, hängt natürlich nicht allein von der Struktur des gesellschaftlichen Wissensvorrats, sondern auch von der faktischen Sozialstruktur, vor allem aber von der Machtverteilung ab.“ (Schütz & Luckmann 2003: 427)

In Zeiten zunehmender Globalisierung gelingen diese Disziplinierungen (auch in Deutschland) immer weniger: Zum Einen, weil nicht nur die Unterschichten, sondern auch die Mittelschichten immer weniger durch den schulischen Sprachunterricht, der ja auch ein Handlungsunterricht ist, wirklich erreicht werden; zum Anderen, weil viele Migranten aus den unterschiedlichsten Ländern der Welt nicht hinreichend in den Gebrauch der (deutschen) Sprache einsozialisiert werden bzw. deren Kinder in zwei Bedeutungswelten leben und damit in einer neuen; zum Dritten, weil es in der politischen und medialen Kultur längst kein zu skandalisierendes Vergehen mehr ist, wenn Wort und Tat gut erkennbar auseinander fallen, zum Vierten weil die Anzahl der Handlungsalternativen sich täglich vergrößert; zum Fünften weil immer mehr Bedeutungswelten miteinander konkurrieren. Längst haben sich auf den Straßen der Großstädte neue Gebrauchsformen der deutschen Sprache oder besser: des Sprechens und Handelns in Deutschland eingebürgert, die oft jenseits der herrschenden Kultur angesiedelt und deshalb nur begrenzt mit dieser kompatibel sind. Aber natürlich versteht man sich untereinander und ebenso natürlich versteht man sich über die Gebrauchsweisen des Sprechens hinweg – wenn man sich ein wenig Mühe gibt und eine Zeit lang miteinander lebt und die alltägliche Praxis teilt. Gewiss ist aber auch, dass die Worte in einer solch multikulturellen Gesellschaft einen Teil ihrer Kraft, ihrer Macht verlieren – vor allem weil jede Kultur die Verbindlichkeit des Wortes eigenständig und somit anders bestimmt (nach ihren Interessen und Bedürfnissen) und regelt. Bei dieser neuen Regelung des Verhältnisses von Wort und Handlung gibt es kein besser oder schlechter, sondern allein ein *passender*. Kommunikation wird in dieser Vielfalt dann schwieriger – nicht, weil man sich nicht versteht, sondern weil aus dem Verstandenen nicht mehr das folgt, was wir glauben, das ihm folgen sollte. Aber auch dann wird nicht das Verstehen das Problem sein, sondern der Aufbau von Handlungssicherheit.

Obwohl also in Zukunft nicht *weniger*, sondern *mehr* Kommunikation vonnöten ist, ist Kommunikation auch in Zukunft nicht alles. Aber ohne Kommunikation wird auch in Zukunft alles nichts sein.

Literatur

Argyle, Michael (1972): Soziale Interaktion. Köln: Kiepenheur & Witsch.

Argyle, Michael (1985): Körpersprache und Kommunikation. Paderborn: Schwann.

Bateson, Gregory (1987): Geist und Natur. Frankfurt a.M.: Suhrkamp.

Berger, Peter & Luckmann, Thomas (1994): Die gesellschaftliche Konstruktion der Wirklichkeit. Frankfurt a.M.: Fischer.

Birdwhistell, Ray L. (1970): Kinesis and Context. Essays on Body Motion and Communication. Philadelphia: Univeristy of Pennsylvania Press.

Bongaerts, Gregor & Ziemann, Andreas (2000): Vom Bewusstsein der Zeichen zur Inter-
subjektivität der Zeichen. In: Kodikas/Code 23 (3-4): 286-304.
Bourdieu, Pierre (1980): Soziologische Fragen. Frankfurt a.m.: Suhrkamp.
Bourdieu, Pierre (1987): Sozialer Sinn. Frankfurt a.M.: Suhrkamp.
Bourdieu, Pierre (1990): Was heißt Sprechen? Wien: Braunmüller.
Bourdieu, Pierre & Wacquant, Luc (1996): Reflexive Anthropologie. Frankfurt a.m.:
Suhrkamp.
Brandom, Robert (2001): Expressive Vernunft. Frankfurt a.M.: Suhrkamp.
Bremer Kollektiv (1974): didaktik und methodik des deutschunterrichts. Stuttgart: Metz-
ler.
Büchner, Georg (1965): Werke und Briefe. München: dtv.
Castells, Manuel (2002): Das Informationszeitalter. Bd. II. Die Macht der Identität. Opla-
den: Leske + Budrich.
Cooley, Charles Horton (1909): Social Organization. A Study of the Larger Mind. New
York: Scribne's Sons.
Damasio, Antonio (2000): Ich fühle, also bin ich. Die Entschlüsselung des Bewusstseins.
München: List.
Dewey, John (2003): Philosophie und Zivilisation. Frankfurt a.M.: Suhrkamp.
Eibl-Eibesfeldt, Irenäus (1997): Biologie menschlichen Verhaltens. München: Seeham-
mer Verlag.
Ekman, Paul & Friesen, Wallace (1978): Facial Action Coding System. Palo Alto: Con-
sulting Psychologists Press.
Ekman, Paul (1989): Weshalb Lügen kurze Beine haben. Berlin: de Gruyter.
Elias, Norbert (1977): Über den Prozeß der Zivilisation. 2. Band. Frankfurt a.M.: Suhr-
kamp.
Endreß, Martin & Renn, Joachim (2004): Einleitung. S. 7-66 in: Schütz, Alfred: Der
sinnhafte Aufbau der sozialen Welt. Eine Einleitung in die verstehende Soziologie.
Konstanz: UVK.
Esser, Hartmut (1999): Soziologie. Situationslogik und Handeln. Frankfurt a.M.: Campus.
Esser, Hartmut (2000): Soziologie. Soziales Handeln. Frankfurt a.M.: Campus.
Figueroa, Silvana K. (2003): Musical Improvisation as a Type of Action. S. 570-573 in:
Kopiez, R. et al. (Hrsg.): Proceedings of the 5th Triennial ESCOM Conference.
Hannover: Hannover University of Music and Drama.
Figueroa, Sivana K. (2006): Micro-Ethnographies of Improvising Musicians. Paper for
the Conference ,Ethnographies of the Art Work', Sept. 2006, Sorbonne. Paris.
Flusser, Vilém (1993): Die Informationsgesellschaft als Regenwurm. S. 69-78 in: Kaiser,
Gert, Matejovski, Dirk & Fedrowitz, Jutta (Hrsg.): Kultur und Technik im 21. Jahr-
hundert. Frankfurt a.M.: Campus.
Foucault, Michel (1969, 1966): Die Ordnung der Dinge. Frankfurt a.M.: Suhrkamp.
Foucault, Michel (1975, 1971): Der Fall Rivière. Herausgegeben von Michel Foucault.
Frankfurt a.M.: Suhrkamp.
Foucault, Michel (1981): Archäologie des Wissens. Frankfurt a.M.: Suhrkamp.
Foucault, Michel (1991): Questions of Method. S. 73-86 in: Burchell, Graham, Gordon,
Colin & Miller, Peter (Hrsg.): The Foucault Effect. Studies in Governmentality. Chi-
cago: University of Chicago Press.

Foucault, Michel (1994): Omnes et singulatim. S. 65-93 in: Vogel, Joseph (Hrsg.): Gemeinschaften. Positionen zu einer Philosophie des Politischen. Frankfurt a.M.: Suhrkamp.

Foucault, Michel (2004): Geschichte der Gouvernementalität. 2 Bde. Frankfurt a.M.: Suhrkamp.

Foucault, Michel (2005): Analytik der Macht. Frankfurt a.M.: Suhrkamp.

Gehlen, Arnold (1972): Der Mensch. Seine Natur und seine Stellung in der Welt. Wiesbaden: Athenaion.

Goffman, Erving (1977a): Stigma. Frankfurt a.M.: Suhrkamp.

Goffman, Ervin (1977b): Rahmen-Analyse. Frankfurt a.M.: Suhrkamp.

Goffman, Ervin (1991): Wir alle spielen Theater. München: Piper.

Goffman, Ervin (2005): Rede-Weisen. Formen der Kommunikation in sozialen Situationen. Konstanz: UVK.

Grice, Herbert Paul (1996): Logik und Konversation. S. 163-182 in: Hoffmann, Ludger (Hrsg.): Sprachwissenschaft. Berlin/New York: de Gruyter.

Habermas, Jürgen (1981): Theorie kommunikativen Handelns. 2 Bde. Frankfurt a.M.: Suhrkamp.

Hall, Stuart (1994): Rassismus und kulturelle Identität. Hamburg: Argument Verlag.

Horkheimer, Max & Adorno, Theodor (1971): Dialektik der Aufklärung. Frankfurt a.M.: Fischer.

Hitzler, Ronald (2002): Der Körper als Gegenstand der Gestaltung. S. 71-85 in: Hahn, Kornelia & Meuser, Michael (Hrsg.): Körperrepräsentationen. Konstanz: UVK.

Hitzler, Ronald, Reichertz, Jo & Schröer, Norbert (Hrsg.) (1999): Hermeneutische Wissenssoziologie. Standpunkte zur Theorie der Interpretation. Konstanz: Universitäts Verlag Konstanz.

James, William (2006): Pragmatismus und radikaler Empirismus. Frankfurt a.M.: Suhrkamp.

Jauß, Hans-Robert (1999): Probleme des Verstehens. Stuttgart: Reclam.

Kurt, Ronald (2004): Hermeneutik. Konstanz: UVK.

Knoblauch, Hubert & Reichertz, Jo (2005): Rhetorik in den Sozial- und Kommunikationswissenschaften. Spalte 1659-1667 in: Historisches Wörterbuch der Rhetorik. Herausgegeben von Gert Ueding. Bd. 7. Tübingen: Niemeyer.

Kochan, Detlev & Wallrabenstein, Wulf (Hrsg.) (1974): Ansichten eines kommunikationsbezogenen Deutschunterrichts. Kronberg: Scriptor.

Libet, Benjamin (2005): Mind Time. Wie das Gehirn Bewusstsein produziert. Frankfurt a.M.: Suhrkamp.

Lippe, Rudolf zur (1988): Vom Leib zum Körper. Reinbek: Rowohlt.

Luckmann, Thomas (1992): Theorie des sozialen Handelns. Berlin: de Gruyter.

Luckmann, Thomas (2002): Wissen und Gesellschaft. Konstanz: UVK.

Luckmann, Thomas (2004): Soziales im Kulturellen und Kulturelles in Sozialen? S. 27-41 in: Reichertz, Jo et al. (Hrsg.): Hermeneutik der Kulturen – Kulturen der Hermeneutik. Konstanz: UVK.

Maas, Utz & Wunderlich, Dieter (1972): Pragmatik und sprachliches Handeln. Frankfurt a.M.: Athenäum.

Mead, George Herbert (1973): Geist, Identität und Gesellschaft. Frankfurt a.M.: Suhrkamp.

Mehrabian, Albert (1968): Communication without words. In: Psychology Today 2 (9): 52-55.

Metzinger, Thomas (1996): Niemand sein. Kann man eine naturalistische Perspektive auf die Subjektivität des Mentalen einnehmen? S. 130-154 in: Krämer, Sybille (Hrsg.): Bewußtsein. Philosophische Beiträge. Frankfurt a.M.: Suhrkamp.

Metzinger, Thomas (2005): Die Selbstmodell-Theorie der Subjektivität. S. 242-269 in: Herrmann, Christoph et al. (Hrsg.): Bewusstsein. Philosophie, Neurowissenschaften, Ethik. München: Fink.

Oevermann, Ulrich (1998): Selbsterhaltung oder Sublimierung. In: Merkur. 52. Jahrgang, Juni: 483-496.

Peirce, Charles Sanders (1976): Schriften zum Pragmatismus und Pragmatizismus. Frankfurt a.M.: Suhrkamp.

Peirce, Charles Sanders (1983): Phänomen und Logik der Zeichen. Herausgegeben und übersetzt von Pape, Helmut. Frankfurt a.M.: Suhrkamp.

Peirce, Charles Sanders (1986): Semiotische Schriften. Bd. 1. Herausgegeben und übersetzt von Kloesel, Christian und Pape, Helmut. Frankfurt a.M.: Suhrkamp.

Plessner, Helmuth (1975): Die Stufen des Organischen und der Mensch. Berlin: de Gruyter.

Prinz, Wolfgang (2004): Der Mensch ist nicht frei. Ein Gespräch. S. 20-26 in: Geyer, Christian (Hrsg.): Hirnforschung und Willensfreiheit. Frankfurt a.M.: Suhrkamp.

Reichertz, Jo (1986): Probleme qualitativer Sozialforschung. New York. Frankfurt a.M.: Campus.

Reichertz, Jo (1991): Aufklärungsarbeit. Kriminalpolizisten und Feldforscher bei der Arbeit. Stuttgart: Enke.

Reichertz, Jo (2000): Die Frohe Botschaft des Fernsehens. Kultursoziologische Untersuchung medialer Diesseitsreligion. Konstanz: UVK.

Reichertz, Jo (2005): Order at all Points. Lassen sich Diskursanalyse und Hermeneutik gewinnbringend miteinander verbinden? S. 149-178 in: Keller, Reiner et al. (Hrsg.): Die diskursive Konstruktion von Wirklichkeit. Konstanz.: UVK.

Reichertz, Jo (2006a): Läßt sich die Plausibilität wissenssoziologischer Empirie selbst wieder plausibilisieren? S. 293-316 in: Tänzler, Dirk, Knoblauch, Hubert & Soeffner, Hans-Georg (Hrsg.): Neue Perspektiven der Wissenssoziologie. Konstanz: UVK.

Reichertz, Jo (2006b): Was bleibt vom göttlichen Funken? S. 189-207 in: Reichertz, Jo & Zaboura, Nadia (Hrsg.): Akteur Gehirn. Wiesbaden: VS Verlag.

Reichertz, Jo & Nathalie Iványi (2002): Liebe (wie) im Fernsehen. Eine wissenssoziologische Studie. Opladen: Leske + Budrich.

Reichertz, Jo & Nadia Zaboura (2006) (Hrsg.): Akteur Gehirn oder das vermeintliche Ende des handelnden Subjekts. Wiesbaden: VS Verlag.

Renn, Joachim (2006): Übersetzungsverhältnisse. Perspektiven einer pragmatischen Gesellschaftstheorie. Weilerswist: Velbrück.

Roth, Gerhard (1998): Das Gehirn und seine Wirklichkeit. Frankfurt a.M.: Suhrkamp.

Roth, Gerhard (2004): Worüber dürfen Hirnforscher reden – und in welcher Weise? S. 66-85 in: Geyer, Christian (Hrsg.): Hirnforschung und Willensfreiheit. Frankfurt a.M.: Suhrkamp.

Sager, Sven (2004): Kommunikationsanalyse und Verhaltensforschung. Tübingen: Narr.

Sahlins, Marshall (1994): Kultur und praktische Vernunft. Frankfurt a.M.: Suhrkamp.

Sartre, Jean-Paul (1962): Das Sein und das Nichts. Reinbek: Rowohlt.

Scherer, Klaus & Walbott, Harald (Hrsg.) (1979): Nonverbale Kommunikation. Weinheim: Beltz.

Schmölders, Claudia (Hrsg.) (1986): Die Kunst des Gesprächs. München: dtv.

Schütz, Alfred (2004): Der sinnhafte Aufbau der sozialen Welt. Eine Einleitung in die verstehende Soziologie. Konstanz: UVK.

Schütz, Alfred & Luckmann, Thomas (2003): Strukturen der Lebenswelt. Konstanz: UVK.

Searle, John R. (2004): Freiheit und Neurobiologie. Frankfurt a.M.: Suhrkamp.

Séchelles, Hérault de (1997): Theorie des Ehrgeizes. München: Beck

Singer, Wolf (2002): Der Beobachter im Gehirn. Frankfurt a.M.: Suhrkamp.

Singer, Wolf (2003): Ein neues Menschenbild? Frankfurt a.M.: Suhrkamp.

Singer, Wolf (2004): Verschaltungen legen uns fest: Wir sollten aufhören, von Freiheit zu sprechen. S. 30-65 in: Geyer, Christian (Hrsg.): Hirnforschung und Willensfreiheit. Frankfurt a.M.: Suhrkamp.

Singer, Wolf, (2004b): Über Bewußtsein und unsere Grenzen. Ein neurobiologischer Erklärungsversuch. S. 99-120 in: Grundmann, Matthias & Behr, Raphael (Hrsg.): Subjekttheorien interdisziplinär. Diskussionsbeiträge aus Sozialwissenschaften, Philosophie und Neurowissenschaften. Münster: LIT Verlag.

Socffner, Hans-Georg (2000): Gesellschaft ohne Baldachin. Weilerswist: Velbrück.

Soeffner, Hans-Georg (2004): Auslegung des Alltags – Der Alltag der Auslegung. UVK: Konstanz.

Soeffner, Hans-Georg & Thomas Luckmann (1999): Die Objektivität des Subjektiven. S. 171-187 in: Hitzler, Ronald & Jo Reichertz & Norbert Schröer (Hrsg.): Hermeneutische Wissenssoziologie. Konstanz: UVK.

Strauss, Anselm (1974): Spiegel und Masken. Frankfurt a.M.: Suhrkamp.

Tomasello, Michael (2002): Die kulturelle Entwicklung des menschlichen Denkens. Frankfurt a.M.: Suhrkamp.

Tomasello, Michael & Carpenter, Malinda (2005): The Emergence of Social Cognition in Three Young Chimpanzees. Boston/Massachusetts: Blackwell Publishing.

Trier, Jost (1931): Der deutsche Wortschatz im Sinnbezirk des Verstandes. Die Geschichte eines sprachlichen Feldes. Bd. 1. Heidelberg: Carl Winter.

Watson, Lyall (2001): Der Duft der Verführung. Frankfurt a.M.: Fischer.

Weisgerber, Leo (1931): Persönlichkeits- und Volkserziehung durch die Muttersprache. In: Zeitschrift für Deutschkunde 45: 705 ff.

Wunderlich, Dieter (Hrsg.) (1972): Linguistische Pragmatik. Frankfurt a.M.: Athenäum.

Ziemann, Andreas (1997): Im Blickfeld des Anderen. Frankfurt a.M.: Peter Lang.

2 Einladung zum Gruppentanz[128]

> „Das Geheimnis des Geschäftserfolgs ist
> Ehrlichkeit. Wer sie vortäuschen kann, ist
> ein gemachter Mann."
> *Irische Kaufmannsregel*
>
> „Ein Mensch, der drei Jahre lang ein und
> dieselbe Ansicht hat, zeigt dadurch nur,
> dass er seit drei Jahren nicht mehr zum
> Spiel zugelassen wird."
> *Bert Brecht*

2.1 Staging

Ich habe nichts Anspruchsvolles zu sagen. Das, von dem ich hier erzählen will,
ist weder neu noch besonders überraschend, sondern es ist augenfällig, offensichtlich. Jeder hat es schon erlebt. Es ist für die, die es betreiben, selbstverständlich und vielleicht deshalb auf den ersten Blick nicht sichtbar. Merkwürdig ist
allerdings, und das lässt aufmerken, dass es so eine Art – na ja es wäre übertrieben zu sagen, es gäbe ein Aussprechverbot, nein, es gibt so eine Art von Tabu,
darüber zu sprechen, so als würde das Aussprechen den Glanz von der Sache
nehmen, die Sache ihrer Aura berauben: sie entzaubern.

Die, die es dennoch tun, also die, die über die Sache sprechen und schreiben, werden gern als Nestbeschmutzer bezeichnet oder aber als jene der Zunft,
die die Sache nicht wirklich verstanden haben. Trotz dieser Gefahren will ich
versuchen, etwas über Wissenschaft als Beruf oder genauer: über einen kleinen,
aber wichtigen Teil wissenschaftlicher Berufsarbeit zu berichten – nämlich über
die Strategien der Aufführung wissenschaftlicher Kompetenz und Redlichkeit.

Vieles weiß ich, weil ich es selbst tue, anderes habe ich bei den (wenigen)
Kollegen gelesen, die sich im Rahmen der Wissenschaftssoziologie oder im
Rahmen der Ethnologie und Feldforschung damit beschäftigen (z.B. Geertz
1988, Gottowick 1997, Berg & Fuchs 1993).

---

128 Der hier dokumentierte Vortrag beinhaltet in der Regel ausführliche Interpretationen des
Vortragstils von Wissenschaftlern/innen, deren Vorlesungen auf Video verfügbar sind. Danken
möchte ich Michaela Pfadenhauer und Sylvia Wilz für eine Fülle von Hinweisen, Anregungen
und Korrekturen.

2.2 These in Form einer Metapher

Wissenschaft betreiben und hier vor allem die Aufführung von Wissenschaft zu betreiben ist in vielen (auch wesentlichen) Punkten mit einem Gruppen- oder genauer: mit einem *Stammestanz* zu vergleichen. Ziel des Tanzes ist (a) die kollektive Aufführung, (b) die Aufführung von Kollektivität und (c) die (Selbst-) Vergewisserung kollektiver Werte und Haltungen.

Nicht wegen der politischen Korrektheit, sondern wegen der Vollständigkeit muss darauf hingewiesen werden, dass es vor allem ein Männertanz ist. Das ist in der Tat ein Unterschied, der einen Unterschied macht, da er vor allem Konsequenzen für das Erlernen des Tanzes hat. Frauen haben es nämlich ein wenig schwerer, in diesen Tanz hineinzukommen. Männer kennen diese Art des kollektiven Tanzes aus ihren Jugendcliquen. Bis auf ganz wenige Ausnahmen geht es nicht um einen Paartanz, sondern um einen öffentlich und kollektiv aufgeführten Gruppentanz. Es geht um das Ganze, nicht um das private Glück von zweien.

Während des Tanzens erfährt der Novize am eigenen Körper, ob er richtig dabei ist, ob er die unterschiedlichen Figuren schon beherrscht, ob er ein Gefühl für den Rhythmus hat oder ob er schon in der Lage ist, eigene Impulse zu geben, neue Figuren ins Spiel zu bringen. Ein guter Mentor zeichnet sich dadurch aus, dass er oft zum Tanz auffordert und dass er auch Freiraum für neue Formen und Figuren lässt, und ein guter Novize dadurch, dass er ein gutes Rhythmusgefühl und ein gutes Gespür für den Sinn des Spiels entwickelt.

Der Unterweisungsvorgang selbst ist dabei äußerst komplex, subtil und nur sehr selten explizit. Vor allem weil es nicht wie bei einem Meister-Geselle-Verhältnis nur einen Unterweiser, sondern gleich mehrere gibt. Die Sozialisation vollzieht sich entgegen dem ersten Anschein nicht in einer Dyade, sondern in einer besonderen Gemeinschaft, die andere schon einmal ‚Stamm‘ genannt haben oder: scientific community. Allerdings spielt meist eine Person, der Doktorvater, der Habilvater, eine besondere Rolle. Und natürlich sind es immer die Älteren, die die Jungen einweisen. So weisen die Älteren ‚ihre‘ Novizen nicht nur in ‚ihre‘ Kunst des Forschens, Lehrens und Prüfens ein, sondern sie zeigen durch ihr Vorbild auch, welche Fragen man mit welchen Verfahren am ‚besten‘ bearbeitet, welche Themen für Drittmittelförderung gerade in Frage kommen, welche Methoden nicht ‚wirklich wissenschaftlich‘ sind, wie man mit der eigenen Gruppe, aber auch mit Gegnern und den besonders unangenehmen Renegaten umgeht, wann man wen an welchem Ort lobend oder kritisch erwähnt, in welcher Institution man sich engagiert und wie man sich dort benimmt, wie man Drittmittel einwirbt und wie man innerhalb der eigenen Institution seine Ziele erreichen kann. Manchmal beinhaltet eine solche Einweisung durchaus Hinweise darauf, welche Sprach-, Kommunikations- oder Kleidungsstile zu bevorzugen sind.

Aber allzu oft erfährt der Neuling nichts, zumindest nichts Explizites über die Kunst des Schreibens, des Unterrichtens, des öffentlichen Vortrags, der Debatte und der Kunst des medial verstärkten Auftritts, kurz: über die Kunst der öffentlichen Repräsentation der Person und deren Eigenschaften, und über die Kunst der Darstellung der eigenen Arbeitserfolge wissen viele wenig. Oft wissen viele viel zu wenig, um erfolgreich zu sein.

2.3 These in Begriffen der Praxis

Von Reichenbach wissen wir, dass es bei der Wissenschaft, egal ob sie empirisch oder nicht-empirisch angelegt ist, die Phase der Entdeckung und die Phase der Begründung gibt, die je eigenen und je anderen Logiken verpflichtet sind. Von vielen anderen wissen wir auch, dass es zudem noch die Phase der Repräsentation von Forschung gibt, die ebenfalls eine eigene Logik besitzt. Niemand, der bei Sinnen ist, würde nämlich behaupten wollen, dass die Repräsentation der eigenen Forschung darin bestünde, diese exakt, also in einem bestimmten, verkleinerten Maßstab, abzubilden wie sie gewesen ist. Darstellungstätigkeiten sind also keine Übungen in der Miniaturisierung der vergangenen Forschungspraxis, sondern es sind Konstruktionen nach eigenen Gesetzen und mit eigenen Funktionen. Gegenstandsgleichheit zählt in der Regel nicht dazu, oft noch nicht einmal Gegenstandsähnlichkeit.

Orte und Gelegenheiten für die Präsentation der eigenen Forschung und damit auch der eigenen Kompetenz und Redlichkeit gibt es viele. Die tägliche Lehre ist so eine Gelegenheit, auch der Forschungsbericht an den Geldgeber, der Artikel für die Fachzeitschrift, das Interview mit der Tageszeitung, das Gutachten für politische oder private Entscheidungsträger, der Auftritt und die Rede auf Kongressen jeder Art und Qualität, der Radioauftritt oder der öffentliche Streit in einer Talkshow. Alle diese Gelegenheiten bringen andere Kommunikationssituationen und andere Rahmenbedingungen mit sich. Einige dieser Repräsentationen der eigenen Arbeit sind konzeptionell mündlich, wobei es hier zwischen monologischen und dialogischen Formen zu unterscheiden gilt wie z.B. Vortrag, Debatte, Talkshow, Interview, andere sind konzeptionell schriftlich wie z.B. der Artikel oder das Buch. Oder anders: Jedes Medium spielt eine eigene Musik und der Mediennutzer hat sich auf diese Musik zu bewegen. Und wer meint, er könne im Radiointerview so sprechen wie im Hörsaal, wird von den Medienmachern nicht mehr angerufen.

Nicht nur jeder Stamm hat seinen Stil. Auch jeder Tänzer ist durchaus an seiner Art des Ausdrucks erkennbar. Und: Jedes Alter hat seinen Stil und, was oft damit verknüpft ist: Jeder Rangplatz hat seinen Stil: Quod jovis licet, bovis

non licet. Alte Männer dürfen anders sprechen als junge, und Prominente anders
als jene, von denen man weiß, dass sie wenig bedeuten. Aber auch jede Zeit hat
ihren Stil. Und im Moment scheint sich der Stil der Zeit zu ändern. Wir sind
Zeugen einer Zeitenwende. Wenn man den Wandel etwas plakativ auf den Punkt
bringen möchte, könnte man sagen: vom hermetischen Wort für Eingeweihte
zum gefälligen Bild für viele.

2.4 Kritik des scheinbar ‚stillosen Stils'

Weil dem Wissenschaftler *allein* semiotische Mittel für seine Überzeugungsar-
beit zur Verfügung stehen, erweist sich auch die Frage nach dem gezielten Einsatz dieser Mittel für die eigene Aufführung als essentiell. Dennoch teilte sie
lange Zeit (wenn auch nicht zu ihren Anfängen – siehe Lepenies 1978) mit den
anderen Geisteswissenschaften den Glauben an die EINE grundlegende Regel
wissenschaftlichen Schreibens, welche besagt, „daß man sich auf die einfachste
und klarste Weise ausdrücken sollte, und daß vom Stil einer wissenschaftlichen
Abhandlung zu reden in etwa dem Reden vom moralischen Charakter eines Fi-
sches ähnelt" (Peirce 1990: 238).

Der propositionale Gehalt von Aussagesätzen allein soll überzeugen, nicht
der strategische Einsatz von Gestaltungsmitteln – so der implizite Glaube. Stil-
fragen wurden mit einem unwürdigen ‚Überreden' in Verbindung gebracht, welches sich dagegen bei der klaren Präsentation der selbst-evidenten Fakten als
völlig überflüssig erweisen soll. Als Ideal galt vielen Wissenschaftlern die
scheinbar perspektivenfreie Sprache der Naturforscher, so z.B. die der Physiker
oder Biologen. Welche (nicht nur ästhetischen) Implikationen allerdings auch die
Texte von Naturforschern haben, die durchweg in einem scheinbar ‚stillosen Stil'
(„The style of non-style is itself the style of science." Gusfield 1976: 19) gehalten sind, soll die kurze Betrachtung eines solchen – zugegebenermaßen recht
alten – Textes zeigen. Der Textausschnitt stammt aus einer Veröffentlichung von
Charles Darwin aus dem Jahr 1872. Er demonstriert diesen Stil wissenschaftlicher Sprache, den manche Ethnographen auch heute noch einsetzen,[129] in besonders reiner Form. „Wenn die Furcht auf den höchsten Gipfel steigt, dann wird
der fürchterliche Schrei des Entsetzens gehört. Grosse Schweisstropfen stehn auf
der Haut. Alle Muskeln des Körpers werden erschlafft. Das äusserste Gesunken-
sein aller Kräfte folgt bald und die Geisteskräfte versagen thätig zu sein. Die
Eingeweide werden afficiert. Die Schliessmuskeln hören auf zu wirken und halten den Inhalt der Körperhöhlen nicht länger mehr zurück" (Darwin 1986: 299).

---

129 Van Maanen hat diese Art des distanzierten und bemüht unpersönlichen Erzählens ‚realist tale'
     genannt (van Maanen 1988: 47).

Auf eine Aktivkonstruktion (Furcht steigt auf Gipfel) folgt eine Formulierung im Passiv (ein Schrei wird gehört). Ein ‚Ich', das wahrnimmt, wird nicht benannt, so als ob es nicht existiere. Und dieses Muster wiederholt sich in den weiteren Sätzen. Die leblosen Objekte werden vitalisiert: Sie handeln selbständig und zeigen von sich aus etwas, während die konkreten Subjekte, die etwas sehen, hören oder riechen, nicht auftauchen. Es entsteht eine magische Sicht der Dinge, welche dem Leser die Illusion anträgt, die Objekte zeigten sich selbst. Dieser Stil der Präsentation stellt den Leser hinter einen Einwegspiegel: Die Welt zeigt sich ihm, wie sie ist, weil sie sich unbeobachtet wähnt. Der darstellende Autor dagegen, der wahrgenommen, gedeutet, seine Deutungen ausgewählt und angeordnet hat, wird unterschlagen. Dieses fast zwanghafte Entfernen des Beobachters und Autors aus dem Text wirkt wie eine antiseptische Maßnahme – so als würde die dargestellte ‚Sache' durch die Berührung mit dem schreibenden Ethnographen verunreinigt oder gar vergiftet. Diese Ausmerzung des Autors hat zwei Folgen: Er entzieht sich damit sowohl der eigenen wie auch der fremden Kontrolle.

Ein solcher Stil transportiert jedoch nicht nur implizit ein vorwissenschaftliches Weltbild, sondern indem der Autor seine Weise der Beobachtung nicht mehr zu begründen glaubt, universalisiert er sie und legitimiert seine Sicht der Dinge nicht mit einem Verweis auf die besondere Kompetenz seiner Person, sondern über die Zugehörigkeit zu einem systematisierten Ganzen, das sich über die Kriterien einer sachgerechten Beobachtung einig weiß (vgl. auch Foucault 1974: 19 ff.).

Mit einem solchen Stil wird aber noch ein weiterer Irrtum nahe gelegt, der Irrtum nämlich, das Beobachtete oder die Beobachtungen könnten in Texten einen Abdruck hinterlassen. Kurz: Es wird der Eindruck erweckt, Nichtsprachliches ließe sich problemlos mittels Sprache abbilden, speichern und wiederholen. Darwin hätte noch – wäre er mit solchen Einwänden konfrontiert worden – zu seiner Entlastung auf das Fehlen einer Sprach- und Wissenssoziologie (natürlich nur der Sache und nicht den Begriffen nach) hinweisen können. Diese Möglichkeit ist zeitgenössischen Ethnographen jedoch nicht mehr gegeben. Sie können nicht mehr so tun, als wüssten sie nichts davon, dass das Schreiben von Berichten eine soziale Praxis ist, die nicht allein von dem Bestreben geleitet ist, Zeichen zu finden, welche vorgängigen Beobachtungen äquivalent sind. Sie können es schon deshalb nicht mehr, weil sie wissen, dass die rezipierenden Fachkollegen um die Implikationen des stillosen Stils wissen. Pointiert: Charles Darwin hatte (auch strukturell) andere Probleme beim Anfertigen von Texten als Roland Girtler.

Literatur

Berg, Eberhard & Fuchs, Martin Fuchs (Hrsg.) (1993): Kultur, soziale Praxis, Text. Die Krise der ethnographischen Repräsentation. Frankfurt a.m.: Suhrkamp.

Darwin, Charles (1986): Überraschung – Erstaunen – Furcht – Entsetzen. Nördlingen: Greno.

Foucault, Michel (1974): Die Ordnung der Dinge: Eine Archäologie der Humanwissenschaften. Frankfurt a.m.: Suhrkamp.

Geertz, Cliffort (1988): Die künstlichen Wilden. München: Hanser Verlag.

Gottowik, Volker (1997): Konstruktionen des Anderen. Clifford Geertz und die Krise der ethnographischen Repräsentation. Berlin: Reimer.

Gusfield, John (1976): The Literary Rhetoric of Science and Pathos in Drinking Driver Research, in: American Sociological Review 41, S. 16-34.

Lepenies, Wolf (1978): Der Wissenschaftler als Autor. In: Akzente 2: 129-147.

Peirce, Charles Sanders (1990): Semiotische Schriften. Bd.2. Frankfurt am main: Suhrkamp.

Reichenbach, Hans (1983): Erfahrung und Prognose. Braunschweig: Vieweg.

van Maanen, John (1988): Tales of the field. On writing ethnography. Chicago/London: University of Chicago.

Nachweis

Das Fernsehen als Akteur. In: Andreas Ziemann (Hrsg.) (2006): Medien der Gesellschaft – Gesellschaft der Medien. Konstanz: UVK. S. 231-246.

Institutionalisierung als Voraussetzung einer Kultur der Performativität. In: Wulf, Christoph & Zirfas, Jörg (Hrsg.) (2005): Ikonologie des Performativen. München: Fink Verlag. S. 168-188.

Kinder brauchen auch die ‚Power Rangers'. Überlegungen zum seriellen Fernsehmärchen ‚Power Rangers'. In: Czaja, Dieter (Hrsg.) (1997): Kinder brauchen Helden. München: KoPäd. S. 131-180.

„denn sie wissen nicht, was sie tun." Vom James Dean zu Alexander Klaws. In: NEK Mag (2003). (10): 1-7.

„Ich könnte schreien vor Glück", oder: Formen des Glücks in den Massenmedien. In: Bellebaum, Alfred (Hrsg.) (2002): Glücksforschung. Eine Bestandsaufnahme. Konstanz: UVK. S. 227-244.

Becker und Häkkinen beim Golfen. Das Altenbild in der Mercedeswerbung. Vortrag an der Universität Vechta (1999). Unveröffentlicht.

Der Mediensport Olympia – ein globales Integrationsritual. In: Spectrum der Sportwissenschaften. (2004) Jg 16 (2): 63-80.

‚Navigieren' oder ‚Surfen' oder: Das Ende der Bedrohung. In: Fassler, Manfred (Hrsg.) (1999): Alle möglichen Welten. München: Fink Verlag. S. 207-222.

Browsen im Internet – Kostenpflichtige Zeitvergeudung oder produktive Kreativitätsanregung? In: Verband der Schulbuchverlage (Hrsg.) (2000): World Wide Web – Perspektiven multimedialen Lernens. Frankfurt a.M. S. 10-21.

Vertrauen in der internet-gestützten Unternehmenskommunikation. In: Thimm, Caja (Hrsg.) (2002): Unternehmenskommunikation offline/online. Frankfurt a.M.: Westdeutscher Verlag. S. 11-35.

Die Zeiten sind vorbei, in denen man nicht mehr laut sagen durfte, dass man besser ist als andere." Oder: Zur neuen Logik der (sozial-) wissenschaftlichen Mediennutzung. In: Soziale Systeme (2005). Jg 11. H. 1. S. 104-128.

Der Unternehmensberater als Charismatiker. In: Zeitschrift für qualitative Bildungs-, Beratungs- und Sozialforschung (2004) (1): 7-29.

Spaß für Millionen. Harald Schmidt und Co. als moderne Hofnarren? In: Bellebaum, Alfred & Herbers, Detlef (Hrsg.) (2006): Glücksangebote in der Alltagswelt. Münster: Aschendorf. S. 45-66.

Verstehen ist nicht das Problem oder: Über die Macht der Worte. Originalbeitrag. 2007. Unveröffentlicht.

Einladung zum Gruppentanz. Überlegungen zum wissenschaftlichen Vortragen. Vortrag an der Universität Dortmund (2005). Unveröffentlicht.

MIX
Papier aus verantwortungsvollen Quellen
Paper from responsible sources
FSC® C105338

If you have any concerns about our products,
you can contact us on
ProductSafety@springernature.com

In case Publisher is established outside the EU,
the EU authorized representative is:
**Springer Nature Customer Service Center GmbH
Europaplatz 3, 69115 Heidelberg, Germany**

Printed by Libri Plureos GmbH
in Hamburg, Germany